W0312498

Hubertus Halbfas

Religionsunterricht in der Grundschule
Lehrerhandbuch 1

Hubertus Halbfas

Religionsunterricht in der Grundschule

Lehrerhandbuch 1

Patmos

Zugelassen durch die Lehrbuchkommission der Deutschen Bischofskonferenz
als Lehrerkommentar zu dem genehmigten
»Religionsbuch für das 1. Schuljahr« von Hubertus Halbfas

© 1983 Patmos Verlag Düsseldorf
Alle Rechte vorbehalten. 3. Auflage 1988
Unveränderter Nachdruck der 2. Auflage 1987
Umschlaggestaltung: Ursula Maria Kahrl
unter Verwendung eines Holzstiches aus Camille Flammarion,
L'atmosphère, Paris 1888
Gesamtherstellung: Bercker GmbH, Kevelaer
ISBN 3-491-78236-8 Patmos

Vorwort

Dieses auf vier Bände angelegte Handbuch »Religionsunterricht in der Grundschule« möchte eine allgemein gültige Orientierungshilfe bieten. Einerseits erschließt es die im gleichen Verlag erscheinenden Religionsbücher für das erste bis vierte Schuljahr, andererseits geht die Intention über einen Kommentar hinaus: Keiner der Bände beschränkt sich in seiner Brauchbarkeit auf ein Schuljahr; vieles ist von grundsätzlicher Bedeutung und für die gesamte Schulzeit gültig. Auch werden nur zentrale Themenkreise behandelt, die – unabhängig vom geltenden Lehrplan oder eingeführten Lehrbuch – zu den »essentials« des Religionsunterrichts gehören. Infolgedessen kann dieser Band selbst jenen Lehrern nützlich sein, die in anderen Schuljahren und mit anderen Materialien arbeiten.

Die Einbindung des Religionsunterrichts in das Schulleben und seine Mitverantwortung für eine bewußte Schulkultur führen in diesem Lehrerhandbuch zugleich über die fachspezifischen Themen hinaus. In allen vier Bänden geht es um ein schulisches Leben und Lernen, also um die Rahmenbedingungen des Religionsunterrichts. Deshalb entwickelt unser »Religionsunterricht in der Grundschule« nicht alleine ein religionspädagogisches, sondern zugleich ein elementares Schulprogramm.

Das religionsdidaktische Konzept steht freilich im Vordergrund: Dieses Lehrerhandbuch möchte dem Benutzer keine Schnellrezepte an die Hand geben, sondern Materialien, die sich in erster Linie an den Lehrer selbst, an dessen eigenes Lebens- und Glaubensbewußtsein wenden, damit der Unterricht vor allem von der religiösen Reife des Lehrers und nicht von seinem Know-how getragen werde. Also vertauscht unser Buch den didaktischen Horizont nicht mit der methodischen Schablone. Es will nicht die grundlegende Besinnung und nicht die persönliche Auseinandersetzung ersparen, sondern zu einer tieferen Begegnung mit seinen Inhalten verhelfen und vor allem zur didaktischen Auseinandersetzung mit ihnen anleiten. Wer sich darauf einläßt, wird zugleich einen religionspädagogischen Grundkurs absolvieren, dessen Gewinn mehr didaktische Kompetenz sein könnte.

Dem Religionsbuch für das erste Schuljahr entsprechend, leitet das vorliegende Handbuch eingehend zum Umgang mit Bildern an. Schon der flüchtige Blick in das Schülerbuch zeigt, daß es anspruchs-volle Materialien sind, wie sie bisher kein Schulbuch kannte. Mit seinen Interpretationen bietet dieser Kommentar zugleich eine Bildhermeneutik, die ein wenig vertrautes Unterrichtsfeld erschließt.

Die der Drucklegung voraufgegangenen Erfahrungen mit den Bildern des Religionsbuches waren an Dia-Projektionen gebunden. Das hatte wichtige Vorteile. Ein einzelnes Bild, großformatig in einer halbdunklen Klasse projiziert, ist immer faszinierender und zugleich die Aufmerksamkeit aller Schüler intensiver bindend, als wenn das gleiche Bild fünfundzwanzig- oder dreißigmal vor jedem einzelnen liegt. Deshalb werden die Verlage auch eine Bildauswahl aus dem Religionsbuch für das erste Schuljahr in Farbdias anbieten. Damit können die unterrichtlichen Möglichkeiten vielfältiger genutzt werden, während das Religionsbuch jede Form von Weiterarbeit, Rückbesinnung und Vergleich gestattet, so daß in diesem Medienverbund intensive Lernerfahrungen und eine nachhaltige Unterrichtswirkung erzielbar sind.

Die Religionsbücher für das zweite, dritte und vierte Schuljahr sollen in jährlicher Folge erscheinen. Die entsprechenden Lehrerhandbücher werden nach Möglichkeit gleichzeitig oder nur wenig später vorliegen. Das Gesamtwerk ist über den Tag hinaus geplant: Es soll groß genug sein, damit Schüler wie Lehrer ihre eigene Entwicklung darin unterbringen können und gleichzeitig tief genug, daß es den Brunnengrund in uns erschließt.

Drolshagen, im Dezember 1982 — Hubertus Halbfas

Vorwort zur zweiten Auflage

Die Neuauflage dieses Bandes nutze ich, um einige Veränderungen im Religionsbuch für das erste Schuljahr zu berücksichtigen. Es handelt sich um die erneuerte Fotografie und Illustration des Kapitels »Leben und Lernen in der Schule« sowie um das ausgetauschte Bild »Herbergssuche« von Relindis Agethen. Zu diesen Seiten des Religionsbuchs bietet nun die zweite Auflage des Lehrerhandbuchs modifizierte Interpretationen. Die Paginierung des Bandes hat sich dadurch nicht verändert.

April 1987 — H. H.

Inhalt

Vorwort 5
Einführung in die Arbeit mit dem Religionsbuch für das erste Schuljahr 11
Das Religionsbuch und der Lehrplan 11
Die Auswahl der Inhalte 12
Der Zusammenhang mit dem Grundschul-Lehrplan . . . 13
Hermeneutische Kompetenz und theologisches Niveau . . 14
Über die »Religion« dieses Religionsbuches 16
Religionsunterricht und allgemeine Unterrichtskultur . . 17
Bild und Text 18
Was ist kindgemäß? 20
Der Handlungsbezug des Religionsbuches 21
Die Arbeit des Lehrers mit dem Religionsbuch für das erste Schuljahr 22

Leben und Lernen in der Schule 25

Lernen als räumliche Erfahrung 30
Im Klassenzimmer 35
Wir richten uns ein 37

Lernen als Umgang und Gesittung 40
Gemeinsam essen 41
Ordnungsdienste 42

Lernen als Weg in die Stille 43
Stille-Übungen 49
Die Übung mit dem Flötenspieler 53
Hören 53
Toni Zenz, Der Hörende 55

Lernen als Handeln 56
Erfahrungsfreiheit und Lesenlernen 56
Erzählen 58
Singen und Musizieren 59
Formen in Ton 60

Im Kirchenjahr 63

Erntedank 65

Relindis Agethen, Erntedank 66
Exkurs: Unterrichtliche Erfahrungen mit Bildern von Relindis Agethen – didaktisch reflektiert 72

Franz von Assisi 77
Überlieferte Erzählungen 79
Relindis Agethen, Franz von Assisi 85

Allerseelen 93
Käthe Kollwitz, Im Schoß der Mutter schlafendes Kind und: Grabrelief: »Ruht im Frieden seiner Hände« 95

Martin von Tours 100
Relindis Agethen, Martin von Tours 104
Sulpicius Severus, Martin teilt seinen Mantel 109
Wilhelm Willms, Martin, Martin, hör 109

Elisabeth von Thüringen 111
Lübecker Elisabeth-Zyklus: Elisabeth verteilt Lebensmittel an die Armen 116
Lübecker Elisabeth-Zyklus: Der Aussätzige als der gekreuzigte Christus 119

Nikolaus von Myra 123
Nikolauslegenden 127
Relindis Agethen, St. Nikolaus und das steinerne Herz . . 130

Advent 137
Relindis Agethen, Herbergssuche 140

Weihnachten 144
Georges de la Tour, Die Anbetung der Hirten 147
Rudolf Alexander Schröder, Ihr Hirten, ihr Hirten . . . 152
Relindis Agethen, Erscheinung des Herrn 152
Josef Guggenmos, Wir gehen zur Krippe 159

Fastnacht 162
Verkleiden 168
Spielen mit Masken 169
Relindis Agethen, Maskenfest 170

Die Fastenzeit 177
Relindis Agethen, Passion 179

Ostern 188
Relindis Agethen, Auferstehung 190

Sehen lernen 195

Hinweise zum Kapitel »Sehen lernen« 197

Die Geschichte vom Korb mit den wunderbaren Sachen . . . 199
Beschreibung der Bildfolge von Relindis Agethen 199
Interpretationshinweise 204
Didaktische Überlegungen und Erfahrungen 205
Methodische Ratschläge und praktische Erfahrungen . . 207

Pieter Breughel der Ältere, Das Gleichnis von den Blinden . . 213

Markus 10,46–52: Die Heilung des blinden Bartimäus . . . 220
Wilhelm Willms, lied für blinde, lahme, taube 222
Relindis Agethen, Blindenheilung 222

Sprachverständnis 231

Einführung in metaphorische Redensarten 233
Grundlegung 233
Metaphorik vom Sehen 241
Die Titelseite: »Nicht alles ist gleich zu verstehen, weil Worte doppelbödig sind!« 242
Didaktischer Schlüssel zu den Seiten 58/59 243
Paula Modersohn-Becker, Das blinde Schwesterchen . . . 244
Pieter Breughel, Die Imker 246
Brüder Grimm, Die Sterntaler 247
Relindis Agethen, Die Sterntaler 250

Symbolverständnis 253

Einführung in die symbolische Sprache 255
Was ist ein Symbol? 255
Merkmale des Symbols 256
Symbol und Zeichen 258
Über die religionsdidaktische Bedeutung des Symbols . . 258
Symbolverständnis im Kindesalter 259
Zur Interpretation von Symbolen 260

Symbol: Licht 263
Grundlegung 263
Vincent van Gogh, Tag und Nacht 275
Kerzenlicht 284
Hildegardis-Codex, Das göttliche Licht 288

Symbol: Herz 292
Grundlegung 292
Backmodel: Das Herz als Liebessymbol 299
»Dû bist mîn, ich bin dîn« 302
Der eiserne Heinrich 303

Hans Fries, Predigt des hl. Antonius über das Wort: »Wo euer Schatz ist, da ist auch euer Herz« 306
HAP Grieshaber, Herzauge 308

Symbol: Tür 311
Grundlegung 311
Max Kruse, Die Tür 317
Ernst Bloch, Das Tor-Motiv 317
Michael Ende, Die drei magischen Tore 318
Michael Ende, Der Tausend Türen Tempel 318
Türen des Lebens und des Todes 319
Kirchenportal 323

Bibelverständnis 333

Israel – Land und Leute 335
Die Arbeit des Bauern: Von der Saat zur Ernte 336
Die Arbeit des Fischers: Fischfang am See Gennesaret . . 341
Im Dorf: Hausbau und ländliche Architektur 344
Spinnen und Weben 348
Im Dorf: Straßenleben, Handel und Gewerbe. Die Sozialfürsorge 350
Früher Morgen im Haushof: Das tägliche Brot 354
Im Haus: Familienleben und Gastfreundschaft 356

Über die Mitarbeiter 360

Einführung in die Arbeit mit dem Religionsbuch für das erste Schuljahr

Unser Religionsbuch für das erste Schuljahr ist anders als die bisher gekannten Fibeln. Das wird wohl jeder alleine beim Durchblättern empfinden: Viele Bilder muten fremd an; sie sind ungewohnt in ihrem Anspruch, und man weiß nicht gleich mit ihnen etwas anzufangen. Überraschen wird auch das zeichnerische Niveau: Schulbücher kannten bislang nicht derart durchgearbeitete Bilder. Nicht zuletzt aber können die Inhalte stutzig machen: In welchem Anfängerbuch hat es bisher schon einmal Kurse im metaphorischen Sprachgebrauch, im Symbolverständnis und in biblischer Zeitgeschichte gegeben? So viel Ungewohntes kann Mißtrauen und Abneigung wecken, vielleicht aber auch Neugier und Hoffnung. Deshalb wurde dieser Lehrerkommentar mit der Bereitschaft zu ausführlicher Information geschrieben. Er soll ein solides Hilfsmittel für die Unterrichtsvorbereitung sein. Doch bevor er ins Detail geht und Seite für Seite das Religionsbuch erschließt, muß dessen Konzeption vorgestellt werden, damit die erste Ratlosigkeit überwunden werden und sowohl aus einem inneren Verständnis als auch aus bereitwilliger Zustimmung mit dieser Fibel unterrichtet werden kann. Deshalb bitte ich Sie als Lehrerinnen und Lehrer, diese Einführung sorgfältig zu lesen. Sie werden feststellen, daß der Umgang mit Kommentar und Religionsbuch ein neues religionsdidaktisches Denken grundzulegen hilft und dem Unterricht einen Horizont vermittelt, in dem wir uns als Erwachsene gemeinsam mit den Kindern zuhause fühlen können.

Das Religionsbuch und der Lehrplan

Kein Religionsbuch ist so frei, daß es geltende Lehrpläne ignorieren dürfte, aber zugleich ist auch keines so gebunden, daß es den Lehrplan Punkt für Punkt realisieren müßte. Auch Lehrpläne tragen die Handschrift ihrer Entstehungszeit, werden durch Jahre unterrichtlicher Befolgungen in ihren Schwächen erkannt und müssen deshalb durch später entstehende Schulbücher in ihren notwendigen Revisionen vorweggenommen werden.

Für den heute gültigen »Zielfelderplan« zeigt sich diese Aufgabe deutlich. Im Primarbereich stellt er die Komplexe »Ich–Du–Wir« und »Der Glaube der Kirche« *neben*einander. Das führt zu einer problematischen Orientierung, die anthropologische und theologische Inhalte allzu deutlich auseinanderhält, so daß die antropologisch-gesellschaftlichen Themen den Vorwurf auslösen, Sozialethik statt Religionsunterricht zu betreiben.

Die Ursache liegt im didaktischen Konzept des Zielfelderplans. Er bemüht sich zwar redlich um »Gott und die Welt«, ordnet aber leider nebeneinander an, was zur wechselseitigen Durchdringung aufgegeben ist. Er hat das religionspädagogische Grundproblem, wie sich Glaube und kindliche Erfahrung vermitteln lassen, wie Evangelium und Gesellschaft zusammenkommen, nicht gelöst, sondern durch curriculare Schematisierung überspielt.

An diesem Punkt muß unser Religionsbuch über den Zielfelderplan hinausführen. Wir unterscheiden deshalb nicht zwischen schülerbezogenen und glaubensbezogenen Themen, nicht zwischen dem »Ich–Du–Wir«-Bereich und dem »Glaubensbereich«: Indem wir die Zeiten und Feste des Kirchenjahres mitbegehen, von Sankt Martin oder von Passion und Ostern sprechen, sprechen wir von uns und unseren elementaren Lebensverhältnissen. Auch wenn die Titel unserer Religionsbuchseiten nur Namen nennen, wie Franz von Assisi oder Nikolaus, so sind diese Namen doch nicht ferne »Sachverhalte«, sondern ein Programm des eigenen Lebens. Das gilt auch für die religionsdidaktischen Kurse »Sprache«, »Symbol« und »Bibel«. Hier werden nirgendwo nur-formale Kenntnisse vermittelt, sondern Schritt für Schritt erfolgt eine breite menschliche Bildung, die zugleich die Sinne der Glaubens- und der Liebesfähigkeit schulen will. Selbst der große Zyklus »Israel – Land und Leute« vermittelt nicht nur Sachwissen, sondern einen Maßstab des Menschlichen, was spätestens nach dem Studium der Kommentartexte hierzu deutlich sein dürfte.

Ein anderer Punkt im Verhältnis zwischen Religionsbuch und Lehrplan stellt sich mit der Themenfülle des Lehrplans. Nicht alles, was für ein Curriculum wichtig ist, gehört in das Religionsbuch, soweit wir davon ausgehen, daß Religionsbücher immer nur eine Auswahl bringen können. Aber welche Auswahl und nach welchem Maßstab?

Die Auswahl der Inhalte

Sicherlich muß der Maßstab vom Proprium des Religionsunterrichts bestimmt bleiben, so daß die Kernstücke religiöser und christlicher Welterfahrung wahrgenommen werden. Das führt in unserem Fall zu einer breiten Berücksichtigung des Kirchenjahres. Bei näherem Zusehen sollte sich die Theologie dieser Inhalte in einer Qualität erweisen, die immer auch gesellschaftliche Wirklichkeit aufzuschließen und zu durchdringen vermag.

Die Zeiten und Feste des Kirchenjahres entfalten Inhalte, die nie peripher genannt werden können. In gewisser Weise enthält jedes dieser Feste stets das Ganze, wenngleich in immer wieder neuen Brechungen und Facetten. Was auch ein Lehrplan an »Themen« benennen mag, mit der kirchenjahrsorientierten Grundlegung des Primarschul-Curriculums werden »Themen« in ganzheitliche Lebenszusammenhänge überführt.

Unsere Kirchenjahrsspanne reicht freilich nur von Herbst bis Ostern. Das ist theologisch vertretbar und didaktisch zwingend, weil das Kapitel »Sehen lernen« und die drei Kurse »Sprache«, »Symbol« und »Bibel« sonst nicht mehr unterzubringen wären. Überhaupt bietet unser Buch nach Umfang und Inhalt mehr Thematik, als in einem Schuljahr realisierbar ist. Es muß deshalb nicht jede Seite im Unterricht zur Sprache kommen. Wo beispielsweise Martin von Tours gefeiert wird, kann Elisabeth von Thüringen übergangen oder zu einer späteren Zeit berücksichtigt werden. Die Entscheidungen hierzu mögen von den örtlichen Traditionen mitbestimmt werden. Ähnlich ist es für Nikolaus ... oder für Fastnacht ...

Die inhaltliche Fülle möchte allerdings nie dazu anleiten, vorschnell umzublättern. Wirkliches Lernen im Sinne von Verinnerlichung geschieht nur, wo man sich Zeit nimmt zu intensivem Aufenthalt. Die Entscheidung hierzu liegt jedoch immer bei Schülern und Lehrer, nie beim Autor. Das Schulbuch muß systematischer und vollständiger sein als der Unterricht.

Der Zusammenhang mit dem Grundschul-Lehrplan

Von fundamentaler Bedeutung für den Gesamterfolg des Religionsunterrichts ist der inhaltliche Aufbau des Lehrplans im Ablauf der Schuljahre – oder mit anderen Worten: die vertikale Systematik des Curriculums. Von dieser Systematik hängt der langfristige Lernerfolg des Religionsunterrichts wesentlich ab. Die Verteilung der wichtigsten Inhalte »irgendwie« über die Schulzeit macht ja noch keinen Lehrplan, sondern allein deren stringente Konsekutivität von Schuljahr zu Schuljahr. Sachliche Stringenz in der Themenentwicklung aber gibt es nur, wenn innerhalb eines jeden einzelnen Sachgebiets für die gesamte Schulzeit eine didaktische Analyse geleistet wird, in der Inhalte wie Schüler in gleicher Weise berücksichtigt und in Beziehung zueinander gesetzt werden.

Für die Konzeption des Anfangsunterrichts bedeutet das, für jeden einzelnen Ansatz eine Perspektive zu haben, die vom ersten Schuljahr über die Grundschule hinaus führt – in den wichtigsten Aufbaufolgen sogar bis zum Ende der Sekundarstufe. Diese Längsschnitt-Systematik wird die Fortsetzung unseres Religionsbuches in den weiteren Schuljahren bestimmen. Das heißt: Wir machen im 2., im 3. und 4. Schuljahr nicht »irgendwas« Neues, sondern vertiefen und führen weiter, was begonnen wurde. Die inhaltliche Struktur dieser inneren Systematik werden wir im Kommentar zum Religionsbuch 2 näherhin darstellen.

Es gibt einen innerlichen Zusammenhang freilich auch im vorliegenden Buch. Wer wenigstens ein Schuljahr lang damit gearbeitet hat, wird erfahren, wie sehr sich die Inhalte untereinander stützen und vertiefen: Symbole werden aufgegriffen und kehren in immer neuen Beziehungen wieder; Erfahrungen werden angestoßen und von neuen Ebenen her weitergeführt. Man braucht nur einmal zu verfolgen, wie sich die Aufgabe, *sehen* zu lernen, als roter Faden durch das Religionsbuch zieht, oder wie oft einzelne Motive – wie das des Sterntalermärchens – oder Symbole – wie »Licht« oder »Herz« – an verschiedenen Stellen wiederkehren und sich auf diese Weise stets tiefer entdecken lassen.

Diese didaktische Zielsetzung wird in den Folgebänden noch deutlicher. So wird die Jesusthematik oder das Gottesverständnis in genau reflektierten Schritten entwickelt. Dabei soll die frühe Erfahrung niemals korrigiert werden müssen, sondern konsequent weitergeführt und vertieft werden, so daß wir im 4. Schuljahr ein Niveau erreichen, das fast wie von selbst zufällt und dennoch unvergleichlich über den gängigen Durchschnittsresultaten liegen kann. Die weiterführenden Schulen sollen ihrerseits mit größerer Sicherheit als bisher wissen, an welche Kenntnisse, Verstehensvoraussetzungen und Fertigkeiten sie anknüpfen können. Das wird den Lehrplan und den Religionsunterricht aus der bisherigen Beliebigkeit einer Freistil-Didaktik herausführen helfen.

Hermeneutische Kompetenz und theologisches Niveau

Es ist eine alte katechetische Tradition, fast nur materiales Wissen zu fördern. Darum beginnen der Anfangsunterricht und seine Fortführung im Primarbereich mit all den bekannten *Stoffen* aus Bibel, Umwelt und Kirche, kümmern sich aber nicht um die Eröffnung und Förderung der religiösen Auffassungskategorien und Verstehensfähigkeiten. Es bleibt aber verlorene Liebesmüh, über Gott und die Bibel zu sprechen, wenn nicht zuvor und kontinuierlich begleitend eine Sensibilisierung der hermeneutischen Fähigkeiten *systematisch* betrieben wird. Für den Religionsunterricht ist diese Arbeit wichtiger als alles andere sonst.

Insgesamt sind es drei Kategorien, die der Religionsunterricht vom 1. bis zum 13. Schuljahr entwickeln helfen muß: erstens die Kategorie Symbol; zweitens die Kategorie Sprache; drittens, auf Symbol und Sprache gestützt, die Kategorie Bibel.

Entwicklung des kindlichen Symbolverständnisses

Die frühe Entwicklung des kindlichen Symbolverständnisses ist Grundbedingung für die religiöse Bildung. Das Symbol ist der elementare Sprach- und Kommunikationsmodus jeder Religion. Symbole sagen das verbal Unsagbare, vermitteln es und stiften metaempirische Erfahrung. Religionsdidaktisch steht darum ganz außer Frage, daß der Umgang mit symbolischem Ausdruck vom ersten Schuljahr an sowohl in expliziten Kursen als auch implizit am entsprechend qualifizierten Gesamtmaterial einzuüben ist. Das oft spröde Räsonieren und Argumentieren im Religionsunterricht höherer Klassen drängt sich in dem Maße auf, als eine Sensibilisierung für das Erfassen nur symbolisch vermittelbarer Realität unterbleibt.

Unser Religionsbuch für den Anfangsunterricht kommt diesen Forderungen in hohem Maße entgegen. In seinem *gesamten* Bild- und Textbestand begründet es die Fähigkeit, symbolische Sprache lesen zu lernen. Vor allem die Bilder von Relindis Agethen bieten eine solide Schule des Symbolverständnisses. Wer diese Bilder ein Jahr hindurch als Schüler oder Lehrer zu interpretieren versucht, hat einen wichtigen hermeneutischen Prozeß absolviert, der den gesamten späteren Religionsunterricht ebenso zu tragen vermag, wie er eine allgemeine kulturelle Befähigung fördert. Es gibt in unserem Religionsbuch letztlich keine Seite, die nicht auf die hintergründige Dimension des Lebens verweisen würde. Auch das Kapitel »Leben und Lernen in der Schule« ist ganz dieser Verwurzelung unseres Alltags in einem letzten tragenden Grund verpflichtet.

Der Kurs »Symbolverständnis« expliziert, was dem Buch immanent bereits eigen ist. Er erwächst aus dem Buch und steht auch thematisch in Korrespondenz zu vielen voraufgegangenen Seiten. Dennoch handelt es sich nicht um ein Zusatzangebot, das man auch übergehen könnte. Die drei Kurse »Symbol«, »Sprache« und »Bibel« werden alle vier Grundschulbücher durchziehen und wollen in entscheidender Weise das hermeneutische und theologische Niveau des Religionsunterrichts sichern helfen.

Grundlegung einer religiösen Sprachlehre

Neben der Symboldidaktik ist eine religiöse Sprachlehre durchgängiges Unterrichtsprinzip. Eine Glaubenstradition, die vom Wort lebt, kann heute weniger denn je ihre Vermittlung von den vorgegebenen umgangssprachlichen Verständigungsgrenzen abhängig halten. Das Wort der Bibel ist ja ebenso wie das Wort der theologischen Sprache anderen Wirklichkeitsbereichen zugehörig als die heute (fast nur noch) vertraute Alltagsbegrifflichkeit. Deshalb gehört es zur elementaren Aufgabe des Religionsunterrichts, bildliche Redensarten und Metaphern, analoge und symbolische Sprachformen, Mythen und Paradoxa so zu vermitteln, daß im Gang der Jahre ein Verständnis des darin Gesagten *unmittelbar* für die Schüler wieder möglich wird.

Der Zielfelderplan stellt die didaktische Ordnung auf den Kopf, wenn er zum Abschluß aller biblischen Aufgabenfelder erst für das 10. Schuljahr Unterricht über »Literarische Gattungen« fordert. Diese Aufgabe gehört ansatzweise schon in den Anfangsunterricht und muß mit Abschluß der Grundschule so weit vermittelt sein, daß eine intuitive Verstehensfähigkeit für sprachliche Kategorien gewonnen wurde. Alle Erfahrung sagt, daß ein späteres Bemühen dem Bauern vergleichbar ist, der im Mai noch seine Felder bestellen will.

Wir beginnen diese Aufgabe mit einfachen metaphorischen Redensarten, die ganz im Bildbereich des voranstehenden Kapitels »Sehen lernen« bleiben, andererseits aber auch mit dem folgenden Symbolkurs verknüpft sind. Eine breite Skala weiterer Übungsfelder für das 1. Schuljahr und darüber hinaus bietet dieses Handbuch.

Entwurf eines bibelkundlichen Verstehenshorizonts

Die biblische Dimension unserer Religionsdidaktik ist nicht auf den dritten Kurs beschränkt, sondern bestimmt vom Ansatz her schon den Sprach- und Symbolkurs. Darum darf sich der letzte Lehrgang betonter auf bibelkundliches Wissen konzentrieren.

Lehrpläne und Lehrbücher berücksichtigen in dieser Hinsicht schon länger weitgehende Erfordernisse. Trotzdem herrscht Unklarheit, wann was zu unterrichten ist. Derzeit ist es noch möglich, ein Thema wie »Die Umwelt Jesu« in allen Klassen von 1 bis 6 anzubieten, wobei im Primarbereich eine Steigerung des Informationsniveaus oft nicht erkennbar wird.

Wir haben uns für diese Thematik bereits im 1. Schuljahr entschieden. Die 14 erzählenden Seiten »Israel – Land und Leute« stehen für sich selbst und werden zu überzeugen vermögen, daß eine solche Grundlegung im 1. Schuljahr möglich ist. Dabei wurde auf eine maximale historische Genauigkeit geachtet, soweit sie mit dem verfügbaren Wissen erreichbar ist. Deshalb können diese Bilder auch in jedem späteren Alter benutzt werden. Wer die informative Kommentierung dieses Lehrerhandbuches hinzunimmt, hat einen Schlüssel, anhand der Bilder die biblische Welt in farbiger Erzählung aufzuschließen.

Über die »Religion« dieses Religionsbuches

Religionsbücher sollen Führer zu Sammlung und innerer Stille sein. Ohne diesen Anspruch können sie ihren eigentlichen Inhalt nicht vermitteln. Darum verbietet es sich, mit Methoden der Werbegraphik Schüler aufmerken zu lassen. Wenn Gott das Leiseste ist, was es gibt, müssen Bücher, die Gott sagen, sowohl formal wie inhaltlich an dieser Stille partizipieren und ihre Benutzer auf den Weg der Teilhabe bringen. Gefordert wird also eine Entsprechung zwischen spiritueller Wirklichkeit und Darstellungsform. Jedem Inhalt entspricht eine spezifische Vermittlungsform. Das »Was« eines Religionsbuches regiert auch das »Wie« seiner Darstellung. Wenn Lehrbücher dieses Wie verfehlen, etwa weil sie zu laut, zu pragmatisch, zu objektivierend verfahren, verfehlen sie auch die Sache. Die Religion – oder anders gesagt: die Frömmigkeit – eines Religionsbuches liegt darin, Inwendiges aus innerer Erfahrung sensibel, das heißt angemessen, zur Sprache zu bringen.

Damit diese Angemessenheit in einem umfassenden Rahmen auch im Religionsunterricht möglich wird, versucht unser Buch mit dem Kapitel »Leben und Lernen in der Schule« die Voraussetzungen für gute Lernbedingungen anzuregen. In besonderer Weise regt es Übungen der Stille an, die oftmals Grundlage für anrührende Gespräche und innerliche Vorgänge sind. Gewiß darf man sagen, daß diese Stille-Übungen (→ S. 49, im Religionsbuch S. 14–16) den unterrichtlichen Grundwasserspiegel, ohne den sonst nichts gedeihen würde, erreichbar und konstant halten.

Auch die folgenden Jahrgangsbücher werden Übungen der Stille anbieten. Sie sollen schrittweise in den Formen des Unterrichts die Kinder in spirituelle Methoden einführen und durch ihre Aufgabenstellung den Schülern befriedigende Erlebnisse der inneren Selbsterfahrung ermöglichen.

Religionsunterricht und allgemeine Unterrichtskultur

Die Frage nach dem geistigen Grundwasserspiegel des Unterrichts hat noch weitere Aspekte. Beispielsweise läßt sich nicht jedes Unterrichtsthema mittels Gruppenarbeit oder Klassendebatte behandeln. Gerade spirituelle Wirklichkeiten entziehen sich dem üblichen, meist notorisch oberflächlichen Schulverhalten. Das Interesse am pädagogischen Niveau der Schule ist deshalb eine (Über-) Lebensfrage des Religionsunterrichts.

Damit berühren wir die Einbindung des Religionsunterrichts in die allgemeine Schul- und Unterrichtskultur. Für keinen Aspekt des Religionsunterrichts ist es gleichgültig, in welcher Art Klassenraum die Schüler sitzen, in welcher Kommunikationsform das Mobiliar aufgestellt ist, welche Einrichtung und welchen Schmuck die Klasse hat, ob der Raum wohnlich oder kahl ist, usw. Ebenso relevant sind die schulischen Umgangsformen und Bräuche, das Niveau der Feste und die Lebendigkeit des allgemeinen Lebens. Die Sorge um das humane Klima dieser Schulwelt gehört zum Selbstverständnis des Religionsunterrichts, also auch zum inhaltlichen Auftrag seiner Religionsbücher. Würde der Religionsunterricht das, was er »grundsätzlich« verficht, nicht auch im eigenen Erfahrungsfeld ernst nehmen, minderte er seine konkrete Wirksamkeit und zugleich seine Glaubwürdigkeit.

Aus all diesen Gründen thematisiert unser Religionsbuch das »Leben und Lernen in der Schule«. Statt über zu Tode gedroschene Pauschalprobleme – von Außenseiter bis Vorurteil – zu handeln (wir werden es in allen vier Bänden nicht tun), ist uns die Schule als *unmittelbares* und *jetzt* veränderbares Lebensfeld wichtiger. Wem diese Position abwegig erscheinen sollte, verkennt einerseits die schulischen Rahmenbedingungen des Religionsunterrichts und reduziert gleichzeitig seine Sache auf verbale Belanglosigkeit.

Bild und Text

Ein didaktisches Kernproblem für Religionsbücher ist die Frage: Was ist sprachlich verfügbar, und wie ist es vermittelbar? Die wichtigsten Inhalte des Religionsunterrichts sind ja nicht als Realien disponibel. Was immer mit Sinnfragen zu tun hat, entzieht sich unmittelbarer Darstellungsmöglichkeit. Will man, wie gewohnt, begrifflich-objektivierend sprechen, entsteht ein distanzierter Text, der partizipatorisches Verstehen ausschließt.

Für die tiefsten Inhalte religiöser Erfahrung ist die Sprache ein unzulängliches Werkzeug. »Das Letzte, das Letzte geben die Worte nicht her«, sagt Wolfgang Borchert. Worte können, was Mysterium ist, nur umgrenzen, möglichst nah und genau, doch erscheint das Unsagbare, das Eigentliche, bestenfalls als Spannung zwischen diesen Aussagen.

Was Wörtern gebricht, können oft Bilder sagen. Während das Abbild darauf angelegt ist, Sichtbares wiederzugeben, will das Bild sichtbar machen. Wirklichkeit in ihrem Hinter-Sinn, zur Intensität des Bildes gesteigert, ist für den Betrachter, der »im Bilde« ist, intensiver da und bedeutungsträchtiger, als für den, der die Wirklichkeit »bloß«, d. h. bildlos, betrachtet. So helfen Bilder dem Menschen durch Innewerden des Urbildes zur größeren Fülle und Ganzheit des Lebens, denn »nichts vermag heilender zu wirken als die Ein-bildung, freilich nicht von beliebigen, sondern von urtümlichen Bildern, sowohl des eigenen Inneren wie der Überlieferung« (Alfons Rosenberg).

Das Bild vermittelt Erfahrungen, die durch einen Text nicht ebenso präsent sind. Es kann Zusammenhänge verschiedener Zeiten und Dimensionen integrieren, die sprachlich nur im Nacheinander entstehen. Vor allem aber kommt dem Bild eine innere Wahrnehmungsfähigkeit entgegen, die aus der Bildhaftigkeit der eigenen Tiefenseele lebt. Aus diesem Grunde erreichen Bilder den Menschen mit einer Nachhaltigkeit, die allen anderen Vermittlungsfunktionen überlegen ist und besonders Kinder in den besten Möglichkeiten ihrer Intuition und ihres Gemüts betrifft.

Mit dieserart Bildern sind natürlich nicht vordergründige Illustrationen oder sonstwelche »Visualisierungen« gemeint. Auch die bekannte Manier comic- oder kinderbuchartiger Zeichnungen erfüllt nicht die Kriterien des Bildes, wie wir sie gerade umrissen. Ein erster Blick in unser Religionsbuch zeigt am besten, welcher Anspruch gemeint ist. Mit größter Sorgfalt wurde die bildliche Konzeption des Buches realisiert. Nichts ist nur »dahingeworfen«. Relindis Agethen und Josef Schelbert haben an jedem Bild viele Tage, an nicht wenigen jeweils mehrere Wochen gearbeitet. Dabei wurden nur jene »Themen« in Auftrag gegeben, für die wir in der kunstgeschichtlichen Tradition keine geeignetere Lösung fanden. Über diese Bilder mag zwar auch gestritten werden können, aber fast immer war die theologische Dimension alter Bilder für unsere heutige Zeit und Bewußtseinslage nicht befriedigend genug, so daß wir nach neuen Auffassungen suchten. (Man vergleiche z. B. die ikonographische Tradition zu Martin von Tours oder zum Fest der Erscheinung des Herrn!)

Gespräche mit Studenten und Lehrern über die Agethen-Bilder ergaben oft kontroverse Diskussionen. Viele distanzierten sich, weil sie diese Bilder zu fremd empfanden oder einige Male nicht »schön«. Schön dürfen sie allerdings oft genug auch nicht sein, etwa wenn die Passion oder die Fremdheit im Vertrauten zur Sprache kommen. Aber immer erwiesen sich die Bilder stärker als die erste reaktive Abwehr, besonders wenn sie im unterrichtlichen Prozeß erprobt wurden. Entgegen allen bisherigen Erfahrungen entwickelten diese Bilder eine Faszinationskraft, welche die Kinder ohne zusätzliche Motivation eine volle Stunde und mehr fesselte. Allerdings handelte es sich um großflächige Dia-Projektionen, auf die sich alle Schüler ohne Ablenkung konzentrieren konnten. Aus diesem Grunde werden die farbigen Bildtafeln des Religionsbuches auch als Dias angeboten. In vielen Fällen ist die Auseinandersetzung im Sitzkreis mit einer eindrucksvollen Projektion an der Wand der isolierten Betrachtung in 25 oder 30 Schulbüchern vorzuziehen.

Da der Religionsunterricht im 1. Schuljahr nur im bescheidenen Maße mit der Lesefähigkeit der Kinder rechnen kann, arbeitet das Buch in besonderer Weise mit dem Bild. Auch dort, wo größere Textmengen vorkommen, ist das Bild übergeordnet und nicht zwingend auf den Text angewiesen. Deswegen sind die Bilder nirgendwo *nachträglich* einem Text beigefügt worden. Sie haben stets eine eigenständige Aussagekraft und gleichzeitig auch eine didaktische Struktur, die Unterricht mit diesen Bildern ermöglicht. Es gibt keine Bilder, die lediglich Auflockerungsfunktion hätten oder eine »Stimmung« bewirken sollten.

Einen besonderen Hinweis verdient der Fototeil unseres Religionsbuches. Um die Ebenen nicht beliebig ineinander zu mischen, sind die farbigen Reproduktionen allein der symbolischen Wirklichkeitsinterpretation vorbehalten. Die schwarz-weißen Seiten beziehen sich auf eine andere Realitätsebene. Die Fotografie stellt ausschließlich schulische Verhältnisse vor, soweit sie modellhaft sind und in eigene Verhältnisse übersetzt werden können. Jedoch finden sich die Foto-Reportagen durch Zeichnungen (mit fabel-haften Tierschülern) hintersinnig kommentiert, so daß ein Spannungsverhältnis zwischen Foto und Zeichnung entsteht, das diesen Seiten ihre didaktische Struktur vermittelt: Alle Bild-Themen des Kapitels »Leben und Lernen in der Schule« sind Herausforderungen zum Klassengespräch und Stimulation zum gemeinsamen Handeln.

Was ist kindgemäß?

Sooft es um konkrete Bilder und Texte geht, stellt sich die Frage ihrer Alterseignung. Erfahrungsgemäß weichen hier Antworten und Zuordnungsvorschläge weit voneinander ab, und vorweg sei betont, daß es keine bindenden Kriterien für die Kindgemäßheit eines Bildes oder Textes gibt.

Grundsätzlich lassen sich zwei Kategorien unterscheiden: einerseits Texte und Bilder, die – zwar nicht für Kinder gemacht – *auch* von Kindern gelesen werden können; andererseits Texte und Bilder, die eigens für Kinder oder Schüler gemacht worden sind. Für Bilder der letzten Gruppe dürfte ein prinzipieller Vorbehalt angemessen sein. Künstler schaffen normalerweise nichts, was sich eng auf ein vorweg definiertes Rezeptionsalter begrenzt. Künstlerische Qualität hat eine gewisse Allgemeingültigkeit, die nicht allein Kindern, sondern auch Erwachsenen ein ernsthaftes Engagement erlaubt.

Grundsätzlich müssen die Inhalte eines Religionsbuches darum über ihr schulisches Bezugsalter hinaus Bestand haben. Sie sollen älteren Schülern auch und gerade im Rückblick noch sinnvoll und ernsthaft erscheinen und nicht zuletzt dem Lehrer als Erwachsenen Identifikationsmöglichkeiten anbieten. Inhalte und Formen, die eine Entwicklungsperiode später nur noch überlegenes Lächeln auslösen, haben auch für die zugedachten Jahre keine Legitimation.

Für unsere Religionsfibel mag jeder die Probe aufs Exempel machen. Dieses Buch für den Anfangsunterricht kann auf allen Seiten auch höheren Klassen – und sei es einem 10. oder 13. Schuljahr und selbst einem Volkshochschulkurs – vorgelegt werden: Immer findet sich der Adressat voll gefordert, ohne daß er eine Als-ob-Haltung einnehmen müßte. Selbstverständlich wird er sich jeweils *anders* mit dem Buch befassen, als es Sechsjährige tun, aber er wird es mit wirklichen Resultaten tun können. Im übrigen sei dieses Buch durchaus älteren Grundschulklassen empfohlen, soweit diese einer religionsdidaktisch-hermeneutischen Grundlegung noch bedürfen.

Die hier angedeuteten Möglichkeiten sprechen nicht gegen die Altersgemäßheit des Religionsbuches. Ein »zu schwer!« oder »zu anspruchsvoll!« für Schüler gibt es bei guten Bildern nicht oft. Eine abwehrende Haltung wird meistens von den Vorbehalten und Grenzen Erwachsener bedingt, während Kinder – wie die heutige Museumspädagogik weiß und vor ihren Exponaten, die weder »Kinderbilder« noch »Bilder für Kinder« sind, vielfältig erfährt – einen unbekümmerten Zugang finden, der sie mehr sehen und intuitiv verstehen läßt, als es Erwachsene vermögen. Deshalb ist ein neues Anspruchsniveau für die bildliche Ausstattung der Religionsbücher unverzichtbar.

Dieser Maßstab gilt nicht für Texte. Sprache hat ja andere Verstehensgrenzen, darum ist ihre Lesbarkeit ein indiskutables Kriterium. Soweit es sich um dichterische Texte handelt, ist auch hier die Kindgemäßheit nicht mit der Elle zu messen und ebenfalls abhängig vom Verstehensniveau des vermittelnden Lehrers. Sind es Texte symbolischer Sprachform, etwa Märchen oder Legenden, ist ohnehin nicht die rationale Potenz der Kinder die entscheidende Bezugsgröße, sondern die Weise, in der sie sich mit dem Herzen angerührt sehen.

Der Handlungsbezug des Religionsbuches

In seinem zentralen Teil ist das Kirchenjahr zum didaktischen Grundprinzip des Anfangsunterrichts gewählt worden. Der die didaktische Kleinkultur leider zerstörende »problemorientierte« Religionsunterricht ist nicht das Konzept, von dem unsere Bücher regiert werden. Das ist aber keineswegs ein Ende der sogenannten Schülerorientierung, wie sich am Kirchenjahrsprinzip zeigen läßt: Dieses Prinzip ermöglicht den Lernanfängern, aus dem Fundus der *eigenen* Familien- und Kindergarten*erfahrung* am Unterricht zu partizipieren. Schließlich spielen Nikolaus, Advent, Weihnachten, Fastnacht und Ostern selbst in noch so kirchendistanzierte Kinderjahre hinein. Der Religionsunterricht kann aufarbeiten und der *ganzen* Klasse vermitteln, was die Schüler aus je unterschiedlichen Voraussetzungen an religiöser Erfahrung mitbringen.

Wichtiger ist freilich der Handlungsbezug, den die Zeiten und Feste des Kirchenjahres nach vielen Seiten hin knüpfen. Jedes Fest ist nämlich eine Ganzheit, die in Geschichten, Bildern, Bräuchen, Liedern – also im Sehen, Sprechen, Singen, Werken, Essen, Trinken, Feiern . . . – alle Sinne des Menschen anspricht. Was unser Buch nicht unmittelbar deutlich machen kann, ist dennoch von der Sache her schon im Ansatz gegeben: die tätige Aneignung der Inhalte, ein gemeinsamer, vielfältiger, aktiver Mitvollzug. So wird man etwa den Erntedank auch im Essen und Trinken feiern, Sankt Martin im spielerischen, dramaturgisch gestalteten Umzug, Nikolaus in einer großen, fröhlichen Feier, Advent und Weihnachten mit Lied und Erzählung, Kerzenschein und Krippenspiel. Zu all dem kommen lokale Bräuche, zahllose Werk- und Bastelaufgaben, Exkursionen und Besuche außerhalb der Schule . . . – also eine reiche Palette nonverbaler Möglichkeiten, die den Religionsunterricht im ersten Schuljahr zu einer lebensprallen Erfahrung werden lassen kann. Einer kognitiven oder sonstigen methodischen Engführung des Religionsunterrichts ist also reichlich vorgebeugt.

In diesen Ansatz miteingebunden ist eine gewisse »Totalität« der Lerninhalte. Jedes einzelne Fest vertritt immer »das Ganze« des Christentums. Mit seiner geschichtlichen Dimension, seinen Symbolen und Bräuchen, enthält es eine solche Wirklichkeitsfülle, daß auf diese Weise wohl am glücklichsten Welt und Mensch erschlossen werden. Gleichzeitig liegt in den Handlungsfeldern der Feste und Zeiten des Kirchenjahres ein so reiches Potential symbolträchtiger Bilder und Geschichten eingeschlossen, daß der Religionsunterricht aller nachfolgenden Jahre auf einen umfassenden und zugleich wesentlichen Erfahrungsschatz vielfältig zurückgreifen kann.

Die Arbeit des Lehrers mit dem Religionsbuch für das erste Schuljahr

Ein Schulbuch ist nur ein Medium, der Lehrer muß es sich zu eigen machen. Da es aber gut- und schlechtausgebildete Religionslehrer gibt, motivierte und widerwillige, ist das Schicksal auch dieses Religionsbuches auf seinem Weg zu den Kindern unwägbaren Zufällen ausgesetzt. Natürlich wünschen wir einen allseitig motivierten Lehrer, aber es ist auch denkbar, daß jemand, den »die Verhältnisse« zum Religionslehrer bestimmt haben, über die Arbeit mit dem Religionsbuch und diesem Kommentar seine Motivation erst findet – und sei es nur deshalb, weil er über unseren Weg seinen Beruf umfassender sehen und befriedigter ausüben lernt. Es wäre nicht der geringste Gewinn.

Freilich verlangt die Arbeit mit diesem Buch eine solide Vorbereitung. Jede Thematik findet im vorliegenden Kommentar eine möglichst umfassende Darstellung, so daß keine zusätzlichen Bücher notwendig sind, um den Unterricht zu planen. Alle Informationen und Interpretationen sind nach Problemstellung, Umfang und Sprache auf den Lehrer ausgerichtet, denn es erscheint nicht gut, unsere eigene Auseinandersetzung mit den Unterrichtsinhalten zu unterschlagen, um statt dessen gleich ihre Vermittlung an Kinder zu erwägen. Das wird zwar oft so gemacht, aber wenn die Methode der Sache vorgeordnet wird, kann dieser Unterricht nicht mehr viel Substanz haben. Unser Kommentar *erschließt* Themen und Bilder für das *eigene* Verständnis, gibt auch methodische Hinweise für den Unterricht, aber er verzichtet bewußt auf Planungen, welche die einzelnen Stunden nach Durchführung und Schrittfolge festlegen. In Rastern wie »Geplantes Lehrerverhalten – Erwartetes Schülerverhalten« wird hier nicht gedacht. Das ist ein defizienter Modus, der unseren Unterricht krank macht. Denkt man so, weiß man nicht mehr, was Lehren und was Lernen heißt.

Wer zum erstenmal mit dem Religionsbuch arbeitet, sollte sich zu Beginn möglichst vertraut mit seiner inneren Ordnung und Geisteswelt machen. Ein kursorisches Lesen in diesem Kommentar kann dazu verhelfen. So sehr nämlich diese Fibel für den Anfangsunterricht nicht entstehen konnte ohne Wissen um ihre Fortsetzung in den weiteren Schuljahren, so sehr bedarf auch der Lehrer einer Vorausorientierung über das ganze Jahr, damit die einzelne Stunde ihren Ort in einem langsam entstehenden Zusammenhang findet.

Religionsbuch und Lehrerkommentar würden in ihren Positionen gerne vom Idealfall ausgehen, d. h. vom einzig akzeptablen Normalfall: daß der *Klassenlehrer* den Religionsunterricht erteilt. Ein bereits im ersten Schuljahr von außen kommender Fachlehrer, Katechet oder Pfarrer ist immer mißlich. Wenn schon Religion kein »Fach« ist, sollte man den Religionsunterricht auch nicht aus haus- und ortsgemachten Problemen heraus gegen den Kernunterricht absetzen.

Daß der Normalfall dennoch nicht regulär ist, gehört leider zu den tausend apädagogischen Umständen des Schullebens. Auch und gerade in diesem Fall sei das Kapitel »Leben und Lernen in der Schule« dem Lehrer zur eigenen Praxis aufgegeben. Das verlangt natürlich Kooperation mit dem Klassenlehrer, die nach beiderseitiger Lektüre des zugehörigen Kommentarbeitrags vielleicht leichterfallen könnte.

Und noch ein letztes Wort: Die Lehrmittelfreiheit gibt den Kindern die Schulbücher kostenlos in die Hand – aber sie nimmt sie ihnen auch wieder nach Jahresfrist. Das ist für unsere Arbeit sehr abträglich, denn in den kommenden Schuljahren wird noch manchesmal der Blick zurück auf ein Bild oder einen Kurs im Religionsbuch 1 zu empfehlen sein. In jedem Fall bedarf die Klassenbibliothek in der gesamten Grundschulzeit einiger Handexemplare. Besser wäre es, wenn jeder Schüler sein eigenes Buch besäße und in Händen hielte.

Leben und Lernen in der Schule

Die religionspädagogische Literatur nimmt erstaunlich selten, um nicht zu sagen gar nicht, von der allgemeinen Schulwirklichkeit Kenntnis. Es ist dem Religionslehrer darum auch kaum bewußt, daß er über seine Stunde hinaus für das Niveau des gesamten Schullebens mitverantwortlich ist – mehr verantwortlich als jeder andere Fachlehrer. Denn was immer der Religionsunterricht thematisiert: die Beziehung zu sich selbst und zu anderen, die Suche nach Sinnerfüllung und nach Glück –, die erste und grundlegende Beglaubigung all dieser Desiderate geschieht im Schulleben selbst. Es nutzt nicht viel, nur vom späteren Leben zu sprechen oder von Wirklichkeiten jenseits der Schule, die konkret gegebene Situation aber auszusparen, wenn das (Lehrer-)Wort und die (Schüler-)Erfahrung nicht heillos auseinanderfallen sollen. Die Schulzeit ist für das Leben des Menschen viel zu bedeutsam, als daß man deren ermutigende oder entmutigende Realität geringachten dürfte. Und wer »Gott« sagt, muß auch »alles« meinen: den Klassenraum und seine Atmosphäre, die Gemeinsamkeit des Lebens, das Spiel, die Besinnung, die Selbstfindung.

Aber es gilt auch die umgekehrte Beziehung: Mehr als die sogenannten Leistungsfächer ist der Religionsunterricht vom gesamtschulischen Kontext abhängig. Jeder Lehrer erfährt es ja immerzu, daß die eigene Stundenvorbereitung keineswegs allein über den tatsächlichen Unterrichtsverlauf entscheidet, weil die vorherrschende schulische Kultur oder Unkultur, Umgangston und Gesittung, institutionalisiertes Vertrauen oder Mißtrauen mächtige Faktoren sind, die bei negativer Prägung selbst ein gutes Lehrgeschick nicht überspielen kann. Zwar liegen diese Wechselbeziehungen für jeden Lehrer auf der Hand, und dennoch werden sie vom fachdidaktischen Bewußtsein verdrängt, so als ob der Religionsunterricht seine eigenen Bedingungen innerhalb des jeweiligen Stundenplanabschnitts produzieren könnte.

Wo immer Schüler kein festes Klassenzimmer haben, in dem sie sich nach eigenen Vorstellungen einrichten können, wo sie statt dessen in unwirtliche Wartesäle gedrängt werden, die eine schweigsame, aggressive Mißmutigkeit fördern, ist bereits die erste Voraussetzung für ungedecktes Wortgeklingel im Religionsunterricht gegeben. Und wo die Pausenhöfe kein differenziertes Spielangebot kennen, von lauten Bewegungsspielen bis zur Ermöglichung stiller Beschäftigung, wo Umgangsformen nicht aus innerer Gesinnung eingeübt, sondern nur durch Ahndung grober Regelverstöße lanciert werden, wo Lehrer »Aufsichtspersonen« sind statt Leitbilder, die den Umgang miteinander einüben helfen, dort greift die allgemeine Formlosigkeit bis in die Markzellen des Religionsunterrichts über. Religionspädagogik und Schulpädagogik sind deshalb nicht geschiedene Dinge. Die allgemeine Schulkultur konstituiert die Bedingungen des Religionsunterrichts. Darum sind die Bemühungen des Religionslehrers um pädagogische Schulkonferenzen und eine kinderfreundliche Schulatmosphäre nichts, was *neben* seinem Auftrag liegt, sondern dessen Ermöglichung selbst. Und aus dem gleichen Grunde ist nicht der stundenweise ins Schulhaus kommende Fachlehrer – einerlei ob Pfarrer oder Katechetin – der ideale Religionslehrer, sondern der Klassenlehrer, der durch seine übrigen Unterrichtsstunden und seine Integration ins Kollegium die angemessenen Voraussetzungen für eine menschenfreundliche Schulkultur mitbringt.

Unter den heutigen Religionsbüchern gibt es keines, daß diese Einbindung des Religionsunterrichts in das allgemeine Schulleben thematisiert, obwohl *hier* die Verschränkung von Glaube und Leben, Gott und Welt, Theologie und Politik ihren ersten Ort findet. Der Rahmen, den das Kapitel »Leben und Lernen in der Schule« in unserem Religionsbuch bildet, ist deshalb nicht sekundär, sondern er gehört zum Bedingungsgefüge des Religionsunterrichts. Alle Themen dieses Kapitels – und ihre Weiterführung in den folgenden Schuljahren – wollen die Voraussetzungen eines effizienten Religionsunterrichts schaffen helfen und über diese Schulbuchreihe das Bewußtsein für eine kindgemäße Schulwelt fördern helfen.

Durch die Thematisierung wichtiger Bedingungen eines bekömmlichen Schullebens innerhalb unseres Religionsbuches gewinnt der Religionsunterricht die Möglichkeit, seine eigenen Abhängigkeiten und Voraussetzungen selbst zu qualifizieren. Lehrer und Schüler lernen von Anfang an, den Rahmen ihrer gemeinsamen Schulzeit sowie die Bedingungen eines sensiblen und sensibilisierenden Unterrichts miteinander zu bedenken und zu bestimmen, so daß zumindest die Perspektive auf eine »Schülerschule« damit aufgenommen wird.

Das Kapitel »Leben und Lernen in der Schule« hat keinen Kurscharakter. Die einzelnen Themen können je nach Entwicklung der Klasse in beliebiger Folge aufgegriffen werden. Gleichzeitig bietet sich hier eine natürliche Verschränkung mit dem übrigen Unterricht an, so daß immer dann, wenn der Religionslehrer zugleich Klassenlehrer ist, diese Buchseiten auch Inhalt anderer Stunden sein können.

Unser Kapitel »Leben und Lernen in der Schule« markiert den Anfang des Religionsbuches (Seiten 5–16) und zugleich dessen Ende (Seiten 87–94), also jenen Bezugsrahmen, in dem der schulische Religionsunterricht stattfindet.

Die meisten Seiten verbinden Fotografie und Zeichnung. Die Fotos spiegeln reales Schulleben aus rheinischen Grundschulklassen.

Wir waren besorgt, nur in solche Schulen zu gehen, die unter den üblichen alltäglichen Bedingungen arbeiten, wie sie landauf, landab gegeben sind, so daß unsere Fotos ungestellte Dokumente des überall und jederzeit Möglichen sind, wenngleich sie auch belegen, welch besonderem Engagement und Können sie ihre faszinierende Atmosphäre verdanken. Die Zeichnungen kommentieren die Fotos auf einer Meta-Ebene, und wie zu hoffen ist, mit Phantasie und Witz, so daß sie vor allem den Kindern Freude bereiten. Es sind verfremdete Identifikationsangebote, deren Handlungsmuster man übernehmen, aber auch belachen oder als Anstoß zum eigenen Fabulieren und Weiterspinnen aufnehmen kann. Jede dieser Seiten ist als Anstoß und Grundlage für ein Unterrichtsgespräch über die eigene Schulwelt gedacht, also nicht dekorative Ergänzung, sondern nonverbale, die Möglichkeiten des Schulanfängers respektierende Arbeitsvorlage. Ihre Tendenz zielt auf gemeinsame Lernprozesse, die zunächst noch fremde, ungestaltete Schulrealität so zu verändern, daß sie für alle Kinder Geborgenheit und eine Erweiterung ihrer Heimat bieten kann.

Lernen als räumliche Erfahrung

»Der Mensch befindet sich nicht im Raum, wie ein Gegenstand sich etwa in einer Schachtel befindet, und er verhält sich auch nicht so zum Raum, als ob zunächst etwas wie ein raumloses Subjekt vorhanden wäre, das sich dann hinterher auch zu einem Raum verhielte, sondern das Leben besteht ursprünglich in diesem Verhältnis zum Raum und kann davon nicht einmal in Gedanken abgelöst werden.«[1]

Die Raumerfahrung des Menschen ist nicht nur in seinen bewußten Wahrnehmungen und Tätigkeiten gegeben, sie ist vielmehr grundlegender Teil seiner Existenz.

Die familiäre Lebenswelt, der Charakter des Hauses, der Nachbarschaft, des Dorfes oder der Stadt, die umgebende Landwirtschaft, das alles sind Raumbezüge, in denen der Mensch sich orientieren und selbst verstehen lernt, und je nach Zuordnung und Qualität dieser verschiedenartigen Räume bleiben lebenslängliche Gestimmtheiten konstitutiv.

Die Schule hat in dieser räumlichen Bestimmung des Menschen wesentlichen Anteil. Sie sendet mit der Außenwirkung ihrer Gebäude, ihrer langen Flure und gleichförmigen Klassenzimmer, mit der Funktionalität ihrer Tafeln, Kartenständer und sonstigen Möbel über viele Jahre Botschaften aus, die für die meisten Schüler niemals bewußt gelesen, dafür aber um so auswegloser mit Leib und Seele verinnerlicht werden. So wie wir alle einmal als Kinder zur Schule gingen, haben wir dieses erste Schulhaus mit sämtlichen Sinnen in uns aufgenommen: Unverlierbar für ein Leben sind die Gerüche der geölten Fußböden, die Arbeitstische mit ihren Tintenklecksereien, die Ausdruck der Langeweile wie der kindlichen Vergewaltigung sein konnten; für immer gegenwärtig bleiben der riesige Kohlenofen mit dem schwarzen Blechschirm, das um zwei Stufen erhöhte Lehrerpult, der hohe Schrank, der fast nie geöffnet wurde, die seelenlosen Bilder, seinerzeit sowohl durch den konfessionellen Status wie durch die politischen Verhältnisse diktiert; und unvergeßlich ist der Platz in der Klasse, die Deckung, die er bot, die Ausgeliefertheit, die er bedeutete. Alles in allem eine öde Erinnerung, die nachschwingt und mitwirkt, wenn es um »Schule« geht.

Aber auch die modernen Bauten, um die man zeitweilig die Nach-

[1] *Otto Friedrich Bollnow,* Mensch und Raum, Stuttgart 1963, 23.

geborenen beneidete, haben längst ihren architektonischen Offenbarungseid geleistet: mit ihren unstrukturierten Flächen, dem künstlichen, schattenlosen Licht, der Bewegungsführung auf einer einzigen Ebene, der Isolation von Außenreizen, der thermischen Gleichförmigkeit ... eben einer einlinig, nur auf Instruktion gerichteten Funktionalität, die letztlich das Lernen des Kindes gerade deswegen behindert, weil die ganzheitliche Art des Lernens mit Leib, Seele und Geist beschnitten ist. »Was uns erschöpft, ist die Nichtinanspruchnahme der Möglichkeiten unserer Organe, ist ihre Ausschaltung, Unterdrückung; ist der ›negative Streß‹ – viel schlimmer, weil viel allgemeiner und noch viel weniger durchschaut als der aktuale Streß. Was aufbaut, ist Entfaltung. Entfaltung und Auseinandersetzung mit einer mich im Ganzen herausfordernden Welt.«[1]

Es geht bei der Frage nach der Architektur unserer Schulen und der Einrichtung unserer Klassenzimmer also nicht um vordergründige Fragen einer ästhetischen Gestaltung, sondern um ein grundlegendes Verständnis der anthropologischen Bedeutung des Lernraumes.[2] Hier steht im Ansatz die Frage nach dem, was wir unter Schule und Lernen verstehen wollen, zur Disposition, denn immer schon waren die bauliche Gestalt der Schule und das Erscheinungsbild des Klassenzimmers der gegenständliche Ausdruck dessen, was in diesen Schulen geschah.

In jedem Fall bedeuten Schulhaus und Klassenzimmer eine Vor-Ordnung der schulischen Sozialisation. Im Regelfall erscheint der Raum total vermessen und auf den hergebrachten Typ des Frontalunterrichts hin funktionalisiert. Den Erstklässlern wird durch diese Vor-Ordnung (und längst früher schon durch jene Vor-Ordnung, die die Schule in der Erinnerung der Eltern hinterlassen hat) klar, daß ihre bisherigen freien Lernerfahrungen nicht mehr zählen, sondern allein die Impulse und Aufgaben, die der Lehrer im Rahmen seines steifen Unterrichtsreglements stellt. Es bedarf lediglich weniger Wochen, und sie werden nur noch im Rahmen der traditionellen Disposition aktiv.

Was hier zuerst geschehen sollte, ist eine »Zurücknahme von Schulbestimmtheit«[3]. Im Klartext heißt das: Verzicht auf die gewohnte Standard-Ausstattung der Klassenzimmer, statt dessen ein gemeinsames stetiges Einrichten des Klassenraumes nach eigenen Bedürfnissen und Möglichkeiten. »Dadurch, daß man sich in einem

[1] *Hugo Kükelhaus*, Unmenschliche Architektur. Von der Tierfabrik zur Lernanstalt, Köln [4]1978.

[2] Vgl. *Friedemann Maurer*, Lernen als räumliche Erfahrung, in: Die Deutsche Schule 73 (1981).

[3] Vgl. *Hildegard Kasper (Hrsg.)*, Vom Klassenzimmer zur Lernumgebung. Bausteine für eine fördernde Grundschule, Ulm 1979, 22; vgl. *Hildegard Kasper*, Erfahrung und Lernen im Raum, in: Halbfas / Maurer / Popp (Hrsg.), Neuorientierung des Primarbereiches. Band 5: Lernwelten und Medien, Stuttgart 1976, 164–197.

Raum ›einrichtet‹, schafft man nicht nur eigene, einem selbst und seinen Zwecken und Bedürfnissen gemäße Ordnungen, vielmehr haust man sich damit leibhaft in einen Raum ein, verankert sich mit seinem Ich in diesem bestimmten Ort. Die Zerstörungswut in der modernen Massenschule, die Achtlosigkeit und Schlamperei im Umgang mit Mobiliar und Arbeitsmaterialien hat nicht zuletzt mit der Unbezüglichkeit der Räume zu den Lehrern und Schülern, mit deren Funktion als bloßen Aufenthalts- und Durchgangsstationen zu tun, natürlich auch mit der Flüchtigkeit der sozialen Kontakte, den normierten und objektivierten Lernprozessen und -inhalten. So wie die Unwirtlichkeit der Unterrichtsräume eine Identifikation mit der Welt der Schule, ihren Forderungen und Aufgaben erschwert und einen ›geheimen Lehrplan‹ gegen das offizielle Curriculum stellt, duldet sie keine legitimen Spuren des Ich im Raum, denn Eigenes stört den objektiven Gang des Unterrichts, die anderen Klassen, den Putzvorgang. Ein Schulzimmer hat eben wie ein Schulzimmer auszusehen. Und seit jeher wußte sich das gekränkte Subjekt zu rächen, indem es mit Taschenmesser und Tintenkuli seinen Protest, seinen Schmerz, seinen Hohn und Spott gegen diese Exkommunikation des Ich aus der Schulwelt stumm in die blanken Tische ritzte. In so bestimmten Schulräumen kann sich kein Spiegel für die eigene Lernbiographie ausbilden, in ihnen findet man eher Anhaltspunkte zu deren Verhinderung, Elemente einer Pathographie des Lernens.«[1]

Soweit es hier jetzt um eine positive Beschreibung stimulierender Schulräume geht, ist nur ganz beschränkt eine konkrete Detailangabe möglich. Grundrisse, Inventarlisten und Schmuckobjekte bestimmen ja ebensowenig den Charakter eines Klassenraumes, wie allgemeine Regeln über Formen, Farben und Mengenverhältnisse nicht die Individualität und Wohnlichkeit einer Wohnung ausrichten. Immerhin: Ein paar Grundsätze sind möglich, die der eigenen Praxis Anhaltspunkte sein können.

Erstens: Die räumliche Qualität eines Klassenzimmers ist nicht von außen bestimmbar, sondern nur als innere Erfahrung von Schülern und Lehrer, d. h. als Resultat gemeinsamen Lernens. Es kommt nicht auf die Perfektion der Einrichtung an, sondern auf den gemeinsamen Prozeß der Einrichtung bzw. Veränderung und Nutzung des Raumes. Wo Klassenzimmer lediglich Aufbewahrorte sind mit fremdbestimmten Verhaltensanweisungen und ohne Möglichkeiten vielfältigen Tuns, sind sie auch bei modernstem Inventar steril. Erst wo das Leben der Kinder sich seinen Ausdruck im Raum schaffen kann, entstehen beseelte Räume.

[1] *Friedemann Maurer,* a.a.O., 260 f.

Zweitens: Nicht der Schuletat definiert den Maßstab des Möglichen, sondern die Phantasie und das Engagement von Lehrer und Schülern. Es müssen nicht Neuanschaffungen sein, um ein Klassenzimmer in einen Wohn- und Arbeitsraum zu verwandeln. Mit gestapelten Kisten und alten Möbeln, die anderswo ausrangiert werden, lassen sich originelle Einrichtungen schaffen, die genau auf den Stand des jeweiligen Klassenlebens abgestimmt sein können.

Drittens: Je jünger die Kinder sind, um so wichtiger ist die Wohnlichkeit des Klassenzimmers. Für viele Kinder ist der Bruch zwischen häuslicher Wohnatmosphäre und der nackten Unwirtlichkeit des konventionellen Klassenzimmers belastend. Sie empfinden die Lieblosigkeit dieser Schulwelt und »wissen« vom ersten Schultage an, daß man es dort nicht länger aushält, als es unbedingt sein muß. Oft sind es betont schulfremde Dinge, die dem Klassenraum eine stärker wohnliche Note geben können: zum Beispiel eine Uhr, deren Glokkenschlag diesen Klassenraum unverwechselbar gegenüber allen anderen macht; oder eine Kommode, ein Sofa bzw. Sessel für die Leseecke, ein Teppich, ein gewöhnlicher Holztisch ... aber auch Blumen und Tiere, ein Lieblingsspielzeug, Puppen.

Viertens: Ein Klassenzimmer muß veränderbar sein. Insbesondere muß die Zuordnung der Arbeitsplätze variabel bleiben. Es geht nicht darum, bestimmte Anordnungen der Tische *gegen* andere Ordnungen auszuspielen. Sowohl die dem Frontalunterricht entsprechende Aufreihung der Sitzplätze als auch ein Arrangement in Hufeisenform sind auf jeweils unterschiedliche Zwecke hin ebenso legitim und notwendig wie die Bildung kleinerer Arbeitsgruppen. Wichtig ist gleichzeitig, die Tische an die Wände schieben zu können, damit ein freier Platz entsteht für den großen Sitzkreis zum Erzählen und Spielen. Grundordnungen für den Religionsunterricht sind a) die Anordnung der Arbeitsplätze in Hufeisenform, b) dezentrale Arbeitsgruppen, c) der (tischfreie) Sitzkreis.

Fünftens: Neben der allgemeinen Unterrichtszone ist eine Gliederung des Klassenraumes in funktionsverschiedene Zonen wichtig. Diese Differenzierung ist natürlich nicht vom ersten Schultag an möglich, sondern *Ergebnis* des sich auffächernden Lernprozesses. Zunächst mag eine abgeschirmte Bücherecke entstehen mit Literatur aller Art. Natürlich dominieren in den Anfangsklassen die Bilderbücher und großzügig illustrierte Werke. Aber auch Spiele zur Stillbeschäftigung und schöne Dinge zum Anschauen gehören hierhin. (Mehr über die Leseecke siehe Band 3 von Religionsbuch und Lehrerhandbuch). Eine andere Zone gehört den manuellen Beschäftigungen.

Hier finden sich Werkzeuge und Materialien. In einer dritten Zone können Einzelarbeitsplätze eingerichtet sein, z. B. für Diktate nach Diktaphon, Übungen mit den Aufgaben der Übungskartei, Betrachten von Dias oder Hörbildern mit dem für individuellen Gebrauch konstruierten Ton-Dia-Projektor.

Sechstens: Außergewöhnlich wichtig sind die Menge und die offene Zugänglichkeit vielfältiger Materialien. Für die Arbeitsmöglichkeiten einer Grundschulklasse ist nahezu alles brauchbar: Papiere jeder Art und jeden Formats, Kartons, Farben, Stifte, Pinsel, Bindfäden, Drähte, Korken, Rollen, Metallfolien, Schnittholzreste, Stoffreste, Joghurt-Becher, Strohhalme, Bast, Wolle, Watte ... also Bastelmaterialien jeglicher Art. Dazu kommt eine Grundausstattung mit Werkzeugen und Hilfsmitteln: Jedes Kind braucht eine Schere, Leim, Zeichen- und Malutensilien. In die Klasse gehören außerdem Hämmer, Zangen, Schraubenzieher, Nägel, Klemmzwingen und ähnliche Werkzeuge, je nach Art der manuellen Arbeiten.

Natürlich haben diese Dinge nur Wert, wenn sie geordnet untergebracht werden. Dazu sind leere Schachteln und Dosen, zu Systemen aufgereiht, geeignet. Sie kosten nichts, gestatten beliebige Neuordnungen und leiten die Kinder an, mit Vorräten und Werkzeugen sachgerecht umzugehen.

Unverzichtbar sollten auch Gerätschaften für ein gemeinsames Essen und Trinken sein, also Tassen und Teller (notfalls aus Plastik oder Pappe), Messer und Löffel und für Besucher eine Tee- oder Kaffeemaschine, die irgendein Haushalt übrig hat.

Siebtens: Sobald sich die unterrichtlichen Aktivitäten verzweigen, ist die Einbeziehung von Nebenräumen, Sonderräumen und Fluren in den Aktionsbereich der Klasse wünschenswert. Natürlich ist eine solche Erweiterung des Bewegungsraumes und der Kontaktebenen nicht ohne Kooperation innerhalb des Kollegiums denkbar. Skeptische Vorbehalte resultieren jedoch immer aus mangelhafter Erfahrung. Wer einmal gesehen hat, wie Schüler verschiedener Klassen mit eigener Stillarbeit einen Flur bevölkern – sie nehmen eine Teppichrolle mit und setzen sich darauf –, wird begeistert sein und alle Vorbehalte aufgeben.

Die Befolgung dieser sieben Ratschläge schafft noch nicht »automatisch« Räume, in denen sich Kinder wohlfühlen, denn das Klassenzimmer ist eine »abhängige Variable«, die vor allen Dingen durch die Person des Lehrers und das soziale Miteinander der Schüler qualifiziert wird. Entscheidend ist darum, ob das Klassenzimmer als ein Raum des Mit- oder Gegeneinanders erlebt wird, als Ort der Anregung und Freude oder der Kontrolle, Mißgunst und der tödlichen Langeweile. Doch spricht alles dafür, daß der gemeinsame Lernprozeß, der zum bewohnten Klassenzimmer führt, allen Schülern die Möglichkeit anbietet, sich mit diesem Raum zu identifizieren. Dann gewinnen Schulräume jene bedeutsame moralische Dimension, in der sich Verantwortung und Gesittung ausbilden können.

Im Klassenzimmer S. 6–9

Die rechte und linke Buchseite stehen in einer inneren spannungsreichen Beziehung zueinander. Wir betrachten zunächst das Bild auf der linken Seite.

Es zeigt ein Gemälde des schwedischen Malers Peter Tillberg (geb. 1946), »Blir du lönsam, lille vän? (Wirst du wohl mal Nutzen bringen, Kleiner?)«, 1971/72, Öl auf Leinwand, 200 × 310 cm, Moderna Museet, Stockholm. Wir zeigen nur drei Tischreihen der in fünf Tischreihen gegliederten Schulklasse, von der man leider sagen darf, daß sie den am meisten verbreiteten Typ schulischer Behälterarchitektur repräsentiert. Tillberg hat den Raum zentralperspektivisch konstruiert. »In dem hellen Quader folgt alles, was sich in die Tiefe erstreckt, unmittelbar den Fluchtlinien: die Milchglaskugeln der Lampen sind an ihnen aufgereiht, und die Schüler sitzen diszipliniert an den Einzeltischen, die so exakt hintereinanderstehen, als könne kein Mutwille, aber auch keine pädagogische Maßnahme diese Ordnung je stören. Durch den weiten Winkel der Perspektive wirken die hinteren Schüler unendlich fern und doch hat der Lehrer alle im Blick.

Die Pinnwand mit den Schülerbildern, das Regal (beides im linken Bildteil, den unser Ausschnitt nicht zeigt) und das Bild unterstreichen mehr das Funktionale des Raumes, als daß sie ihn beleben. Gerade das kleine Bild, das fast verloren an der großen kahlen Fläche der Rückwand hängt, verdeutlicht das Hoffnungslose des Versuchs, den ästhetischen Bedürfnissen der Kinder entgegenzukommen. Auch wenn der Himmel und die Landschaft draußen dem kühlen Grau des Raumes keine andere Farbe entgegensetzen, bilden die Wolkenballen und die Schatten der Gebüsche draußen einen fast lebendigen Kontrast zu den geometrischen Formen im Inneren – aber die Fenster haben keine Griffe zum Öffnen. Es fällt schwer, sich das Verhalten der Schüler in diesem Raum anders vorzustellen, als sie es im Bild zeigen; die stumpfe Aufmerksamkeit, mit der fast alle dem Geschehen folgen, das sich an der Tafel abzuspielen scheint, paßt zu ihrer Umgebung. In Tillbergs Schule ist alles wohlgeordnet; das Lernen folgt unterrichtsökonomischen und fachlichen Prinzipien, aber soziale, praktische oder ästhetische Erfahrungen bleiben auf der Strecke: Wirst du wohl mal Nutzen bringen?«[1]

Der Realismus der Darstellung läßt (zumindest unsere Kinder) im ersten Augenblick stutzen, ob es sich nicht doch um ein Foto handelt. Sieht die eigene Klasse ähnlich aus? Was ist darin anders? Sitzen wir auch so isoliert, um Berührung und Gespräch mit unseren Mitschülern zu erschweren oder zu verhindern? Und ist der einzige leere Platz in dieser Klasse etwa dem Betrachter reserviert? Die Gesichter der Schüler lassen nicht darauf schließen, daß es eine Lust sein könnte, in diese Schule zu gehen.

Auch unsere Bärenhorde, die auf der gegenüberliegenden Buchseite ihr Allotria treibt, scheint der Meinung zu sein, daß eine solche Schule ein trauriges Schicksal ist, das man keineswegs einfach hinnehmen soll. Einige schauen neugierig, wohl auch kritisch und mißbilligend in den toten Klassenraum. Oben links der Bär hat bereits aus Zeitungspapier einen Flieger gefaltet und schickt ihn als Botschaft in den ereignisarmen Raum. Los, bewegt euch! soll das heißen, macht etwas aus eurer Schule! Der Ball und der Luftballon verweisen auf die Kinderwelt, die auch einer Schule nicht fremd bleiben muß. Eine Reihe anderer Bären aber hat sich vom traurigen Geschehen dieser Schulklasse bereits getrennt und ist gerade dabei, diese Schulbuchseite möglichst schnell umzublättern, um sich schöneren Bildern zuzuwenden. So sehen wir denn auch schon nicht mehr den unteren Teil der Seite 7, sondern gleich einen Zipfel der Seite 9, auf der sich offensichtlich eine schulische Alternativwelt entfaltet.

Die aufgeschlagene Doppelseite 6/7 stellt also nachdrücklich die Frage nach dem eigenen Leben und Lernen in der Schule. Es muß nicht so sein, daß unsere Schulanfänger gleich eine fertig eingerichtete Schulwelt vorfinden – es muß auch nicht jener Stil sein, den unsere Fotos zeigen – aber die Anregung und Ermutigung, diese neue Welt nun auch mit eigenen Ideen zu gestalten und sich schrittweise darin einzuhausen, sollte doch von diesen Bildern und ihren Fortsetzungen auf den nächsten und den letzten Seiten des Buches ausgehen.

Die folgende Doppelseite 8/9 zeigt Ausschnitte eines tätigen und kommunikativen Zueinanders von Kindern in der Schule. Offensichtlich ist jedes Kind beschäftigt, aber nirgendwo auf sich selbst begrenzt und isoliert. Die Schüler können sich untereinander beraten, sie können aber auch die Lehrerin einbeziehen. Die Arbeitstische sind auf diesen Bildern so gruppiert, daß sie Gemeinsamkeit im Unterricht gestatten. Dabei entstehen Vierer- und Sechsergruppen, doch bietet der Klassenraum auch noch Platz für eine große Tisch-

[1] *Horst Schiffler/Rolf Winkler,* Tausend Jahre Schule. Eine Kulturgeschichte des Lernens in Bildern, Stuttgart 1985, 143 f.

runde, an der alle miteinander Platz finden (siehe S. 88). Zu beachten sind auch die Details: auf jedem Tisch steht ein Körbchen mit Scheren und Klebstoff, daneben Dosen für Stifte und kleine Abfälle. Der Umgang mit diesen Hilfen ermöglicht den Kindern von Anfang an eine selbstverständliche Ordnung und die Entwicklung ihres Sinns für gute Arbeitsbedingungen.

Wir richten uns ein S. 10–13

Die folgenden vier Seiten lenken den Blick auf einige Details des Klassenraumes. Bei allem, was hier als relativ fertige und gleichzeitig ästhetisch ansprechende Gestalt zu sehen ist, bleibt zu bedenken, daß wir hier in den Klassenraum einer Lehrerin blicken, die seit vielen Jahren konsequent im Sinne eines »Unterrichts in vorbereiteter Umgebung« arbeitet. Hier erben die Schulanfänger, was in den Arbeitsprozessen ihrer Vorgänger erworben werden konnte. Nicht zu übersehen ist bei diesem Ansatz jedoch die Aufgabe, den neuen Schülern jeweils die geistige Besitzergreifung ihrer schon kompletten Klasse zu ermöglichen. Das erfolgt einerseits durch die Ordnungsregeln, die der Klasseneinrichtung immanent sind, andererseits durch anfängliche Vorbehalte. So gibt es zum Beispiel am Schuljahrsbeginn noch keine Blumen und keine Tiere in der Klasse. Zuvor muß man darüber gemeinsam sprechen, ihre Pflege beraten, die Beschaffung erörtern, die Versorgung für Wochenenden und Ferienzeiten klären. Im übrigen ist es – einerlei in welchem Zustand die Kinder ihren Raum übernehmen – wohl immer so, daß die »Schulstube« als Wohn- und Werkraum der Kinder erst durch ihr gemeinsames Leben *entsteht.* Sobald alle einmal miteinander gegessen haben und deswegen Tassen und Teller in die Klasse gekommen sind, vielleicht auch eine Kochplatte und Voraussetzungen zum Spülen, sobald die Kinder gemalt, ausgeschnitten, geklebt und gebaut haben, sind Materialien und Werkzeuge beschafft worden und Dinge entstanden, zu denen man eine Beziehung hat und die man nun unterbringen muß.

Unsere Fotos zeigen eine Reihe von Ordnungssystemen, die zum Teil nichts kosten, aber in jeder Klasse von hohem Nutzen sind. Da gibt es schön beklebte oder einheitlich lackierte Schuhkartons für die zahllosen Bastelmaterialien, die im Laufe eines Schuljahres Verwendung finden können. Daneben ehemalige Waschmitteltrommeln, jetzt mit Kinderbildern bemalt, in denen größere Papierbögen aufbewahrt werden. Jedes Kind besitzt einen eigenen Ordner, in den die Arbeiten eines Schuljahres abgeheftet werden; auf diese Weise verlieren sie nicht auf den täglichen Schulwegen ihre Ansehnlichkeit, und am Ende eines Jahres liegt geschlossen vor, was der Unterricht entstehen ließ.

Das obere Foto auf Seite 12 zeigt, welch ansehnliche Bestände eine Klassenbibliothek gewinnen kann, wenn die Lehrerin Kontakt zu den Eltern ehemaliger Schüler bewahrt, die nun über diese Lektüre hinausgewachsen sind. Was hier in rot lasierten Obstkisten, die auf bemalten Kalksandsteinen stehen, den Schülern alltäglich zugänglich gemacht wird, inspiriert nicht von Anfang an den Unterricht, dient aber spätestens vom zweiten Schuljahr an der Förderung kindlicher Leselust. (Grundlegend hierzu → III, 49–67)

Die »Klassendienste«, die wir auf dem Foto darunter eingeteilt sehen, sind noch ganz auf die Leseunfähigkeit der Schulanfänger ausgerichtet. Jedes Kind hat sein eigenes Zeichen neben dem Namen. Unsere Schüler können überlegen, was es in dieser Klasse alles zu tun gibt, und von dort her, ob man in der eigenen Klasse dieselben oder andere Aufgaben im wöchentlichen Wechsel regeln muß.

Während der freien Arbeit (→ III, 34–38) finden die Kinder, die vor wenigen Wochen noch täglich den Kindergarten besuchten, Spielzeug, das ihnen ein Einleben in der Schule und die freundschaftliche Kooperation untereinander erleichtern hilft. »Es gehört zu den Besonderheiten der freien Arbeit, daß Einstieg, Ablauf und Ergebnis einer einzelnen Stunde nicht in gleicher Weise vorgeplant werden können wie eine herkömmliche Unterrichtsstunde, in der der Lernprozeß der Kinder nach einem vorfixierten Zeitablauf gesteuert wird; vielmehr wählt in der freien Arbeit jedes Kind *sein* Material, sein Fach und arbeitet nach eigenem Zeitplan, nach eigenem Tempo, mit eigener Intensität und Konzentration, mit eigenem Ergebnis . . . Freie Arbeit bedeutet für den Lehrer, daß er seine volle Konzentration auf alle Kinder richtet, die im Regelfall alle einzeln oder in kleinen Gruppen mit verschiedenem Material arbeiten. Er muß sensibel dafür sein, sofort zu bemerken, ob und wann ein Kind in der Arbeit festgefahren, verunsichert, demotiviert, mutlos ist. Er muß mit pädagogischem Takt abschätzen, wie seine Hilfe aussehen darf und *mit* dem Kind zusammen Wege zu Lösungen oder weiterführenden Informationen suchen. Vor allem aber muß der Lehrer lernen, mit Kindern Geduld zu haben, sie nicht oder nur ganz vorsichtig zu drängen. Kinder *wollen* lernen und Kinder *wollen* arbeiten – das sollte man sich immer wieder vor Augen halten, bevor man in eine passive Situation eines Kindes eingreift. Ich konnte feststellen, daß häufig gerade in den sogenannten Pausen während einer freien Arbeitsstunde wichtige Lern- und Entscheidungsprozesse ablaufen.«[1]

[1] *Hanne Mayer-Behrens,* Freie Arbeit in der Grundschule. Anregungen zu einem zentralen Thema der inneren Schulreform, Dorsten 1983, 48.

Auf der unteren Hälfte der Seite 13 findet sich noch eine Anleitung zum Falten einer einfachen Schachtel, die haltbar genug ist, um Klein-Utensilien am Arbeitsplatz aufzunehmen, die – in größerer Zahl aneinandergereiht – aber auch ein Ordnungsraster für viele Dinge im Klassenzimmer liefern. Die Schüler können anhand der Zeichnung diese Schachtel selbst falten (ohne Klebstoff!) und werden erfreut sein über diese Erfahrung, die ihnen hilft, kleine Geschenke in Zukunft in einer gefälligen Form selbst zu verpacken, denn durch ein geringfügig verändertes Maß läßt sich zur Schachtel auch ein Deckel fertigen.

Lernen als Umgang und Gesittung

Die ungewohnte Formulierung mag auf eine in Vergessenheit geratene Sache verweisen: Das Wort Schule leitet sich vom griechischen *scholä* ab, dessen Grundbedeutung mit Muße wiedergegeben werden kann. Angesichts eines auf formale Leistung und Arbeit getrimmten Ausbildungswesens wirkt diese etymologische Herkunft des Wortes Schule schon fast peinlich, weil meist alles andere in der Schule eher gefunden wird als gerade Muße. Solange aber Schule auf ihren pädagogischen Anspruch, den sie von Hause aus mitbringt, nicht verzichten will, muß sie sich unaufhörlich ihrer musischen Herkunft erinnern, weil ihre pädagogische Qualität nicht primär einem äußeren Reglement entspricht, sondern der Art des Umgangs miteinander und der Gesittung, die darin wurzelt.

Mehr negativ gewendet hat der amerikanische Pädagoge Jules Henry diesen Sachverhalt so geschildert:

> Als Rauschen bezeichnet man in der Nachrichtentheorie all jene zufälligen Schwankungen im System, die nicht unter Kontrolle gehalten werden können. Sie ergeben Signale, die nicht Teil der Nachricht sind; den besonderen Klang, den die Stimme durch die Beschaffenheit der Telefonleitung erhält; die Störgeräusche im Radio und so weiter. In einer Rechenstunde beispielsweise wären zum Rauschen die Konkurrenz der Schüler, die Eigenart einer Lehrerstimme (»Ich erinnere mich genau, mit welcher Betonung sie zu mir sagte, ich solle mich hinsetzen.«) und auch das Scharren von Kinderfüßen zu zählen. Das Eindrückliche am Kind ist, daß es zusätzlich zu seinem Rechnen – den Informationen übers Rechnen – alles Rauschen im System mitlernt. Dieses Unvermögen, einen Fachgegenstand zu lernen, ohne das Rauschen mitzulernen, stellt für ein Geschöpf wie den Menschen, das so stark zum mehrphasigen Lernen hinneigt, einen erheblichen Unsicherheitsfaktor dar. Dies ist auch der Grund, weshalb ein um Objektivität bemühter Beobachter nicht zu sagen weiß, was nun wirklich in einer Unterrichtsstunde gelernt wird: das Rauschen oder der offizielle Unterrichtsgegenstand. Aber – und das sollten wir festhalten – letztlich ist doch das Rauschen der wichtigere Unterrichtsgegenstand, und nicht die Information (sagen wir: Rechnen oder Rechtschreiben). Die bedeutsamen gesellschaftlichen Lernprozesse – besonders die Übermittlung der gesellschaftlichen Bedürfnisse – finden auf der Ebene des Rauschens statt.[1]

Das Rauschen im Schulsystem ist natürlich allgegenwärtig. Es wird bestimmt durch den Charakter des Gebäudes und das Aussehen des Klassenzimmers, durch den Empfang am Morgen, die Vorgänge an der Garderobe, die Pausenzeichen, die Begrüßung, die Gespräche und Spiele untereinander, die Art, wie das Frühstück eingenommen wird, wie man aufeinander eingeht, von den Geburtstagen der Kinder Notiz nimmt, miteinander singen und feiern kann . . . Es gibt

[1] *Jules Henry,* Der erlebte Albtraum, in: betrifft erziehung 5 (1973) 23.

keine Schule ohne dieses Rauschen, aber was Schule von Schule unterscheidet, ist die Frage, ob es verletzend erfahren wird oder fördernd. Wesentlich dafür ist die Grundeinstellung des Lehrers, seine Hinwendung zum Kind, die Freude, die er empfindet, mit Kindern gemeinsam zu sein und ihnen zu helfen, ein wahrhaftiges Leben zu führen.

Eine solche Beziehung zum Kind wird sich in allem äußern, was Lehrer und Schüler miteinander verbindet: Die Begrüßung am Morgen ist persönlich, mit einem offenen Blick für jedes einzelne Kind; zur großen Pause flüchtet der Lehrer nicht gleich ins Lehrerzimmer, sondern frühstückt gemeinsam mit seiner Klasse; die Jahreszeiten werden mit all ihrem Brauchtum abwechslungsreich gefeiert ... In solchen Vorgängen gewinnen die Kinder eine selbstverständliche, ruhige Disziplin und freundliche Umgangsformen. Man muß ihnen also nichts aufreden oder durch »Maßnahmen« abtrotzen. Die alltäglichen Lebensvollzüge in der Klasse sind aus ihrer inneren Form heraus mächtig genug, unter den Kindern eine Gesittung zu fördern, die selbst dann zur freundlichen Selbstverständlichkeit wird, wenn die Kinder aus Milieus vernachlässigter Umgangsart stammen.

Gemeinsam essen S. 87–91

Dem gemeinsamen Tisch widmen wir in unserem Unterrichtswerk im Sinne einer fundamentalen Sakramentserziehung ein bevorzugtes Augenmerk. Es sei dem Lehrer empfohlen, sich über diese innere Linie von Anfang an zu informieren, damit auch die ersten Schritte im Wissen um den weiteren Weg getan werden können (→ S. 65–72; II, 106–114; 120–124; 354–357; 392–394; 474–486; III, 45 f; 214–221; 319–340; 354–369; 408–429; 538 f; 560; IV, 445 f; 517–523).

Zwar ist es in allen Schulen üblich, daß die Kinder *gleichzeitig* ihr Frühstück essen, aber es ist eine Seltenheit, daß sie es auch jeweils *gemeinsam* tun. Und doch gibt es nichts anderes im täglichen Schulleben, das den Kindern so viel Formempfinden, natürliche Frömmigkeit (→ III, 412–418) und erlebbare Gemeinsamkeit vermitteln kann, wie das gemeinsame Schulfrühstück. Unsere Fotos auf fünf Seiten erzählen, wie es gestaltet werden kann, wie es in das Leben, die Verantwortung und den Ordnungssinn der Kinder eingebunden wird. Wer mit seinen Schülern diese Seiten anschaut, müßte es eigentlich schwer haben, einer solchen Praxis im eigenen Klassenraum auszuweichen. Die Erfahrung des gemeinsamen Essens, die das Religionsbuch für das 3. Schuljahr auf den Seiten 116–118 spiegelt, sollte ihren Wurzelbereich in der täglichen Gemeinsamkeit des Schulfrühstücks finden.

Viele Kinder kommen ohne richtige Morgenmahlzeit in die Schule, haben nur mit Hast und Unruhe ein Brot gegessen, oft nichts Warmes getrunken und bringen nicht selten ungesundes Naschwerk mit. Es ist nicht immer leicht, hier Eltern zum Umdenken zu bewegen. Wer die Fotos auf den Seiten 87 und 90 f anschaut, kann vielleicht ermessen, was die hier gezeigte Küchenecke für die Lebensform dieser Klasse bedeutet. Hier wird jeden Morgen ein Kräutertee für alle gekocht, zum Brot gibt es also ein warmes Getränk, das verleiht der Mahlzeit mehr Gewicht. Vor allem aber sitzen alle miteinander an einem Tisch (Resopalplatte auf zwei Schülerarbeitstischen). Hier lernt man, gemeinsam zu beginnen und erst aufzustehen, wenn alle fertig sind, hier werden Geburtstage miteinander gefeiert und wichtige Absprachen getroffen. Bisweilen macht es den Kindern auch Freude, während des Frühstücks eine spannende Geschichte in Fortsetzungen zu hören.

Ordnungsdienste S. 87, 89–91

Ein anderer Aspekt des gemeinsamen Essens sind die damit verbundenen Ordnungsdienste. Die Lehrerin assistiert nur, sonst liegt alles in der Verantwortlichkeit der Kinder. Maria Montessori nennt solche Aufgaben die »Übungen des täglichen Lebens« und schätzt sie als unentbehrlich für die Entwicklung kindlicher Selbständigkeit und Verantwortungsbereitschaft.

Um eine solche Küchenecke einrichten zu können, wie sie unser Religionsbuch modellhaft vorstellt, ist die Mithilfe der Eltern wichtig. Im Religionsbuch für das 4. Schuljahr findet sich auf Seite 117 f ein Brief an die Eltern, der modifiziert auch an die Eltern der Erstklässler geschrieben werden kann. Man kann diesem Schreiben eine Liste beilegen, die alle Dinge benennt, für die die Schule dankbar ist. Es fällt jedem Haushalt leicht, hier mit irgendeinem nützlichen Teil zu helfen. So kann im Handumdrehen eine Küchenecke entstehen, die zum Rückgrat für viele gemeinsame Anlässe wird. (Über die Zusammenarbeit mit den Eltern → IV, 77–84)

Im übrigen zeigen die fotografischen Einblicke in den vorgestellten Klassenraum, daß es hier unterschiedliche Funktionen gibt, z. B. Informationsbereiche, die Tee-Küche, den festen Sitzkreis, die Tischgruppen für Einzel- und Partnerarbeit, den Lesebereich (Leseteppich), den Spielbereich, Ausstellungsbereiche, Zonen für Blumen, Pflanzen und Tiere, Ordnungsbereiche für die Aufbewahrung von Materialien, die sich auch im Schulflur oder in einem Nebenraum unterbringen lassen. Wie auch immer hier die »Einrichtung« erfolgt, sie bedarf der ständigen Überprüfung und Veränderung im Gefolge der stattfindenden Lernprozesse.

Lernen als Weg in die Stille

Unsere Zeit ist der Stille völlig entgegengesetzt. Sie ist erfüllt von Dynamik, Geschäftigkeit und Lärm – innerhalb der freien Zeit oft noch mehr als während der Arbeit. Es fällt schwer, dem Angebot elektronischer Unterhaltung etwas entgegenzusetzen, so daß von früh bis spät Musik und Wörter den Menschen umspülen. Das Erlebnis der Stille ist selten und vielen sogar unbekannt. Eher fühlen sie sich von der Stille bedroht, verbinden sie mit toter Leere und Langeweile, der um jeden Preis zu entfliehen ist. Von der Stille als einem Erlebnis zu sprechen, das nicht aushöhlt, sondern reicher macht, sie als einen Weg anzusehen, der in die Mitte führt, in der der Mensch zu sich (und zu Gott) kommt, weckt Ratlosigkeit. Notwendigerweise! muß man sagen, denn wo das Verhältnis zur Stille fehlt, weiß der Mensch auch nichts mit sich selbst anzufangen, und wer immer bei sich selbst unbehaust ist, fürchtet die Stille. Eine Folge dieser inneren Entfremdung ist die Verlagerung der Lebenssinne an die Peripherie. Dann gilt nur noch äußere Spannung als entspannend und zwar nach dem Gesetz der Droge: Nichts befriedigt über den Konsum hinaus, das Bedürfnis nach Lebenslust gerät in die Gefangenschaft der Unterhaltungsangebote und vermag sich meist ein Leben lang diesem Netz nicht mehr zu entwinden.

Und dennoch kann alle Veräußerlichung ein geheimes, meist unbewußtes Verlangen nach dem Segen der Stille nicht ersticken. Es ist das Wissen, daß uns die Stille mit dem Wurzelgrund der eigenen Existenz verbindet. Darum haben alle großen Religionen der Welt, insbesondere ihre mystischen Traditionen, und ebenso alle Schulen der Weisheit Wege in die Stille geführt. Meister Eckehart lehrt: »Nur in der Stille spricht Gott sein ewiges Wort in der Seele«.

Doch um diesen Raum der Stille zu finden, ist der gleiche Rat zu beherzigen, den Nan-in, ein japanischer Zen-Meister (1868–1912), einem Universitätsprofessor gab, der etwas über Zen erfahren wollte: Nan-in servierte Tee. Er goß die Tasse seines Besuchers voll und hörte nicht auf weiterzugießen. Der Professor beobachtete das Überlaufen, bis er nicht mehr an sich halten konnte: »Es ist übervoll. Es läuft daneben!« – »So wie diese Tasse«, sagte Nan-in, »sind auch Sie voll mit Ihren Meinungen und Spekulationen. Wie kann ich Ihnen Zen zeigen, bevor Sie Ihre Tasse geleert haben?«

Unsere bisherigen Überlegungen gelten nicht nur für einzelne Menschen, die ihr Leben ernst nehmen, sondern auch für Schulen, also für reguläre alltägliche Unterrichts- und Erziehungssituationen, ungeachtet der Tatsache, daß die Stille seit langem kein Thema mehr für Schulpädagogen zu sein scheint. Vielleicht kommt es vielen Lehrern und Schülern sogar zynisch vor, allen Ernstes die Schule mit Stille verbinden zu wollen, als sei für diesen Ort aufreibenden Lärmes nichts unmöglicher als gerade Stille und Schweigen.

Wahrscheinlich sind die folgenden Erfahrungen, die dem Schultagebuch von Job-Günter Klink[1] entstammen, für die heutige Schulverhältnisse kennzeichnend. Klink übernahm ein 7. Schuljahr einer Bremer Hauptschulklasse. Zu Beginn des Schuljahres notiert er am 6. September:

Um die Arbeit mit den Schülern gemeinsam planen zu können, wollte ich zunächst ihre Erwartungen erfahren: »Was wollen wir während der nächsten Wochen in den Gemeinschaftskundestunden machen?«

Elisabeth: »Wir wollen uns über die Lehrer unterhalten.« Gemeint waren die 7 Kollegen, die in der Klasse Fachunterricht geben werden. Bei einigen Namen waren beim Aufschreiben des Stundenplanes bereits Unmutsäußerungen laut geworden: »Da macht es keinen Spaß.« »Der nervt uns.«

Niko: »Wir wollen über Berlin sprechen.« (Gestern waren die Viermächtegespräche vereinbart worden.) Aus der Umgebung von Niko ein Stöhnen.

Anregung von mir: »Im Oktober sind die Bürgerschaftswahlen . . .«.

»Scheiße.« »Das macht keinen Spaß.«

Ich: »Wann macht etwas Spaß?«

Norbert: »Wenn es nicht zu lange dauert.«

Lothar: »Wir wollen einen Klassensprecher wählen. Darüber wollen wir sprechen.« Zustimmendes Gemurmel aus der Umgebung von Lothar.

Ich: »Was erwartet ihr vom Klassensprecher?« »Aufpassen.« »Die stören, soll er bestrafen.« Ich: »Soll er das?« Während bis jetzt die Unruhe so groß war, daß die einzelnen Beiträge kaum von allen akustisch zu verstehen waren, tritt bei dieser Frage eine gewisse Ruhe ein.

Der Klassensprecher soll bestrafen – er soll es nicht. Wie ich versuche, das Ja oder Nein begründen und das Wie erklären zu lassen, tritt die allgemeine Unruhe nach etwa 1 Minute des relativen Aufeinanderhörens wieder ein. Es gelingt mir nicht, ein Gespräch in Gang zu setzen.

Vorschlag von mir: »Wir müßten uns wohl darüber unterhalten, wie wir uns in der Klasse verhalten wollen, daß wir Gespräche führen können; dafür müßten wir Regeln aufstellen.« Zustimmung von einigen. Egon: »Wir wollen bestimmen, was gemacht wird!« Zustimmung.

Ich versuche, mit diesem Vorschlag wieder auf die Planung der Unterrichtsarbeit in den nächsten Wochen zurückzukommen: »Gut. Was wollen wir während der nächsten Wochen in Biologie behandeln?«

»Tiere.«

Ich nach längerem Warten: »Welche?«

»Die meisten haben wir schon gehabt.« »Die Ameise haben wir noch nicht gehabt.«

Ich: »Was meinen die anderen dazu?«

[1] *Job-Günter Klink*, Klasse H 7e. Aufzeichnungen aus dem Schulalltag, Bad Heilbrunn, 1974, 10–12. 145. J. G. Klink war Schulpädagoge an der Universität Bremen. Für das Schuljahr 1971/72 übernahm er den regulären Unterricht in Deutsch, Mathematik, Geschichte, Gemeinschaftskunde und Biologie.

Keine Antwort. Ich erzähle von einem Erlebnis, das ich mit meinem Gipsameisennest hatte: Wie sich Ameisen auf einer Duftstraße zurechtfinden und wie wir diese Duftstraße feststellen können. Wir könnten ein Ameisennest bauen.

Während der etwa 5 Minuten dauernden Erzählung wird die Klasse ruhiger. Alfred: »Das würde mich wohl interessieren, das könnte man mal machen.« »Nö, das ist nichts, wir wollen was vom Menschen machen.« Heftiger Widerstand! »Den haben wir schon ganz gemacht.« »Da wissen wir schon alles von.«

Ich, zögernd: »Sagt mal, wenn einer von uns Kopfstand macht und dann Wasser trinkt, kommt dann das Wasser in den Magen, wenn er schluckt, oder läuft es wieder zurück in den Mund?« Zunächst verdutztes Schweigen bei einigen, die Mehrzahl spricht mehr oder weniger leise weiter, Mädchen kämmen sich.

Lothar: »Das kommt nicht wieder in den Mund, das geht wohl in den Magen.« Hildegard: »Du bist ja blöd, Wasser fließt doch nicht nach oben.«

Lothar widerspricht nicht, Hildegard vertieft nicht: Das Problem ist nicht gelöst – es wird nicht weiter auf eine Lösung hin gedrängt.

Ich bitte Rolf nach vorn, er macht auf dem Schreibtisch einen Kopfstand, trinkt Wasser, schluckt, macht den Mund auf – das Wasser ist weg. Während des Versuches relative Ruhe.

Ich: »Wie kommt das Wasser rauf in den Magen?« Keine Antwort, keine Vermutung, kein Staunen, das ich bemerken könnte.

Während der ganzen Zeit (ca. 40 Minuten) eine mehr oder weniger große Unruhe. Unaufmerksamkeit, Schwierigkeit, die Klasse zu packen. Die Unruhe war für mich so ungewohnt, daß es mir schwerfiel, mich auf den zähflüssigen Gesprächsverlauf zu konzentrieren. Die Unruhe wurde bei der Darbietung (Erzählung, Versuch) geringer, steigerte sich aber sofort wieder, wenn Gesprächsversuche unternommen wurden. – Herr T. scheint recht zu haben, daß eine Gesprächsführung in der Klasse schwierig ist. Die Ursache hierfür muß ich herauszufinden suchen.

Wenn die Unruhe so groß wurde, daß die Beiträge der einzelnen nicht mehr akustisch aufzunehmen waren:

- wartete ich – darauf reagierte die Klasse nicht;
- sprach ich leiser – in der allgemeinen Unruhe fiel diese Änderung nicht auf;
- versuchte ich deutlich zu machen, daß bei einer solchen Unruhe eine Mitarbeit nicht möglich wäre – Zustimmung – aber keine Änderung;
- sprach ich einzelne an – kaum Erfolg, jedenfalls nicht länger als für einen Augenblick.

Ich drohte nicht, sprach keine Strafen aus, verwies keinen Schüler aus der Klasse und wurde nicht laut. Ich hatte den Eindruck, die Klasse legte meine Zurückhaltung als Schwäche aus. Meine Hoffnung, daß in der Stunde mit schriftlicher Aufgabenstellung die Klasse ruhiger arbeiten würde, stellte sich als trügerisch heraus.

Gegen Ende des Schuljahres, am 27. Juni, findet sich folgender Eintrag:

Gestern hatte ich eine Auseinandersetzung mit Kollegen E. Er wirft mir vor, ich praktiziere einen »antiautoritären laissezfaire Erziehungsstil«! . . .

Während der Stunden aßen Schüler. Das Essen störte mich sehr, ich versuchte, die Gewohnheit zu verändern. Durch meine Arbeit mit Studenten, zukünftigen Lehrern, war ich allerdings an mehr als nur Essen während der Übungen gewöhnt: Rauchen, Stricken, Schreiben, Lesen usw. Im übrigen, in wieviel Klassen wird heute während der Stunden nicht gegessen? Haben diese Klassen alle antiautoritäre Lehrer? Die Schüler verließen den Platz, wenn sie austreten wollten, ohne zu fragen. Ich weiß, daß sie auch rausgingen, wenn sie nicht »mußten«, sondern nur wollten. Ja, wie viele,

die heute fragen, wollen denn nur raus, ohne zu »müssen«? Verhielt ich mich hier antiautoritär?
Ich sagte irgendwann im letzten Jahr, daß ich keine Strafarbeiten aufgeben würde, die Kinder nicht nachsitzen lassen und nicht aus der Klasse werfen würde. Wenn Unruhe war, unterbrach ich den Unterricht, appellierte an die Einsicht, die getroffenen Vereinbarungen einzuhalten, sprach Erwartungen aus. Was tut in solchen Fällen Kollege E.?

Ja, was kann »in solchen Fällen« ein Lehrer tun? Die Mittel, die hier der Lehrer anwandte – seine Rede unterbrechen, abwarten, verbal um Mitarbeit werben, mit einzelnen Schülern sprechen –, verfingen allesamt nicht, über ein ganzes Schuljahr hinweg nicht, obwohl Ehrlichkeit und Engagement des Lehrers ungewöhnlich waren. Nur ein einziges Mal, am 10. Dezember, findet sich eine Reflexion, die über die sonstigen Disziplinierungsversuche hinausdeutet:

Wo können junge Menschen noch erleben, was Feier, gestaltete Muße ist, wenn nicht in der Schule? In vielen Familien erfahren sie es nicht. Kann die Schule allerdings den Ausfall in den Familien ersetzen?
Wie still die Schüler in den ersten Morgenstunden sind! Wie wenn sie die Ruhe genießen würden. Pflegen wir in der Schule Ruhe, Stille, Muße, geformtes Feiern genügend? Der nur schwer veränderbare affektive Bereich des Menschen bleibt in unserer Schule weithin unberührt, ungepflegt. Wir vernachlässigen seelische Bereiche, die für das soziale Leben grundlegend sind. Die Schule verarmt und in ihr der junge Mensch.

Mit dieser Überlegung wird sicherlich der wunde Punkt berührt. Es gilt zweierlei Arten von Stille auseinanderzuhalten: Den meisten Lehrern gilt die Unterdrückung von Lärm bereits als Stille und Ruhe. Hierzu dienen die üblichen Disziplinierungsmittel. Aber eine solche »Stille« ist äußerlich. Sie bleibt den Kindern aufgenötigt. Komplementär zu dieser Stille sind die heimlichen Störversuche, die gelangweilte innerliche Abwesenheit, der Tumult und die lärmende Aggression in den Pausen. Ganz anders die wirkliche Stille. Sie kann nicht gegen die Kinder durchgesetzt werden, läßt sich auch nicht durch Mahnungen, beschwörende Appelle und argumentative Reden herbeiführen. Aus diesem Grunde (und einigen mehr, die mit Fragen der Form zusammenhängen) scheitern die Bemühungen des Lehrers um eine ruhige Unterrichtsatmosphäre, in der die Schüler einander zuhören.

Man kann an der Stille am leichtesten ablesen, wie das pädagogische Klima des Unterrichts ist. Stille ist hier freilich nicht gleichzusetzen mit Schweigen und der Abwesenheit von Geräuschen. So, wie das Ticken einer Uhr erst die Stille des Raumes bewußtmachen kann, können das Gesumm ruhig miteinander sprechender Schüler, das Klappern der Scheren, das Rascheln von Papier die Stille des Unterrichts gerade unterstreichen. Eine solche Stille aber kommt von innen. Sie lebt aus der Hingabe an eine Sache, ist also Bedingung und Ausdruck dafür, daß die Kinder zu den Dingen des Unterrichts Kontakt gewinnen.

In den meisten Schulen entsteht keine ruhige Grundhaltung der Kinder, weil keine Arbeitsatmosphäre da ist, die sich über punktuelle Anlässe oder einzelne Stunden hinaus erhält. Um sie zu ermöglichen, ist ein behagliches und zu vielerlei Tun inspirierendes Klassenzimmer wichtig, sind Formen des Umgangs miteinander und Traditionen der Feier notwendig – und vor allen Dingen vielerlei Aktivitäten, die dem nur verbalen Frontalunterricht die Balance halten. Doch wie sehr alle diese Dinge eine gute Atmosphäre begünstigen, so sehr sind sie auch abhängig von der Fähigkeit und Bereitschaft zur Stille. Ein Unterricht, der wirkliches Interesse weckt, wird nur da möglich, wo nicht äußerliche Konsumhaltung, die Gier nach Kurzweil, Medienvielfalt und Sensation herrschen. Anders gesagt: Nur wo Schüler zur Stille befähigt werden, kommen ihre Worte von innen, ist ihre Arbeit Ausdruck innerer Haltung; nur wo Stille ist, sind Vorlesen und Erzählen möglich, weil die Kinder zuhören können; und nur wo Stille ist, können sie mit Farbe oder Ton ihren inneren Empfindungen im freien Gestalten angemessenen Ausdruck geben.

Mehr als jedes andere Fach ist der Religionsunterricht auf die Stille angewiesen. Was hier zu sagen und zu erfahren ansteht, läßt sich nicht dem üblichen Unterrichtskonsum unterstellen, es sei denn um den Preis seiner inneren Dimension. »Alle sind außer sich«, sagte eine Kindergärtnerin. »Wie soll man Gott begegnen, der in uns ist, wenn es nicht gelingt, uns in uns selbst zurückzuziehen, um uns zu sammeln.« Oder anders gesagt: »Draußen ist der Lärm, ist die Eile, die Gier, die Eitelkeit. Aber das Zuhause ist nicht draußen, es ist drinnen. Es ist nicht die Welt, wir sind es. Es liegt nur an uns, das Haus mit Stille zu erfüllen. – Die Stille schenkt Erholung und Ruhe, sie heilt und tröstet. Sie stellt die Kräfte wieder her, behütet das Leben, fördert das Denken. Die Stille macht besser. Sie allein bringt Geist und Materie in Einklang.«[1]

Innerhalb der pädagogischen Landschaft hat eigentlich nur Maria Montessori ein ausgeprägtes Verhältnis zur Stille in unseren Schulen entwickelt. In einer gewissen Weise – darf man wohl sagen – *entdeckte* sie die tiefe innere Bereitschaft des Kindes zur Stille.

Eines Tages betrat ich das Schulzimmer, auf dem Arm ein vier Monate altes Mädchen, das ich der Mutter auf dem Hof aus den Armen genommen hatte. Nach dem

[1] *Jeanne Dingeon*, Le grain de Sénevé, Paris 1956, zit. n. Walter Kettler/Antoinette Becker, Gebet, in: F. Betz u. a. (Hrsg.), Religiöse Elemente in der Vorschulerziehung, München 1973, 206.

Brauch des Volkes war die Kleine ganz in Windeln gewickelt, ihr Gesicht war dick und rosig, und sie weinte nicht. Die Stille dieses Geschöpfes machte mir großen Eindruck, und ich suchte mein Gefühl auch den Kindern mitzuteilen. »Es macht gar keinen Lärm«, sagte ich, und scherzend fügte ich hinzu: »Niemand von euch könnte ebenso still sein.« Verblüfft beobachtete ich, wie sich der Kinder rings umher eine intensive Spannung bemächtigte. Es war, als hingen sie an meinen Lippen und fühlten aufs tiefste, was ich sagte. »Sein Atem geht ganz leise«, fuhr ich fort. »Niemand von euch könnte so leise atmen.« Erstaunt und regungslos hielten die Kinder den Atem an. Eine eindrucksvolle Stille verbreitete sich in diesem Augenblick. Man hörte plötzlich das Ticktack der Uhr, das sonst nie vernehmbar war.

Es schien, als hätte der Säugling eine Atmosphäre von Stille in dieses Zimmer gebracht, wie sie im gewöhnlichen Leben sonst nie besteht.

Niemand machte auch nur die leiseste wahrnehmbare Bewegung, und als ich die Kinder später aufforderte, diese Übung der Stille zu wiederholen, gingen sie sogleich darauf ein – ich will nicht sagen mit Begeisterung, denn die Begeisterung hat etwas Impulsives an sich, das sich nach außen hin kundtut.

Was sich hingegen hier kundgab, war eine innere Übereinstimmung, geboren aus einem tiefinneren Wunsch. Die Kinder saßen still bis zur Regungslosigkeit, beherrschten sogar ihre Atemzüge und hatten dabei heiter-angespannte Züge, so als seien sie in Meditation versunken. Inmitten der eindrucksvollen Stille wurden allmählich selbst die schwächsten Geräusche vernehmbar: das ferne Tropfen von Wasser, das Zirpen eines Vogels draußen im Garten.

Auf diese Weise entstand unsere »Übung der Stille«.[1]

Diese Übung der Stille wird nicht als Disziplinierungsmittel eingesetzt, sondern um die Kinder vollkommene Stille erfahren zu lassen und ihren Sinn dafür zu üben. Man kann sie auch erst einführen, wenn die Kinder schon zu einer ersten äußeren Ordnung gekommen sind:

Die Lehrerin fragt, ob die Kinder zur Übung der Stille bereit sind. Das Einverständnis der Kinder ist notwendig. Dann fordert sie die Kinder auf, sich bequem hinzusetzen und alle Bewegungen zu unterlassen, sie wartet, bis vollständige Stille herrscht, sie selbst und die Kinder keinerlei Geräusche mehr machen. In dieser Stille hören die Kinder einzelne Geräusche oder Töne, die sie sonst nicht bemerken: das Ticken der Uhr, einen Vogel, den Regen. Nach einigen Minuten ruft die Lehrerin die Kinder einzeln zu sich, indem sie jedes Kind mit leiser, fast unhörbarer Stimme beim Namen nennt. Das einzelne Kind erhebt sich leise und kommt zu ihr, möglichst geräuschlos. Alle Kinder müssen einzeln aufgerufen werden. Diese Übung, die vollständige Stille und Bewegungslosigkeit, das Hören des Namens in dieser Stille, das gemeinschaftliche Stillesein, alles dies macht großen Eindruck auf die Kinder.[2]

In Montessori-Schulen wird diese Stille-Übung leider nicht mehr überall geschätzt. Ich habe sie in verschiedenen Variationen in unruhigen Grundschulklassen beim Tagespraktikum mit Studentengruppen aufgegriffen und bin stets von neuem erstaunt, mit welcher

[1] *Maria Montessori,* Kinder sind anders, Stuttgart 1952, 172 f.

[2] *Helene Helming,* Montessori-Pädagogik, Freiburg 1958, 74. Diese Übung entstand ursprünglich im Kinderhaus (Kindergarten), wird aber in der Grundschule, zumal in den ersten zwei oder drei Jahren, von den Kindern ebenso gerne mitvollzogen.

Bereitschaft, oft sogar Begeisterung die Kinder unsere Stille-Übungen annahmen. Die nachfolgenden Ratschläge und Beispiele stammen aus dieser Praxis.

Stille-Übungen

Mit den folgenden Übungen wird nicht irgendeine Leistung angestrebt, sondern menschliche Reife. Ihr Ziel ist keine isolierbare Fertigkeit, sondern eine innerliche Veränderung. Deshalb wollen diese Übungen den Menschen vor sich selbst bringen, indem sie ihn in ein neues Verhältnis zu den Dingen um ihn her versetzen.

Gegenstand der Übung kann nahezu *jedes* einfache Objekt oder Tun werden. »Damit etwas religiöse Relevanz bekommen kann, braucht es nur *einfach* und *wiederholbar* zu sein.«[1] In diesem Sinne sind die nachfolgenden Übungen alle einfach und wiederholbar. Es handelt sich nicht um Spiele und nicht um Unterhaltung. Darum ist jeder Anspruch an äußere Attraktivität abzuwehren, weil die Übungen dadurch unter Konsumerwartungen gerieten, die ihren Sinn verfälschen würden. Das Alltägliche und Selbstverständliche wird hier geübt, denn es ist der einzige Weg zur Menschwerdung.

Die nachstehenden Vorschläge sind alle im Elementar- und Primarbereich realisierbar. Als *Übungen* sollten sie regelmäßig wiederholt werden. Sie sind jedoch auch in höheren Klassen durchführbar. Die Religionsbücher und Lehrerkommentare der folgenden Schuljahre werden den hier gebotenen Ansatz schrittweise weiterführen.

Voraussetzungen

(1) Grundvoraussetzung ist die innere Sammlung des Lehrers. Am Vorabend des Schultages muß er sich seinerseits vorbereiten, indem er sich selbst auf die Stille einläßt. Wichtig ist auch ein genaues Antizipieren der Stille-Übung im Blick auf die einzelnen Schüler.

(2) Zu Beginn des Unterrichts sitzt jedes Kind auf *seinem* Platz; es ist stets derselbe.

(3) Die Tische und Ablagen ringsum werden aufgeräumt.

(4) Jeder setzt sich bequem hin.

(5) Alle schließen die Augen, soweit es sich nicht um eine Sehübung handelt.

Hören

Der einfachste Weg, die Stille zu finden, ist eine Übung im Hören. Wenn die Schüler auf ihren Stühlen sitzen, sollten sie ihre

[1] *Karlfried Graf von Dürckheim,* Japan und die Kultur der Stille, Bern–München–Wien [6]1975, 31.

Füße geschlossen nebeneinandersetzen und die Hände ineinander legen. Wenn sie sich im Kreis auf den Boden setzen können, entweder im Schneider- oder im Hocksitz, legen sie ihre Hände mit den Innenflächen nach oben ineinander; die Arme hängen dabei entspannt herunter. Die Haltung des Oberkörpers ist gerade, die Augen sind geschlossen.

Nun lauschen alle auf Geräusche, die von draußen kommen oder die im Klassenraum zu vernehmen sind. Anfangs genügt dazu die Dauer einer Minute. Später kann diese Zeit schrittweise verlängert werden. Aber nicht die Länge der Zeit ist für diese Übung wichtig, sondern die Intensität, mit der die Kinder die Stille erleben.

Auch außerhalb des Klassenraumes, bei einem Spaziergang im Wald oder beim Besuch einer Kirche ist diese Stille-Übung möglich. Wichtig ist, daß die Kinder anschließend über ihre Wahrnehmungen sprechen. Dabei darf die gefundene Stille nicht verletzt werden: Der Lehrer spricht sehr verhalten und gibt damit an, in welcher Behutsamkeit die Kinder sich äußern.

Möglich ist diese Übung in zweifacher Form: Gemäß der Grundform nach Maria Montessori kommen die Kinder auf das leise Rufen ihres Namens hin zum Lehrer. Dabei gehört die Art, wie sie aufstehen und sich durch den Raum bewegen, mit zur Stille-Übung. Vorne berichten sie von ihrer Wahrnehmung. Die andere Form ist kürzer und verzichtet auf das Anrufen jedes einzelnen Schülers. Hier erzählen die Schüler von ihren Plätzen aus über die Erfahrung der Stille.

Variationen dieser Übung mit einzelnen Geräuschen sind denkbar. Wenn es regnet, können wir unser Ohr ganz auf den Regen richten, ein andermal auf einen Vogel vor dem Klassenfenster oder auf die Stimmen der Menschen, die von der Straße hereindringen. Bei fortgeschrittener Erfahrung kann sich die Aufmerksamkeit dem eigenen Atmen zuwenden.

Zu warnen ist noch vor technischen Spielarten dieser Übung, etwa daß der Lehrer einzelne Gegenstände fallen läßt, welche die Schüler an ihrem Geräusch erraten, oder daß über Tonband Geräusche bestimmt werden sollen. Solche Experimente sind keine Stille-Übungen, sondern gehören zum Rate-Sport. Um diese Unterscheidung nachzuvollziehen, ist es wichtig zu erinnern, was wir eingangs über den Charakter der Übung gesagt haben.

Fühlen

Hier geht es um Wahrnehmungen über die Haut und den Tastsinn. Die meisten Gegenstände werden durch die Augen erfaßt. Das kann sehr oberflächlich sein, so daß ihre materiale Beschaffenheit eher gedacht als empfunden wird.

Bei dieser Übung sitzt jeder Schüler am besten an seinem Arbeitsplatz. Der Gegenstand, den wir allen in die Hände geben, soll nicht erraten, sondern so andächtig und intensiv wie möglich erfühlt werden: Wir ertasten, streicheln, reiben ihn mit Fingerkuppen und Handflächen, legen ihn an die Wange und bewegen ihn über unsere Haut. Dabei sind die Augen geschlossen, die Ohren unempfindlich, als könnten wir die Welt über keinen anderen Sinn wahrnehmen als über unser Tastvermögen. Auch verbindet sich keine sachbezogene Aufgabenstellung mit dieser Stille-Übung, denn nicht die Erkenntnis von Materialqualitäten ist wichtig, sondern die Erfahrung unserer selbst in der Stille.

Für eine solche Übung darf den Kindern jeweils nur *ein* Gegenstand gegeben werden, beispielsweise ein Bleistift, ein Stückchen Baumrinde, ein Stoffläppchen, ein Hobelspan. Von allen Seiten sollen die Kinder dieses Material ertasten und dabei »die Welt anhalten«, d. h. alles vergessen, was sie sonst darüber wissen. Es herrscht absolutes Schweigen, jedes Kind ist in sich gekehrt und gleichzeitig mit all seiner Ernsthaftigkeit auf diesen Gegenstand gerichtet. Wenn es ein Bleistift ist, gehört abschließend dazu, daß sie ihn lautlos wieder vor sich hinlegen.

Riechen

Von allen Sinnesorganen, die der Mensch besitzt, ist der Geruchssinn der ursprünglichste. Auf der Entwicklungslinie des Lebens ist er die früheste Sinnenfähigkeit, die sich ausbildete, und zugleich ist der Mensch das späteste Ergebnis dieser Evolution.

»Das Organ, mit dem der Mensch seine im eigentlichen Sinne menschliche Leistung vollbringt, ist das Denkhirn. Es ging hervor aus dem Riechhirn. In ihm hat – um in einem Vergleich zu sprechen – das Denkhirn seine Wurzeln wie ein Baum im Erdreich. Wie aber steht es mit dem Denken, wenn diese Wurzeln verkümmert sind; wie, wenn die anatomischen Bahnen, die sie mit dem End- und Denkhirn verbinden, Schaden erleiden? Ist das Denken dann noch ein Denken? Kann der Mensch ohne ›Riecher‹ denken?« (Hugo Kükelhaus)

So unmittelbar wie keine andere Sinnesleistung können Gerüche die menschliche Empfindungslage verändern. Das Riechen wirkt unter allen Sinnestätigkeiten am tiefsten. Darum können sich Gerüche mit frühesten Erinnerungsschichten verbinden.

In unserer optischen oder akustischen Wahrnehmung von Dingen können wir differenziert und distanziert zu diesen Dingen Stellung nehmen. Beim Riechen aber fällt die Empfindung, die unser Geruchssinn auslöst, mit der Wahrnehmung des betreffenden Gegenstandes unmittelbar zusammen, zumal eine Geruchserfahrung von ungewöhnlich starken emotionalen Komponenten begleitet sein kann. Von manchen Menschen sagt man, daß man sie nicht riechen könne. Es ist die elementarste Wahrnehmung, ob zu diesen Menschen eine persönliche Beziehung möglich ist oder nicht.

Der Duft, den eine Nahrung ausströmt, enthält besonders reine Spurenelemente der Nahrung. Ohne das Aroma unserer Speisen würde das Essen nicht schmecken, die Verdauung nicht angeregt und das gesamte Wohlbefinden gemindert. Das Wahrnehmen des Aromas ist darum ein wesentlicher Vorgang, der mit zu einem bewußten Leben und der Verfeinerung der menschlichen Sinnesfähigkeiten gehört.

Als Stille-Übung geben wir jedem Kind das Blatt eines Gewürzkrauts. Es empfiehlt sich, mit einem kräftigen Geruch anzufangen (z. B. mit Liebstöckel, Pfefferminze, Lavendel, Rosmarin), jedoch sollte man möglichst bei einem Kraut bleiben, also nicht mehrere Proben nebeneinander vorlegen. Möglich sind auch Blumengerüche oder Gartengerüche von verschiedenen Gemüsen. Für das methodische Vorgehen gilt hier:
- die Augen schließen;
- Blätter und Blüten mit der Nase fühlen und schnüffelnd riechen;
- immer nur frische Pflanzen vorlegen, damit die Kinder das Lebendige spüren.

Sehen

Der Gesichtssinn verbindet uns am stärksten mit der Außenwelt, aber die Wahrnehmung kann auch ganz äußerlich bleiben. Konventionen und Oberflächlichkeit verhindern, etwas wirklich zu sehen, das heißt, es in sich aufzunehmen und zu bewahren. In einer Welt wie der unsrigen, in der sich die optischen Reize überschlagen, ist eine Übung des Sehens besonders wichtig, denn das Vielerlei-Sehen verhindert, daß der Mensch sieht, was er sieht.

Die Übung der Stille geschieht nicht durch die Vorführung komplexer Gestalten. Je einfacher der Gegenstand ist, den die Kinder anschauen sollen, um so angemessener ist er. Denkbar sind ein Blatt, eine Hagebutte, eine Muschel, ein Stein, ein Grashalm. Zu bevorzugen sind jedoch Gegenstände, die eine Mitte haben. Gut eignen sich eine Gänseblümchenblüte, eine in dünne Scheiben geschnittene rote Rübe (Möhre) oder ein quergeschnittener Apfel mit seinem sternförmigen Kernhaus und besonders ein quergeschnittener Baumstamm mit seinen Jahresringen. Denkbar sind auch schöne Weihnachtssterne aus Stroh oder in Faltarbeit geschnitten.

Nach dem Anschauen sollten die Kinder ihre Augen schließen, damit sich das Bild einprägt. Erst dann ist ein kleines zurückhaltendes Gespräch angemessen.

Die Übung mit dem Flötenspieler S. 14–15

Die Doppelseite 14 und 15 hat eine Ergänzungsfunktion zu den Stille-Übungen. Sie will insbesondere der Beschäftigung mit den Bildern des Religionsbuches dienen und deswegen *nicht* in der gleichen Weise »thematisiert« werden, wie wir dies gegenüber allen übrigen Bildern tun. Aus diesem Grunde folgt hier keine der üblichen Werkbeschreibungen und Interpretationen. Der Flötenspieler soll weder als Plastik von *Ernst Barlach* gesehen noch als künstlerisches Objekt gewürdigt, sondern in einer meditativen Weise angeschaut werden, wie es der gegenüberstehende Text empfiehlt – und zwar im Sinne einer *Übung* (→ S. 49). Wir haben hier also keine Seite vor uns, die den Unterricht nur einmal beschäftigt, sondern eine Bild-Text-Vorlage, die immer wieder aufgeschlagen werden kann, wenn eines der großen, anspruchs-vollen Bilder des Buches die Schüler innerlich bereit finden soll.

Die Übung ist folgendermaßen möglich: Die Tische sind aufgeräumt. Vor jedem Schüler liegt das geöffnete Buch. Die Schüler konzentrieren sich auf den Flötenspieler, während der Lehrer ruhig und mit langen Pausen den nebenstehenden Text vorliest. Nach dem letzten Satz »Schaut den Flötenspieler an, bevor ihr ein neues Bild betrachtet« folgt eine Stille-Zeit von einer Minute, in der die Kinder den Flötenspieler ansehen und, wenn sie wollen, die Augen schließen, um zu »hören«, was er spielt. Nach dieser Vorbereitung kann das neu oder auch zum wiederholten Male anstehende Bild aufgeschlagen werden.

Hören S. 16

Im Sehen und Hören erfassen wir die Welt in einer unterschiedlichen Weise. Beim Sehen wird unsere Wahrnehmung zunächst von der äußeren Gestalt der Dinge bestimmt, und soweit der Mensch kein tiefer dringendes Sehen lernt, kann er ganz dem vordergründigen Schein verhaftet bleiben. Beim Hören ist die Wahrnehmung stärker von innen bestimmt. Mit dem Hören – oder intensiver: mit dem Lauschen – verbindet sich eine innere Anspannung, die tiefer reicht als bei einem vergleichbar konzentrierten Hinsehen. Stimmen, Worte und Musik können tiefer treffen als Bilder, ja den Menschen zuinnerst aufwühlen.

Für die griechische Frömmigkeit war das Auge wichtig. Griechisches Wissen verband sich mit Schauen. Auf die sichtbare Welt gerichtet, traf es etwas, was zeitlos und ewig ist: unsichtbare Gestalten (aber *Gestalten!)*, die ungeachtet ihrer Unsichtbarkeit ein Objekt des Schauens sind.[1] Ganz anders ist demgegenüber die hebräische Tradition. Nicht allein, daß es im Judentum kein anschaubares, vorstellbares Gottesbild gibt, diese Religion hat auch bis zum Tage keine optisch anschaubare Kunst hervorgebracht. Juden haben Ohren, keine Augen. Jahwe spricht, aber zeigt sich nicht. Darum gibt es auch keine nennenswerte jüdische Malerei (Chagall ist eine Ausnahme und nur aus dem Sonderfall des unorthodoxen Chassidismus zu verstehen) und keine Architektur, wohl aber in endloser Reihe große Schriftsteller und Musiker. Das Organ der biblischen Frömmigkeit ist das Ohr. »Ich höre« heißt: Hier bin ich. Ich bin bereit.

Ähnlich wie wir sehen lernen müssen, will auch hören erlernt werden: hinhören, mit Anteilnahme zuhören, verstehen und handeln. Hören, verstehen und tun gehören (ge-hören!) zusammen. Hören-Können stiftet Gemeinsamkeit. Michael Ende hat das nachdrücklich in seinem Roman »Momo« aufgezeigt:

Zuhören

Was die kleine Momo konnte wie kein anderer, das war: Zuhören. Das ist doch nichts Besonderes, wird nun vielleicht mancher Leser sagen, zuhören kann doch jeder.

Aber das ist ein Irrtum. Wirklich zuhören können nur ganz wenige Menschen. Und so wie Momo sich aufs Zuhören verstand, war es ganz und gar einmalig.

Momo konnte so zuhören, daß dummen Leuten plötzlich sehr gescheite Gedanken kamen. Nicht etwa, weil sie etwas sagte oder fragte, was den anderen auf solche Gedanken brachte, nein, sie saß nur da und hörte einfach zu, mit aller Aufmerksamkeit und aller Anteilnahme. Dabei schaute sie den anderen mit ihren großen, dunklen Augen an, und der Betreffende fühlte, wie in ihm auf einmal Gedanken auftauchten, von denen er nie geahnt hatte, daß sie in ihm steckten.

Sie konnte so zuhören, daß ratlose oder unentschlossene Leute auf einmal ganz genau wußten, was sie wollten. Oder daß Schüchterne sich plötzlich frei und mutig fühlten. Oder daß Unglückliche und Bedrückte zuversichtlich und froh wurden. Und wenn jemand meinte, sein Leben sei ganz verfehlt und bedeutungslos und er selbst nur irgendeiner unter Millionen, einer, auf den es überhaupt nicht ankommt und der ebenso schnell ersetzt werden kann wie ein kaputter Topf – und er ging hin und erzählte alles das der kleinen Momo, dann wurde ihm, noch während er redete, auf geheimnisvolle Weise klar, daß er sich gründlich irrte, daß es ihn, genauso wie er war, unter allen Menschen nur ein einziges Mal gab und daß er deshalb auf seine besondere Weise für die Welt wichtig war.

So konnte Momo zuhören![2]

[1] »Als Zeichen des Stils genügt vollkommen, daß dies vornehmlich und nicht ausschließlich der Fall ist: Ein Vergleich mit anderen Sprachen zeigt dies: Das entsprechende deutsche Wort ›wissen‹ bleibt nur etymologisch in derselben Sphäre. ›Sehen‹ oder ›Schauen‹ tönen nicht mit, und, was den Inhalt des ›Wissens‹ betrifft, so kann er alles andere als ›Anschauung‹ sein. Das englische *know* hat nicht einmal die etymologische Verbindung mit *see,* obwohl in der Wendung *I see* die Schau einer Situation, vor die man gestellt ist, sich als Übergang zum Wissen darbietet. Das italienische *sapere* und das französische *savoir* setzen etymologisch eine ganz andere ... Erfahrung voraus: das Schmecken.« (*Karl Kerényi,* Antike Religion, München 1971, 101 f).

[2] © Thienemanns, Stuttgart 1974.

Toni Zenz, Der Hörende

»Dieser Mensch hält gleichsam den Atem an (geschlossener Mund, schmale Nase); seine Augen treten wie gebannt hervor; seine Ohrmuscheln sind durch die Handteller verstärkt. Der Eindruck, dem er sich – ernst und gesammelt – aussetzt und hingibt, muß von vorn-oben kommen. Die umgekehrte Dreiecksform, die durch die Armwinkel gebildet wird und der sich die Gesichtsform angepaßt hat, läßt die ›Auffangfläche‹ für das Gehörte und Geschaute möglichst breit erscheinen; die Linie Hand–Ohr–Augen–Ohr–Hand ist die Basis des Dreiecks. Was nicht Auge und Ohr ist, wird zweitrangig. Auch die Stirn bleibt unbetont. Die hochgewölbten Augenbrauen bringen einen Zug des Erstaunens hinein. Die Mundpartie mag Kindern leicht mürrisch und ›böse‹ vorkommen. Sie sollte als Ausdruck äußerster Anspannung gedeutet werden. Der Hörende weiß eben noch nicht, was da auf ihn zukommt; ob es ihn verstummen oder singen läßt. Es bleibt ganz offen, ob die Höranstrengung von Erfolg sein wird; ob er überhaupt mitkriegt, was da auf ihn zukommt.«[1]

Auch die Kinder unserer Klasse können sich üben, ganz Ohr zu sein. Das ist weniger eine Konzentration auf das Gehörorgan als eine innerliche Sammlung des ganzen Menschen, mit der er sich jemandem öffnet, der zu ihm spricht, und das, was ihm gesagt wird, »mit allen seinen Kräften« ernst nimmt. Die Gestik solchen Hörens können die Schüler in mehrfacher Weise nachahmen: Sie können den Ausdruck der Bronzeplastik übernehmen – in einer mehr gespielten Art; sie können den Sprechenden voll und wach anblikken; sie können die Augen schließen, um ohne Ablenkung auf den Inhalt des Gesagten sich einzulassen; sie können im Schweigen verharren, um dem Gehörten nachzusinnen und es in sich *wirken* zu lassen.

[1] *Günter Lange* im Lehrerkommentar zum Religionsbuch »Exodus 2«, München / Düsseldorf 1978, 298 f.

Lernen als Handeln

Kinder lernen handelnd. Nicht gedankliche Verbalität bringt ihnen neue Erkenntnisse, sondern ein gegenständlich gerichtetes Tun. Am meisten befriedigen sie Lernprozesse, die zu realen Lernprodukten führen. Je mehr in der Schule solche Aktivitäten möglich sind, durch die man etwas machen, fortlaufend verbessern und schließlich fertigstellen kann, um so größer ist die Freude an diesen Tätigkeiten. Sie dienen nicht nur der eigenen handwerklichen Bildung, sondern zugleich einer natürlichen Kooperation untereinander. Anfangsklassen, die gleich zu Beginn der Schulzeit Werkprogramme in den Unterricht einbeziehen, helfen den Kindern, sich leichter einzuleben und untereinander vertraut zu werden. Die Ergänzung des Klassenunterrichts durch solche Gruppenaktivitäten schafft überdies die besten Voraussetzungen für eine sachbezogene Ruhe. Die Übungen der Stille bedürfen dieser Erfahrung.

Erfahrungsfreiheit und Lesenlernen

Wer vorschnell urteilt, könnte sagen, die Vermittlung der Kulturtechniken Lesen und Schreiben sei natürlich kein Thema des Religionsunterrichts, und darum habe dieser Vorgang den Lehrer als Religionslehrer auch nicht zu interessieren. Aber dann hätten wir die Grundschule gleich wieder auf »Fächer« reduziert, und statt Erfahrungs- und Bildungsraum zu sein, wäre sie nicht mehr als Agentur für spezifische Ausbildungsgänge. Lesen ist mehr als eine »Kulturtechnik«. Mit dem ersten Lesen beginnt ein Lernprozeß, der zugleich ein umfassender Bildungsprozeß ist – ein sozialer, ein politischer, ein religiöser –, und der andauert, solange wir leben.

Mit dem Lesen gewinnt das Kind die Möglichkeit, an fremden Erfahrungen teilzunehmen und die bereits gewonnenen eigenen Erfahrungen dabei zu verarbeiten und zu erweitern. Wichtig ist, ob dieser Prozeß die Sprache nur als Übungsvokabular benutzt, also nur gleichgültige Wörter und Sätzchen traktiert, zu denen die Kinder keine Beziehung haben (»Otto holt Lotte«), oder ob sich mit der Eroberung der Wörter die Welt in ihrer lebendigen Vielfalt, in Sinn und Hintersinn für die Kinder eröffnet. Die Tradition unserer Erstlesekurse ist leider viel zu schmal auf Fertigkeit ausgerichtet, als würde Lesen als Prozeß der Welterschließung erst beginnen, nachdem man es als Technik erlernt hat.

»Als ich erstmals eine Schulanfänger-Klasse übernahm«, schreibt ein Lehrer, »stellte ich mir die Frage, was denn diese Kinder aus einer Schule machen, die ihnen weitgehend Zeit und Platz läßt. Wie werden die Eltern sich daran beteiligen, die Schulaufsicht, die Lehrerschaft, das Hausmeisterehepaar? Daß ich mit den Kindern die geforderten Lernziele erreichen würde, daran zweifelte ich nicht. Ich setzte großes Vertrauen in die Lern- und Lebensfreude der Kinder, in die Liebe der Eltern zu ihren Kindern und nicht zuletzt in meine Erfahrungen im persönlichen und fachlichen Bereich . . .

Die verschiedenen Erwartungen und Zielsetzungen bringen Bewegung und Dynamik, stimulierende Vielfalt. Der Lehrer und der einzelne Schüler erfahren, daß seine Welt täglich angetastet wird, daß das, was ihm lieb ist, anderen nicht unbedingt lieb und wert ist, daß das, was ihm viel bedeutet, anderen nichts oder noch nichts bedeutet. Alle aber wünschen erkannt, wahrgenommen und gesehen zu werden. Sie wollen als Einzelne, als Gruppe – der Lehrer miteingeschlossen – Resonanz finden, gehört werden.

Wer aber gehört werden will, zeigt Freude am Selbstausdruck, spricht an, spricht aus, bringt Bewegung, Betroffenheit, Erstaunen, Wut und Freude mit hinein. Vieles kommt zur Sprache, da vieles hinauswill. Die Sprache, die jeder auf seine Weise und in seinen Lebenssituationen im Prozeß der Verständigung anwendet, fließt, wird gebraucht und damit erweitert. Sprachelernen ereignet sich in vielerlei Formen.

Beobachtet man das Sprachverhalten von Kindern im außerschulischen Bereich, hört man, wie wendig, phantasievoll und produktiv sie ihre Sprache spielend und modulierend gebrauchen. Vergleicht man ihr Sprachverhalten in diesen Sprachlernsituationen mit jenem, das Kinder in einem straff und streng geführten Unterricht zeigen, ist eine Verarmung und Austrocknung unschwer festzustellen. Viele ihrer eigenen Wörter und Wendungen finden Schulkinder in der Erstklassfibel nicht. Was sie interessiert, ist von vielen Lehrmitteln ausgeklammert oder erst für höhere Klassen vorgesehen. Wörter und Sätze verlieren ihre Gerüche, da sie nur zur Einübung von Regeln benutzt, keinesfalls etwa als Ausgangsmaterial für privates Weiterspinnen ›mißbraucht‹ werden dürfen. In einem lehrerzentrierten Unterricht kommt noch dazu, daß vor allem der Lehrer sprachlich aktiv tätig ist, die Schüler daher kaum an den Verbalisierungen teilhaben.«

Ausführliche Überlegungen und didaktische Anregungen zum Lesen und Schreiben im Anfangsunterricht wie in der gesamten Grundschulzeit bietet unser Handbuch in seinem III. Band (→ III, 49–116). Die im Kapitel »Leben und Lernen in der Schule« in allen vier Bänden entfalteten Themen sind nämlich durchweg auf den gesamten Primarbereich ausgerichtet und niemals ausschließlich der jeweiligen Klasse zugeordnet. Darum muß an dieser Stelle dem Lehrer dringend geraten werden, zur grundlegenden Orientierung im ersten Schuljahr das Handbuch III hinzuzuziehen. Dort ist ebenso Kritisches zu den Erstlesefibeln zu finden, wie von Eigenfibeln, einer Klassenbücherei und zumal von Célestin Freinets Lese-, Schreib- und Druckdidaktik die Rede ist. Gleichzeitig wird nach dem Proprium des Religionsunterrichts im Rahmen dieser schulpädagogischen Konzeption gefragt (Das gelautete Wort; Das memorierte Wort; Die Bibel als Lesebuch; → III, 62–67).

Erzählen S. 92

Erzählen ist ein tragendes Element des Unterrichts und die wichtigste Vermittlungsform im Religionsunterricht. Erzählen ist eine Form aktivster Kommunikation, in welcher der Hörer nicht minder den Erzähler inspiriert und trägt, wie der Erzähler seine Hörer zu fesseln vermag.

Religionen lassen sich als Erzählgemeinschaften verstehen. Solange ihre Überlieferungen erzählt werden, leben sie. Jesus war einer der größten Erzähler; wir kennen ihn vor allem als erzählenden Lehrer, und daß er uns als Person und Botschaft erhalten blieb, verdanken wir der vierfachen Erzähltradition, wie sie uns in den Evangelien vorliegt, und der Erzähltradition der Kirche.

Der Religionsunterricht muß seinen Ort bewußt in der gleichen Praxis suchen. Vielzusehr haben ihn die vergangenen Jahrhunderte an Lehrsatz und Formel gebunden, als daß er noch Phantasie und Kreativität gezeugt und vielfältiges Leben inspiriert hätte. Eine neue Schule des Erzählens tut not (→ II, 40–48).

Dabei ist es aber nicht erforderlich, daß wir einen unerschöpflichen Geschichtenvorrat haben. Zumal im ersten Schuljahr genügen einige Geschichten, die ihre Tiefe und Kraft erst in der mehrfachen Wiederholung entfalten. Die Geschichte vom Korb mit den wunderbaren Sachen etwa erlaubt vielfältige Rückbezüge (→ S. 199–212) und erweist sich für die ganze Grundschulzeit als ein Schlüssel zum tieferen Sehen und Verstehen. Um in einer lebendigen, vom Buch unabhängigen Weise erzählen zu können, ist es aber wichtig, daß der Lehrer diese Geschichte »by heart« besitzt, also in einer gewissen Wortwörtlichkeit erzählen kann. Erzählen und ein Referieren des Inhalts unterscheiden sich nämlich grundlegend voneinander, wenngleich viele Lehrer oft die Inhaltsangabe mit der Geschichte selbst verwechseln. Um eine Geschichte erzählen zu können, muß man sie in ihrer authentischen Form wiedergeben, jedenfalls immer dann, wenn es sich um geprägte Gattungen handelt wie Mythen, Märchen, Sagen, Legenden, Fabeln, Witze . . . Die Nichtbeachtung der Form bringt auch die Erzählung um ihre stets an die Form gebundene Kraft.

In einer indianischen Tradition ist die Rede von einem Wettbewerb zwischen dem Coyoten und einem seiner Gegner, wer mehr Geschichten zu erzählen wisse.

Die beiden Konkurrenten sitzen am Feuer und erzählen abwechselnd. Der Coyote redet ohne Unterlaß und ohne Zögern, unerschöpflich ist sein Vorrat. Schließlich muß sich sein Gegner geschlagen geben.

Warum gewinnt nun der Coyote? Es sei deswegen, so wird berichtet, weil seine Geschichten »falsch«, erfunden und daher unbegrenzt an Zahl waren, die Geschichten des Konkurrenten aber seien »wahr« gewesen: sie erzählten von Dingen, die den Grund des Daseins, den mitlaufenden Anfang (→ III, 132 ff) berühren, und deren gibt es nur eine bestimmte Menge und nicht mehr.

Wenn wir uns im Sinne dieser Anschauung auf Erzählungen einer tieferen Wahrheit beschränken, also auf keinen Fall die Konkurrenz zu den täglichen Unterhaltungsangeboten aufnehmen, sondern diesen eine ganz anders gerichtete Erfahrung des Erzählens, Hinhörens und Bedenkens entgegenstellen, kann der Religionsunterricht über seine begrenzten Stunden hinaus neue Kraft entfalten.

Singen und Musizieren S. 93

Der Gesang in unseren Schulen ist fast erstorben. Man überläßt ihn dem Musikunterricht, wo er – oft ungünstig im Stundenplan gelegen – manchmal nur wenig Ermutigung finden kann. Dabei gab es einmal Zeiten, in denen unsere Schulen singende und klingende Häuser waren. An vielen Tagen begann der Morgen mit Gesang, und wurde der Tag mit Gesang fortgesetzt. Dabei wurden die Zeiten in ihrer atmosphärischen Prägung intensiv erlebt, vor allem der Frühling mit den zahllosen frischen Liedern der Lebensfreude und der Advent mit seinen innigen Liedern und Liedspielen. Es ist kaum zu ermessen, welchen Verlust wir durch das Ersterben der Musik haben.

Dieser Niedergang ist aber auch nicht einfach hinzunehmen. Jeder, der mit seinen Schülern singt, erfährt dadurch große Freude und erlebt, wie der Gesang alle zusammenführt. Wenn man es zudem nicht pflichtgemäß, sondern mit innerem Schwung tut, gewinnt ein solcher Schultag ungeahntes Leben.

Die Hinzunahme von Instrumenten mag nicht jeder als seine Sache betrachten. Gewiß aber können viele Lehrer mehr, als sie sich zunächst zutrauen. Der Umgang mit einfachen rhythmischen Instrumenten ist für alle, die über durchschnittliche Musikalität verfügen, leicht vermittelbar. Viele Kinder erlernen auch das Spiel auf der Blockflöte, so daß bald eine instrumentelle Begleitung und Ergänzung des Gesangs hinzukommen kann.

Ausführlich werden im Lehrerhandbuch IV das Singen, Musikhören, Musizieren und die Anfertigung einfacher Instrumente beschrieben (→ IV, 59–76).

Formen in Ton

Für Lehrer, die noch nie selbst mit Ton gearbeitet haben, steht möglicherweise eine innere Ablehnung am Anfang: Man traut sich selbst keine Anleitungsfähigkeit zu, fürchtet die organisatorischen »Umstände« und den »Schmutz«, der dadurch im Klassenzimmer entstehen könnte. Alle diese Vorbehalte treffen nicht zu: Der Lehrer soll seinerseits nichts »vormachen«, sondern sich ganz zurückhalten. Was er für seine Person lernen muß, ist leicht zu lernen. »Umstände« bereitet diese Arbeit in keiner Weise; es genügt ein Klumpen Ton, von dem jedes Kind einen Batzen bekommt, und bei den meisten Arbeitstischen ist nicht einmal eine Unterlage nötig. Auch »Schmutz« entsteht nicht, denn Ton ist ein sehr reinlicher Werkstoff, der die Hände nicht beschmutzt, sondern bis in die Tiefe der Rillen reinigt. Wenn die Kinder zur Schonung ihrer Kleidung ein altes Oberhemd überziehen, ist die notwendige Vorsorge geleistet.

Jeder sonstigen manuellen Arbeit ist das Tonformen im Schulunterricht vorzuziehen. Es ist ein bildhaftes Schaffen aus dem Seelengrund, in dem sich der Mensch in einer ganzheitlichen Weise ausdrückt. Bevor wir dazu einiges sagen, soll zuvor ein Wort Hermann Hesses bedacht werden: »Alle Kinder, solange sie noch im Geheimnis stehen, sind ohne Unterlaß in der Seele mit dem einzig Wichtigen beschäftigt, mit sich selbst und mit dem rätselhaften Zusammenhang ihrer eigenen Person mit der Welt ringsumher. Sucher und Weise kehren mit den Jahren der Reife zu diesen Beschäftigungen zurück, die meisten Menschen aber vergessen und verlassen diese innere Welt des wahrhaft Wichtigen schon früh für immer und irren lebenslang in den bunten Irrsälen von Sorgen, Wünschen und Zielen umher, deren keines in ihrem Innersten wohnt, deren keines sie wieder zu ihrem Innersten nach Hause führt.«

Unsere Schule ist fast nie eine Schule der inneren Erfahrung gewesen. Tendenziell ist sie kopflastig und geeignet, die Spaltung der Person zu fördern. Dieser Prozeß beginnt in voller Massivität bereits beim Erstkläßler: Dem Wissenlernen steht nur selten ein Wachsen und Reifen des inneren Menschen gegenüber. Es fehlt ein gesunder Wechsel von Kopf- und Handarbeit, von Denken und Tun, von äußerem und innerem Gerichtetsein. Der formende Umgang mit Ton kann diesem Mißverhältnis wehren. Es ist eine manuelle Tätigkeit, die inneren Vorgängen Ausdruck gibt. Im Gegensatz zum heute favorisierten sogenannten didaktischen Spielzeug (das nur allzu kognitiv konstruiert ist) ist das Formen mit Ton ein elementarer Ansatz, wieder ganz aus dem Unbewußten heraus gestalten zu lernen und dadurch die gefährliche Abspaltung der tieferen Seelenkräfte von bewußten Aktivitäten zu mildern. Auf kaum einem anderen Gebiet ist dieser Weg zur Ganzheit des Menschen so eindeutig, so leicht und so befriedigend zu finden.

Es bedarf eigentlich keines Instruments, allenfalls eines Holzstücks zum Modellieren. Die Hand ist unser bestes Werkzeug. Sie betätigt sich von innen heraus und betätigt innere Kräfte. Der Ton übt dabei eine »magische« Wirkung auf Hand und Geist aus; das Kind beginnt aus einem inneren Drang den Ton zu befühlen, zu betasten, zu greifen und begreifen, es knetet, walzt, kugelt und formt ihn aus einer Kreativität heraus, die in der eigenen Seele ruht und durch den Ton geweckt und freigesetzt wird. Sofern *keine* Vorlagen und Beispiele geboten werden, an welche die Kinder sich anlehnen könnten, entwickeln sie Formen, die Ausdruck ihres eigenen Wesens sind.

Es ist in den vergangenen Jahren viel über therapeutischen Unterricht, zumal über therapeutischen Religionsunterricht geschrieben worden. Sehr vieles davon ist intellektuelles Geklingel aus menschenfreundlicher Absicht und eigenem Bedürfnis. Demgegenüber geht eine tatsächlich »handfeste« Therapiewirkung vom formenden Umgang mit Ton aus. Wer seinen Schülern diesen Weg einräumt, erlaubt ihnen eine wahrhaft bildende Korrektur des ansonsten zu kopflastigen Unterrichts.

Aber nun zur Praxis. Der Ton wird am besten mit nassen Tüchern feuchtgehalten und in einem großen Deckeleimer aufbewahrt. Hart gewordener Ton kann in Stückchen geschlagen und durch langsames Zugießen von Wasser über Nacht wieder aufgeweicht werden. (Hat man zuviel Wasser übergegossen, ist der Ton am nächsten Morgen breiweich und nicht formbar. In diesem Fall teilt man die weiche Masse in kleine Häufchen – um möglichst viel Oberflächen zu erzielen! –, legt alles auf einen Karton und läßt den überschüssigen Wassergehalt verdunsten.) Der Ton kann gut bearbeitet werden, wenn er sich leicht von der Hand ablösen läßt. Bleibt er kleben, ist er zu weich. Beim Kneten wird er durch die Handwärme jedoch von selbst fester und plastischer.

Die Arbeit mit Ton unterscheidet sich grundlegend vom formenden Umgang mit Holz oder Stein. Bei diesen Materialien entsteht eine Plastik durch Wegnehmen; man arbeitet von außen nach innen. Mit Ton dagegen wird *aufbauend* gearbeitet. Figürliche Gestaltungen werden aus einem Batzen Ton durch Rollen, Drücken, Ansetzen, Auflegen, Streichen, Glätten usw. entwickelt. Gebrauchsgegenstände, z. B. eine Schale, werden unten begonnen und durch Aufsetzen kleiner Tonwürste Schicht für Schicht aufgebaut, dann geglättet und verstrichen. In der Grundschule entspricht es den Kindern, mit freier figürlicher Gestaltung zu beginnen. Man kann Häuser, Tiere, Menschen formen und ein vielgestaltiges gemeinsames Werk schaffen. In der Adventszeit könnte es eine Krippe mit vielen Figuren sein, auch ein Kerzenständer oder Baumschmuck. Die Kinder gehen an solche Aufgaben mit großer Unbekümmertheit, und was sie schaffen, ist immer ein authentischer Ausdruck ihrer selbst.

Soweit die Schüler sich gegenseitig beeinflussen, also von einander abgucken, ist nichts dagegen zu sagen. Wenn sich ihre Nachahmung aber an fremden Entwicklungsgraden orientiert, also Formen ihnen ungemäßer Gestaltungsstufen imitiert, kann die eigene innere Formenwelt dadurch verwirrt und überfremdet werden und zu problematischem »Kitsch« führen.

Es ist nicht notwendig, die fertigen Formen im Ofen zu brennen. Im Hochsommer kann eine Tonplastik schon nach drei Tagen trokken sein, im Winter dauert es länger, je nach Raumtemperatur und Beschaffenheit von Ton und Gegenstand. Bei dickwandigen Formen, die nicht oder kaum ausgehöhlt wurden, kann der Trockenvorgang dann sogar vierzehn Tage dauern. Ungebrannter Ton ist natürlich wieder auflösbar und nicht so stoßfest wie gebrannter Ton, dessen Haltbarkeit, wie Ausgrabungen beweisen, den meisten Metallen überlegen ist. Da heute viele Schulen einen Brennofen besitzen, aber auch Volkshochschulen und mancher private Liebhaber der Tonarbeit, wird es keine Schwierigkeiten bereiten, die Arbeiten der Kinder brennen zu lassen.

Im Kirchenjahr

Erntedank

A. Dem kirchlichen Erntedankfest ging zeitlich das bäuerliche Erntedankfest mit seinen Bräuchen voraus. Es war ein Eß- und Trinkfest, das ursprünglich als Opfermahl gefeiert wurde und dem neue Fruchtbarkeit entspringen sollte.

Die Erntedankfeste wurden regional zu unterschiedlichen Zeiten gefeiert, mal zum Ende einer Getreideernte, etwa am Jakobstag (25. Juli), oder zu Bartolomä (24. August), mal an Mariä Himmelfahrt (15. August) und selbst noch zu Martini (11. November) oder gar im Blick auf das neue Jahr, zu Weihnachten oder zu Fastnacht.

B. Das ländliche Erntedankfest ist für Industriegesellschaften – wenn überhaupt – nur noch ein peripheres Ereignis. Dennoch ging die Tradition nicht einfach verloren, sondern wurde – in Grenzen – vom kirchlichen Erntedankfest aufgenommen und weitergeführt. Auch für diese Feier gibt es keinen einheitlichen Termin. Im katholischen Bereich fällt das Erntedankfest, je nach Bistum oder Pfarrei verschieden, auf einen Sonntag des September oder des frühen Oktober. Evangelische Gemeinden feiern meistens an einem dem Michaelstag (29. September) benachbarten Sonntag. Verbreitet ist der Brauch, den Altar mit Erntefrüchten zu schmücken, neuerdings oft ergänzt durch Produkte menschlicher Arbeit.

In seiner Bedeutung reicht der kirchliche Erntedanktag weit über das bäuerliche Tagewerk hinaus. Sein Thema heißt »Wovon die Menschen leben« und meint alle, Stadt und Land, die Erste und die Dritte Welt.

C. Auch in der Schule geht es nicht um die Frage, ob unsere Kinder heute noch das Naturjahr zwischen Saat und Ernte erleben und von hierher eine Beziehung zur Landwirtschaft haben, sondern um ein Bedenken der gemeinsamen Welt, in der die einen versorgt sind oder gar im Überfluß zum Überschuß gelangen, während die anderen hungern und auch Hungers sterben. Schon in ihrer Schulzeit vermitteln die Medien und oft auch die Gespräche in der Familie den Kindern ein Wissen um weltweite Zusammenhänge: daß in den Ländern der EG eine versierte Chemie agrarische Überproduktion sichert, während gleichzeitig Katastrophenmeldungen über Dürre, Überschwemmungen, Erdbeben und immer neue Mißernten eine millionen- und gar milliardenfache Not anzeigen.

Auf diese gegensätzliche und ungerechte, nichtsdestoweniger zusammengehörige Welt läßt das Erntedankfest blicken. Es feiert unseren Dank und unsere Solidarität, beansprucht deshalb nicht allein Erwachsene, sondern gleicherweise die Kinder. Die Schule und der Religionsunterricht sind dieser Vermittlung verpflichtet. Im 1. Schuljahr geht es aber noch nicht um Vermittlung sozialer und politischer Informationen, sondern vorrangig um ein Bedenken der eigenen Erfahrungswelt. Was die Kinder hier alltäglich umgibt und geborgen sein läßt, sollen Bild und Lied und Feier bewußtmachen, damit auch die Sechsjährigen schon zu Dankbarkeit und mitmenschlicher Teilnahme fähig werden.

D. Je nach regionalem Brauch und nicht unabhängig vom Schuljahrsbeginn kann der Unterricht über das Erntedankthema im September oder Oktober erfolgen. Nachdem vorweg der eigene Schulanfang und die Einrichtung im Klassenzimmer besprochen wurden (→ S. 32 ff), wird der Erntedank das erste Unterrichtsthema im Gang des Kirchenjahres sein. Das ist in der Sache angemessen, weil die Kinder im angebotenen Bild ihre eigene Lebenswelt wiederfinden – nicht ohne Aufforderung, sie in wesentlichen Dimensionen zu erweitern.

Relindis Agethen, Erntedank S. 18–19

A. Der Auftrag lautete, ein Erntedankbild zu malen, das sich von den gängigen Illustrationsmustern für Schulbücher – zum Beispiel ein mit Erntefrüchten reich dekorierter Altar – abhebt.

Die Idee des gedeckten Tisches, wie er Kindern vertraut ist, wurde vorgegeben, doch sollte der Tisch das Nicht-Selbstverständliche unseres »Täglichen Brotes« thematisieren.

Voraufgegangen war die Untersuchung, ob sich in der kunstgeschichtlichen Tradition ein Bild finden lasse, das unterrichtlichen Ansprüchen entgegenkäme und einen eigenen Bildbeitrag ersparte. In der gotischen Kunst und auch in der Renaissance-Malerei fanden sich zwar viele Tafelszenen, doch erscheinen auf diesen Bildern sowohl die Art des gedeckten Tisches als auch die Menschen daran so fremd, daß sich für Kinder schwerlich ein Identifikationsangebot damit verbinden läßt. Demgegenüber präsentiert die Malerei des 17. und 18. Jahrhunderts zahllose Stilleben, mit Früchten, Blumen und Wildbret üppig überladene Tische, die aber unserer Intention eher ins Gesicht schlagen, als daß sie ihr dienen. Eine eigene Thematisierung des Erntedankes im Bild wurde zwingend.

B. Das Bild ordnet verschiedene Motive einander zu. Wir sehen zentral die Kindergruppe am gedeckten Tisch (1); rechts davon, durch Stacheldraht abgetrennt, ein einsames, trauriges Mädchen (2); im Hintergrund an der Wand ein Bild im Bild, das die Sterntalergeschichte erzählt (3); das halboffene Fenster daneben gibt den Blick in eine weite Abendlandschaft frei (4); auf der gegenüberliegenden Seite ein Strauß mit Feldblumen (5).

(1) Die Bildmitte bestimmt der angeschnittene Laib Brot auf dem Tisch. Er liegt auf einem Porzellanteller, dessen rechten Rand ein Taubenpärchen schmückt. Sonst findet sich auf dem Tisch nur noch ein Gedeck, auf dem Teller eine halbe Schnitte Brot, sparsam mit einer Scheibe Salami belegt und dazu ein Apfel. In der Tasse ein Getränk, von den Kindern aus geurteilt wohl Kakao. Zum Service mit dem Veilchendekor (Marke Rosenthal) gehören auch die Kaffeekanne, die Obstschale auf dem Fensterbrett und die Blumenvase. Der Tisch ist mit einer weißen Decke gedeckt. Alles zusammen vermittelt den Eindruck einer gepflegten Häuslichkeit.

Am Tisch befinden sich drei Kinder. In der Mitte das älteste, ein Mädchen, vielleicht 10 Jahre alt, mit einem Blumenkränzchen im Haar. Rechts daneben ein noch kleiner Bub, der kaum über die Tischkante schauen kann. Links ein unruhiger Junge, um die 6 oder 7 Jahre, der auf seinem Sitz mit dem Rücken zum Tisch herumrutscht oder gleich davonlaufen wird. Schließlich gehört der Teddybär zur Tischgruppe. Er trägt ein buntes Kittelchen und »schaut« als einziger den Betrachter an. Die Blicke der Kinder gehen in verschiedene Richtungen, keins von ihnen betrachtet den Tisch oder eins der Geschwister. Es ist kein Bild bewußter Eintracht, das sich bietet, eher eine Momentaufnahme, die den üblichen häuslichen Lärm oder irgendeinen belanglosen Streit kurz zuvor oder gleich darauf mehr erwarten als vergessen läßt.

Die Kinder verkörpern also keine harmonische Tischgemeinschaft, erst recht keine »Abendmahlsszene«. Viel eher stößt das Bild Erinnerungen an die eigene häusliche Welt der Schüler an: Gerade am Tisch zeigen sich gerne geschwisterliche Rivalitäten, kleine Egoismen und die oft verärgernde Unfähigkeit, sich mit sechs, sieben Jahren zuverlässig zu bewußter Gemeinsamkeit mit der Familie zusamenzusetzen. Auch die Mühe der Eltern um ein behagliches Zuhause findet noch wenig Antwort. Die weißen Porzellantauben auf dem Brotteller, wenn sie schon auf Friedlichkeit und Eintracht verweisen sollen, werden als bloßes Dekor geflissentlich übersehen.

Was zum Essen dasteht, ist nichts »Besonderes«: Brot, kein Kuchen, eine Scheibe Wurst, Apfel, Birne, Weintrauben, von denen einzelne Früchte abgezupft wurden. Man sieht die Eltern nicht, aber spürt ihre pflegende Hand, empfindet den Geist ihres Hauses. Auch der Teddybär gehört zum »täglichen Brot«. Er vertritt die Welt des Spiels, der Zuwendung und Geborgenheit, welche die Kinder in ihrer Familie erleben.

(2) Obwohl sich unsere Aufmerksamkeit bisher ganz der Kindergruppe am gedeckten Tisch zuwandte, ist dem Betrachter diese Konzentration eigentlich unmöglich: Immer wieder lenkt das traurige Mädchen in der Stacheldrahtschlinge Blicke und Gedanken auf sich. Während das übrige Bild eine frohe Farbigkeit ausstrahlt, bleibt hier alles grau in grau gehalten. Das Mädchen trägt ein geblümtes Kopftuch und einen dunklen Mantel. Nur das apathische Gesicht schaut aus der Vermummung heraus. Dort, wo es ist, ist es kalt. Vielleicht ist auch der auf dem Rücken liegende tote Vogel erfroren. Das Kind ist der Szene am Tisch abgewandt. Sein Blick geht ins Leere. Die offensichtliche Not hat es auf sich selbst verwiesen und in einer dumpfen Weise nach Innen gekehrt. Der Stacheldraht tut ein übriges hinzu, um die Scheidung der beiden Welten, ihre unendliche Distanz zu betonen.

Wer ist dieses einsame Kind? Für welche Not steht es? Wie sind Stacheldraht und Vogel zu verstehen?

Historisierende Antworten sind hier unangemessen. Hinter diesem Kind stehen die vielen hunderttausend Kinder, die Hunger und Krieg erleiden – und zugleich die zahllosen Menschen jeden Alters und jeder Rasse, die das gleiche Schicksal beugt. Das verlassene Mädchen vertritt die Armen unserer Zeit. Neben dem gedeckten Tisch und der Geborgenheit eines gepflegten Hauses verweist es auf die stumme Not, daß sie nicht abgedrängt und vergessen werde. Dennoch: Der Stacheldraht macht die gewalttätigen Grenzen zwischen jedem Wohlstand und allen, die »draußen vor der Tür« sind, bewußt. Es sind soziale Absicherungen, solche der Umgangsformen, der materiellen und vitalen Überlegenheiten, und auch die räumlichen Distanzen, in welche unsere gesellschaftlichen Strukturen die verletzende Not vom eigenen Tisch weisen (→ Herbergssuche). Andererseits ist es die müde Demut, in der die Hungernden und Ausgestoßenen sich in sich kehren und von innen her ihre Gefangenschaft bestätigen. Ihr Schicksal liegt ihnen in dem toten Vogel vor Augen. Es ist unausweichlich.

(3) Eine ganz neue Dimension kommt mit der Sterntalergeschichte ins Bild – als Bild im Bild. Dieser Umstand – des Bildes im Bild – ist bedeutsam, weil er, nach der Tischszene und dem sozialen Hintergrund unserer Zeit, eine dritte Ebene einfügt, die beiläufig oder doch zwanglos erscheint, obwohl erst das erinnerte Legendenmärchen dem Bild seine religiöse Tiefgründigkeit gibt. Es zeigt rechts im Vordergrund den alten Bettler mit dem Brot in der Hand, das er von dem Mädchen bekommen hat. Er steht stellvertretend für

die anderen armen Menschen, denen das Mädchen das Letzte, das es besaß, geschenkt hat. Das Mädchen wird gezeigt, wie ihm die Sterne vom Himmel zufallen, »und ob es gleich sein Hemdlein weggegeben, so hatte es ein neues an, und das war vom allerfeinsten Linnen«. Entsprechend der Aufgabe aller Kunst, nichts Sichtbares zu reproduzieren, sondern sichtbar zu machen, stürzen hier keine »Sterne« aus astronomischen Bahnen, sondern fallen aus einer weit geöffneten, streuenden Hand – nicht allein auf das mitleidige Mädchen, sondern heraus aus dem Bild, auf den gedeckten Tisch und über die daran sitzenden Kinder. Diese »Sterne« sind die Gaben des Himmels (→ Die Geschichte vom Korb mit den wunderbaren Sachen, S. 202 f, und die Interpretation der Sterne im Martins-Bild, S. 106; s. auch 251). Sie sind nicht meßbar, wägbar, definierbar und darum auch nicht als Stern*taler* verstanden. Die Hand, die sie gibt, ist Gottes Hand, und so mögen die Sterne alles bedeuten, womit der Mensch gesegnet wird: Friede, Liebe, Geborgenheit und Glück, eben das tägliche Brot, von dem die Menschen leben, solange sie leben. Daß dieser Segen aus dem Bild in die Mitte der Kinder fällt, ist offensichtlich, aber ob auch die Kinder ihn *sehen können* (→ Die Geschichte vom Korb), und ob sie fähig sind, ihn mit dem Herzen anzunehmen, das heißt zugleich, ihn weiterzuschenken, das ist die große Frage, die das Bild an seine Betrachter stellt.

An dieser Stelle zeigt sich besonders gut die didaktische Struktur des Bildes. Relindis Agethen konfrontiert nicht einfach Wohlstand und Armut, sondern verbindet beide Welten in der Sterntaler-Geschichte. Diese Verbindung ist dialektisch verschränkt: Einerseits repräsentiert das Mädchen, das seine Habe verschenkt, die Kinder am Tisch, der Bettler aber das verlassene Mädchen. Andererseits ist nun das Mädchen bitterarm, hat rein gar nichts mehr, während der Bettler das tägliche Brot in Händen hält. Also vertritt, so herum, der »Bettler« die mit dem täglichen Brot versorgten Kinder, das Mädchen ist eins geworden mit der Armut. Die Sterne aber, wie sie auf das sich verschenkende Kind und über den häuslichen Tisch fallen, verknüpfen alle Bildebenen miteinander: Das »Gebt *ihr* ihnen zu essen« in der Speisungsgeschichte Mk 6,37 ist auch die Aufforderung dieses Bildes, nicht moralisierend-vordergründig gestellt, sondern im Medium der Legende von um so feinerer Eindrücklichkeit.

(4) Der Blick aus dem Fenster führt in eine weite Landschaft. Vor dem Haus liegt ein Sonnenblumenfeld. In jeder einzelnen Blüte ein Wiederschein der Sonne und des Sommers. Was über den Winter davon bleiben wird, ist ihr Öl.

Am Horizont versinkt die Sonne. Über den vergehenden Tag hinaus Verweis auf das sinkende Jahr und die hereinbrechende (Winter-) Nacht, für die Nietzsches »Wohl dem, der eine Heimat hat«

gilt. Der Wolkenhimmel ist bizarr zerklüftet; eine Frage an das Wetter, an die Zustände, ob sie währen oder umbrechen, drängt sich auf.

(5) Der Strauß aus Kornblumen, Mohn und Roggenhalmen in der Vase ist eigentlich ein Anachronismus. Wenn die Sonnenblumen gereift sind, hat die Getreideernte schon stattgefunden, längst sind Mohn und Kornblume verblüht. Aber diese biologische Übereinstimmung der Bildelemente hier zu verlangen, würde eine falsche Genauigkeit bedeuten. Der Strauß in der Vase vertritt noch einmal den gedeckten Tisch, die Ernte des Sommers, die Erde, die alles schenkt, die Sonne, die wachsen und reifen läßt – und beide, Erde wie Sonne, sind für alle da, damit alle auch satt werden.

C. Das Bild bietet den Schulanfängern eine Gegenständlichkeit und eine Sprache an, die ihnen vertraut ist und die sie lesen können. Keines der Bildelemente geht über ihr inneres Vermögen. Auch das »Sterntaler«-Märchen ist ihnen, wenn nicht längst aus früheren Jahren vertraut, so doch innerlich angemessen. Andererseits ist alle Gegenständlichkeit, sowohl je für sich, als auch in ihrer Verknüpfung, voller Sinn und Hintergrund, und in dieser Komplexität bedarf das Bild einer ruhigen Erarbeitung im gelenkten Klassengespräch. Dabei wird sich zeigen, daß das Nebeneinander der drei Hauptszenen die Kinder von selbst zu eigenen Überlegungen und Erklärungsversuchen anstößt. Im übrigen ist es legitim, bestimmte Details, die das Bild dem Bedenken anbietet, zu übergehen, wenn man selbst oder die Kinder davon nicht angesprochen werden.

Unterrichtserfahrungen mit dem Bild in verschiedenen ersten Klassen (sowie Kontrollversuche in höheren Klassen) ergaben, daß mit folgenden Schwierigkeiten vorrangig zu rechnen ist:

Das arme Mädchen im Stacheldraht wurde zunächst oft als »Oma« oder »alte Frau« bezeichnet. In manchen Klassen erfolgten Korrekturen durch die Kinder, in anderen nicht. Beim vorliegenden Schulbuch, das Verfolgung und Vergleich dieses Motivs vielfältig erlaubt, dürfte die richtige Identifizierung leichter fallen.

Oft wurde gerätselt, warum das arme Kind »an den Tisch« kommt; daß das Bild verschiedene, meist räumlich weit auseinanderliegende Situationen zusammenrückt, mußte erst bewußtgemacht werden.

Der tote Vogel interessierte die meisten Schulklassen sehr. Auch hier werden anfangs oft äußere Erklärungen gesucht, z. B. warum der Vogel tot ist und ob die Personen auf dem Bild etwas damit zu tun haben.

Das Sterntaler-Bild wurde meistens erkannt, die Hand als die Hand Gottes oder als die Hand Jesu gedeutet. Fast immer nahmen die Kinder – bei Kenntnis des Märchens – das Bild im Bild zum Anlaß, die gesamte Komposition von hierher aufzuschließen.

Mit besonderem Nachdruck sei dem Lehrer empfohlen, das Bild »Erntedank« mit der Klasse in aller Ruhe und sehr gründlich zu besprechen. Je besser die Schüler in die symbolische Dimension des Bildes eingeführt werden, je unmittelbarer sie das Brot, den Teddybär, das arme Mädchen, den toten Vogel in ihrer je eingeschlossenen Bedeutung verstehen – und Kinder können das in sehr beeindrukkender Klarheit! –, um so leichter fällt es ihnen, die folgenden Bilder des Religionsbuches zu lesen. Gleichzeitig gelangen sie in die Hintergründigkeit der Wirklichkeit, erweitert sich ihre Erfahrungsfähigkeit in die Dimension metaempirischen Sinns.

D. Die nachfolgenden Protokollauszüge entstammen Unterrichtssituationen, in denen die Schüler nahezu ohne Hilfe des Lehrers mit dem Bild konfrontiert wurden. Titel und Thema des Bildes waren den Schülern nicht bekannt. Die auszugsweise Wiedergabe der Schüleräußerungen soll dem Lehrer bei seiner Unterrichtsvorbereitung orientierende Hinweise geben.

Die sitzen alle am Tisch.
Das Mädchen mit dem Blumenkranz hat Geburtstag.
Die freuen sich, daß sie viel zu essen haben.
Das sieht aus wie Weihnachten.
Da frühstücken welche.
Es gibt aber nur einen Teller und eine Tasse.
In der Ecke sitzt eine alte Frau.
Die Mutter, sie ist schwarz angezogen.
Es könnte auch ein Kind sein, es sieht so jung aus im Gesicht.
Ob es eine Frau ist, die eine Maske auf hat?
Sie hat ein Tuch um den Kopf; sie trägt einen schwarzen Mantel; sie hat ein weißes, ein blasses Gesicht.
Ihr Mund ist gerade so (die Kinder machen es vor).
Es ist ein Mädchen.
Das Mädchen könnte in einem Korb mit Stacheldraht sitzen.
Daß das Mädchen im Stacheldraht sitzt, finde ich nicht schön.
Das Mädchen ist krank.
Es hält einen toten Vogel in der Hand.
Vielleicht ist das Mädchen mit dem Vogel tot? Aber es hat die Augen doch offen?
Das Mädchen weint. Der Mund ist schmal. Es ist müde. Traurig.
Vielleicht ist das Mädchen gefangen.
Das Mädchen weint, weil der Vogel tot ist.
Er ist krank, heruntergefallen, vor die Scheibe geflogen, vom Dach gefallen, vielleicht hat ihn die Katze erwischt.
Vielleicht ist der Vogel in den Stacheldraht geflogen.
Der Stacheldraht: Das Kind ist umzingelt von Traurigkeit.

Wie das Mädchen in den Stacheldraht und wie es in die Stube kommt, was es auf dem Bild für eine Bedeutung hat, war den Kindern in allen Klassen ein Rätsel. Ihr Hauptinteresse aber galt dem Vogel, bis hin zu Lösungsvorschlägen, ihn zu befreien. Die Befreiungsidee wurde sogar bildimmanent gedeutet: »Das Mädchen im Stacheldraht wollte dem Vogel helfen; es ist nicht wieder herausgekommen.« – »Der Junge mit dem braunen Pullover will dem Mädchen helfen; er läuft weg und holt eine Schere. Er will den Stacheldraht aufschneiden.«

Die Kinder auf dem Bild, wie die wohl heißen?
Das Brot auf dem Tisch ist abgeschnitten.
Die Kinder essen.
Das Mädchen mit dem dunklen Kopftuch und den Blumen darauf darf nicht mitessen, weil es nicht so schön angezogen ist.
Das Kind will bestimmt mitessen. Es ist hungrig, es hat lange nichts gegessen.
Das Mädchen mit dem Blumenkranz ist ein Sterntalermädchen, genauso wie im Bild.
Da ist noch ein Mann auf dem Bild, der hält Brot in der Hand.
Jesus wirft mit der Hand die Sterne überallhin.
Auf der Tischdecke sind auch überall Sterne.
Das Sterntalerkind hat dem Mann sein letztes Brot gegeben.
Es hat alles, was es besaß, anderen gegeben.
Es wurde dafür belohnt. Die Hand wirft die Sterne runter. Es ist Gottes Hand.
Die Sterne sind auch auf dem Tisch und im Haar des Blumenmädchens.
Das Mädchen hat die Blumen von der Wiese geholt und einen Kranz geflochten. Es hat ein schönes weißes Kleid an. Die Mutter von dem Mädchen hat gesagt zu dem Kind in der Ecke: »Komm doch rein und iß doch ein bißchen mit.«
Alle sagen: »Was will denn die hier?« Da war das Mädchen traurig, weil man es beleidigt.

Die zitierten Schüleräußerungen (ausnahmslos von Erstkläßlern) deuten auf eine reiche Spontaneität der Kinder gegenüber dem Bild hin. Der Lehrer kann deshalb eine rege Eigentätigkeit seiner Schüler erwarten, die ihm eigene Zurückhaltung erlaubt. Er sollte jedoch das Klassengespräch mit sparsamen Hinweisen ordnen, etwa derart, daß die verschiedenen Bildteile – nach einer Phase erster Eindrucksmitteilungen – nacheinander besprochen und in der Folge ihrer Erörterung aufeinander bezogen werden. Die Vorgehensweise der voraufstehenden Interpretation kann für die methodische Stundenkonzeption herangezogen werden.

E. Exkurs: Unterrichtliche Erfahrungen mit Bildern von Relindis Agethen – didaktisch reflektiert

»Schade, daß es schon vorbei ist. Ich hab' noch so viel gewußt!« Kinder eines ersten Schuljahres verabschieden sich so von mir – Kinder einer Schule, gelegen in einem Industrieviertel am Rande Reutlingens, belastet mit allen Problemen, die sich aus Betonsiedlungen, Ausländerghettos und familiärer Verwahrlosung ergeben.

»Bringst du das Bild nächstesmal wieder mit? Ich möchte es nochmals anschauen!« So fragt ein Kind, das kaum Märchen, Mythen, Poesie und Bilder kennt, dafür um so genauer den Inhalt des Fernsehprogramms wiedergeben kann.

»Ich kann gar nicht aufhören, das Bild anzugucken, da kann man immer wieder was Neues sehen.« Dies sagen Erstkläßler, aus konfessionell-organisatorischen Gründen dazu gezwungen, sich in »Eckstunden« und fremder Umgebung der anspruchsvollen Thematik eines Bildes zu stellen. Wenn Kinder in dem durch Rahmenbedingungen belasteten Religionsunterricht ihr Interesse an einem Medium so spontan bekunden, muß man fragen, welche didaktischen Prinzipien dies ermöglichen. Was also ist das Besondere an Relindis Agethens Bildern, die diese Reaktionen hervorrufen und Schüler wie Lehrer gleichermaßen faszinieren?

1) Zur bildimmanenten Didaktik: Die Bilder von Relindis Agethen zeichnen sich durch eine hohe Komplexität aus. Hier sind Motive aus Tradition und Gegenwart, aus Realität und Utopie, aus individueller und gesellschaftlicher Erfahrung miteinander verwoben. Diese Bildteile stehen sowohl in Beziehung als auch in Spannung zueinander, sie sensibilisieren für Zusammenhänge und gleichzeitig für Widersprüche.

So öffnen sie den Blick für eine Wirklichkeit, die an den Grund unserer Existenz rührt, die menschlichem Fragen und Suchen Ausdruck verleiht und sprachlich nicht letztlich faßbar ist. Hierin besteht das Geheimnis der Bilder, das gerade Kinder schon sehr deutlich spüren.

Meine Erfahrungen haben gezeigt, daß mit zunehmend intensiver Betrachtung der Bilder gleichzeitig die Sprachfähigkeit der Kinder zunimmt, daß sie nach einem anfänglichen »Ich kann nicht sagen, was ich meine« nach und nach sprachliche Ausdrucksmöglichkeiten finden, die sich immer näher an jene Wirklichkeit herantasten, die diese Bilder darstellen.

Kinder entwickeln sich mit den Bildern, sie lernen dabei elementare kunsthermeneutische Betrachtungsweisen kennen, so daß hier ein Zugang zu Kunstwerken überhaupt angebahnt wird. Welches sind nun jene Grundkategorien der Bildbetrachtung, mit deren Hilfe Schüler ein Bild selbst aufschließen und auf ihre Situation hin interpretieren lernen?

Beim Bild verweilen können: Voraussetzung für jedes tiefergehende Verständnis einer Thematik – das gilt für den Religionsunterricht in besonderem Maße – ist das Sich-Einlassen auf die Sache, oft in einer über mehrere Unterrichtsstunden hinweg geführten Auseinandersetzung.

Dies bedeutet für den Lehrer Bereitschaft zum Verweilen und ein mutiges Durchhalten dieser unüblichen Praxis, die der vermeintlich kurzzeitigen Einsetzbarkeit von Bildern widerspricht.

Zu diesem Wagnis laden jedoch die Bilder geradezu ein. Nur wenn der Lehrer bereit ist, das Bild nicht als Aufhänger oder Zusatzmedium zu entwerten, sondern ganz in den Mittelpunkt der unterrichtlichen Auseinandersetzung zu stellen, wird er erfahren, daß seine Schüler von der Konsumhaltung – »wann kommt das nächste Bild?« – wegkommen und statt dessen fragen: »Bringst du das Bild nächstesmal wieder mit?«

Das Bild von innen her aufschließen: Ein gutes Bild vermag direkt anzusprechen. In ihm selbst bekommt der Schüler Verständnishilfen, Erschließungsmöglichkeiten angedeutet. Bisherige Erfahrungen des Kindes sind darin verarbeitet, so daß Bezüge zu neuen Aussagen sichtbar werden, Neues durch bereits Erfahrenes erschlossen werden kann. Gleichzeitig muß ein Bild, soll es diese didaktische Qualität besitzen, mehrdimensional, in verschiedenen Wirklichkeitsebenen, angelegt sein. Die Auschwitz-Szene neben dem herzlosen Reichen des Nikolausbildes, dessen Herz vom Mammondrachen verschlungen wird, oder das ausgehungerte Mädchen im Stacheldraht, das auf dem Erntedankbild neben dem gedeckten Tisch auftaucht, provoziert Kinder zu Fragen und gleichzeitig zu Antworten. Solche Kompositionen ermöglichen entdeckendes Lernen, sie lehren, sich in die Hintergründigkeit von Bildern einzusehen.

Gleichzeitig bieten die Bilder für Schüler vielfältige Anlässe, sich zu äußern. Hier habe ich deutlich erfahren, wie Kinder lernen, sich gegenseitig das Wort zu geben, wie sie allmählich versuchen, gemeinsam Antworten auf anstehende Fragen zu finden.

Dabei wird der Lehrer deutlich aus seiner Vermittlerrolle gedrängt, weil auch er als Fragender und Suchender vor dem Bild steht.

Symbole lesen lernen: Kinder lernen anhand der Bilder von Relindis Agethen Symbole lesen. Spätestens bei der »Geschichte vom Korb mit den wunderbaren Sachen« wird jeder Lehrer fasziniert davon sein, mit welchem Einfühlungsvermögen Kinder die Geschichte von der dargestellten Symbolik her (goldene Hörner der Kuh, »Himmelsgucker«, Sternensegen und natürlich der Korb mit Sternen, Regenbogen und Eiskristallen) aufzuschließen vermögen: Sie spüren sehr schnell jene Dimension, die sich nur mit dem »Herzauge« wahrnehmen läßt und die Relindis Agethen sehr behutsam in Bildmotiven darstellt, die Werte repräsentieren, die nicht einfach zu haben oder festzuhalten sind.

Aufschlußreich war mein Versuch, vor dem Betrachten des letzten Bildes aus dem Märchenzyklus Vorschläge der Kinder einzuholen, wie man den erarbeiteten Gehalt der Geschichte – den Inhalt des Korbes – bildhaft darstellen könnte. »Sterne«, »Licht«, »Blumen« schlugen die Kinder vor – Relindis Agethen hatte sie gemalt!

Hier wird deutlich, wie geheimnisvoll verschlüsselt und doch transparent, wie bildhaft-symbolisch und doch sprachlich übersetzbar Relindis Agethen gerade für Kinder ihre Motive wählt. Sie versteht es, innere Bilder des Menschen als äußere Bilder darzustellen.

Haben die Kinder diese inwendigen Symbole einmal lesen gelernt, so bereitet es ihnen zusehends Freude, in der – didaktisch klug angelegten – Wiederholung der symbolträchtigen Bildelemente Vertrautes zu entdecken, das nun bereits interpretiert und gleichzeitig noch tiefer durchdrungen werden kann.

Durch diese stets wiederkehrenden Elemente lernen die Kinder auch, die verschiedenen Bilder zueinander in Beziehung zu setzen, hinter den *vielen* Bildern *eine* Aussage zu erkennen. So können sie allmählich eine religiöse Sichtweise der Dinge entwickeln, ihr »Herzauge« wird zunehmend wacher und sensibler werden.

2) Zur Lehrerrolle: Die den Bildern Agethens immanente Didaktik definiert gleichzeitig die Rolle des Lehrers, der mit diesen Bildern in seinem Unterricht arbeitet. Die unmittelbare Gegenüberstellung von Bild und Schüler ermöglicht nicht nur eine schülerzentrierte Ausrichtung des Unterrichts, sie macht nicht-direktives Lehrerverhalten sogar zwingend. Wenn es dem Lehrer gelingt, sich zunächst ganz auf die Spontaneität und das Äußerungsbedürfnis der Kinder einzulassen und ihnen für Assoziationen und Deutungen den nötigen Spielraum zuzugestehen, wird er überrascht sein, wie sehr die Bilder aus sich selbst heraus zu sprechen vermögen, ohne auf Vermittlung durch den Lehrer angewiesen zu sein. Selten empfand ich mich – gerade im Religionsunterricht – in einer so entspannten Lehrersituation: Das Bild spricht aus sich, es drängt den Lehrer aus der so anstrengenden und unbefriedigenden Stimulus-Aussender-Rolle geradezu heraus und macht ihn, gemeinsam mit den Kindern, zum Schauenden und Hörenden.

Natürlich werden im Laufe des Unterrichts zur tieferen Durchdringung des Bildes immer wieder behutsame Hilfen nötig sein, die jedoch abwartend und unaufdringlich gegeben werden sollten, um den Schülern nicht vorschnell ein Sehraster aufzudrängen.

Solche Lehrerimpulse können sein:
- ein gelegentlich gefordertes Verweilen bei manchen Schüleraussagen,
- ein Informieren über unbekannte Motive aus Bibel und Legende,
- ein Verweisen auf Querverbindungen und Bezüge innerhalb des Bildes.

Das Problem der Seh-Fähigkeit bzw. -Unfähigkeit der Schüler wird sich dem Lehrer immer wieder stellen. Ein Teil der Kinder wird häufig noch auf Seh-Hilfen, auf Hilfen zum »Dahinter-Schauen« angewiesen sein. Nicht alle Kinder werden gleich in der Lage sein, Bildteile und Bildebenen zu einer Bildaussage verdichten zu können. In jeder Schülergruppe gibt es jedoch auch Kinder, die schon fähig dazu sind, ihren Mitschülern solche Seh-Hilfen zu bieten.

Hier gilt es, Mut zu machen, sich auf prozeßhaftes, gemeinsam von Schülern und Lehrer getragenes Lernen einzulassen. Gleichzeitig wird der Lehrer, der die Position des Wissenden verläßt, die Erfahrung machen, daß auch Kinder in der Lage sind, dem Erwachsenen die Augen für andere Dimensionen zu öffnen, neue Perspektiven aus dem Bild heraus zu entwickeln und ihm so die gemeinsame Suche des Menschen nach dem, was Leben ausmacht, vor Augen zu führen.

Dabei scheint es mir wichtig zu sein, sich von dem Zwang zu lösen, alles interpretieren und verbalisieren zu müssen. Nicht alle Symbole werden und müssen zum gegenwärtigen Zeitpunkt aufschließbar sein; vielleicht sind die Schüler später dazu in der Lage. Hier sollten wir uns nicht scheuen, die Bilderfolge als durchlässig und variabel anzusehen, auf ein früheres Bild zurückzugreifen und die Bilder wiederholt zu besprechen.

Eine Schwerpunktverlagerung wird sich auch bei der Unterrichtsvorbereitung abzeichnen. Die auf unmittelbare didaktische Wirksamkeit angelegten Bilder ersparen weitgehend die methodische Aufbereitung, abgesehen von der Auseinandersetzung mit thematischen Fortführungen. Intensiv sollte sich der Lehrer aber mit dem Bild selbst, seinem legendären oder biblischen Kontext und seiner theologischen Aussage befassen. Wichtig ist, sich selbst einen Zugang zu dem Bild zu verschaffen, sich von ihm ansprechen zu lassen, Fragen zu formulieren und eigene Positionen daran zu prüfen.

Eva-Maria Bauer

F. Ergänzende Texte und Anregungen

Das Frühstück in der Schule

Im Zusammenhang der Gespräche über das Bild »Am Tisch« liegt eine Besinnung über das gemeinsame Essen nahe, über das Frühstück in der Schule und über den Umgang mit Brot: → Gemeinsam frühstücken, S. 41.

Das Thema wird im Religionsbuch 2 weitergeführt im Symbolkurs über »Brot« und im Religionsbuch 3 im Kapitel »Fest«.

Die Sterntaler

Das Märchen vom »Sterntaler« kommt im Religionsbuch 1 an vier Stellen vor: In den Bildern zu Erntedank, zum Martinsfest und zu Ostern sowie im Kapitel »Sprachverständnis«. Für das Erntedank-Bild ist es ein wesentlicher Interpretationshintergrund. Im Martinsbild wird es als helfende und vertiefende Parallele erneut zitiert, während es im Kapitel »Sprachverständnis« für sich allein stehen kann, gleichzeitig aber auch Saint-Exupérys Wort »Man sieht nur mit dem Herzen gut« veranschaulicht. Damit Zielsetzung und Niveau des Sprachkurses gehalten werden, ist es wichtig, das Märchen im Kontext der voraufgehenden Bilder mit Sorgfalt und Liebe zu erschließen. Die Wiederholung der Erzählung, das ebenso wiederholte Zurückblättern, erneute Betrachten und Vergleichen der Bilder ist unverzichtbar und auch nicht bei »Zeitmangel« dispensabel.

Der Grimm'sche Text des Märchens findet sich auf Seite 247 f. Daneben eine ausführliche Erschließung der Geschichte. Die dort gebotenen Interpretationen sind ohne Abstrich und Bedenken bereits im September und November des ersten Schuljahres verwendbar. Je öfter die »Sterntaler« bedacht und vertiefend besprochen werden, um so gesicherter wird für die Kinder ihr Gewinn an Sprach- und Symbolverständnis sein – innerhalb der Tiefendimension, in die das Märchen sie hineinführt.

Franz von Assisi

A. Unter allen Heiligengestalten der Christenheit ragt Franz von Assisi mehr als jede andere hervor. Schon seine Zeitgenossen empfanden ihn als einen »anderen Christus«, weil er es wagte, Jesus von Nazaret hartnäckig ernst zu nehmen, Wort für Wort, und ohne jeden Vorbehalt. Dieses Verhalten irritierte seine Zeitgenossen ebenso, wie es sie faszinierte, und obwohl er nur zwanzig Jahre lang als der »kleine Bruder Franz« lebte, strahlte seine Aura in wenigen Jahren durch ganz Europa – bis auf den heutigen Tag –, und es gibt keinen zweiten Christen, dessen Anerkennung und Verehrung so einhellig über die Christenheit hinausgehen, wie sie in immer wieder neuem Hinschauen Franz von Assisi gelten.

Die Rückfrage nach Franz von Assisi ist – wenn sie ernsthaft betrieben wird – stets eine Rückfrage nach den Maßstäben des Christlichen und den eigenen Lebensnormen. Man kann diesem Menschen nicht gleichgültig begegnen. Darum kann die Bekanntschaft mit Franz im ersten Schuljahr auch nur der Anfang einer immer wieder aufzunehmenden Auseinandersetzung sein. Die folgenden Materialien dienen folglich nur dem Wunsch, eine erste Begegnung zu ermöglichen. Aus dem Leben dieses Mannes werden lediglich einige Geschichten erzählt – bereits im Blick auf das Franz-Bild von Relindis Agethen –, ihre Fortsetzung und Vertiefung werden die Religionsbücher für die folgenden Schuljahre besorgen.

B. Franz von Assisi hat nicht lange gelebt; er ist 44 Jahre alt geworden (1182–1226). »Ein authentisches Porträt von Franz gibt es nicht, trotz der vielen Bilder, die nach seinem Tod von ihm gemalt worden sind. Trotzdem kann man sich, aufgrund der überlieferten Personenbeschreibungen, eine Vorstellung von ihm machen: Wir haben einen kleinen, lebhaften, ungepflegten Mann vor uns, einen schmächtigen Nervösen mit viel Charme und abstehenden Ohren. Er trägt ein sackartiges Gewand aus grobem Stoff von schmutziggrauer Farbe, vielfach geflickt, das um die Mitte mit einem gewöhnlichen Strick zusammengehalten wird. Im Sommer wie im Winter geht er barfuß, lebt von zusammengebettelten Lebensmitteln, nächtigt in Scheunen und Höhlen und ist viel unterwegs. Seine Konstitution ist keineswegs robust, Krankheitsgeschichten durchziehen seine Biographie wie ein ständig wiederkehrendes Thema. Die Energie, die den Mann in Trab hält, sitzt mit Sicherheit nicht in den Muskeln. Franzens Wille kommt, das werden wir konträr zur heute üblichen Leier vom positiven Denken sagen müssen, aus der Kraft einer radikalen Negation alles dessen, was uns bürgerliche Menschen funktionstüchtig macht. Er verleugnet hartnäckig die Schatzbildnerei, das Sparen und das Planen, die Klassenzugehörigkeit und das Prestigedenken, die hierarchischen Hackordnungen, den Hunger nach Macht und Einfluß, den instrumentellen Gebrauch der Geschlechtsorgane . . . Außerdem hat Franz, sehr im Gegensatz zum bürgerlichen Ich, keine Angst vor dem Tod, diesem ungebetenen Gast unserer Einsamkeit. Er hat das erreicht, wovon wir alle träumen – eine Art Unsterblichkeit.«[1]

Ähnlich wie Joseph Beuys in seiner Begabung für symbolische Inszenierungen hatte Franz Vorliebe und Begabung für öffentlichkeitswirksame realsymbolische Gesten: In Assisi zieht er sich vor Gericht nackt aus, um dem Vater den letzten Besitzanspruch zurückzugeben, dann baut er verfallende Kirchen wieder auf, oder er trägt einen Besen bei sich, um die unsauberen Kirchen auszufegen, er bekehrt den Wolf von Gubbio und zugleich das Wölfische bei den Leuten, die diesen fürchten und totschlagen wollen, er inszeniert die Weihnachtsbotschaft als Krippenspiel, spielt mit zwei Hölzern, eine Fidel imitierend, zum Tanz auf, . . . und selbst die fünf Wunden am Leib dieses Mannes sind eine Körperpredigt, die ebenso, wie sie seine Christusfrömmigkeit ausdrücken, zugleich Zeichen seines Mitleidens mit all denen sind, die ihr Leben lang ohnehin mit unterschiedlichen Stigmen herumlaufen.

Bereits während seines Lebens wurde ihm der Einfluß auf seine Nachfolge streitig gemacht. Was er mit seiner Bruderschaft gewollt hatte, wurde in das juristische Korsett eines etablierten Ordens umgeformt. Nach seinem Tod ging diese Arbeit der Umbiegung und Umdeutung seines Willens und seines eigenen Lebenszeugnisses weiter. Die Klugheit der Institutionen bemächtigte sich seiner, domestizierte ihn auf einen brauchbaren, harmlosen Frömmigkeitstypus und degradierte ihn zu guter Letzt zu einem Romantiker, der die Natur besingt und alles Schöne liebt.

C. Es ist gar nicht leicht, über Franz von Assisi im Unterricht zu sprechen. Ich habe schon viele Stunden über ihn gesehen, aber kaum eine befriedigende Lektion. Durchweg lag es an einer zu punktuellen Vorbereitung mittels pragmatischer Daten und Fakten. Man kann sich für diese Aufgabe nicht partiell rüsten, wie auf andere Stunden, deren Thematik in Abschnitte und methodische Folgen eingeteilt werden mag. Was immer hier zu sagen ist, es kann nur aus

[1] *Adolf Holl*, Der letzte Christ, Stuttgart 1979, 97 f.

einem umfassenden Verständnis kommen, das ein grundsätzliches Bemühen voraussetzt. Dazu gehört einerseits die Lektüre der wichtigsten Franz-Überlieferungen (s. unten) und andererseits die ernsthafte Auseinandersetzung mit einer der hinten genannten Franz-Biographien. Der Blick auf das 1. Schuljahr erlaubt hier keinen Abschlag an Vorbereitung. Im Gegenteil: Was hier gesagt werden kann, muß aus einer Kompetenz kommen, die tragfähig für alle spätere Unterrichtsarbeit ist.

D. Unser Religionsbuch plaziert Franz von Assisi in der Ordnung des Kirchenjahres. Sein Fest ist am 4. Oktober. Es steht in einem inneren Zusammenhang mit den übrigen Heiligen, die das Religionsbuch vorstellt: Martin von Tours, Elisabeth von Thüringen und Nikolaus von Myra. Elisabeth war eine Zeitgenossin von Franz und zugleich eine Frau seines Geistes und seiner Praxis. Martin und Nikolaus lebten viele Jahrhunderte früher und verkörperten jeweils in ihrer Weise, darin Franz ähnlich, die Quintessenz des Evangeliums. In der Zusammenschau dieser Heiligen bietet unser Buch konkrete, anschauliche Antworten auf die Frage, was ein Christ sei – und zugleich bereits Ausblicke auf jenen Christus, den (neben der ersten Entfaltung des Weihnachts- und des Ostermysteriums) die kommenden Schuljahre näherhin bekannt machen sollen.

Für eine entfaltende, narrative Interpretation des Franz-Bildes von Relindis Agethen seien die folgenden Legendentexte und die knapp angefügten Interpretationshinweise empfohlen.

Überlieferte Erzählungen

Die Stimme des Gekreuzigten

Eines Tages, als Franz an der Kirche San Damiano vorüber kam, fühlte er das Bedürfnis, einzutreten und zu beten. Als er nun vor dem Bild des Gekreuzigten stand, kam vom Kreuz her eine milde, gütige Stimme: »Franz, siehst du denn nicht, wie mein Haus verfällt? Geh und stelle es wiederum her!« Vor Erregung zitternd, antwortete Franz: »Gern will ich es tun, lieber Herr!« Er verließ die Kirche, trat auf den Priester zu, der sich in der Nähe aufhielt, und gab ihm Geld, damit vor dem Kreuzbild die Lampe angezündet werde. Dann nahm Franz, voll Freude über den Auftrag Christi, einen Ballen Tuches aus dem Geschäft des Vaters, ließ ein Pferd satteln und ritt zum Markt in Foligno, verkaufte den Stoff und auch das Pferd und kehrte unverzüglich nach San Damiano zurück. Er küßte dem Priester die Hand und wollte ihm das Geld geben, zum Zwecke der Renovierung der Kirche. Der Priester wollte es aber nicht nehmen, weil er einen üblen Scherz witterte, und auch aus Furcht vor den Eltern des Franz. Franz warf den Beutel mit den Münzen auf das Fenstersims und bat den Priester inständig, bei ihm bleiben zu dürfen. Dies wurde ihm auch gewährt.

Die kleine Kirche von San Damiano, unterhalb von Assisi gelegen, steht heute noch. Das sprechende Kreuzbild, das wirklichkeitsgetreu auf unserem Bild wiedergegeben wird, kann in der Kirche Santa Chiara in Assisi besichtigt werden. »Seit damals hat es nicht wieder geredet«, sagt Adolf Holl.

Zweifellos war Franz Zeit seines Lebens fest überzeugt, die Stimme des Gekreuzigten gehört zu haben. Es ist nicht unsere Sache, eine »Erklärung« oder gar eine wissenschaftliche Theorie für diese Audition zu finden. Gewiß war Franzens Hinwendung zu dem Kreuzesbild auch ein Resultat seines damaligen Umgangs mit Aussätzigen und Bettlern. Alle diese Elenden und Beleidigten dieser Erde sprachen für Franz mit einer einzigen Stimme – der des Schmerzensmannes von San Damiano.

Die Stimme des Gekreuzigten bringt neues Leben in sein Leben. Er zieht aus seinem Elternhaus aus und logiert sich bei dem Priester von San Damiano ein. Außerdem bestiehlt er seinen Vater, als sei das die Ordnung der Dinge. Das war freilich auch nach damaligem Recht strafbar. Franz hält sich deshalb eine Weile in San Damiano versteckt. Als er schließlich, in kümmerlichster Kleidung, die jedem Bürger das Recht gab, ihn als Strolch zu betrachten, nach Assisi zurückging, um sich seinem Vater zu stellen, war eine neue Szene des Familiendramas fällig, denn als der alte Bernadone »den Namen seines Sohnes vernimmt, eilt er hinzu. Wie der Wolf sich auf das Lamm stürzt, mit grimmigem Blick, packt er Franz und schleppt ihn ins Haus«. »Unter Schmach und Schande«, fügt Celano hinzu.

Die Konfliktgeschichte zwischen dem jungen und dem alten Bernadone steht an Härte und Unverständnis beider Seiten füreinander in nichts hinter den schlimmsten heutigen Familienszenen zurück. Für die Grundschule muß sie kein Thema sein. Es genügt zu wissen, daß Franz sich vom Elternhaus trennt.

Der Kirchenbau

Als Franz schließlich nach San Damiano zurückkehrte, begann er in den Straßen von Assisi, um Steine für das verfallene Kirchlein zu bitten. Viele lachten über ihn und dachten, er sei närrisch geworden; andere aber brachen vor Rührung in Tränen aus, weil sie die Aufrichtigkeit seines Vorhabens wahrnahmen. Er, der verwöhnte Sohn, schleppte nun auf seinen eigenen Schultern die Steine zum Bau. Den Vorbeikommenden rief er zu: »Kommt und helft bei dem Bau der Kirche von San Damiano!« Auch um Öl für die Lampen der Kirche bettelte Franz und ertrug geduldig den Spott, der ihm reichlich zuteil wurde.

Nie in seinem Leben vermochte Franz Gott nur in Gedanken zu lieben. »Rein geistige Inhalte« konnten ihn zu keiner Zeit befriedigen. In seinem Testament schreibt er, »sensibilmente«, *mit den Sinnen,* habe er alles in dieser Welt auf Gott bezogen. Das ist auch der Grund, warum Franz Steine nach San Damiano schleppt.

Spätere Tendenzen haben die beiden Geschichten von San Damiano als Parabeln verstanden: Von Anfang an sei es nicht Franzens Sendung gewesen, das elende Kirchlein zu reparieren, sondern die Kirche Christi selbst zu erneuern. Die fromme Legende vom Traum des Papstes, die Celano berichtet, spiegelt diese Version: Der Papst habe im Schlaf die Lateranbasilika, die damalige Hauptkirche der Christenheit, dem Einsturz nahe gesehen. Da sei ein unscheinbarer Mann gekommen und habe die Kirche mit seinem Rücken gestützt und vor dem Zusammenbruch bewahrt. – Ohne Wenn und Aber ist dieser Legende wohl nicht zu gedenken . . .

In den gleichen Zusammenhang gehört die Geschichte vom Besen, mit dem Franz die Kirchen reinigte:

Die Kirchenreinigung

In der Zeit, als die Schar der Genossen des heiligen Franz noch klein war und in den Dörfern der Umgebung von Assisi die Bußfertigkeit predigte, führte Franz einen Besen mit sich, um die Kirchen zu kehren. Es betrübte ihn nämlich sehr, wenn er beim Betreten so mancher Kirche sehen mußte, daß sie schon lange nicht mehr gereinigt worden war. Deshalb holte er in solchen Fällen gerne die verantwortlichen Priester an einen verschwiegenen Ort, wo die Laien nicht zuhören konnten, predigte ihnen das Seelenheil und legte ihnen besonders die Reinlichkeit ihrer Kirchen und Altäre ans Herz.

Adolf Holl bemerkt dazu, Franzens Art wirke hier entschieden unmännlich: Im Gegensatz zu den großspurigen Plänemachern und Reformatoren greife er zu einem Haushaltsgerät. Nicht einmal Jesus wäre auf eine solche Idee gekommen.

Der Wolf von Gubbio

Etwas gar Wunderbares, des rühmenden Andenkens wert, geschah bei der Stadt Gubbio. Dort trieb sich nämlich ein gar großer und grimmiger Wolf umher, der auch Menschen anfiel und fraß. Alle Bürger waren ob dieser Plage in großer Angst, und keiner verließ unbewaffnet die Mauern der Stadt. Gleichwohl war niemand der schrecklichen Wut des Wolfes gewachsen, wenn er dem Zähnefletschenden unglücklicherweise begegnete, und schließlich hatte die Furcht so sehr um sich gegriffen, daß kaum jemand sich sicher fühlte, wenn er die Stadt hinter sich gelassen hatte.

Als nun Franz einmal nach Gubbio kam, empfand er Mitleid mit den Menschen und beschloß, sich zu dem Wolf auf den Weg zu machen. Die Bürger waren über diesen Vorsatz entsetzt und beschworen Franz, sich doch nicht mutwillig in die Gefahr des sicheren Todes zu begeben. Franz aber schlug getrost das Kreuzzeichen und ging mit einem Genossen aus der Stadt hinaus dem Wolf entgegen. Die Menschen stiegen auf die Dächer der Häuser und verfolgten von dort aus Franz mit den Augen.

Schon rannte der schreckliche Wolf mit offenem Rachen auf Franz und seinen Genossen zu, als die göttliche Kraft des seligen Mannes ihn innehalten ließ. Franz machte das Zeichen des Kreuzes über das Tier, rief es zu sich und sprach also zu ihm:

Komm zu mir, Bruder Wolf! Im Namen Christi befehle ich dir, weder mir noch sonst jemand ein Leid anzutun!

Und wunderbar, wie das Untier alsbald seinen schaurig aufgesperrten Rachen schloß, gesenkten Kopfes herantrottete und sich gleich einem Lamm zu den Füßen Franzens still niederlegte.

Da predigte Franz also zum Wolf: Viel Schaden richtest du an in dieser Gegend, Bruder Wolf! Gar schlimme Taten hast du verübt und Gottes Geschöpfe erbarmungslos umgebracht. Du wagst es sogar, Menschen zu töten, die doch nach Gottes Bild geschaffen sind. Sicherlich hast du verdient, als Räuber und Mörder mit einem schlimmen Tod bestraft zu werden. Ich aber will zwischen dir, Bruder Wolf, und den Menschen einen Frieden herbeiführen. Du wirst niemandem mehr ein Leid antun. Dafür wird man dir alle Missetaten erlassen, und weder Menschen noch Hunde sollen dich hinfort verfolgen.

Da wedelte der Wolf mit dem Schwanz und nickte mit seinem Kopf, auf diese Weise sein Einverständnis bekundend.

Franz fuhr fort: So will ich dir auch versprechen, daß du hinkünftig keinen Hunger mehr leiden wirst. Deine tägliche Kost wirst du von den Menschen erhalten. Weiß ich doch, daß du alles Schlimme nur vom Hunger getrieben verübt hast. Nun gib mir ein Zeichen, daß du alles richtig begriffen hast und damit einverstanden bist!

Der Wolf hob gehorsam seine rechte Tatze und legte sie in die ausgestreckte Hand Franzens, ging dann artig mit Franz in die Stadt hinein, zum Marktplatz, wo alsbald alle Bewohner zusammenliefen.

Als Franz den Menschen alles erklärt hatte und sie fragte, ob sie den Wolf getreulich ernähren und den Friedensvertrag so gewiß einhalten wollten, wie auch der Wolf es versprochen hatte, riefen sie alle ihr Ja.

Zwei Jahre lebte der Wolf dann in der Stadt und ließ sich von Tür zu Tür seine Nahrung geben, ohne jemand ein Leides zu tun. Und wunderbar, niemals bellte auch nur ein einziger Hund gegen ihn. Als der Wolf schließlich an Altersschwäche gestorben war, empfanden die Menschen darob große Trauer. Denn seine friedliche Anwesenheit und sanfte Geduld hatte sie an die Tugend desjenigen gemahnt, der seine Wildheit gezähmt hatte.

Diese Geschichte vom Wolf ist für das Verständnis des Franz von Assisi eine Schlüsselgeschichte. Ihr Anliegen, die Verwandlung des reißenden Tieres zum »Bruder Wolf« zu zeigen, bedarf weder einer besonderen Verstehenshilfe noch irgendwelcher Rechtfertigung – wir begreifen es unmittelbar. Hier zeigt Franz, daß »man dem normalen Wahnsinn des Aggressors auf eine sehr eigentümliche und mitunter tatsächlich entwaffnende Weise« begegnen kann: Mit Brüderlichkeit verhandelt wird hier also das Verhältnis zwischen Aggressor und Opfer, und zwar aus der Sicht der Bergpredigt. Die Feinde zu lieben wird nirgendwo klarer und als eine für das Überleben der Menschen sinnvollere Wahrheit gelehrt als durch diese Geschichte. Dabei erscheint die entwaffnende Freundlichkeit Franzens keineswegs als Passivität und Leidensbereitschaft. Seine Friedfertigkeit ist kein Lassen, sondern ein Tun, »eine von ihm ausgehende Kraft geradezu, die den daherstürmenden Feind ohnmächtig macht . . . Denn: Nicht mit Duldermiene tritt Franz dem Wolf entgegen, sondern mit einer Vitalität, deren Furchtlosigkeit die Destruktivität des bösen Feindes in sich zusammensinken läßt.

Schon wedelt das Untier mit seinem Schweif, und man erkennt, daß die wahrhaft Wahnsinnigen nicht in den Irrenhäusern sitzen, sondern immer noch frei herumlaufen, mit irgendwelchen Orden geschmückt. Manche von ihnen sind praktizierende Katholiken.«[1]

Die Wolfsgeschichte hat ein Gegenstück in dem folgenden Bericht vom Sinneswandel einiger böser Räuber:

Die Wandlung der Räuber

Es gab eine Zeit, da pflegten einige Räuber zur Einsiedelei der Minderbrüder in der Nähe von Borgo San Sepolcro zu kommen und um Brot zu bitten. In den großen Wäldern dieser Gegend hielt sich nämlich allerlei Raubgesindel auf, das die Reisenden auf den Straßen überfiel und ausplünderte. Einige Genossen in der Einsiedelei waren der Ansicht, man dürfe den Räubern nichts geben, weil sie den Menschen gar mannigfaches Unrecht antäten. Andere Brüder hingegen gaben den Räubern manchmal etwas zu essen, weil diese gar inständig baten und in großer Not waren. Nie versäumten die Brüder, die Räuber zur Aufgabe ihres schlechten Wandels zu ermuntern. Als nun Franz die Einsiedelei besuchte, fragten ihn die Genossen, ob sie den Räubern Brot geben sollten oder nicht.

Franz antwortete: Wenn ihr tut, was ich sagen werde, dann werdet ihr die Seelen der Räuber gewinnen!

Dann gab Franz den Brüdern genaue Anweisungen, wie sie sich verhalten sollten.

So verschafften sich denn die Brüder Brot und Wein, wanderten damit in die Wälder, an einen Platz, wo die Räuber sich aufzuhalten pflegten, und riefen:

Kommt zu uns, Brüder Räuber, denn wir sind Mindere und haben euch Brot und Wein gebracht!

Da kamen die Räuber herbei. Die Brüder breiteten ein Tuch auf den Boden und bedienten die Räuber beim Essen und Trinken, gar höflich und unter allerlei Scherzen. Nachdem das Mahl beendet war, sprachen die Brüder ein kurzes Gebet und baten die Räuber in aller Unschuld, ihnen einen Wunsch zu erfüllen. Wollt ihr uns versprechen, bei euren Raubzügen niemandem an Leib oder Leben zu schaden?

Die Räuber waren einverstanden.

Am nächsten Tag brachten die Brüder außer Brot und Wein auch noch Eier und Käse mit, bedienten die schlimmen Gesellen in der nämlichen Weise und sprachen dann zu ihnen die folgenden Worte:

Warum versteift ihr euch eigentlich darauf, hier in den Wäldern zu hausen und trotz eurer Übeltaten ein so jämmerliches Leben zu fristen? Würdet ihr gottesdienstlich leben, dann würde euch Gott so wie uns sicherlich kleiden und nähren und euch die ewige Seligkeit dazu geben!

Die Räuber sagten dazu zunächst weder ja noch nein. Aber sie fingen an, den Brüdern in der Einsiedelei Holz zu bringen. Nach einer Weile versprachen einige Räuber den Brüdern, hinkünftig von der Hände Arbeit leben zu wollen. Andere baten um Aufnahme in die Genossenschaft der Brüder und führten fortan ein gottseliges Leben.

[1] *Adolf Holl*, a.a.O., 185 f.

Franz und der Bischof

Der Bischof von Assisi, den Franz öfter um Rat fragte, nahm ihn stets gütig auf. Doch sagte er gerne: »Euer Leben erscheint mir hart, und nichts Irdisches zu besitzen ist schwer!« Darauf Franz: »Herr, wollten wir etwas besitzen, dann müßten wir auch Waffen zu unserer Verteidigung haben. Daher kommen ja die Streitigkeiten und Kämpfe alle und verhindern die Liebe. Aus diesem Grund wollen wir nichts besitzen.«

Die entwaffnende Wirkung dieser Einsicht hat Franz an seine Genossen weitergegeben. »Ethik ohne Eigentum und Friedfertigkeit bedingen einander, als die beiden Grundsatzartikel eines Christentums, wie es seit Franz nur von verketzerten Minderheiten gedacht und gelebt worden ist. Merkur und Mars waren stärker, diese wahren Götter des christlichen Abendlandes, und Franzens göttlicherer Gott blieb ein Traum ...

Allmählich scheint das Spektakel seine Anziehungskraft beim Publikum zu verlieren. Dem Gott des Franz ist eine gewisse Chance, endlich vergesellschaftet zu werden, nicht unbedingt abzusprechen.«[1]

Franzens Pazifismus ruht auf dem Glauben, daß es keine unverbesserlichen Menschen gibt, daß in ihrem tiefsten Grunde alle Menschen zur Güte disponiert sind, aber daß sie ebenso auch alle der Zärtlichkeit bedürfen. Er selbst erfuhr in seinem Armutsleben tagtäglich, daß man ihn nicht verhungern läßt. Er erlebte die Menschen als eine große Familie, in der alle wie Brüder und Schwestern zueinander sind. Auch die übrige Kreatur, Blumen, Bäume und Tiere, wurden von Franz als geschwisterliche Wesen aufgefaßt, und sogar Wasser, Feuer und die Sonne. In seinem »Sonnengesang« gibt er diesem Glauben Ausdruck:

Franz dichtet den Sonnengesang

Damals lebte Franz fünfzig Tage lang in einer kleinen Hütte aus Binsen bei San Damiano. Weder das Licht des Tages noch den Schein des Feuers bei Nacht konnte er wahrnehmen, und so blieb er die ganze Zeit in seiner Behausung. Die starken Schmerzen in seinen Augen ließen ihn selten Schlaf finden. Zu alledem gab es eine arge Plage von Mäusen, die in großer Zahl seine Hütte bevölkerten, immer wieder über ihn hinwegkletterten und sogar seine Mahlzeiten störten.

Eines Nachts, als er sich wegen seiner Leiden schon selber zu bedauern begann und mit Sehnsucht an das Himmelreich dachte, hatte er eine überaus tröstliche Eingebung. Er begriff, daß er das Paradies schon bei Lebzeiten betreten könne, wenn er sich nicht länger gegen die Belästigungen sträubte, unter denen er so arg litt.

Am nächsten Morgen sprach er zu den Gefährten: Ich möchte ein Lied zum Lob dieser Erde machen, ohne deren vielfältige Zuwendungen wir keinen Tag leben könnten!

[1] *Adolf Holl*, a.a.O., 139.

Dann begann er zu dichten und sprach: Altissimo omnipotente bon Segnore! Und er machte ein Lied von den irdischen Dingen und lehrte es die Gefährten.

Der Sonnengesang hängt mit Franzens Erblindung zusammen. Sein Lied beginnt mit dem Lob der Sonne, die den Tag heraufbringt, es lobt den Mond, die Sterne und auch »Bruder Feuer« (→ Kapitel »Symbolfeld Licht«, S. 263). Es ist Franzens Dank für die beiden Lichter unserer Welt, ohne die wir alle blind wären. Mit diesem Gedicht, hat sich Franz gegen seine Niedergeschlagenheit gewehrt, die ihn in seiner Krankheit befiel. In der Leo-Tradition heißt es: »Als seine Leiden immer ärger wurden, rezitierte er selbst gerne ein Gedicht, und später ließ er es seine Gefährten singen, damit er die Schmerzen seiner Krankheit vergessen möge. Und so geschah es bis zu seinem Tode.«

Relindis Agethen, Franz von Assisi S. 20–21

A. Die vielen Bilder, die nach Franzens Tod von ihm gemalt worden sind, können allesamt nicht beanspruchen, sein Aussehen authentisch wiederzugeben. Die früheren Darstellungen von Bonaventura Berlinghieri (um 1235–1274) in der Kirche S. Francesco zu Pescia zeigen kein individuelles Gesicht, sondern eine im Ganzen typisierte Gestalt. Auch die Fresken des unbekannten »Meisters von San Francesco« in der Unterkirche in Assisi sind ebenso stilisiert wie die berühmten 28 Szenen aus Franzens Leben in der dortigen Oberkirche von Giotto, die erst 1296–1300 entstanden sind. Sooft es darum geht, ein Bild zu wählen, das den Beschreibungen seiner Zeitgenossen am ehesten entsprechen könnte, zeigt man jenen Ausschnitt aus dem Fresko »Thronende Madonna mit Kind, vier Engeln und dem heiligen Franz«, das sich ebenfalls in der Unterkirche von San Francesco in Assisi befindet und das man dem Florentiner Maler Cimabue (Schaffenszeit 1272–1302) zuschreibt. Allein der zeitliche Abstand zu Franzens Tod am 3. Oktober 1226 gestattet es nicht, Cimabues Bildnis als »Porträt« auszugeben.

Auf allen Bildern, die Franz von Assisi zeigen, macht sich die formgebende Kraft der weitergehenden Franziskanergeschichte bemerkbar: Franz wird immer in einem kompletten, ihn weit umhüllenden *Ordens*gewand gezeigt, wie es für die schon bald abweichend von seinen Intentionen etablierte Gemeinschaft selbstverständlich wurde. Auch zeigen ihn diese Bilder stets mit einer sehr ordentlich geschnittenen Tonsur, als wenn dieses Kennzeichen des Klerikers je Franzens Bedacht gefunden hätte. Dagegen läßt die ikonographische Tradition von ihren Anfängen an die rege Beachtung vergessen, die Franzens Aussehen und Kleidung bei seinen Biographen erstaunlich oft gefunden hat.

Thomas von Celano, der früheste Biograph (er wurde 1214 von Franz persönlich in die Brüdergemeinschaft aufgenommen), schildert Franzens Aussehen folgendermaßen: »Er war ein Mann mit fröhlichem Antlitz und gütigem Gesichtsausdruck; seine Gestalt war eher klein als groß, sein Kopf rund, sein Gesicht eher länglich, seine Stirn eher glatt und niedrig, seine Augen dunkel und klar, sein Haar schwarz, seine Augenbrauen gerade, seine Nase gleichmäßig, dünn und gerade; seine Ohren waren abstehend und klein, seine Schläfen flach, seine Zähne eng beieinander, gleichmäßig und weiß, seine Lippen schmal und zart. Er hatte einen schwarzen, nicht besonders dichten Bart, einen schlanken Hals, gerade Schultern, kurze Arme, schlanke Hände, lange Finger mit langen Nägeln, dünne Beine, sehr kleine Füße, eine zarte Haut. Er war sehr mager.« Der Bischof von Terni nannte ihn einmal, anläßlich einer Franz-Predigt, eine jämmerliche Figur, und Thomas von Spalato, der ihn beim Predigen in Bologna beobachtete, schreibt: »Sein Gewand war schmutzig, seine Erscheinung erbärmlich, seine Gesichtszüge unangenehm.« Sooft ihn jemand um einen Stoff bat, weil er fror – und es kam immer wieder vor –, zog Franz seine Kutte aus und gab sie ihm. »Deshalb kam er oft in große Bedrängnis, weil er sich nie so rasch eine andere besorgen konnte. Auch wollte er immer eine ärmlichere Kutte haben, innen und außen mit Flicken besetzt; nie oder nur selten wollte er eine Kutte aus neuem Stoff tragen, sondern er verschaffte sich dann für einige Zeit die Kutte eines anderen Bruders, und zuweilen nahm er von einem Bruder die Hälfte der Kutte und von einem anderen Bruder die andere Hälfte.« Als ihm während einer Erkrankung seiner Milz und einer Erkältung des Magens ein Gefährte ein Stück Fuchsfell auf die Unterseite seines Kittels nähen wollte, sagte Franz: »Wenn du willst, daß ich unter meiner Kutte ein Fuchsfell trage, dann laß mir auch auf die Außenseite meiner Kutte ein Stück dieses Fells nähen, damit alle Menschen dadurch erfahren, daß ich auf der Innenseite ein Fuchsfell trage.«

B. Das Bild von Relindis Agethen ist dem hier geschilderten Aussehen von Franz von Assisi nicht im Detail, wohl in der Intention verpflichtet. Hier erscheint Franz zwar mit dunklen, doch nicht schwarzen Haaren, ohne Bart und ohne allzu abstehende Ohren, sonst aber jener Charakterisierung nachempfunden, die seine Biographen in den vielen Geschichten ihrer Bücher geben: asketisch im Gesicht, mit tief liegenden, umränderten Augen, einem geraden, festen Blick und mit sehr schmalen, durchgeistigten Händen, denen man ebenso Entsagung wie eine vielleicht schon nervöse Sensibilität ansieht. Die Kleidung ist ungepflegt und zerfetzt, ausschließlich auf Schutz statt auf Repräsentation angelegt. Daß dieser Mann für seine gepflegteren Zeitgenossen unansehnlich war und »eine jämmerliche Figur« darstellte, ist – trotz der ästhetisierenden Wirkung eines Bildes – leicht vorstellbar. Das ist auch kein markantes Mannesgesicht, das uns da anblickt, vielmehr sind die asketischen Gesichtszüge, die dunklen Augenhöhlen, der schmale Mund und die weiche Haut von einer Zärtlichkeit geprägt, die den großen Anima-Anteil in Franzens Psyche ahnen läßt.

Doch gehen wir systematischer vor. Das Bild ist von rechts nach links zu lesen, partiell aber auch von rechts und links zur Mitte hin.

Im rechten Bildteil sehen wir das Kreuz von San Damiano in naturgetreuer Wiedergabe. Es handelt sich hier um ein in byzantinisch-römischem Stil bemaltes Holzkreuz aus dem 12. Jahrhundert. Der Kruzifixus zeigt die für diese Stilrichtung bekannte hoheitliche Gestik, die dem stärker gotischen Empfinden, das sich ganz mit dem Schmerzensmann identifizierte, nicht entgegenkommt. Dennoch hat Franz in der Zwiesprache mit diesem Bild ausschließlich den leidenden Menschensohn gesehen, in dessen Qual sich das Elend der zahllosen Kranken und Ausgebeuteten seiner Zeit vereinigt. Zur linken Seite des Gekreuzigten stehen Maria und Johannes und, maßstäblich verkleinert, der römische Hauptmann unter dem Kreuz (Mk 15,39), rechts zwei weitere Frauen und ein Mann, möglicherweise die Mk 15,40 par. genannten Frauen und Josef von Arimathäa (Mk 15,43), der sein Grab für Jesu Bestattung zur Verfügung stellt. Die beiden Kreuzesarme zeigen Engeldarstellungen, während über der Inschriftentafel die Auferstehung (= Himmelfahrt) zu sehen ist: im roten, schwarz umrahmten Kreis der aufwärtsstrebende österliche Christus, zu dessen Häupten das nämliche Kreissymbol mit der bezeugenden Gotteshand und beiderseits umgeben von einem Engelchor.

Das Kreuz befindet sich vor der Apsis einer verfallenden Kirche. Der Gewölbebogen, den die beiden Rundsäulen tragen, ist bereits zerbrochen, zu Füßen des Gekreuzigten liegen die herabgefallenen Steine, darüber hinweg zieht sich Stacheldraht, so daß Franz selbst, zusammen mit dem Wolf und dem Christus am Kreuz, hinter den Stacheldraht zu stehen kommt: Zeichen ihrer Zusammengehörigkeit im Getto, in das die etablierte Gesellschaft sie sperrte und sperrt.

In der Mitte des Bildes steht Franz, wohl als reifer Mann, aber noch ohne die Stigmata, die er zwei Jahre vor seinem Tod empfing. Sein Blick ist sehr direkt auf den Betrachter gerichtet. Dadurch, daß der Kopf in eine reichlich provisorisch anmutende Kapuze gehüllt ist, wirkt das Gesicht besonders eindringlich. Franzens knochige Hände halten, ganz entspannt und vertraut, einen mächtigen Wolf, der ebenfalls frontal blickt und mit dem Franz in voller Eintracht ist.

Es ist nicht mehr das Raubtier, das zu Rüstung und Gegenangriff zwingt, sondern der »Bruder Wolf«, mit dem das Bewußtsein gemeinsamer Kreatürlichkeit solidarisch verbindet. Die oben erzählte Legende »Der Wolf von Gubbio« (→ S. 81), die wir als eine Schlüsselgeschichte für die Art des Franz von Assisi bezeichnet haben, findet hier ihren einprägsamen Ausdruck. Seit frühesten Zeiten ist uns in der ikonographischen Tradition ein Franz geläufig, der den Vögeln predigt (vor Giotto bereits ein »Maestro di S. Francesco«, 1202–1255, auf einem Fresko in der Unterkirche von S. Francesco in Assisi), doch scheint die viel markantere Wolfsgeschichte die Menschen bis heute kaum bewegt zu haben – weder den Kardinal Hugolin, der Franz kennenzulernen über viele Jahre Gelegenheit hatte und dann doch als Gregor IX. eine Inquisitionsmaschinerie in Gang setzte (1232), die im christlichen Bruder nur noch den Wolf zu erkennen vermochte, noch alle weiteren christlichen Gesellschaften, die in kämpferischer Auseinandersetzung mit ihren Feinden bis heute voll beschäftigt geblieben sind.

Links hinter Franz weitet sich die Landschaft mit Blick auf Assisi. Während der Himmel dort, wo er hinter der zerfallenden Kirche hervorschaut, noch nachtdunkel ist, lichtet er sich zum Bildrande hin immer heller auf. Der schöne, baumbestandene Feldweg, der aus dem unteren Bildfeld nach Assisi führt, liegt warm im Sonnenschein. Darüber breitet sich die Stadt, so wie sie in ihrer turmreichen Silhouette sich heute darstellt, zu Füßen des Monte Subasio.

Bestimmt wird dieser Bildteil von einem noch jugendlichen Franz, wie er in den ersten Jahren nach seiner Berufung gewesen sein mag: bei aller Strenge gegen sich doch heiter und bereit zu Spiel und Gesang. Auf dem Kopf trägt er ein Blatt: Was verlangt dieser Mensch Vorsorge und Schutz, der wie kein anderer die Bergpredigt ernst nimmt und die Sorge um den morgigen Tag so wenig kennen wollte wie die Vögel des Himmels? In den Händen hält er Stock und Brett, eine Fidel imitierend, und spielt sein Lied als ein Lied des Friedens und der Brüderlichkeit: Die Umarmung des Wolfes und die Taube auf seinem Phantasieinstrument sprechen die gleiche Sprache. Es ist die Sprache des Sonnengesanges, an den die glutrot untergehende Sonne in der Bildmitte erinnert. »Sind wir Mitbrüder nicht Spielmänner Gottes, die den Menschen die Heiterkeit des Herzens bringen sollen?« hatte Franz gefragt und zu den Gefährten gesagt: »Ich möchte ein Lied zum Lob dieser Erde machen, ohne deren vielfältige Zuwendungen wir keinen Tag leben könnten.« Franzens »Cantico di Fratre Sole« wird im mittleren und linken Bildteil vielfältig intoniert: Als einziges Mal – abgesehen vom Osterbild – zerspringt hier (in der Reihe der Agethen-Bilder) der Stacheldraht, inmitten des sonnenbeschienenen Weges, eine Lerche singt, die Heideröschen blühen, das uns schon bekannte arme Mädchen wird von den blühenden Rosen umrankt, der Wolf in Franzens Umarmung und die Taube auf dem Spielbrett sind allesamt die Symbole dieser brüderlichen Welt, die der Sonnengesang feiert. Zwar kommen in diesem Lied die Menschen »nur ein einziges Mal vor; als Wesen, die der Verzeihung fähig sind. Ansonsten besingt Franz die Sonne, den Mond und die Sterne, den Wind und die Wolken, die köstliche Quelle und das wärmende Feuer, die Blumen der Mutter Erde und den leiblichen Tod. Aber: Alle diese Naturhaftigkeiten heißen bei Franz Bruder und Schwester, was bekanntlich eine menschliche Bezeichnung ist. Dies brüderliche Humanum verändert die Anschauung der Natur in wirklich bedeutender Weise. Das Menschenwesen, wie es sein könnte, wird zur möglichen Antwort auf die ewige Frage der Welt, dieses Rätselauge aus dem eisigen Raum der Galaxien ... Auch die Tiere, ob es sich nun um Zikaden oder Wölfe handelt, spricht Franz mit Bruder und Schwester an und bezieht sie damit in die von ihm beabsichtigte und gelebte Mitmenschlichkeit ein.«[1]

C. Wie für dieses Handbuch durchgehend charakteristisch, richtet sich die jeweilige Interpretation der Themen und Bilder nicht auf das kindliche Verständnis, sondern auf den geistigen Mitvollzug des Lehrers, weil ich glaube, daß ohne diese persönliche Aneignung durch den Erwachsenen der nur-methodische Weg zum Schüler zu kurz ist und die jeweilige »Sache« um ihren Anspruch und ihre Qualität bringt. Trotz der breitgelagerten Interpretationen dieses Buches ist deshalb immer noch die weitgehende Lektüre einer Franz-Biographie zu fordern. Wer dies als Lehrer nicht beim ersten Durchgang des Religionsbuches schafft, wird es doch beim zweiten oder – spätestens – dritten Mal leisten können.

Die hintergründige Weisheit des so »naiv« erscheinenden Franz (ein wirklich gescheiter Kollege sagte mir einmal, er halte den Franz von Assisi für ungebildet und wohl auch dumm) verlangt vom heutigen Menschen etwas Hintersinn für die mystischen Paradoxien einer evangelisch gelebten Existenz. Alle gesellschaftliche Problematik über die Zusammenhänge von Besitz und Unfreiheit, Armut und Friedensfähigkeit, materielle Ohnmacht und spirituelle Macht will in der Betrachtung seines Lebens vergegenwärtigt werden. Darum ist ein Unterricht, der etwas vom Geist dieses Mannes vermitteln will, nichts für akademisch Intelligente und ebenso wenig für dümmlich Fromme. Hier liegen die ersten Vermittlungsvoraussetzungen bei den Empfindsamkeiten eines wachen Menschen.

Für unsere Schulanfänger muß trotz dieser vielen Informationen

[1] *Adolf Holl*, a.a.O., 289 f.

und Auflagen eine erste Begegnung mit Franz von Assisi nicht mühsam sein. Sie vollzieht sich primär über jene Franz-Geschichten, die wir oben wiedergaben und die der Lehrer mit eigenen Worten und ergänzenden Erläuterungen den Kindern erzählen kann. So mögen die Schüler von Franzens Herkunft und seiner Trennung vom Elternhaus hören; die San-Damiano-Geschichten dürfen sie als Berufungsgeschichten kennenlernen, die Legenden vom Wolf und von den Räubern aber als Schlüsselgeschichten für das Geheimnis dieses Mannes – und das Geheimnis unserer Hoffnung auf Frieden und Zukunft.

Mit Hilfe dieser Geschichten wird eine Erschließung des ja ebenfalls erzählenden Bildes leichtfallen. Dabei mag der Weg vom Bild zu den erzählten Geschichten und zurück zum Bild beliebig oft und von beliebigen Ausgangspunkten gewählt werden. Hier besteht methodische Freiheit. Die nachstehenden Erfahrungen wollen nicht Regeln aufstellen, sondern allenfalls Anregungen zu größerer eigener Bedachtsamkeit geben.

D. Aus Gesprächen mit Kindern eines 1. Schuljahres:

Da ist ein Mann mit einer Kapuze.
Ja, und einer mit einem Blatt als Hut.
Die sind fast gleich angezogen.
Die Kleider haben so viele Löcher, das sind arme Menschen.
Da ist ein Kreuz, das fällt gleich um.
Die ganze Kirche fällt gleich ein, da unten liegen schon Steine.
Ich glaube, das ist der Franz und das die Kirche, die er wieder zusammengebaut hat.
Das ist bestimmt der Jesus, von dem Franz die Stimme gehört hat.
Da sind auch Tiere auf dem Bild, eine weiße Taube und ein schwarzer Wolf.
Da sieht man drauf, daß Franz alle Tiere lieb hat, sogar den bösen Wolf.
Ja, und daß er Blumen mag, da blühen sogar Rosen.
Das da unten ist wieder das Mädchen vom Erntedank, das sieht aber so blaß aus.
Ich glaub, das lebt gar nicht mehr, oder es ist krank.
Aber es hat wenigstens noch ein paar schöne Blumen um sich rum.
Aber wer ist denn der andere?
Lehrer: Auf diesem Bild kannst du den Franz zweimal sehen.
Dann ist das auch der Franz, der mit dem kaputten Kleid.
Der spielt Geige, da sieht man, daß der fröhlich ist.
Der Weg auf dem Bild ist wahrscheinlich der Weg nach Assisi.
Da hinten ist die Kirche von Assisi, da wohnt der Vater.
Auf dem Bild ist die Sonne und der Mond und die Sterne, das gibt's doch in Wirklichkeit gar nicht.
Und der Franz ist zweimal drauf, das gibt's auch nicht.
Lehrer: Die Malerin hat eigentlich aus zwei Bildern ein Bild gemacht, kannst du das sehen?
Auf der linken Seite scheint die Sonne, da ist alles hell und überhaupt so fröhlich.
Und da sind Blumen und die schöne Taube und der blaue Himmel.
Auf der rechten Seite ist alles dunkler, da scheint nur der Mond.
Da ist's auch trauriger, der Jesus fällt gleich um, und die Kirche ist fast kaputt.

Der Franz ist hinter einem Draht mit dem Wolf eingesperrt.
Da mögen ihn die Leute vielleicht nicht mehr.
Auch der Jesus ist hinter dem Draht.
Aber der Draht hat ein Loch, das bedeutet vielleicht, daß Jesus nicht immer am Kreuz geblieben ist, sondern wieder aufgestanden ist und alles Häßliche weggemacht hat, auch den Draht.
Ich seh jetzt gut die zwei Bilder: Tag und Nacht, Blumen und Stacheldraht, der lustige Franz mit der Taube und der traurige mit dem Wolf.
Ein helles und ein dunkles Bild.
Ich glaub', das bedeutet was.
Lehrer: Schau dir nochmals den Franz auf der linken und auf der rechten Seite an. Vielleicht ist der Franz auf der linken Seite noch jung und auf der rechten Seite schon älter.
Ja, als er jung ist, spielt er noch und macht Musik und wandert herum, und das gefällt ihm.
Als er älter ist, hat er vielleicht schon viele Sachen erlebt, die ihm nicht so gefallen.
Irgendwie guckt der Wolf gar nicht wild, sondern lieb.
Ja, so friedlich.
Der hat auch sein Maul zu, als wenn der gar nichts tun wollte.
Lehrer: Zu diesem Wolf gibt es eine Geschichte. Hört zu! (Liest Geschichte vom »Wolf von Gubbio«).
Der Wolf hat gemerkt, daß Franz ihn lieb hat, dann ist er ganz friedlich geworden.
Der Wolf hat immer Hunger gehabt, jetzt, wo die Menschen ihn versorgen, tut er niemandem mehr was.
Wenn man jemandem zeigt, daß man ihn lieb hat, ist er meist gar nicht mehr böse.
Der Wolf hat wahrscheinlich gemeint, die wollen ihm was tun, dann hat er Angst gehabt.
Eigentlich müßte man jetzt den Stacheldraht wegmachen, denn der Wolf darf ja jetzt zu den Menschen kommen, er tut ja nichts Böses mehr.

Im Anschluß an die Bildbetrachtung haben wir den ganzen Reichtum sinnenhafter Wahrnehmungsfähigkeit der Kinder ausgeschöpft: Sie brachten Blumen und Gräser mit, Tier- und Pflanzenfotos regten sie zu Berichten über eigene Naturerlebnisse an, aus den Fotos klebten sie, ergänzt durch eigene Malereien, eine Collage, Fingerfarben ließen großflächige »Sonnengesangsbilder« entstehen, Lieder und Instrumente machten die Kinder dann selbst zu »Spielmännern Gottes«.

Später habe ich noch Dias aus Umbrien, Assisi und besonders von San Damiano gezeigt. Die Kinder waren fasziniert von diesen authentischen Zeugnissen. Die Schönheit der umbrischen Landschaft, die Harmonie von Mensch und Natur, die Einfachheit von Häusern und Kapellen rundeten das Bild eindrucksvoll ab.

Eva-Maria Bauer

Literaturhinweise:

Biographische Darstellungen

An Büchern über Franz von Assisi besteht kein Mangel. Jede Generation hat hier ihre Auseinandersetzung geleistet. Die wissenschaftliche Rückfrage nach Franz begann mit *Paul Sabatier,* Leben des heiligen Franz von Assisi (1894). Sabatier hat die moderne Franz-Forschung begründet und gegen heftigen Widerstand die politische Dimension Franzens bewußtgemacht. Sein zuletzt erschienenes Buch ist immer noch bemerkenswert.

Quellen

Die vollständige Auswahl an Originalquellen (Dreigefährtenlegende; Thomas von Celano; Leo-Geschichten; Bonaventura; Fioretti; Franz-Texte) ist die von *Otto Karrer,* Franz von Assisi. Legenden und Laude, Manesse Verlag, Zürich (1945) [6]1975. Diese Sammlung empfiehlt sich für den Lehrerbedarf.

Die »Fioretti« gibt es außerdem noch gesondert in der Übersetzung von *Rudolf G. Binding* als Insel Taschenbuch sowie, ergänzt um weitere Franz-Texte, als Diogenes Taschenbuch, detebe. Die umfangreiche wissenschaftliche Edition »Die Schriften des heiligen Franziskus von Assisi« erscheint im Dietrich Coelde Verlag, Werl i. Westf., hrsg. v. *Kajetan Eßer und Lothar Hardick.*

Biographien

Die attraktivste und klügste Franz-Biographie, die ich gelesen habe, ist die von *Adolf Holl,* Der letzte Christ, Deutsche Verlags-Anstalt, Stuttgart 1979. Hier wird keine einlinige Erzählperspektive geknüpft, die so tut, als sei nur darzulegen, was einmal war. Holl befragt die Tradition vielmehr mit dem komplexen Problembewußtsein unserer Zeit. Sein Buch ist lehrreich, sehr provozierend und nichtsdestoweniger angemessen.

Weiterhin zu empfehlen, aber gegenüber Holls didaktischem Ansatz zu schmal angelegt: *Nicolaas G. M. van Doornik,* Franz von Assisi. Prophet und Bruder unserer Zeit, Herder, Freiburg 1978; *Walter Nigg* (Text), *Toni Schneiders* (Bild), Der Mann aus Assisi. Franziskus und seine Welt, Herder, Freiburg (1975) [12]1979.

Allerseelen

A. Der Allerseelentag entstand im Gefolge des Festes Allerheiligen, dessen Ursprünge in die frühchristliche Märtyrerverehrung zurückreichen. Zunächst war es der 13. Mai, an dem die römische Liturgie das Fest aller Märtyrer feierte. An diesem Tage des Jahres 610 hatte nämlich Papst Bonifaz IV. zahlreiche Märtyrerreliquien in das von Kaiser Agrippa 27 v. Chr. errichtete Pantheon überführen lassen und es dann als Kirche »Maria zu den Märtyrern« geweiht. Auf Grund dessen wurde die Kirchweih des Pantheons zum Gedächtnistag aller Märtyrer im Westen. Papst Gregor IV. verlegte aber im Jahre 835 das Fest auf den 1. November und benannte es in den Gedächtnistag aller Heiligen um, nachdem schon vorher Neigung bestand, auch die Nichtmärtyrer mitzufeiern.

Der Allerseelentag wurde erst um das Jahr 1000 dem liturgischen Kalender beigefügt. Damals verfügte der Abt Odilo von Cluny (994–1048) für seinen Klosterverbund, am Tage nach Allerheiligen aller verstorbenen Christen durch Gebet und Opfer zu gedenken. In der Folgezeit verbreitete sich unter dem Einfluß Clunys der Allerseelentag schnell. Er regte Volksfrömmigkeit und Brauchtum stärker an als das Allerheiligenfest, wobei zum Teil Bräuche des vorchristlichen Totenkultes neue Aufnahme fanden. Die hinzukommende spätherbstliche Stimmung unterstützte die Verwurzelung des Festes im Gemüt des Volkes und verhalf dem ganzen November zu der Bezeichnung Allerseelenmonat (bzw. Totenmonat im Gefolge der protestantischen und staatlichen Gedenktage).

B. Hinter dem Allerseelengedenken stand zunächst die Vorstellung von der Unerlöstheit vieler Toter. Volkstümliche Überlieferungen spiegeln diesen Glauben in zahllosen Sagen von ruhelos umherirrenden Seelengeistern, von Wiedergängern und verwunschenen Sündern, die in fremde, meist niedrige Gestalten gebannt sind, bis ihre Erdenschuld gelöst wird. In den auch heute noch üblichen Meßstiftungen und Gedenken für die Seelenruhe Verstorbener lebt die alte Vorstellung – meist theologisch angehoben und geläutert – fort.

Insgesamt richtet sich das christliche Totengedenken auf ein Weiterleben des Verstorbenen in Gott und auf eine Wiederbegegnung mit ihm im ewigen Leben. Die hinter diesen Formulierungen stehenden theologischen Denkmodelle begegnen heute in zwei Versionen:

(1) Die erste Version versteht den Tod als Trennung von Leib

und Seele und bleibt in ihrer Hoffnung von einer unsterblich gedachten Seele bestimmt.

(2) Die zweite Version geht von der Leib-Seele-Einheit des Menschen aus und betont den Tod des *ganzen* Menschen. Die Hoffnung richtet sich hier auf den ewigen Gott, in dessen Leben aufersteht, was in Raum und Zeit seine Endgültigkeit gefunden hat.

Gemeinsam betonen beide Versionen mehr das »ewige Leben« als die »ewige Ruhe«, wenngleich letztlich nur in Paradoxien von dieser Dimension gesprochen werden kann. Die Liturgie des Allerseelentages, der Totenkult und die Grabsteinmetaphorik bedürfen insgesamt einer theologischen Reform.

C. Das Gespräch mit Kindern über den Tod lebt von der Ernsthaftigkeit des Lehrers, aus der heraus er selbst sein Leben führt und den eigenen Tod bedenkt. Je wacher er sich dabei dem eigenen Fragen stellt, um so sensibler kann er die Fragen seiner Schüler aufnehmen.

D. Wohl für alle Kinder verbindet sich mit Allerseelen (und dem Monat November) das Gedenken verstorbener Angehöriger. Sie haben die Eltern beim Besuch der Gräber begleitet; in manchen dörflichen Pfarreien ziehen sie jetzt erstmals mit der Gemeinde auf den Friedhof. Oft haben die Kinder in diesen Tagen auch von verstorbenen Menschen erzählen gehört, so daß insgesamt ein Erfahrungshintergrund entstand, an den der Religionsunterricht sinnvoll anknüpfen kann.

Nichtsdestoweniger kann kein Unterricht das Memento mori auf den Allerseelentag eingrenzen. Zu jeder Zeit im Gang des Jahres mag es sein, daß Großeltern, ein Elternteil, Geschwister, Freunde oder auch ein Mitschüler sterben. Sooft dies geschieht, ist es für die betroffenen Kinder oder die ganze Klasse wichtig, daß der Lehrer ihnen hilft, diesen Tod zu verarbeiten. Die beiden Bilder von Käthe Kollwitz und weitere Materialien, die nachfolgend vorgestellt werden, können dabei helfen.

Literaturhinweise:

Weitere Überlegungen über das Verhältnis der Kinder zum Tod siehe: *Hubertus Halbfas,* Lehrerhandbuch Religion, Kapitel »Tod«. Unter den dort interpretierten Texten kommen, sofern sie gut vorgelesen werden, zwei Stücke bereits für das 1. Schuljahr in Frage: *Wolfdietrich Schnurre,* Das Geschenk, S. 167; *Diether Pflanz,* Tod der Großmutter, S. 174.

Marielene Leist, Kinder begegnen dem Tod. Ein beratendes Sachbuch für Eltern und Erzieher, Gütersloher Verlagshaus / Herder Verlag 1979. Zum Thema Kind und Tod empfiehlt sich dieses Buch in besonderer Weise. Es will in erster Linie zeigen, wie wir Kindern helfen können, deren Großeltern, Eltern oder Freunde gestorben sind oder deren Tod bevorsteht. Es werden keine allgemeinen Ausführungen gemacht, vielmehr erfolgt auf dem Hintergrund einer psychotherapeutischen Praxis eine Anleitung zu Beistand und Trost bei Sterben und Tod eines Tieres, eines Verwandten, eines Freundes, eines der Geschwister, der Mutter, des Vaters, beim Tod beider Eltern, der ganzen Familie und bei Selbstmorden. Ausführlich werden das Sterben des Kindes und alle menschliche Hilfe, die ihm dabei gewährt werden kann, erörtert. Schließlich will das Buch dem Kind und seinen Eltern und pädagogischen Begleitern helfen, von Herzen zu trauern und Abschied zu nehmen. Der Erzieher wird angeleitet, das Kind nicht unverstanden seinem Schmerz zu überlassen, sondern ihm Trost und neue Lebenshilfe zu geben. Die knapp gehaltenen christlichen Antwortversuche gehören jedoch nicht zu den stärksten Seiten des hilfreichen Buches.

Eberhard Jüngel, Tod (Reihe: Themen der Theologie), Kreuz-Verlag, Stuttgart 1971. Jüngels Position: »Das endliche Leben wird als endliches *verewigt.* Aber eben nicht durch unendliche Verlängerung – eine Unsterblichkeit der Seele gibt es nicht –, sondern durch Teilhabe an Gottes eigenem Leben. In seinem Leben wird das unsrige *geborgen* sein. In diesem Sinn ist die kürzeste Form der Auferstehungshoffnung der Satz ›Gott ist mein Jenseits‹. Er wird's wohlmachen. Und zwar das, was wir waren. Unsere Person wird dann unsere offenbare Geschichte sein.«

Käthe Kollwitz, Im Schoß der Mutter schlafendes Kind und Grabrelief: »Ruht im Frieden seiner Hände« S. 22–23

A. Die beiden einander gegenüberstehenden Abbildungen gehören sicherlich zu den eindrucksvollsten Seiten, die sich in Religionsbüchern finden lassen. Nicht irgendeine äußere Ansicht wird konterfeit – etwa eine Friedhofsszene –, sondern innere Wirklichkeit wird sichtbar gemacht, die auch Kinder schon erfassen und deren symbolisches Bild bis in den eigenen Tod hinein zu tragen vermag.

Für das Lebenswerk der Käthe Kollwitz (1867–1945) sind die beiden Bilder wesentlich. In einem Brief an ihre Schwester Lise, wenige Wochen vor ihrem Tod, schrieb sie: ». . . Du sagst, ich hätte mein ganzes Leben hindurch ein Gespräch mit dem Tod gehabt«, und wer ihre Tagebücher liest, erfährt tatsächlich eine lebenslange, ernste Auseinandersetzung mit der Todesbestimmung des Menschen. Daß sie zehn Jahre vor ihrem eigenen Tod – 68 Jahre alt – ein Relief für das eigene Familiengrab schafft (es ist der Grabstein für sie und ihren Mann, gleichzeitig für ihren Bruder und dessen Frau sowie für ihre Schwester und deren Mann), ist nicht peripher für Käthe Kollwitz, sondern Ausdruck des eigenen Lebens- und Todesernstes. Im Sommer 1935 notierte sie: »Aus niedergedrückter Stimmung und dem Gefühl, doch nichts mehr zu sagen zu haben in meiner Arbeit, tauchte wieder der frühere Wunsch auf, ein Relief für unser Grab zu machen. Nun hab ich es begonnen. Ich bin eigentlich verwundert darüber, daß die Grabmalkunst so gar nicht gepflegt wird. Man braucht nur einmal anzufangen, sich damit zu beschäftigen, so strömen einem doch geradezu Motive entgegen.« Im Oktober 1935 heißt es: »Jetzt arbeite ich drei Wochen nacheinander an dem Grabrelief, und ich denke, es wird gut werden«; und schließlich Anfang 1936: »Fertigstellen der Grabarbeit für das gemeinsame Grab ... Am 25. März wird alles fertig sein.«

Der im Religionsbuch dem Grabrelief gegenüberstehende Kinderkopf ist eine Studie zu der Radierung »Zertretene« aus dem Jahre 1900; damals waren ihre Kinder acht und vier Jahre alt. Die Erfahrung eigener Mutterschaft und des grenzenlosen Vertrauens, das Kinder der mütterlichen Liebe entgegenbringen, steht hinter dieser Bleistiftzeichnung.

Die Bildsprache der Käthe Kollwitz bedient sich fast ausschließlich graphischer Techniken. Obwohl sie ursprünglich eine Ausbildung als Malerin bekam, stellte sie schon bald die Arbeit mit Öl und Pastell ein und beschränkte sich so konsequent auf die graphischen Ausdrucksmittel – Bleistift und Tusche, Kohle und Kreide, Radiernadel, Lithostift und Holzschneidemesser –, daß sie später nicht einmal mehr Pinsel und Farben besessen haben soll. Ihre Neigung zur Druckgraphik entspringt aber kaum dem Wunsch, mittels dieser Techniken eine breitere Wirkung erzielen zu können, vielmehr der eigenen Lebensgrundstimmung, die in ihrer Sensibilität für alles Leid im Schlagschatten der Welt Darstellungsweisen suchte, die dunkel oder grell, auf jeden Fall aber unfarbig waren.

Die beiden im Religionsbuch einander zugeordneten Arbeiten der Kollwitz sind Unikate, sowohl die Bleistiftstudie als auch das Bronzerelief. Sie stehen für die zwei Bereiche, in denen sich Käthe Kollwitz als Künstlerin auszudrücken bemühte: Graphik und Plastik. Ihre Entstehungszeit liegt 35 Jahre auseinander, ist einmal gekennzeichnet von den Erfahrungen der Mütter mit heranwachsenden Kindern, ein andermal von der Auseinandersetzung mit dem eigenen und dem fremden Tod.

B. Wir sehen ein Kind, wohl ein Mädchen, etwa sieben Jahre alt, mit geschlossenen, schlafenden Augen. Es liegt mit dem Kopf im Schoß der Mutter, von der nichts weiter angedeutet wird als zwei Gewandfalten und die Hände. Der Kopf des Kindes ist zur Seite gesunken und wird nun von der linken Hand gestützt. Die andere Hand berührt es nur locker, leicht mit den Haaren des Mädchens spielend. Es sind unübersehbar Frauenhände, zwischen denen das Kind ruht, doch solche, die Arbeit kennen, etwas anfassen können, ohne daß sie aufgehört hätten, weich zu sein, empfindsam und tröstend. Möglicherweise ist das Kind krank, vielleicht auch nur müde. Bei der Mutter hat es Zuflucht gefunden, ihre Stimme und die warmen, liebkosenden Hände haben es beruhigt, so daß es – hier mehr geborgen als an jedem anderen Ort der Welt – eingeschlafen ist. Die

Mutter ist weiterhin der umfangende und tröstende Schutz. Auch jetzt im Schlaf strömt das Mädchen die innere Gewißheit aus, bei der Mutter »zu Hause« zu sein.

Auch das gegenüberstehende Grabrelief ist ein Zuhause-Bild. Es zeigt die Künstlerin selbst, ebenfalls mit geschlossenen Augen, aber diesmal wohl im Todesschlaf. Ihr Gesichtsausdruck ist entspannt und friedlich. Gewiß ist es das breite bäuerliche Gesicht der Käthe Kollwitz, von der wir wissen, mit welchen Augen es Armut, Krieg und Leid in dieser Welt gesehen hat. Dennoch sind die Tränen der zurückliegenden Lebensjahre abgewischt. Dieser Mensch hat den Frieden gefunden, den das Leben von Weltkrieg zu Weltkrieg nicht kannte.

Den Kopf umhüllen große Tücher, großzügig in Falten gelegt und von der rechten Hand der Toten am Hals zusammengehalten. Das verstärkt den Eindruck der Ruhe und der schlafenden Entspannung. Doch sind die Tücher weit genug, um auch ganz über die Tote gedeckt zu werden. Das eigentlich Überraschende aber sind zwei übergroße Hände im unteren Bilddrittel, die von seitwärts und von oben die Tote umfassen und schützend bergen. Der von Käthe Kollwitz selbst gegebene Titel »Ruht im Frieden seiner Hände« (Goethe) deutet diese Hände als die Hände Gottes: Wen diese Hände umfangen, der darf ebenso getröstet schlafen, wie das Kind in den Händen der Mutter geborgenen Schlaf findet.

C. Die beiden einander gegenübergestellten Bilder entsprechen sich inhaltlich und formal. Die sich zugeneigten Köpfe, die bergenden Hände, der Friede, den der kleine und der große Mensch empfangen, wollen aufeinander bezogen und in einer ruhigen Weise besprochen werden.

Ausgangspunkt ist die Eigenerfahrung, die jeder Schüler dem schlafenden Kind in den Händen der Mutter entgegenbringen kann. Das kennen sie alle, die beruhigende, so wohltuende Hand der Mutter (und hoffentlich auch die des Vaters), die sie seit frühester Kindheit tröstet, wenn Müdigkeit, Krankheit, Streit und Schmerz die Welt unheil machen. Darüber kann man leicht mit Kindern sprechen, und sie werden sich mit dem Mädchen in ihrem Religionsbuch identifizieren.

Gerade diese Erfahrung nun als Grundlage unserer Deutung des Todes zu nehmen, ist eine besonders schöne didaktische Möglichkeit. Da wird dem Tod nicht eine konstruierte Jenseitsspekulation angehängt, vielmehr zeigt sich die intensivste Lebenserfahrung, ohne die kein Mensch existieren könnte, zugleich als Matrix für unsere Todeshoffnung. Daß »seine Hände« im Kontext der Doppelseite des Buches zudem eher Mutterhände sind, ist bei der in unserer

Tradition meist überzeichneten väterlichen Strenge des Gottesbildes geradezu willkommen.

D. Es ist nicht notwendig, in Auseinandersetzung mit dieser Buchseite wortreiche Ausführungen zu machen. Das vorliegende Angebot sind Bilder der Stille; man wird ihnen nur gerecht, wenn die Beschäftigung mit ihnen ebenfalls der Stille und Besinnung entstammen. Eine entsprechende Einstimmung in diese innere Haltung ist für die Eröffnung des Unterrichts unverzichtbar (→ Stille-Übungen, S. 49 ff).

Ohne auf den Text und das Bronzerelief zu achten, darf sich zunächst alle Aufmerksamkeit der Bleistiftzeichnung zuwenden. Dabei sollten nicht vorschnell eigene Erinnerungen assoziiert werden, vielmehr sollte die ruhige Aufmerksamkeit ganz dem Kind gelten, ohne daß den Schülern die haltenden Hände lehrerseits als Mutterhände gedeutet werden. Das Bronzerelief darf hingegen als Grabsteinbild erklärt werden, um irreführende Spekulationen auszuschalten. Der den Bildern beigefügte Text »Der Tod ist das Tor zum Leben. In welche Hände wird der Mensch gegeben?« kann einbezogen oder auch übergangen werden. Er ist seinerseits, unter Einbeziehung eines bekannten Bildwortes, als offene Frage formuliert, um das Klassengespräch nicht vorweg zu dirigieren. Die übergroßen Gotteshände bleiben auf diese Weise noch ganz der kindlichen Deutung vorbehalten.

Im übrigen lassen sich die Hände beider Kollwitz-Bilder im Rahmen eines späteren Unterrichtsgesprächs auch eigens thematisieren, etwa unter dem Aspekt »Was Hände alles tun können« (vgl. Exodus 1, Lehrerkommentar, S. 139–144). Daneben bieten die Hände der Mutter, die jeder kennt, und die »Hände« Gottes, die jeder in allen guten Händen erfährt, eine schöne Möglichkeit, in symbolisches Denken und Verstehen einzuführen. Dies muß nicht notwendig in einem Unterrichtszusammenhang geschehen, doch sollte der aufgezeigte didaktische Zusammenhang nicht grundsätzlich übersehen werden, sondern gelegentlich aufgegriffen und erinnert werden.

Literaturhinweise:

Käthe Kollwitz, Ich sah die Welt mit liebevollen Blicken. Ein Leben in Selbstzeugnissen, herausgegeben von Hans Kollwitz, Fourier Verlag, Wiesbaden o. J. (1980).

Fritz Schmalenbach, Käthe Kollwitz (Reihe: Die blauen Bücher), Verlag K. R. Langewiesche Nachfolger, Hans Köster, Königstein im Taunus 1965. Dieses wohlfeile Buch faßt das künstlerische Werk knapp, aber ausgewogen zusammen. Der Text bietet gleicherweise eine konzentrierte Einführung in Leben und Werk der Käthe Kollwitz, ohne freilich den besonderen Wert der voraufstehend genannten Selbstzeugnisse ersetzen zu können.

Antoinette Becker, Ich will etwas vom Tod wissen. Geschichten vom Tod und Leben, erzählt von A. Becker, fotografiert von Elisabeth Niggemeyer, Otto Maier

Verlag, Ravensburg 1979. Dieser Band gehört zu einer Sachbuchreihe (Fotobilderbuch), die Kindern helfen will, sich selbst und andere Menschen und die Vorgänge des Lebens besser zu verstehen. Alle Geschichten gehen von kindlichen Erfahrungen aus und sind in Fragestellung wie Sprache Kindern des 1. Schuljahres angemessen. Die Kinder werden angeleitet, Sterben und Tod des Menschen unter vielfältigen Aspekten zu bedenken. Dabei werden sie, je nach Reife und Sensibilität, einige Geschichten voll aufnehmen, andere hingegen erst langsam ergründen. Das Buch bietet dem Lehrer ein reiches Textrepertoire, auf das der Religionsunterricht auch in den folgenden Jahren zurückgreifen kann.

Martin von Tours

A. Martin wurde um das Jahr 316 in Sabaria in Pannonien (dem heutigen Szombathely in Ungarn) geboren. Sabaria war damals ein römischer Militärstützpunkt, und Martins Vater war als römischer Offizier dorthin versetzt worden. Die römisch-soldatische Denkweise des Elternhauses spiegelt sich in der Namengebung für das Kind. Martinus bedeutet soviel wie »Kleiner Mars«, unterstellt das Kind also dem Kriegsgott des Imperiums.

Von Martins Kindheit ist fast nichts bekannt. Die Eltern gehörten als römische Bürger der religio ihrer Vorfahren an. Vermutlich waren die Macht der Tradition und die Selbstverständlichkeit ihrer Lebensformen seit der Anerkennung des Christentums als gleichberechtigte Staatsreligion (313 Toleranzedikt von Mailand) aber längst gebrochen, so daß sich auch Martin anders orientierte, als die Eltern, zumal der Vater, wünschten. Jedenfalls sind frühe Interessen und Sympathieregungen für das Christentum überliefert.

Dennoch veranlaßte der Vater den Jungen mit 15 Jahren zum Eintritt in das römische Militär und zur Ablegung des Fahneneids. Er wurde einer Kavallerieabteilung zugeteilt, avancierte schnell zum Offizier und bekam einen persönlichen Diener gestellt. Wie sehr Martin bereits in dieser Zeit sich von allen geläufigen Etiketten distanzierte, beleuchtet der Bericht des Sulpicius Severus, demnach der Offizier die Rollen zwischen ihm und seinem Leibburschen vertauschte: »Der Herr bediente seinen Diener, er zog ihm meist selbst die Schuhe aus und reinigte sie; sie aßen miteinander, wobei Martinus jedoch des öfteren aufwartete«.

Auf diesem Hintergrund ist dann auch die wohl bekannteste Begebenheit möglich geworden, die sich über eineinhalbtausend Jahre hindurch der Christenheit als Symbol der Mitmenschlichkeit nachdrücklich einprägte. An einem besonders kalten Winterabend des Jahres 334 – Martin war etwa 18 Jahre alt und tat Dienst in Amiens, im römisch verwalteten Gallien – traf er am Stadttor von Amiens einen halbnackten Bettler, vor Kälte fast erstarrt, an dem alle Welt achtlos vorüberging. Da Martin nichts bei sich trug als seine Kleidung am Leibe, zog er in einem plötzlichen Entschluß sein Schwert und schnitt den weiten Soldatenmantel mittendurch. So konnte sich der Arme mit der einen Hälfte bedecken, während Martin sich in die andere hüllte. Nach Sulpicius Severus »fingen manche der Umstehenden an zu lachen, weil er im halben Mantel ihnen verunstaltet vorkam«. Walter Nigg bemerkt dazu: »Die Augenzeugen hatten offenbar nicht den Eindruck, einer großen Tat beigewohnt zu haben, schien ihnen doch das Geschehen eher lächerlich zu sein.« Der Spott hat bis zu Bertolt Brecht durchgehalten, der über Martins Tat textete:

> Der heilige Martin, wie ihr wißt
> Ertrug nicht fremde Not.
> Er sah im Schnee ein' armen Mann
> Und bot ihm seinen Mantel an
> Da frorn sie alle beid zu Tod.
> Der Mann sah nicht auf irdischen Lohn!
> Und seht, da war es noch nicht Nacht
> Da sah die Welt die Folgen schon:
> Selbstlosigkeit hatt ihn so weit gebracht!
> Beneidenswert, wer frei davon!

Wenige Wochen später, an Ostern 334, wurde Martin auch nominell ein Christ und empfing das Sakrament der Taufe.

Trotz dieser Entscheidung verblieb Martin im römischen Heeresdienst, doch ereignete sich zwei Jahre später etwas, was nicht weniger Beachtung als die Mantelteilung verdient, wenn auch politische Interessen von Staat und Kirche diese Episode seit jeher lieber ins Kleingedruckte verweisen.

Es geschah im heutigen Worms. Kaiser Julian (genannt Apostata – der Abtrünnige –, weil er vom Christentum zur religio der Vorfahren zurückgekehrt war) zog hier ein Heer gegen germanische Stämme zusammen. Um die Soldaten für den Krieg zu motivieren, ließ er jeden Soldaten vortreten, damit er aus der Hand des Kaisers ein besonderes Geschenk empfange. Martin, der sich längst mit dem Zwiespalt zwischen Militärdienst und Liebesgebot herumquälte, empfand, daß die Annahme des Geschenks ihn weit über den Augenblick hinaus verpflichten würde. So trat er, als die Reihe an ihn kam, vor den Kaiser und sagte: »Bis heute habe ich dir gedient; gestatte nun, daß ich jetzt Gott diene. Dein Geschenk mag in Empfang nehmen, wer in die Schlacht ziehen will. Ich bin ein Soldat Christi, es ist mir nicht erlaubt, zu kämpfen.« Der Kaiser wurde wütend und schimpfte seinen Offizier einen Feigling, worauf Martin gelassen antwortete: »Will man meinen Entschluß der Feigheit und nicht der Glaubenstreue zuschreiben, dann bin ich bereit, mich morgen ohne Waffen vor die Schlachtreihe zu stellen und im Namen des Herrn Jesus mit dem Zeichen des Kreuzes, ohne Schild und Helm, furchtlos die feindlichen Reihen zu durchbrechen.«

Weil sich die germanischen Feinde im letzten Augenblick unterwarfen, fand die Schlacht, der diese innere Aufrüstung am Vorabend dienen sollte, nicht statt. Martin nahm seinen Abschied vom Soldatenstand. Er ist der erste *historisch bekannte* Kriegsdienstverweigerer. Zwar war es bis dahin eher selbstverständlich gewesen, daß christlicher Glaube und Kriegsdienst unvereinbar seien, doch hatte sich seit Kaiser Konstantin diese Einstellung geändert. Für Martin war beides von gleicher Konsequenz: die Hilfe für den Erfrierenden und die Weigerung, das Schwert gegen irgendwelche Feinde zu ziehen.

Die Folgezeit sieht Martin als einsam lebenden Asketen. Später schlossen sich andere ihm an, und es kam zur ersten Klostergründung auf gallischem Boden. Vor Benedikt von Nursia ist Martin somit der Initiator der monastischen Lebensweise im Abendland. Das Jahr 371 brachte jedoch eine neue Wende. In Tours war der Bischof neu zu wählen. Das Volk votierte für Martin, aber der bereits bürgerliche Klerus lehnte ab: Martin sei allzu unansehnlich und ungepflegt und vom ganzen Erscheinungsbild her für die bischöfliche Würde ungeeignet. Martin selbst flüchtete, um einer Wahl zu entgehen, doch nützte ihm die Mühe nichts. Das Volk setzte seine Wahl dennoch durch, und Martin folgte dem Ruf. Er wurde ein überragend volkstümlicher Bischof, unbestechlich in seinem Gerechtigkeitssinn, groß in seinem seelsorgerlichen Eifer. Seine Güte und erstaunliche Wunderkraft wurden weit gerühmt. Im hohen Alter von 80 Jahren – weit über der damaligen Lebenserwartung – legte sich Martin im Kreise seiner Mitbrüder auf Asche, um zu sterben. »Kinder, für einen Christen ziemt es sich, nicht anders als auf Asche zu sterben.« Am 8. November 397 verschied er in Comdes. Seine Leiche wurde nach Tours überführt und dort am 11. November begraben. Martin war der erste Nicht-Märtyrer, der in der Christenheit als Heiliger verehrt wurde. Sulpicius Severus schließt seine Vita über den Heiligen: »Ich hoffe, daß er auf uns herniederschaut, auf mich, der ich das schreibe, und auf dich, der du es liesest.«

B. »Der beliebteste Heilige in Europa, Beschützer aller Bedrängten und Schrecken aller Gewalttätigen« hat seine Faszinationskraft über 16 Jahrhunderte ausgeübt. Sein Grab wurde bald zur Pilgerstätte. Die Merowingerkönige verehrten Martins Mantel als »Reichskleinodie«, die man – Ironie der Geschichte! – in Schlachten vorantrug. Dieses »Mäntelchen« (lateinisch capella von cappa = Mantel) gab der Sainte-Chapelle in Paris ihren Namen (als Aufbewahrungsort der Reliquie), und nach ihr wird heute jede kleine Kirche Kapelle genannt.

Mit dem Martinstag am 11. November begann früher in fränkischen Gebieten die sechswöchige Adventszeit. Die Martinsgans war damals das letzte Fleischgericht vor dem Adventsfasten. Das erklärt auch den Auftakt der Karnevalszeit im Rheinland am 11. im 11.

Ähnlich wie der Fastnachtsdienstag vor der Fastenzeit bot der Martinstag eine letzte Gelegenheit zu ausgelassener Feier, zu gutem Essen und Trinken.

Gleichzeitig galt der Martinstag als Ende des alten und Beginn des neuen bäuerlichen Wirtschaftsjahres und daneben als Winterbeginn. Das Gesinde wurde entlohnt und wechselte seinen Dienst. »Sankt Martin macht Feuer im Kamin.« – »Martin – stell ini« (d. h. zum Martini stell das Vieh in den Stall).

Bis zum Tage aber hat der Martinstag seine Bedeutung für breite Volkskreise und zumal für die Kinder in großen vorabendlichen Laternenumzügen bewahrt. Dann reitet Sankt Martin auf seinem Schimmel durch die Stadt, von zahllosen Fackeln und bunten Lampions begleitet und von einer singenden Kinder- und Elternschar, die immer wieder neu anstimmt: »Sankt Martin ritt durch Schnee und Wind . . .«. Der den Kindern anschließend ausgeteilte Weckmann, Stutenkerl oder Printenmann ist als Gebildebrot eigentlich eine Darstellung des Hl. Martin. Die heute miteingebackene Tonpfeife ist ein mißverstandener Bischofsstab. Das Brot, das die Kinder geschenkt bekommen, soll sie ermutigen, auch ihrerseits fremde Not zu sehen und sich ihrer anzunehmen.

C. Überall dort, wo altes Martinsbrauchtum noch lebendig ist, bereitet es keine Schwierigkeiten, in der Schule daran anzuknüpfen und diese Tradition auf ihren christlichen Kern hin zu erschließen. In Martin von Tours tritt eine Gestalt vor Kinder und Lehrer, in der das Evangelium konkret geworden ist. Die Feier dieses Heiligen in Legendenspiel, Lied, Umzug und Brotgabe ist eine Form der Begegnung und Imitatio, die jeder nur textbezogenen Verbalität überlegen macht. Darum kommt es primär auf eine vielgestaltige *Feier* an, in der die Erzählung und Bildbetrachtung zwar ihren festen Platz haben, aber über sich hinausweisen auf nachvollziehende Eigenaktivitäten der Schüler. Diese Möglichkeit besteht auch dort, wo Martinsbräuche unbekannt sind. Die Vita des Heiligen, die Symbolik der Mantelteilung, Lieder und Legenden sind so eindrucksvoll, daß sie aus sich heraus nachhaltig Kinder beeindrucken.

D. Alle in diesem Handbuch gebotenen Materialien lassen sich im Gang eines Schuljahres wohl kaum verwenden, es sei denn, man verzichtet auf ein oder zwei der folgenden Themen. Sie sind zur Auswahl geboten und erlauben Erweiterungen für erneute Martinsfeiern in den folgenden Jahren.

Literaturhinweise:

Martin von Tours. Mit einem Essay von Walter Nigg, 48 Farbtafeln von Helmuth Nils Loose und Auszügen aus den biographischen Schriften des Sulpicius Severus,

Verlag Herder, Freiburg i. Br. 1977. Der ebenso informative wie nachdenklich machende Text von Walter Nigg ermöglicht Lehrern die beste Vorbereitung auf einen Unterricht über Martin von Tours. Solange eine eigene, ernsthafte Auseinandersetzung des Erwachsenen mit dem Heiligen unterbleibt, fehlt die wichtigste Voraussetzung, um mit Kindern von ihm zu sprechen. Hier wie in vielen anderen Büchern bietet der Hagiograph Walter Nigg eine vorzügliche Einführung in die *Spiritualität* des Heiligen.

Ein kleiner Bildauszug mit Texten von Rüdiger Müller sowie eine Anzahl alter und neuer Martinslieder liegen in Heftformat (32 Seiten) im Christophorus Verlag, Freiburg i. Br. (1977) vor.

Relindis Agethen, Martin von Tours S. 24–25

A. Man kann fragen, was bei der reichen ikonographischen Tradition des Mittelalters eine neue Martinsdarstellung nahelegt. Bereits seit dem 5. / 6. Jahrhundert sind Martins-Zyklen (zunächst in Tours, dann) in ganz Europa verbreitet. Die Mantelteilung bildet stets den Schlüssel jedes Bilderzyklus. Wo sie fehlt, darf man annehmen, daß sie zerstört oder verschollen ist. Außerhalb der Zyklen war es deshalb vor allem die Mantelteilung (mit Traumvision), die – seit dem 10. Jahrhundert nachweisbar – in unvorstellbar großer Zahl dargestellt wurde. Dabei ist der häufigste Bildertyp die Mantelteilung zu Pferd, meist vor der Stadt, mit dem Bettler als Empfänger des halben Mantels. Daneben gibt es Varianten: Mantelteilung zu Fuß (ohne Pferd, das bei Sulpicius Severus keine Erwähnung findet, wegen Martins Zugehörigkeit zur Kavallerie aber unterstellt wird); Martin, statt des Mantels dem Bettler Geld gebend; Martin inmitten von Bettlerscharen; Bettler, der Martins Pferd besteigt und dessen Mantel entreißt . . . Die Mantelszene ist Ausdruck der mittelalterlichen sozialgerichteten Frömmigkeit. Zunächst repräsentiert sie das christliche Selbstverständnis der fränkischen Volkskirche und wurde erst im späten Mittelalter – gelegentlich – vom Adel rezipiert. In den nachfolgenden Jahrhunderten verliert die Mantelteilung ihre politische Prägung und sinkt auf die Bedeutung eines nur karitativen Aktes ab. Dementsprechend gehen die Darstellungen der Szene seit dem 17. Jahrhundert quantitativ und qualitativ zurück.

Trotz der großen ikonographischen Tradition gelang die Entscheidung für ein frühes Martinsbild nicht. Zwar finden sich vor allem romanische Darstellungen in großartiger Formsprache, doch bleibt ihre Bildgestaltung auf den Teilungsgestus so fixiert, daß Martin und der Bettler stereotyp erscheinen. In den späteren Darstellungen rückt Martin voller in die Bildmitte, während sich der Bettler als Statist an die Bildperipherie gedrängt sieht (Beispiel: St. Martin, Holzschnitt von Martin Schongauer). Um die Gestalt des Heiligen und sein Imitabile aber nicht historisch zu zitieren, sondern als Anruf in die eigene Zeit zu artikulieren, wurde ein neuer Entwurf in Auftrag gegeben.

B. Abweichend von der ikonographischen Tradition zeigt dieses Bild von Relindis Agethen nicht, wie Martin seinen Mantel durchtrennt, sondern wie er in einer fürsorglichen Geste den Bettler dareinhüllt, ihn geradezu umfangend. Hier wird keine Hilfe als Almosen gegeben, nichts gereicht, um durch die »Spende« selbst distanziert bleiben zu können. Mit seinem Mantelteil in den ausgebreiteten Armen umhüllt Martin den Hilfsbedürftigen. Ebenfalls abweichend vom ikonographischen Schema wird der Bettler nicht als eine an die Peripherie gedrängte Gestalt gezeigt – mittelalterliche Darstellungen verkleinern ihn oft im Verhältnis zu Reiter und Pferd –, sondern vom Bildrand voll in die Bildmitte gerückt, *vor* den Heiligen, so daß er eher größer erscheint als Martin selbst. Der Geringste ist es, um den sich das Geschehen hier dreht. Er ist das Ziel der Liebe. In der bergenden Liebe des Heiligen offenbart sich die erbarmende Liebe Gottes.

Der Bruch mit der ikonographischen Tradition des Mittelalters ist bedeutsam. Zwar proklamierten die alten Mantelszenen zunächst einen sozialpolitischen Anspruch, doch waren sie zugleich vollständig in die Denkweise ihrer Zeit verstrickt, die sich mehr der Not als des Notleidenden erbarmte. Demgegenüber personalisiert Relindis Agethen die Beziehung des Heiligen zum Bettler. Dem Frost und Tod durch Erfrieren kann Martin durch seinen Mantelteil begegnen, der inneren Not und Verlassenheit muß er mit offenen Armen und brüderlichem Herz begegnen. So genügt es nicht mehr, dem Armen die Gabe zuzuwerfen, wenn sie nicht durch mitmenschliche Solidarität annehmbar wird.

Diagonal über das Bild, von oben links bis unten rechts, weht scharlachrot leuchtend der Mantel. Er kleidet Martinus, den Frierenden und den mit seiner durchbohrten Hand angedeuteten Christus, zugleich verbindet er alle miteinander. Die Identifikation Christi mit dem Armen und zugleich mit dem, der sich ihm als Nächster erweist, wird durch dieses Mantel-Symbol augenscheinlich. »Was ihr dem Geringsten meiner Brüder getan habt, habt ihr mir getan!« (Mt 25,40). Das Bild bezieht – ähnlich wie die frühe ikonographische Tradition die Mantelteilung und Traumvision einander zuordnet (wenngleich meistens in zwei Bildhälften zerlegt) – auch hier den von Sulpicius Severus überlieferten Traum ein, doch symbolisch verdichtet durch den alle miteinander verbindenden Mantel. Brechts Spott »da frorn sie alle beid zu Tod« wird vor dieser inneren Schau belanglos.

Die Hand Christi ist an ihren Wundmalen erkennbar. So trägt

auch sie in ihrer Weise die Merkmale der Geringsten. Sie deutet auf den frierenden Mann in seinem Elend. Dieser Mensch ist in Lumpen gehüllt, die teilweise in Fetzen an seinem Körper hängen. Sein linker Arm dick umwickelt, vielleicht, weil er verletzt oder schon erfroren ist. Auffallend ist das Schuhwerk. Es sind Turnschuhe, die den Armen aus der historischen Perspektive herausholen und zu einem unserer Zeitgenossen machen.

Diese Zeitgenossenschaft der Not wird durch das den Schülern nun schon bekannte traurige und arme Kind am linken Bildrand verstärkt. Es erinnert an Hunger und Heimatlosigkeit in unserer Welt und verweist darauf, daß der frierende Bettler in vielen anderen Gestalten und Schicksalen weiterhin begegnet. Ob sich dann wohl in gleicher Weise eine Teilung des »Mantels« und die Annahme des Fremden wiederholen?

Unübersehbar in der Bildkomposition ist das großartig gemalte Pferd, der ikonographischen Tradition entsprechend ein Schimmel. Es verstärkt den Eindruck der kalten, weißen Winternacht.

Links über dem Nacken des Pferdes wird an die vom Erntedankbild her nun schon bekannte Sterntalergeschichte erinnert. Wir sehen erneut die Szene mit dem Mädchen, das alles, was ihm eigen war, an ärmere Menschen verschenkte und dafür die Sterne des Himmels geschenkt bekommt (→ S. 69; 202 ff; 251). Der Legende wird so das entsprechende Märchenmotiv zugesellt. Beide Male geben offenherzige Menschen ihren letzten Besitz, und beide Male belohnt sie der »Himmel«. Deshalb fallen die Sterne auch auf Martin. Um seinen Kopf verdichten sie sich und hüllen ihn in einen leuchtenden Schein. Es ist der Glanz der Gnade, in dem Martin Gott aufleuchten läßt – oder, sagen wir besser: in dem Gott in Martin seine Güte aufleuchten läßt.

Die Szene mit der Mantelteilung geschah vor den Toren von Amiens. Wir sehen im rechten Bildteil ein mittelalterliches burgähnliches Bollwerk, das die bürgerliche Stadt einschließt. Hinter den festen Mauern ist das gesicherte Leben zu Hause. Hier draußen herrscht Kälte, es schneit, und nichts vermag den ausgelieferten Bettler dagegen zu schützen. Doch das Stadttor steht geöffnet, und heraus kommt ein langer Kinderzug über die Brücke (es ist auch eine »Brücke der Zeit«, die sechzehnhundert Jahre bis zu uns hin überspannt). Die Kinder tragen Laternen und feiern St. Martin mit ihren Lichtern. So vermittelt diese Szene, die sich schön im Wasser spiegelt, die Verbindung zum heutigen Martinsbrauch.

C. Auch dieses Agethen-Bild bietet eine Fülle innerer Beziehungen und erzählt seine Geschichte auf mehreren Bedeutungsebenen. Doch eigentlich erzählt es nicht eine, sondern viele Geschichten:

zunächst die Geschichte von der Mantelteilung – als eine alte und immer noch aktuelle Sache; dann die Legende von der nächtlichen Traumvision, in der sich Christus mit dem frierenden Bettler identifiziert; dahinter werden die zahllosen Geschichten heutiger Menschennot durch das kleine traurige Mädchen mit dem Kopftuch erinnert und in die Martinslegende hineingebunden; das Sterntalermärchen scheint auf und gibt der Geschichte von der Mantelteilung einen neuen Verstehenshintergrund (der seinerseits für Wundergeschichten späterer Jahre als bewußte Voraussetzung geboten wird); schließlich erzählt das Stadttor vom Leben vor und hinter den Türen (→ Advent, S. 141 f), und der Lampionzug läßt die Kinder ihre eigenen Erfahrungen vom Martinsumzug berichten. Insgesamt also werden viele Geschichten miteinander verstrickt und aneinander deutbar. Mit dieser Martinsdarstellung hat Relindis Agethen ein Werk geschaffen, das in seiner theologischen Komplexität und unterrichtlichen Anregungskraft sicherlich über die bisherigen ikonographischen Lösungen hinausgeht.

Dennoch ist das Bild nicht schwer zu erschließen. Nach den Vorerfahrungen mit den voraufgegangenen Bildern (Am Tisch / Erntedank und Franz von Assisi) wird es den Kindern mit Freude gelingen, schrittweise, von Bildelement zu Bildelement, seine Symbolsprache zu lesen. Um den Schülern das Verständnis zu erleichtern, können die Überlieferungen des Sulpicius Severus vorweg erzählt werden (→ S. 109). Im Anschluß daran fällt es den Kindern leicht, die Mittelpunktszene des Bildes detailliert zu betrachten und zu deuten. Auch das arme Mädchen ist ihnen nun schon vertraut. Je öfter sie ihm späterhin noch begegnen, um so unmittelbarer werden sie die sich damit verbindende Bildaussage (im Kontext des jeweiligen Ganzen) verstehen. Aus dem gleichen Grunde wird auch erneut auf das Sterntalermotiv zurückgegriffen. Die Kinder erfassen intuitiv die Aussageabsicht und lernen es, die Wahrheit des Märchens im jeweiligen Bedeutungsrahmen zu erfassen. Deshalb sind die Interpretationsbemühungen um die Bilder des Religionsbuches auch keineswegs nur dem einzelnen Thema zugehörige Anstrengungen, sondern Wege religiöser Sensibilisierung, die für die Anforderungen des späteren Religionsunterrichts disponieren.

D. Als methodische Hilfestellung wird ein Erfahrungsbericht aus dem 1. Schuljahr angeboten:

Die Planung ging von zwei Unterrichtsstunden aus: 1. Stunde: Vermittlung der Martinsgeschichte und Deutung des Traumes (»Was ihr dem Geringsten meiner Brüder getan habt . . .«). 2. Stunde: Bildbetrachtung in einem gelenkten Unterrichtsgespräch. In dieser Stunde war das als Dia projizierte Bild Impuls genug für spontane

Schüleräußerungen. Nach einer anfänglichen Runde, in der die Kinder ihre Eindrücke und Fragen frei austauschten, begann die geordnete Erarbeitung des Bildes:

Bildmitte: Martin und der Bettler: Der Bettler beeindruckte die Kinder sehr. »Der schaut so traurig.« – »Sein Gesicht sieht krank aus.« – »Der ist ganz schlapp.« Die umarmende Geste des Martin wurde von einem Schüler angesprochen und der Klasse vorgespielt: »Er drückt ihm den Mantel hin.« – »Der Martin ist wie ein Freund.« Sehr faszinierend war für die Schüler die Darstellung des Pferdes, das sie sehr ausführlich beschrieben.

Die Christushand: »Eine Hand mit einem Loch in der Mitte.« Erst nach einem Lehrerhinweis auf den Kreuzestod Jesu wird die Hand als Hand Jesu erkannt. Die Verbindung zur Martinsgeschichte gelingt den Schülern zunächst nicht. Erst die ausdrückliche Erinnerung an die Traumerzählung (aus der vergangenen Stunde) läßt sie eine Zuordnung finden. Dennoch bleibt die christologische Dimension der Legende schwer verständlich und wird nicht von allen Schülern erfaßt: »Jesus zeigt auf Martin und will damit sagen: Alle Menschen sollen so gut sein wie Martin.« – »War Jesus der Bettler? War das gar kein richtiger Bettler?« Ein anderer Schüler nimmt Bezug auf eine voraufgegangene Unterrichtsfolge (»Mit dem Herzen sehen; mit dem Herzen hören«): »Der Martin hat den Bettler mit dem Herzen angeschaut und dabei Jesus gesehen.«

Das Mädchen am Stacheldraht wurde sehr genau beschrieben: »Die sieht so blaß aus. Sie ist bestimmt krank.« – »Die hat man ja festgebunden, eingesperrt.« Der Stacheldraht reizte manche Kinder dann zu immer wieder neuen Vermutungen, etwa: »Die hat was angestellt«; aber auch: »In manchen Ländern wird man dafür eingesperrt, wenn man jemandem geholfen hat.« – »Der Martin würde eine Drahtschere holen und den Stacheldraht aufschneiden. Er würde die Frau befreien.« – »Sankt Martin würde ihr helfen, damit sie wieder heim kann.« Es gelang den Schülern ziemlich schnell, die symbolische Bedeutung des Stacheldrahts zu verstehen.

Auch die Beziehung dieses Motivs zur Bildmitte hin fiel den Schülern nicht schwer, allein schon dadurch, daß sie spontan überlegten, wie sich Martin diesem Menschen gegenüber verhalten hätte. (Doch identifizierten sie auch hier das Mädchen als Frau, vielleicht durch das den Kindern eher fremde Kopftuch angeleitet.)

Das Sterntalermädchen: Mit dem Fortgang des Gesprächs ist deutlich festzustellen, wie sehr das Bild die Schüler immer mehr zum Entdecken reizt und Fragen provoziert: »Was will denn das kleine Mädchen da oben?« Nachdem sie die Sterntalergeschichte wiedererkannt haben, stellen einige Schüler sofort die innere Beziehung her: »Der Martin hat das Gleiche getan wie das Mädchen«, und anschließend: »Die Sterne fallen ja auch auf den Martin.«

Die Frage, was die auf Martin herabfallenden Sterne sagen könnten, wird so beantwortet: »Daß Martin heilig ist.« – »Daß er auch so wie das Sterntalermädchen geholfen hat.« – »Daß er auch belohnt wird.«

Gemeinsam überlegen wir: Was bedeuten die Sterne (nicht Stern*taler!*)? Sind sie wie Geld, für das man etwas kaufen kann? Dabei werden Verbalisierungsprobleme bei den Schülern deutlich. Einer drückt sein Verständnis so aus: »Nein, das ist nicht das Gleiche wie Geld. Die Sterne kommen von Gott, und Gott zeigt so, daß er Martin lieb hat.« Kann man ein treffenderes Verständnis des Symbols in dieser Altersstufe erwarten?

Eva-Maria Bauer

Zusammenfassende Beobachtungen:

Das Bild besitzt einen hohen Motivationswert. Es gelang – auch bei Unterrichtsversuchen in Parallelklassen oder in höheren Klassen der Grundschule – immer eine konzentrierte Bildbetrachtung über eine volle Unterrichtsstunde.

Das Bild reizt zum Suchen, Entdecken und provoziert Fragestellungen. Die Faszination hält lange an. Die vielen Beziehungsaspekte lassen immer neue Sichtweisen auf St. Martin zu.

Das Bild ermöglicht ein hohes Reflexionsniveau und motiviert die Schüler zu immer neu akzentuierten Äußerungen. Die Formulierungsmöglichkeiten scheinen unerschöpflich zu sein.

Als schwierig erweist sich der christologische Akzent (Christushand). Hier fehlt in Anfangsklassen noch das nötige Hintergrundwissen. Um die Hand bzw. den Traum zu deuten, ist eine ruhige Besprechung der Legende und des Verses Mt 25,40 erforderlich.

Sulpicius Severus, Martin teilt seinen Mantel

Alles, was über Martin von Tours überliefert ist, stammt von Sulpicius Severus († 420). Er war von Beruf Anwalt und in klassischer Rhetorik geschult. Neben einigen anderen Schriften verfaßte er vor allem die Vita Sancti Martini (in der Hauptsache vor 397 geschrieben), deretwegen er persönlichen Kontakt mit dem Bischof von Tours aufnahm. Die Vita muß kurz nach Martins Tod (um 400) veröffentlicht worden sein.

Walter Nigg betont, Sulpicius sei wegen seiner eigenen Erkundungen bei Martinus nicht darauf angewiesen gewesen, »aufzuschreiben, was andere ihm erzählt haben«. Dennoch sind dessen Martinsschriften nicht primär historisch bestimmt, sondern von der Absicht geleitet, zur Nachfolge aufzurufen. Das begründet ihr legendarisches Genus.

Einmal begegnete ihm im Winter, der ungewöhnlich rauh war, so daß viele der eisigen Kälte erlagen, am Stadttor von Amiens ein notdürftig bekleideter Armer. Er flehte die Vorübergehenden um Erbarmen an, aber alle gingen an dem Unglücklichen vorbei. Martin trug nichts als den Soldatenmantel, seinen übrigen Besitz hatte er schon verschenkt. Er zog also das Schwert, mit dem er umgürtet war, schnitt den Mantel mitten durch und gab die eine Hälfte dem Armen, die andere legte er sich selbst wieder um. (Vita, Kap. 3)

In der folgenden Nacht erschien Christus mit jenem Mantelstück, womit der Heilige den Armen bekleidet hatte, dem Martinus im Schlaf. Er wurde aufgefordert, den Herren genauer zu betrachten und das Gewand, das er verschenkt hatte, wiederzuerkennen. Eingedenk der Worte, die er einst gesprochen: »Was immer ihr einem meiner geringsten Brüder getan, das habt ihr mir getan« (Mt 25,40), erklärte der Herr, daß *er* im Armen das Gewand bekommen habe. (Vita, Kap. 3)

Wilhelm Willms, Martin, Martin, hör S. 25

A. Wilhelm Willms, geb. 1930, ist Pfarrer in der Diözese Aachen. Er ist Autor vieler neuer geistlicher Lieder, religiöser Lyrik und spielbarer Szenen, die oft in einfacher, aber unverbrauchter Sprache die provokante Mitte des Christlichen treffen. Seine Sammelbände: »Der geerdete Himmel. Wiederbelebungsversuche« (1974), »roter faden glück. lichtblicke« (1974) und »aus der luft gegriffen. bausteine zu gottesdiensten mit kindern und familien« (1976), Verlag Butzon & Bercker, Kevelaer, bieten dem Religionsunterricht höherer Klassen zahllose anregende Texte.

B. Der Text »martin, martin, hör« thematisiert die Martinsgeschichte in ihren inneren Akzenten. Zu Anfang und Ende geht es ums Teilen, das heute wie früher schwerfällt. Darum soll Sankt Martin »ein Licht uns anzünden«. Die Laternen des Umzugs werden zum Hinweis auf Martins Vorbild, dessen Maßstab keineswegs nur Kindern gilt, sondern allen erwachsenen Christen, nicht zuletzt »unserem Bischof«. – Dem Legenden*bild* ist damit ein Text beigefügt, der in seiner direkten sprachlichen Diktion zur Nachfolge aufruft.

C. Der erst gering entwickelten Lesefähigkeit der Kinder kommt dieser Text mit seinen knappen Zeilen und Wiederholungen entgegen. Selbst wenn ihn noch nicht alle Schüler ohne Mühe lesen können sollten, ist er durch Vorsprechen und Wiederholen sogar schon im Kindergarten verwendbar. Durch geeignete Rollenverteilung und mehrfaches Nachspiel prägt sich der Wortlaut bald allen Kindern mühelos ein.

D. Der Autor hat seinen »Sprechtext« eigens »zum vorsprechen von einzelstimmen und zum wiederholen von allen« eingerichtet. Das kann auf verschiedene Weise geschehen: Anfangs mag es richtig sein, jeweils ganze »Strophen« vor- und nachzusprechen. Wenn sich der Wortlaut den Schülern eingeprägt hat, ist es wohl schöner, im Wechsel der Absätze vor- und nachzusprechen (Vorsprecher: Martin, Martin, hör. Alle: teilen fällt uns schwer, usw.).

Der Sprechtext hat gegenüber dem Bild eine dienende Funktion. Er sollte erst zur Geltung kommen, nachdem Martinsgeschichte und Bild eine ausführliche erschließende Betrachtung gefunden haben.

Elisabeth von Thüringen

A. Elisabeth wurde 1207 in Ungarn geboren. Ihr Vater war Andreas II., König von Ungarn, eine politisch wenig rühmliche Gestalt. Die Mutter Gertrud stammte aus dem Geschlecht der Andechs aus Bayern. Auch sie war keine menschlich ermutigende Frau. Man charakterisiert sie als besitzgierig, herrschsüchtig und verschwenderisch. Den Ungarn war sie unbeliebt und fiel deshalb einem Mordanschlag zum Opfer. Aus dieser Abstammung kann Elisabeth wahrlich nicht erklärt werden.

Als Elisabeth vier Jahre alt war, vereinbarte eine thüringische Gesandtschaft am Hofe zu Preßburg eine der üblichen Dynastien-Ehen, um über solche Verwandtschaft wechselseitige politische Interessen zu verfolgen. Das ungarische Königshaus gab der Gesandtschaft die kleine Elisabeth gleich mit und stattete das Kind mit einer reichen Mitgift aus.

In Thüringen wuchs das Mädchen auf der Wartburg über Eisenach auf. Ihr Pflege- und späterer Schwiegervater Hermann war ein opportunistischer Politiker, der sein Land ausbeutete, um als freigebiger Musenfreund den europäischen Minnesängern die Tore offenzuhalten. Walther von der Vogelweide schreibt über ihn: »Wer ohrenkrank ist, dem rate ich, den Hof von Thüringen zu meiden. Denn wenn er dorthin kommt, wird er wahrhaftig verrückt. Ich habe mich dort ins Gedränge gemischt, bis ich es satt hatte. Die Scharen kommen und gehen Tag und Nacht. Man muß sich wundern, daß jemand da noch hören kann. Der Landgraf ist so gesinnt, daß er mit stolzen Helden, von denen jeder ein Kämpfer sein könnte, seine Habe verpraßt. Ich kenne seinen üppigen Lebensstil: Selbst wenn ein Fuder guten Weines tausend Pfund kostete, stünde trotzdem keines Ritters Becher leer.«

Die Landgräfin Sophie war für Elisabeth keine »böse Stiefmutter«. Sie war von konventioneller Rechtschaffenheit. Nach dem Tode Hermanns führte sie die Regentschaft bis zur Volljährigkeit Ludwigs weiter. In einem Zisterzienserinnenkloster wollte sie in Fürbitte für die Sünden ihres Mannes den Lebensabend verbringen.

Auch die thüringische Hofgesellschaft bot kein Milieu, das den Kindern hätte förderlich sein können. Elisabeth suchte ihren Weg nicht in Anpassung, sondern durch stille Betonung ihrer Andersartigkeit. Besonders heftig war ihr Zusammenprall mit dem höfischen Zeremoniell und Standesbewußtsein. Wenn sie beim Eintritt in die

Kirche »die Krone von ihrem Kopf nahm, sie neben sich legte und sie erst nach Beendigung des Gottesdienstes wieder aufsetzte«, schalt sie ihre Pflegemutter Sophie: »Jungfrau Elisabeth, was meint Ihr nun damit, wollt Ihr bei uns neue Sitten einführen, damit uns die Leute auslachen?« Elisabeth verwies auf den mit Dornen »gekrönten« Schmerzensmann, dem gegenüber alle Goldkronen ihr unpassend erschienen, was Sophie verständnislos abwehrte: »Elisabeth, Du solltest nicht unter die herrschenden Fürsten, sondern zu den dienenden Mägden gezählt werden.«

Als Elisabeth dreizehn Jahre alt war, wurde ihre Ehe mit dem zwanzigjährigen Ludwig geschlossen. Ludwig war – anders als sein Vater – ein Mann von Charakter. Er liebte Elisabeth aufrichtig und hielt ihr – damals für Fürstengeschlechter, die aus dynastischem Kalkül heirateten, keineswegs selbstverständlich – zeitlebens die Treue. Elisabeth und Ludwig liebten sich leidenschaftlich, und wenn sie nach einer Trennung sich wiedersahen, nahm Elisabeth ihren Gatten in die Arme und »küßte ihn mit Herz und Mund mehr denn als tausend Stund« (wie es in einer frühen Vita heißt, während die fromme Literatur der Neuzeit diese sehr wesentlichen Hinweise auf eine erfüllte Ehe ausklammert).

Ludwig war ein Vetter und Bewunderer Kaiser Friedrichs II. Als dieser zur Teilnahme an einem Kreuzzug rief – dem einzigen, der ohne Kampf, allein mit den Möglichkeiten der Diplomatie und der interkulturellen Verständigung geführt wurde –, nahm auch der thüringische Landgraf das Kreuz. Elisabeth wußte zunächst nichts davon. Als sie dann eines Tages in seiner Kleidung das Zeichen der Kreuzfahrer fand, war es ein Schock für sie. Elisabeth begleitete ihren Mann bis zur Landesgrenze, dann noch einen weiteren Tag – unfähig, Abschied zu nehmen, der doch nicht weiter hinauszuschieben war, und ritt dann weinend heim.

Ludwig starb bald hinter Brindisi an einer Seuche. Als Elisabeth die Kunde hörte, schrie sie: »Tot ist er!, dann ist mir die Welt tot und alles, was an ihr süß ist!« Ihr Schmerz war hemmungslos wild, ihre Verzweiflung ohne Grenzen. Der hartherzige Willens-Asket Konrad von Marburg, Elisabeths Beichtvater, der anwesend war, als die Todesbotschaft überbracht wurde, tadelte: »Ist das Euer Frommsein, Frau Elisabeth? Kennt Ihr nicht mehr Ergebung in des Schöpfers Willen?«

Dieser Konrad von Marburg sollte in Elisabeths weiterem Leben eine bedenkliche Rolle spielen. Konrad war gelehrt, beherrschte das theologische Wissen, dabei voll Eifer bis zum glühenden Fanatismus. Sein asketisches Leben trieb ihn zu rigoroser Schärfe gegen sich und andere. Als ein Mann, der »im Leben weder Liebe erfahren noch Liebe gespendet« hat (W. Nigg), wurde er sich selbst und allen, die näher mit ihm in Berührung kamen, zum bedrückenden und (als erster von Papst Gregor IX. ernannten Inquisitor Deutschlands) zum tödlichen Glaubensfanatiker (dessen man sich zum Aufatmen aller 1233 durch seine Ermordung entledigte).

Konrad tyrannisierte Elisabeth durch strengste Gehorsamsforderungen und rigorose Bußauflagen. Elisabeth hat unter diesem »innerlich mißgeformten Menschen« (Reinhold Schneider) wohl mehr gelitten, als die Umwelt zu erkennen vermochte. Sie erlitt seine Dämonie, entzog sich aber nicht, sondern blieb zeitlebens bemüht, die Bedrückung innerlich frei zu bestehen.

Elisabeths Weg nach dem Tod des Landgrafen charakterisiert Ida Friederike Görres als »Abstieg, nicht nur ›besuchsweise‹, um dann wieder zur sicheren Höhe, zum ›eigenen Niveau‹ zurückzukehren, wie es alle Wohltätigkeit und alle Sozialarbeit pflegt; sondern um dort zu bleiben«. Schon in ihrer frühen Zeit auf der Wartburg hatte sie ein vertrautes Verhältnis zu ihren Mägden, ließ sich von ihnen nur mit Vornamen und Du anreden und suchte, wo immer es ging, den gesellschaftlichen Abstand von ihnen zu überwinden. Bei Tisch fragte sie stets – zum Ärger und auch Entsetzen des Hofes – nach der Herkunft der aufgetragenen Speisen. Von erpreßten Eintreibungen wollte sie nicht leben. Lieber hungerte sie. Darum fragte sie stets: »Woher kommt das Brot?« – »Wer lieferte den Wein?« War etwas erpreßt, sagte sie zu ihren Mägden: »Heute können wir nur trinken!« Oder: »Heute können wir nur essen!« Kam aber alles vom eigenen Besitz, rief sie: »Wohl uns, heute können wir essen und trinken!« Für die mittelalterlichen Selbstverständlichkeiten war das ein ganz beispielloser Protest.

Mit dem Tod Ludwigs war die Regentschaft über Thüringen an den Schwager Heinrich Raspe übergegangen. Dieser fühlte sich provoziert, wenn Elisabeth bei Tisch nach dem rechtmäßigen Erwerb der Speisen fragte. Raspe tolerierte Elisabeths »sozialen Spleen« nicht, sondern verlangte – unter Einbehalt ihres Witwengutes –, daß sie sich der »allgemeinen Sitte« füge. Weil Elisabeth diesen Druck auf die Dauer nicht hinnehmen wollte, floh sie an einem Winterabend von der Wartburg (es war eine freiwillige Flucht, keine Vertreibung!), lebte zunächst in Eisenach, mehr unverstanden und bespöttelt als »aller Welt Törin«, und schritt dann – zur Kompromißlosigkeit entschlossen – ihren Armutsweg weiter.

Konrad von Marburg berichtet: »Elisabeth forderte mit vielen Tränen von mir, daß ich ihr gestatten solle, an den Türen zu betteln. Als ich es ihr schroff abschlug, antwortete sie mir: ›So werde ich tun, woran Ihr mich nicht hindern könnt!‹« Sie begab sich nach Marburg, »mußte aber eine Lagerstatt nehmen unter einer Treppe und litt viel Ungemach von dem Rauch in ihren Augen, von großer

Hitze, Regen, Frost und Wind. Das alles litt sie jedoch mit Fröhlichkeit«. Schließlich durfte sie von ihrem Witwengut, nachdem der Schwager es freigegeben hatte, ein Hospital in Marburg bauen und selbst darin arbeiten. Diese Siechenstätte wurde eine Zuflucht für Arme und Kranke. Pflegedienste an schwärenden Kranken, vor denen andere sich ekelten, übernahm sie mit besonderer Liebe. »Wie schön, daß wir auf diese Weise den Heiland baden dürfen«, sagte sie dann.

Elisabeth verschwendete ihre Liebe und ihre jugendliche Kraft ohne Vorbehalt. Sie war gerade erst 24 Jahre alt, da lag sie selbst auf dem Krankenbett. Wir wissen nicht, welche Krankheit zu ihrem frühen Tode führte. Sie lag weniger als 14 Tage darnieder. Kranke umgaben ihr Lager, am Fußende des Bettes saß der mit Krätze behaftete Knabe, dem sie die Mutter ersetzt hatte.

Die Nachricht von ihrem Tod verbreitete sich wie ein Lauffeuer. Hunderte zogen an ihrer Bahre vorbei. Von zahlreichen Wundern an ihrem Grabe wird berichtet. Schon vier Jahre später wurden ihre Gebeine in die noch im Bau befindliche frühgotische Elisabethenkirche in Marburg überführt. Es war im Mai des Jahres 1236. Barfuß und im grauen Habit zog Kaiser Friedrich II. selbst hinter ihrem Sarge her. Sie, die der Bischof Egbert von Bamberg nach dem Tode Ludwigs mit dem Kaiser vermählen wollte – Elisabeth hatte sich energisch widersetzt –, krönte nun der Kaiser im Sarge und sprach dabei: »Ich durfte sie auf Erden nicht zur Kaiserin krönen, so will ich sie jetzt ehren mit dieser Krone als eine ewige Königin in Gottes Reich.« Während der Reformation ließ einer ihrer fragwürdigen Nachfahren, Landgraf Philipp von Hessen, ihre Gebeine aus dem Schrein mit den Worten entfernen: »Liebe Muhme, du hast nun genug geschlafen!« Seitdem weiß niemand, wo ihre sterblichen Überreste ruhen.

B. Elisabeth ist eine singuläre Gestalt unter den Frauen der Weltgeschichte, wie Franz von Assisi eine Jesus-Imago. Wer sich ihr nähern will, darf sie nicht von den eigenen Kategorien her verstehen wollen. Sie sprengt alle unsere auf Vernunft begründeten Maßstäbe.

Was täten unsere heutigen karitativen Verbände mit einer Mitarbeiterin, fragte einst Ida Friederike Görres, die sich *buchstäblich* nach Elisabeths Vorbild richten würde? »Es wäre nicht nur eine Verlegenheit, sondern ein Betriebsunfall«, und meinte dann, ihr Vorbild sei wohl eher eine verwirrende Sache: »Wir müssen sie unter Umständen mit sehr gewundenen Erklärungen, ja Ausreden geradezu verteidigen und entschuldigen – vor unseren eigenen sittlichen und religiösen Maßstäben.«

So sehr Elisabeths Vorbild unerreicht bleibt, ist ihr Leben nicht ohne weitreichende Wirkung in der christlichen Geschichte. Vordem pflegten Frauen sich nicht öffentlich sozial zu engagieren. Erst nachdem die Landgräfin von Thüringen damit begonnen hat, sind sie in solchen Diensten zu finden. Das Jesus-Wort: »Alles, was ihr einem meiner geringsten Brüder getan habt, das habt ihr mir getan«, ist von Elisabeth deutlicher als durch jeden sonst dem christlichen Bewußtsein vermittelt worden.

C. Im Regelfall wird den Schülern Elisabeth von Thüringen unbekannt sein, zumal es kein überliefertes Brauchtum gibt, das ihnen Zugang zu dieser Heiligen vermitteln könnte. Kinder des 1. Schuljahrs können für die innere Größe dieser Frau auch noch keine hinreichenden Verstehensmöglichkeiten entwickeln. Dennoch ist ihnen eine anfängliche Begegnung und Vorahnung des sich in Elisabeth eröffnenden Liebeswunders möglich. Unabdingbar bleibt diese Vermittlung jedoch an die Ergriffenheit des Lehrers selbst gebunden. So sehr unser Kommentar keine Ausführlichkeit scheut, um die für das 1. Schuljahr ausgewählten großen Heiligengestalten lebendig werden zu lassen, ist unsere Darstellung letzten Endes dennoch zu knapp, um im Gespräch mit den Kindern aus der Fülle schöpfen zu lassen. Die Lektüre der abschließend angegebenen Bücher sei deshalb zusätzlich empfohlen.

Zu bedenken ist noch ein Einwand, der mir oft in den siebziger Jahren von Studenten vorgehalten wurde. Die rein karitative Tätigkeit der Elisabeth, so wurde gesagt, sei letztlich »irrelevant«, denn nicht karitative Hilfe, sondern nur politisches Denken und eine Reform der sozialen Strukturen schafften die notwendige neue Humanität. Dies ist eine schlechte Alternative. Ohne die innige Liebe zum einzelnen bleibt jedes politische Programm kalt und unglaubwürdig. Karl Marx ohne Elisabeth von Thüringen ist noch keine Vision einer neuen Menschlichkeit. Beide vereint könnten sie vielleicht der Welt eine neue Hoffnung geben.

D. Zwischen Martin und Nikolaus mag es zeitlich knapp bemessen sein, auch noch mit hinreichender Sorgfalt den Schülern Elisabeth von Thüringen vorzustellen. Im Regelfall wird der Lehrer zwischen Martin oder Elisabeth wählen müssen. Es besteht aber keine Gebundenheit an den 19. November, so daß der Religionsunterricht zu jeder späteren Zeit, etwa nach Ostern, auf die Geschichte der Landgräfin zurückkommen kann. Sollte dies dennoch nicht gelingen, empfiehlt sich eine Zusammenfassung des Themas im 2. Schuljahr.

Lübecker Elisabeth-Zyklus: Elisabeth verteilt Lebensmittel an die Armen S. 26

A. Der um 1420 entstandene Lübecker Elisabeth-Zyklus (Öl auf Eichenholz) umfaßt 23 Szenen, je 60/65 × 90 cm, die an ihrem oberen Rand durch ein zierliches vergoldetes Maßwerk begrenzt werden. Der Zyklus führt das Leben der Heiligen Elisabeth von der legendarischen Ankündigung ihrer Geburt bis zu ihrem Tod in großartigen, spätgotischen Bildern vor Augen. Geschaffen wurde der Zyklus von einem unbekannten Meister für das Heilig-Geist-Spital in Lübeck.

B. Die Tafel »Elisabeth verteilt Lebensmittel an die Armen« gruppiert zwei Menschengruppen, die sich, jeweils eine Bildhälfte ausfüllend, einander zuwenden. Auf der rechten Seite die Gruppe der Bettler: zunächst, am umgeschlagenen Kopftuch erkennbar, eine Frau, die mit der linken Hand einen irdenen Topf herreicht, damit er wie jener des neben ihr stehenden Mannes gefüllt werde. Die rechte Hand der Frau ist unter dem Gewand versteckt, doch scheint sie damit die linke, solange diese den Topf trägt, zu stützen. Ihre Blicke sind währenddessen auf Elisabeth gerichtet. Der Mann, mit Kappe und Bart, reicht sein Gefäß am weitesten vor. Eine Gehilfin Elisabeths, durch deren Kopf und Heiligenschein halb verdeckt, füllt es aus einem Krug. Währenddessen liegen die Blicke des Mannes auf Elisabeths Tun, wie sie den Sack des vor ihnen gebeugten Hungernden mit Korn füllt. Der Mann trägt eine dunkle Tasche, genauso wie die neben ihm stehende Frau, und es scheint, als gehörten sie zusammen. Die Frau, ebenfalls gut erkennbar an dem um ihre Haarfülle geschlungenen weißen Tuch, großzügig an der Seite geknotet, trinkt bereits aus dem gefüllten Töpfchen. Sie stützt das Gefäß mit einer Hand, während die Rechte einen Wanderstecken hält. Offensichtlich ist dieses Paar auf Reisen. Die umgehängten Taschen und die flache, oben verschließbare Trinkflasche deuten zusätzlich darauf hin. Ihrer Kleidung nach zu schließen, sind es nicht die Ärmsten, doch müssen Not und Hunger auch sie überfallen und an das Tor der Wartburg getrieben haben. Weniger leicht identifizierbar ist die am rechten Bildrand stehende dunkle Gestalt, vermutlich eine Frau, die sich eng an die vor ihr stehende Frau lehnt und wartet, bis die Reihe an sie kommt.

Im Vordergrund, alle vier beschriebenen Figuren in seiner gebeugten Haltung überspannend, ein armer Mann, der einen Sack aufhält, in den ihm die Landgräfin Korn einfüllt. Die Ärmel seines Obergewandes sind zu kurz und ausgefranzt, seine Hose an den Knien durchlöchert. Offensichtlich fehlt ihm der rechte Fuß, während das untere Bein verbunden und an ein primitives Holzbänkchen als Prothese gebunden ist.[1] So wie dieser Mensch schleppten sich in allen mittelalterlichen Jahrhunderten die Beinlosen mit Hilfe von Holzblöcken fort. Überhaupt steht diese Armutsgestalt für die zahllosen Bettler, die in jener Zeit überall zu treffen waren: die meisten blind, verkrüppelt, krank oder verwachsen, oder auch nur den Anschein erweckend, es zu sein. Das soziale Elend dieser Jahrhunderte war unbeschreiblich und ausschließlich – wie heute noch in vielen Ländern der Dritten Welt – auf das Mitleid der Bessergestellten verwiesen.

Dem Block der Elenden und Hungernden steht die Gruppe der helfenden, Nahrungsmittel austeilenden Frauen gegenüber. In der formalen Bildkonzeption kann man zweifellos eine Widerspiegelung der mittelalterlichen Sozialstruktur und der sie bedingenden Distanzen darin sehen, während doch Elisabeth selbst eher die »klassenlose Gesellschaft« zu realisieren suchte. Aber schon immer fiel es der Nachwelt schwer, den Maßstab der außerordentlichen Menschen ohne Anpassung und Verharmlosung weiterzugeben.

Im Vordergrund, ganz dem beinlosen Bettler zugewendet, steht Elisabeth. Mit ihrer linken Hand hält sie einen leinenen Sack auf, während sie mit der rechten das Korn daraus in breitem Fluß in den Sack des Armen schaufelt, dessen Blick gebannt auf der Gabe liegt, die ihn satt werden und leben läßt. Elisabeth trägt ein schmuckloses langes Kleid, mit einem einfachen Strick gegürtet, Kopf und Hals von einem großen weißen Tuch, wie damals üblich, umschlungen. Der in schwarzer Kontur angedeutete Heiligenschein mit der Krone gehört nicht zur Realitätsebene des übrigen Bildes: Er ist Symbol der unsichtbaren Würde und Gnade, die in dieser Frau ihr menschliches Gesicht gefunden haben. Hinter Elisabeth stehen zwei Mägde. Die eine, halb verdeckt, schenkt einen Trank oder eine Suppe aus, die andere trägt einen Tierwanst von Ziege, Schaf oder Schwein (in der Bibel heißen sie »Schläuche«, vgl. Mt 9,17), dessen Beine lediglich zugenäht und gedichtet werden müssen und dessen Halsöffnung (der Kopf ist natürlich abgetrennt) eine Halterung aus Holzstäben zum Tragen und Aufhängen bekommt. Dies waren die in der gesamten alten Welt geläufigen Transportbehälter für Wasser, Wein und andere Getränke.

C. Die im Lübecker Elisabeth-Zyklus dargestellte Szene bezieht sich auf Aussagen der »vier Dienerinnen« – gemeint sind die in Eli-

[1] In der Wiedergabe des Religionsbuches ist der untere Bildrand etwas beschnitten worden, so daß die Füße des Brettes, das der Mann an sein Bein gebunden hat, leider nicht mehr sichtbar sind.

sabeths persönlichen Diensten gewesenen Mägde –, die diese nach dem Tod ihrer Herrin vor Gericht zur Vorbereitung der Heiligsprechung zu Protokoll gaben. Sie beziehen sich auf die »Zeit der allgemeinen Hungersnot«, das war das Jahr 1226, als Mißernten den Unterhalt der Bevölkerung nicht mehr gewährleisteten. Damals war ihr Gemahl zum kaiserlichen Hof nach Cremona abgereist. Elisabeth kannte angesichts des allgemeinen Hungers keine (für das private Bedürfnis) weitschauende Vorratshaltung, sondern verteilte ohne jede Absicherung die gesamte Jahresernte aus den Kornspeichern des landgräflichen Besitzes an die Armen, wenngleich nur in täglichen Rationen, um dem Schwarzhandel und Mißbrauch vorzubeugen.

Im europäischen Mittelalter ist die Hungersnot eine dauernde Bedrohung der Menschen gewesen. Allein im 9. Jahrhundert traten im Kaiserreich Karls des Großen viermal allgemeine Hungersnöte auf. In Deutschland gab es im 12. Jahrhundert fünf lange Hungersnöte, im England des 13. Jahrhunderts allein fünfzehn Hungersnöte, und eine historische Spezialuntersuchung weist nach, daß sich in Europa im Laufe von sechs Jahrhunderten 276 Hungersnöte ereigneten. Es hungerte also alle zwei Jahre irgendein Land Europas. Diese Hungerszeiten beschränkten sich keineswegs auf ein Jahr, denn die Bauern schlachteten das Vieh und damit ihre Zugtiere, sie verzehrten das Saatgut und alle Vorräte, und schließlich aß man Baumrinde, verbuk Rinde und ernährte sich sogar von Menschenfleisch. Berichte von Leuten, die ihre eigenen Kinder aßen, breiteten sich aus, von Armen in Polen, die sich von den Körpern der Gehenkten ernährten, die sie von den Galgen schnitten.[1]

Wir können uns also das Elend solcher Hungerszeiten gar nicht schrecklich genug vorstellen. Besonders brutal waren jene betroffen, die schon in guten Jahren nichts zu lachen hatten, weil sie ihrer Gebrechen wegen sich vom Betteln ernähren mußten. Siechtum und ein sehr früher Tod waren die Folgen der Not.

Der mittelalterliche Mensch hat auf diese Not nicht mit jener – oft nur ästhetischen – Empfindlichkeit reagiert, wie wir heute dazu geneigt sein mögen. Wer auf Schritt und Tritt menschlichem Elend begegnet, stumpft ab, und Empörung stellt sich erst gar nicht ein, wenn sie nicht an »Hilfsorganisationen« und allerlei Instanzen weitergegeben werden kann. Die Welt war halt so, wie sie war, mit Hunger, Krankheit, Kälte, Schmutz und frühem Tod, und gegen dieses Jammertal anzugehen, hätte Narren und Heilige – heilige

[1] Vgl. *Hannsferdinand Döbler*, Kultur- und Sittengeschichte der Welt, Band: Jäger, Hirten, Bauern, Gütersloh 1971, 202 ff; *Barbara Tuchman*, Der Ferne Spiegel, Düsseldorf 1980, 57.

Narren – erfordert. Deren gab es auch damals nicht viele und gewiß nicht genug. Elisabeth von Thüringen, »aller Welt Törin«, war die bedeutendste und ist es für ein Jahrtausend geblieben. Ohne ihre heilige Narretei wären die Heiligung des Besitzes weniger radikal in Frage gestellt worden, die Selbstverständlichkeit der sozialen Privilegien noch selbstverständlicher, das Elend der Unterdrückten noch resignativer entschuldigt worden. Elisabeth weckte und schärfte die Gewissen, und niemand kann sich ihr bis zum Tage nähern, ohne sich selbst mit Herz und Tat gefordert zu sehen.

D. Für die unterrichtliche Beschäftigung mit dem vorliegenden Bild sind verschiedene Methoden möglich:

(1) Man vermittelt zunächst durch detailliertes Erzählen eine lebendige Vorstellung vom Leben dieser Frau. Die Betrachtung des Bildes erfolgt dann im zweiten Schritt unter Einbeziehung der nachstehenden Dokumente.

(2) Man geht vom Bild aus, ohne vorhergehende Informationen; weder Namen noch Zeiten werden genannt. Die Kinder sollen so viele Informationen – aber auch Fragen – wie möglich dem Bild selbst entnehmen. Erst von hier aus werden dann weiterführende Zusammenhänge erschlossen.

Der erstgenannte Weg ist der wohl leichtere, doch entwertet er das Bild leicht zum ergänzenden Anschauungsmaterial. Wer diesen Modus wählt, muß achtgeben, das Bild nicht beiläufig oder abrundend heranzuziehen. In jedem Fall sollte die ruhige, sehr detaillierte Betrachtung des Bildes für eine Stunde im Vordergrund bleiben. Dazu wäre erforderlich, daß alle Informationen, welche die Kinder dem Bild entnehmen können, nicht unachtsam vorweg erzählt werden.

Der zweite Weg mag manchen Lehrern weniger kalkulierbar erscheinen, weil er die Kinder zwingt, das genaue Hinschauen und Verweilen bei einer Sache zu erlernen, was gewiß nicht allen ohne wiederholte Übung gelingen wird. Es liegt im Sinn der didaktischen Konzeption dieses Religionsbuches, welche die Bilder nie sekundär dem Text beifügt, sondern ursprünglich vom Bild ausgeht, den zweiten Modus zu bevorzugen.

Lübecker Elisabeth-Zyklus: Der Aussätzige als der gekreuzigte Christus S. 27

A. Es handelt sich um die Tafel 18 des Lübecker Elisabeth-Zyklus, das Nachbarbild zur voranstehend beschriebenen Tafel 17 (siehe dort alle weiteren Daten zum Elisabeth-Zyklus).

B. Dem Tafelbild liegt eine Begebenheit zugrunde, die Dietrich von Apolda in seiner Vita »Das Leben der hl. Elisabeth von Thüringen« berichtet:

»Einmal nahm Elisabeth einen Aussätzigen, pflegte und wusch ihn und legte ihn dann in das Ehebett, das sie mit dem Landgrafen teilte. Als dies dem Landgrafen gemeldet wurde, eilte er, um sich selbst von dieser Ungeheuerlichkeit zu überzeugen. Doch als der Landgraf die Decke des Bettes zurückschlug, erblickte er statt des erwarteten Aussätzigen den gekreuzigten Heiland. Mit Staunen betrachteten die Menschen des Hofgesindes dieses Wunder. Der Landgraf aber segnete seine Gemahlin, die in die Knie gesunken war, und hieß alles gut, was sie getan hatte.«

Das Motiv dieser Legende ist alt und weit verbreitet. Letztlich geht es auf das Jesus-Wort (Mt 25,35ff) zurück: »Ich war hungrig, und ihr habt mir zu essen gegeben; ich war durstig, und ihr habt mich getränkt; ich war fremd, und ihr habt mich beherbergt; ich war nackt, und ihr habt mich bekleidet; ich war krank, und ihr habt mich besucht; ich war im Gefängnis, und ihr seid zu mir gekommen ... Denn was ihr einem dieser meiner geringsten Brüder getan habt, habt ihr mir getan.« In der Traum-Vision des Martin von Tours (→ S. 109) findet das Motiv der Identifikation zwischen Christus und dem Armen eine frühe legendarische Gestaltung, in vielen mittelalterlichen Volkserzählungen begegnet es in verschiedenartiger Abwandlung.

Das Tafelbild zeigt ein Ehebett, durch seine Breite und die zwei Kopfkissen deutlich gemacht. Auf dem Ehebett liegt ein Kreuz mit dem Krucifixus daran, in den Proportionen kleiner als die umstehenden Menschen gehalten und eben so als Symbol gekennzeichnet. Zu Füßen des Bettes und des Gekreuzigten steht der Landgraf Ludwig von Thüringen. Gerade ist er in das Schlafgemach eingetreten, den federgeschmückten Hut noch auf dem Kopf. Er trägt ein prachtvolles brokatenes Gewand und als Zeichen seiner herrscherlichen Würde eine lange Halskette mit einem Siegel oder Medaillon. Es ist die Kleidung der dargestellten Zeit. Zur Entstehungszeit des Bildes (1420) hatten die Männer längst den Rock abgelegt – den langen Rock des frühen Mittelalters trugen am Ende des 14. Jahrhunderts nur noch die Bauern –, während nun eine Art Strumpfhose die Männerkleidung kennzeichnete.

Ludwig segnet seine Frau Elisabeth, die vor dem Bett in die Knie gesunken ist. Sie schaut aus dem Bild heraus den Betrachter an, der auf diese Weise unmittelbar gemeint und in den Vorgang einbezogen wird. Im Hintergrund stehen drei Menschen, ein älterer Mann, dessen Blick den segnenden Gesten des Landgrafen folgt, ein junger Mann und eine Frau, beide mit ihren Augen auf das Kreuz gerichtet. Sie sind nicht näher identifizierbar und dienen vielleicht nur in Ludwigs Gefolge als Zeugen des Geschehens.

C. Das Tafelbild »Landgraf Ludwig sieht den Gekreuzigten in seinem Ehebett« visualisiert eine Legende. Legenden sind Nachfolgegeschichten. Sie entstehen immer dort, wo sich Jüngerschaft formiert, um einem Ruf zur Nachfolge zu gehorchen. Legenden sind nicht notwendig historisch. Was sie berichten, *kann* historisch sein, doch ebensogut auch nicht. Historizität ist ein an die Legende zu Unrecht herangetragenes Kriterium. Darum sind Legenden auch nicht an biographischen Zusammenhängen interessiert, vielmehr richten sie ihre Aufmerksamkeit auf wenige, aber erfüllte Augenblicke, in denen sich die Summe eines Lebens symbolisch verdichtet.

Eine solche symbolische Verdichtung ist auch im vorliegenden Tafelbild gegeben. Die Frage, ob sich die überlieferte Szene so ereignet habe, ist irrelevant gegenüber der Einsicht, daß hier in einer metahistorischen, hintergründigen und sehr wahren Weise das tiefste Lebensgeheimnis der Elisabeth von Thüringen vermittelt wird. Denn »so«, wie die Legende erzählt, nahm Elisabeth die ärmsten und am meisten hilflosen Menschen in ihre Nähe und wurde ihnen in ihrer Liebe Dienerin, Mutter, Genossin. »So« hat sie tatsächlich einen mit Krätze behafteten Jungen in ihre Marburger Zelle zur Pflege geholt, »so« hat sie sich der schwärenden, ungepflegten und in ihrem eitrigen Gestank abstoßenden Menschen angenommen. Die Legende übertreibt also nicht. Sie verdichtet in ein einziges Symbol – »sie legte den Aussätzigen ins Ehebett« – die ungezählten Gesten verbindlicher Annahme und Liebe, die darin ihren tiefen Ausdruck finden.

Eine reflektierte Vermittlung dieses Legenden- und Bildverständnisses steht für ein 1. Schuljahr noch nicht an. Im vorliegenden Unterrichtswerk ist dies Aufgabe für das 4. Schuljahr. Wohl aber sollte der Lehrer aus einem eigenen Legendenverständnis Geschichte und Bild mit den Kindern bedenken. Dabei kommt eine Rückerinnerung an die Martins-Vision und an die Christushand auf dem Martin-Bild (→ S. 105 f; 108) den Verstehensbemühungen der Kinder entgegen. Geschichten und Bilder haben insgesamt eine solche intuitive Kraft, daß der innere Sinn der Darstellungen den Kindern wohl erreichbar wird, auch wenn er sich ihrer eigenen Verbalisierung noch lange Zeit verschließen mag.

D. Entgegen unseren methodischen Überlegungen zum Bild »Elisabeth verteilt Lebensmittel an die Armen«, die sich für eine Vorordnung des Bildes vor die Erzählung entscheiden, ist hier die voraufgehende Kenntnis der Legende notwendig. Das liegt an der gattungsspezifischen Eigenart der Legende, deren Wahrheit sich nicht in allen Hinsichten aus dem Medium Sprache ins Medium Bild übertragen läßt. In jedem Fall sollte dieses Bild »Landgraf Ludwig sieht den Gekreuzigten in seinem Ehebett« erst *nach* der Begegnung mit einigen Geschichten aus dem menschenfreundlichen Leben Elisabeths angeschaut werden, weil die Legende die Stimme ihres hilfreichen Lebens auf den Kern des Evangeliums hin verdichtet.

Literaturhinweise:

Walter Nigg (Text), *Helmut Nils Loose* (Bilder), Elisabeth von Thüringen, Herder, Freiburg 1979. Der Bildband bietet neben einem instruktiven Essay von Walter Nigg wichtige historische Quellenauszüge: Texte aus den Aussagen der vier Dienerinnen (1235), den Lebensbeschreibungen des Caesarius von Heisterbach (1237) und Dietrich von Apolda (1289) u. a.

Eine vollständige Ausgabe der wichtigsten zeitgenössischen Zeugnisse zum Leben der Elisabeth von Thüringen erschien in der inzwischen leider eingestellten Reihe: Heilige der ungeteilten Christenheit: Elisabeth von Thüringen, herausgegeben und eingeleitet von Walter Nigg, Patmos, Düsseldorf (1963) ²1967.

Nikolaus von Myra

A. Historisch ist er kaum greifbar, und doch gilt er in weiten Teilen der Christenheit und, noch gesteigert, in einigen Zeiten ihrer Geschichte, als der populärste aller Heiligen. Ist das ein Widerspruch, der Mißtrauen rechtfertigt? Es gibt solche törichten Ansichten, die im Falle des Hl. Christophorus und des Hl. Georg dazu geführt haben, ihr Gedenken aus dem liturgischen Kalender zu streichen, weil diese Namen der Historizität entbehrten! Da triumphiert die Pseudo-Aufklärung! Als wenn die tiefsinnigen Christophorus- und Georgslegenden ihre Wahrheit aus dem – letztlich gleichgültigen – geschichtlichen Nachweis ihrer Namensträger bezögen. Was immer an Historizität in solchen Legenden nachweisbar sein mag, es interessiert nicht angesichts der inwendigen, geistigen Wahrheit dieser Symbolwelten.

Was über den geschichtlichen Nikolaus gesagt oder mit historischer Wahrscheinlichkeit vermutet werden kann, ist schnell dargestellt: Er soll um 270 in Patara, einer Hafenstadt im westlichen Lykien, geboren worden sein. Über Eltern und Familie ist nichts bekannt. Die Lebenszeit fällt in die harte Auseinandersetzung zwischen Christentum und hellenistischen Religionen und den Sieg des Christentums unter Konstantin. Nikolaus wird bezeugt als Bischof von Myra, der Hauptstadt der Provinz Lykien. Heute ist Myra ein kleines Dorf, jetzt Demre genannt, in der südlichen Türkei. Um 324 soll er am 6. Dezember gestorben sein.

Die historische Forschung erörtert auch die Frage, ob die Gestalt des Nikolaus von Myra nicht eine Verwechslung oder spätere Verschmelzung mit einem Bischof Nikolaus Sionites von Pinara in Lykien ist, der im Jahre 564 verstarb. Wie dem auch sei, wichtig ist allein die geistige Gestalt, die uns als Nikolaus von Myra entgegentritt und in der sich ebenso Erfahrung wie Sehnsucht vereinen. Denn »das eben und nichts anderes ist sein Wesen: er ist der *allgemeine Helfer*... Das Erbarmen gegen jeden Menschen in jeder Not ist der Grundzug seines Wesens. Jeder Heilige hat sein besonderes Charisma, Nikolaus als der allgemeine Helfer hat die Fülle ... Es fehlt ihm durchaus das heroische Moment. Nicht als Schlachtenheros oder Stadtbeschützer, sondern als der nie versagende freundliche, mitleidsvolle Helfer aus jeder Not des einzelnen hat er bei hoch und nieder seine ungemeine Volkstümlichkeit erlangt.«[1]

[1] *Gustav Anrich,* Hagios Nikolaos. Der heilige Nikolaus in der griechischen Kirche, Bd. I: Die Texte, Leipzig 1913; Bd. II: Prolegomena, Untersuchungen, Indices, Leipzig 1917; hier: II, 497 f.

B. Güte und Hilfsbereitschaft kennzeichnen die Nikolausgestalt. In der grundlegenden und ältesten Vita, zwischen 750 und 800 in Konstantinopel entstanden, heißt es: »Sein göttliches Erbarmen macht ihn zu einem Wesen göttlicher Art, läßt ihn überall wie einen Gott verehren. Dieser Grundzug seines Wesens hat ihn schließlich über alle anderen Heiligen erhoben.« Hundert Jahre später gilt es als erwiesen, daß sein Ruhm »bis zu den Enden der Erde, bis nach Indien und Britannien, ja bis zu den Barbaren« gedrungen sei. Aus aller Welt pilgern Wallfahrer an sein Grab in Myra. »Nikolaus ist der große und göttliche, der berühmte und überall bekannte Vater und Verteidiger der ganzen Welt, ihr Mittler und Retter; er gilt als Engel auf Erden, als Fackel der Welt, als apostelgleicher Mann ... Er ist das Abbild Christi und das nachahmenswerte Vorbild der Christen.«[1]

Die Kennzeichnung Nikolaus' als »göttlich« braucht nicht zu irritieren. Sie ist so zu verstehen, daß in diesem Mann die Güte und Menschenfreundlichkeit Gottes erschienen seien, so wie es im Titusbrief von Jesus gesagt wird (vgl. Tit 2,11–14). Wenn ganz in diesem Sinne ein slawisches Scherzwort sagt: »Falls Gott je sterben sollte, würden wir den heiligen Nikolaus zum Gott machen«, so ist auch das kein blasphemischer Satz, sondern ein Ausdruck der Hoffnung, daß die Liebe Gottes zur Welt, wie sie sich den Vorfahren geoffenbart hat und vom Bischof Nikolaus zu einer bestimmten Zeit nachgelebt wurde, unter den Menschen nicht vergessen wird, sondern ein Unterpfand der Hoffnung auf menschliche Güte und Barmherzigkeit bleibt, in denen das göttliche Wesen aufscheint.

Eine einschneidende Wende in der Geschichte der Nikolausverehrung bedeutete die Überführung seiner Gebeine von Myra in die süditalienische Stadt Bari. Der Ausdruck »Überführung« ist freilich schönfärberisch, denn es handelte sich geradewegs um Raub. Nachdem nämlich im 11. Jahrhundert die Türken die byzantinische Einwohnerschaft vertrieben hatten, stand Myra verlassen. Zwar plante auch Venedig einen Raub der Nikolausreliquien; aber Kaufleute aus Bari kamen ihnen 1087 zuvor. Die letzten Einwohner und Mönche von Myra widersetzten sich dem Raub vergeblich. Die Barenser zerschlugen die Marmordeckplatte des Grabes und hoben die Gebeine heraus. Zwei Priester, die das Überfallkommando begleiteten, hüllten die Überreste in Tücher und brachten sie an Bord. Am 9. Mai erreichte die Expedition wieder Bari.

Für die heutige Forschung besteht der Verdacht, daß unter den vielen Gräbern in Myra möglicherweise gar nicht das Nikolausgrab gefunden wurde. Die als Nikolaus-Reliquien nach Bari überführten

[1] *Lothar Heiser,* Nikolaus von Myra. Heiliger der ungeteilten Christenheit, Trier 1978, 18.

Gebeine haben jedoch in einem unerhörten Ausmaß die Nikolaus-Verehrung im Abendland gefördert. Das Ereignis war für die ganze westliche Christenheit von allerhöchster Bedeutung, und das ganze Mittelalter hindurch wird der »Überführung« des Heiligen gedacht.

Bis heute gehört Nikolaus zu den Heiligen der ungeteilten Christenheit. In der Ostkirche wird er nach wie vor in einzigartiger Weise verehrt. In der lateinischen Kirche ist seine Popularität ebenfalls noch vorhanden, wenngleich regional unterschiedlich geprägt und oft durch abwegiges Brauchtum verstellt. Daß am Vorabend des 6. Dezember – weil kirchliche Feste ebenso wie jüdische Feste immer schon am Vorabend beginnen – ein als Nikolaus gekleideter Mann Kinder besucht und ihnen, wenn es dem alten Herkommen entspricht, Äpfel, Nüsse und Süßigkeiten bringt, geht wohl auf die Legende von den drei Mädchen zurück, denen Nikolaus die Heirat ermöglicht hat. Nachweisbar ist dieser Brauch bereits für das 12. Jahrhundert in den Klosterschulen Nordfrankreichs bezeugt. Somit gehörten die Nikolausspiele zu den ältesten Mirakelspielen und zugleich zu jenen, die, wenn auch oft verzerrt und entstellt, am vitalsten die wechselnden Zeiten überstanden haben.

Ein besonderer Beweis der Popularität des Heiligen sind die Patronate Nikolaus' von Myra: »Er ist der Schutzherr der Schüler, Chorknaben, heiratsfähigen Mädchen, der Verteiler der Weihnachtsgeschenke, der Seefahrer, der Schiffbauer, Frachtschiffer, Floßschiffer, Flößer, der Advokaten, Sachverwalter, Justizbeamten, Pfandleiher, Küfer, Weinhändler, Eicher, Entlader des Weins, Kornhändler, Kornauslader, Leinenweber, Metzger, Parfümeure, Apotheker, Lebensmittelhändler. Er ist Beschützer gegen Diebe, der Gefangenen und der Opfer der Justizirrtümer.«[1]

C. Der Verweis auf das gegenwärtige Nikolausbrauchtum wird für Erwachsene keine einheitlichen Empfindungen wecken. Vielen stehen Angst und Mahnungen noch vor Augen, ohne die es zu Nikolaus kein Davonkommen gab, und oft ist das auch für heutige Kinder nicht besser geworden. Ein zweiter Vorbehalt richtet sich auf die Lügengestalt, in der sich das Brauchtum häufig darstellt; denn den Kindern wird etwas vorgegaukelt, was sich letztlich als Betrug erweist, statt sie von vornherein zu beruhigen, daß hier ein ihnen vertrauter oder doch wohlwollender Mensch den menschenfreundlichen Heiligen *spielt.* Der dritte Vorbehalt richtet sich auf die starke Kommerzialisierung des Brauchtums und seine damit fortschreitende Aushöhlung. Diese negative Entwicklung ist nicht jüngsten Datums. Sie setzt sicherlich schon früh im 19. Jahrhundert an. In

[1] Slawisches Institut München, Nikolauslegenden, 1973, 21.

Hoffmanns »Struwwelpeter« (1845) begegnet bereits das Motiv des drohenden Heiligen, das der legendarischen und ikonographischen Tradition völlig fremd ist, während hier »der große Nikolas« die bösen Buben in ein Tintenfaß steckt, statt sie aus dem Pökelfaß zu befreien.[1]

Soweit heute die Schule altes Nikolausbrauchtum aufgreift, sollte jede pädagogische Instrumentalisierung vermieden werden. Lehrer und Schülern muß zu jeder Zeit bewußtbleiben, daß es sich um ein Spiel handelt, dem zwar niemals Ernst und Würde mangeln müssen, das aber doch von Grund auf aus der Freude kommt. Soll »der Nikolaus selbst« zu den Kindern kommen, müssen sie vorher erfahren, daß jemand den Heiligen *spielt.* Die Faszination des Auftritts ist groß genug, um Kinder voll in Bann zu schlagen. Sie fühlen sich in ihrem Wahrheitsverlangen aber respektiert, wenn sie gleichzeitig wissen dürfen, wie die Nikolausfeier zu verstehen ist.

D. Zur Feier des Nikolausfestes in der Schule sind viele Möglichkeiten anfügbar. Sinnvollerweise sollte dies kein spezielles Anliegen des Religonsunterrichts sein, vielmehr kann der Gesamtunterricht des Tages im Zeichen des Heiligen Nikolaus stehen (wie dies ja auch bei zahlreichen anderen Anlässen sich »fachübergreifend« nahelegt). Insofern können auch die Betrachtung des Nikolaus-Bildes im Religionsbuch und das Bedenken der Geschichte, die es erzählt, im Rahmen des regulären Unterrichts erfolgen.

Eine Gestaltung der Nikolausfeier mit Legenden, Geschichten und Liedern ist kein aufwendiges Unternehmen. Man sollte möglichst die Eltern dazu einladen, die außerdem gerne Gebäck zum Knabbern mitbringen. Nach Beginn der Schulzeit ist es ein erster, zeitlich gut gewählter Anlaß, Schüler und Eltern gemeinsam zu versammeln. Im zurückliegenden Vierteljahr hat die Klasse einen anfänglichen Zusammenhalt gefunden, der jetzt vor den Eltern seinen gestalteten Ausdruck finden kann.

[1] Die Legende von den eingepökelten Kindern entstand durch Mißverständnisse. Sie hat ihren Ursprung im 12. Jahrhundert in Lothringen oder in der Normandie aufgrund folgender Fehlinterpretation: »Gefangene werden in der abendländischen frühgotischen Kunst fast immer in einem in der Mitte zerschnittenen Turm gezeigt. Die drei gefangenen Offiziere, die der heilige Nikolaus dem Legendenbericht zufolge befreite, wurden daher halb herausragend aus einem runden Turm in dieser mittelalterlichen Manier dargestellt. Da die Nebenfiguren immer kleiner waren als die Hauptfigur, wurden sie zu Kindern mißdeutet und die halben runden Türmchen für Pökelfässer gehalten. Ein Metzger oder Wirt wurde zu den Pökelfässern dazugesetzt.« (Slawisches Institut München, Nikolauslegenden, 12). Ein klassisches Beispiel für die Verwilderung und Degeneration der Gattung Legende durch mirakelsüchtige Volksphantasie.

Nikolauslegenden

Die reichere Nikolaus-Tradition ist im christlichen Osten zu Hause. Die wichtigsten alten Legenden sind in dem großen zweibändigen Werk von *Gustav Anrich* gesammelt (Leipzig 1914/17). Eine neuere Darstellung dieser Zeugnisse findet sich bei *Lothar Heiser* (Trier 1978). Für Schule und Familie ist eine wohlfeile und brauchbare Legendensammlung vom Slawischen Institut München herausgegeben worden, zusammengestellt von *Alice Rahmer,* Nikolauslegenden (Autenried 1973).

Die ältesten Nikolauslegenden sind meist originell und mannigfaltig. Sie erzählen in oft reizvoller Weise von der Güte und Hilfsbereitschaft des Heiligen. Durchweg sind diese Überlieferungen orientalischen Ursprungs. Die westlichen Erzähltraditionen sind meistens hiervon abhängig. Mit dem Fortgang des Mittelalters verlieren sie jedoch an geistlicher Qualität und Tiefe und rutschen bisweilen sogar recht banal ins Mirakulöse ab. Die jüngsten Schöpfungen der Neuzeit, zumal die Entwicklung im 20. Jahrhundert, entfernen sich fast ganz von der ostkirchlichen Spiritualität der Nikolaus-Verehrung und verfälschen bzw. karikieren die Legendentradition in ein schlechtes Märchenmilieu vom Weihnachtsmann.

Die Kornvermehrung

Die nachstehende Legende variiert ein Motiv, das weltweit verbreitet ist. In der Bibel liegt es in der Elija-Geschichte über die Witwe von Sarepta (1 Kön 17,8–16) sowie in den neutestamentlichen Speisungswundern (Mk 6,30–44 und Parallelen) vor. Eine eingehende Darstellung und Interpretation dieser Motivkonstellation findet sich in *H. Halbfas,* Lehrerhandbuch Religion, Calwer/Patmos, Stuttgart/Düsseldorf 1974, 96–104.

Eine sehr schöne, erzählerisch ausgeweitete Gestaltung dieser Legende hat *Willi Fährmann* vorgelegt in seinem Kinderbuch: Nikolaus und Jonas mit der Taube, Echter Verlag, Würzburg 1978. Dieses Buch ist im 1. Schuljahr gut verwendbar.

Als Nikolaus Bischof in der Stadt Myra war, entstand nach einer langen Trockenheit eine furchtbare Hungersnot. Die Menschen wurden schwach und krank. Da legte eines Tages ein Schiff im Hafen an, das Weizen geladen hatte. Dieser Weizen war für die Stadt Rom bestimmt, in der der Kaiser lebte. Nikolaus eilte zum Hafen hinab und bat den Kapitän, ihm hundert Säcke Getreide für die hungernden Menschen in seiner Stadt zu geben, damit sie nicht umkämen und neuer Weizen gesät werden könne. Aber der Kapitän weigerte sich. »Das Korn ist genau gemessen worden«, sagte er. »Es ist für die kaiserlichen Scheuern bestimmt. Wenn etwas fehlt, geht es mir an den Kragen.« Da entgegnete der Bischof: »Seid ohne Sorge und gebt mir die hundert Sack Weizen. Ich verspreche euch, daß euch nichts fehlen wird, wenn ihr in Rom seid!«

Der Kapitän ließ sich erweichen und gebot seinen Matrosen, hundert Sack Korn für den Bischof der Stadt Myra abzufüllen.

Als das Schiff in Rom landete und die kaiserlichen Aufseher das Getreide maßen, hatten sie genau so viel, wie in den Papieren stand. Der Kapitän und seine Besatzung wunderten sich sehr darüber und erzählten überall davon. Der Bischof Nikolaus aber ließ das Korn austeilen. Die hundert Säcke reichten zwei Jahre, um die Stadt über die nächste Ernte hinaus zu versorgen.

Die Errettung der unschuldig zum Tode Verurteilten

Die berühmteste Tat des heiligen Nikolaus, von der alle späteren Lebensbeschreibungen ausgehen, ist die Errettung unschuldig Verurteilter vom Tode. Es ist die älteste der Nikolaus-Wundergeschichten und in der byzantinischen Kirche auch die wichtigste. Sie begründete den Nothelfer-Ruhm des Heiligen.

Die ältesten noch erhaltenen Abschriften der Überlieferung entstammen dem 10. Jahrhundert. Fragmente reichen bis ins 6. Jahrhundert zurück. Wir bieten hier eine wesentlich gekürzte, schlichte Nacherzählung. Der Originaltext, der als Kleinod griechischer Erzählkunst gilt, liegt in deutscher Übertragung vor bei *Lothar Heiser,* Nikolaus von Myra, 47–55.

Zur Zeit des Kaisers Konstantin gab es Unruhen und Aufstände in Phrygien. Der Kaiser sandte drei Feldherren mit ihren Soldaten dorthin, damit sie die Ruhe wiederherstellten. Als die Soldaten aber in den Dörfern und Städten plünderten und die Einwohner belästigten, ging der Bischof Nikolaus von Myra hinaus aufs Land und drängte die Feldherren, daß ihre Soldaten Frieden hielten und keiner es wage, irgend jemanden zu bedrohen.

Währenddessen kamen Boten aus der Stadt, die zu Nikolaus sprachen: »Herr, wenn du in der Stadt wärest, geschähe kein Unrecht dort. Der Statthalter hat nämlich Bestechungsgelder angenommen und befohlen, drei Bürger durch das Schwert töten zu lassen. Die ganze Stadt trauert, daß du dort nicht anwesend warest.«

Eilig kehrte Nikolaus in die Stadt zurück. Als er zum Löwenplatz kam, hörte er, daß die Verurteilten gerade das Stadttor durchschritten. Als er das Tor erreichte, sagten ihm die Leute dort, daß die Verurteilten auf dem Weg zur Hinrichtungsstätte seien. Schnell lief der Bischof weiter und traf an der Richtstätte viele Menschen und den Scharfrichter, der schon das Schwert in der Hand hielt. Nikolaus sprang schnell herbei, entriß dem Henker das Schwert und schleuderte es weit fort. Dann befreite er die Gefangenen von ihren Fesseln und brachte sie zurück in die Stadt: »Ich bin bereit, anstelle dieser Unschuldigen zu sterben!« Keiner aber von den Wachmannschaften wagte ihm entgegenzutreten oder ihm zu widersprechen, denn »ein Gerechter hat Zuversicht wie ein Löwe«.

Nun eilte Nikolaus zum Statthalter, pochte laut gegen das Tor und forderte Einlaß. Der Statthalter hörte, wer vor dem Tore stand, kam heraus und begrüßte den Bischof mit einem Kniefall. Doch der stieß ihn von sich, schimpfte ihn einen Blutsauger und Gesetzesbrecher und sagte: »Obwohl du Unschuldige töten läßt, kommst du mir unter die Augen! Ich werde deine Verbrechen dem Kaiser melden und ihm berichten, wie du dein Amt verwaltest, wie du dieses Land plünderst und wie du ohne Gesetz und Recht unschuldige Bürger aus Habgier hinrichten läßt.«

Da fiel der Statthalter auf die Knie und flehte den Bischof Nikolaus an: »Nicht ich bin schuldig, sondern meine hohen Beamten, die eine falsche Anklage erhoben.« Doch Nikolaus erwiderte: »Nichts davon! Zweihundert Goldpfund hast du angenommen, um dafür diese drei Männer gemein zu beseitigen.« Und er brachte den Statthalter dazu, seine Schuld zu erkennen und das Recht wiederherzustellen.

Dies alles erlebten die drei Feldherren, während sie in Myra weilten. Nachdem sie aber ihren Auftrag ausgeführt hatten, kehrten sie mit allen Soldaten zum Kaiser nach Konstantinopel zurück. Dort wurden sie mit so großen Ehren empfangen, daß unter den übrigen Offizieren einige neidisch wurden. Diese gingen heimlich zum Polizeikommissar und sagten, die drei Feldherren seien Verräter, die selbst die Kaisermacht erobern möchten, und sie versprachen dem Polizeikommissar Geschenke, wenn er die drei Feldherren gefangensetze und verurteile. Der Polizeikommissar ging zum Kaiser und beschuldigte die drei Feldherren, Verräter zu sein. Da wurde der Kaiser sehr zornig, weil er dem Kommissar glaubte, und ließ die Feldherren sofort und ohne Untersuchung in den Kerker werfen. Dann gab er Befehl, sie in der Nacht durch das Schwert hinrichten zu lassen.

Als die Feldherren das hörten, weinten sie bitter. Dann erinnerten sie sich an alles, was sie in Myra erlebt hatten, als der Bischof Nikolaus unschuldige Bürger vor dem Tode errettete, und in ihrer Not beteten sie: »Du Gott deines Dieners Nikolaus! Habe auf die Fürsprache deines Bischofs Nikolaus Mitleid mit uns! Wir vertrauen darauf, daß dieser Mann unsere Not schaut und deine Güte uns zuwendet!« Und laut riefen sie: »Heiliger Nikolaus, wenn du auch fernab lebst, so sei uns doch mit deiner Hilfe nah!«

So beteten die Gefangenen, und in derselben Stunde erschien der heilige Nikolaus dem Kaiser im Traum: »Konstantin, steh auf und laß die drei Feldherren frei, die du unschuldig in deinem Gefängnis hast.« Der Kaiser fragte: »Wer bist du?« Und die Stimme antwortete: »Ich bin Nikolaus und lebe in Myra.« Dann entschwand er.

Als der Kaiser aus dem Schlaf erwachte, rief er seinen ersten Eilboten und sagte: »Lauf und melde dem Polizeikommissar, was ich geschaut habe. Auch soll er mir die Gefangenen vorführen.« Als die Gefangenen vor ihn traten, sprach der Kaiser zu ihnen: »Ist euch ein gewisser Nikolaus bekannt?« Als diese den Namen Nikolaus hörten, wurden sie frohen Mutes, und sie gaben dem Kaiser Bescheid. Der Kaiser sprach zu ihnen: »Seht, ihr seid nun frei. Geht nach Myra und sprecht dem Mann dort euren Dank aus. Denn nicht mir verdankt ihr euer Leben, sondern Gott und Nikolaus, den ihr zur Hilfe gerufen habt. Und meldet dem Nikolaus auch von mir: ›Sieh, deinem Befehl habe ich gehorcht. Nun bete für mich und das Reich, daß Frieden sei auf der ganzen Welt.‹« Er gab ihnen Geschenke mit, und die drei Feldherren zogen erneut nach Myra, ihren Dank abzustatten. Zusammen mit dem Bischof Nikolaus priesen sie den menschenfreundlichen Gott für ihre wunderbare Rettung. Ihm ist Ruhm und Macht in die Ewigkeit der Ewigkeiten. Amen.

Errettung aus Seenot

Ein Schiff, mit dem eine Reisegesellschaft unterwegs war, geriet in einen großen Sturm. Die Segel schlugen um, das Schiff bekam Schlagseite, und alle fürchteten, daß sie versinken würden. Hoch oben vom Mastkorb war bereits der Schiffsjunge, der Ausschau nach einem Hafen halten sollte, heruntergestürzt und tot. Da riefen alle auf dem Schiff in ihrer Not den heiligen Nikolaus als ihren Fürbitter an: »Nikolaus, wenn es wahr ist, was wir von dir gehört haben, so errette uns!« Da erschien ihnen der heilige Bischof und sprach: »Ihr habt mich gerufen, hier bin ich!« Er half ihnen, Mut zu fassen und die Segel wieder zu richten. Bald danach beruhigte sich auch das Meer. Da neigte sich der Heilige zu dem toten Knaben, segnete ihn und erweckte ihn wieder zum Leben. Dann war er nicht mehr zu sehen. Als das Schiff landete, gingen die geretteten Seefahrer voll Dankbarkeit in die Bischofskirche zu Myra. Dort sahen sie Nikolaus, eilten zu ihm, fielen nieder und dankten ihm. Er aber antwortete: »Nicht ich, sondern euer Glaube und Gottes Gnade haben euch geholfen.«

Das steinerne Herz
Legende zum Nikolaus-Bild von Relindis Agethen

Das dieser ostkirchlichen Legende zugrundeliegende Motiv ist in der deutschen Literatur durch die schöne Erzählung von *Wilhelm Hauff*, Das kalte Herz, bekannt. Was hier kunstvoll und breit dargelegt wird, bietet die Legende schmucklos und in der knappsten Verdichtung.

Ein Kaufmann war sehr reich geworden, konnte aber nie genug bekommen und wollte immer noch mehr verdienen. Als er eines Tages auf Reisen war, erschien ihm der Verführer. »Möchtest du reicher als alle werden?« fragte er ihn. »Nichts lieber als das!« sagte der Kaufmann, »was muß ich dafür tun?« – »Du mußt mir dafür dein Herz geben«, sagte der Verführer.

Ohne Zögern tauschte der Kaufmann sein Herz gegen einen Stein. In nur einem Augenblick geschah das. Dann verschwand der Verführer.

In den folgenden Jahren wurde der Kaufmann reicher als alle anderen Menschen, aber auch immer verlassener und einsamer. Als er eines Tages wieder dorthin kam, wo ihm der Verführer sein Herz genommen hatte, begegnete ihm der Bischof Nikolaus von Myra. »Warum bist du so traurig?« fragte er den Kaufmann. Da erzählte der reiche Mann seine Geschichte. Der Heilige tröstete ihn und sprach: »Du kannst wieder glücklich werden, wenn du mit deinem Geld den Armen hilfst. Geh in die Häuser der Krankheit und des Hungers und lerne die Not der Menschen sehen.«

Der Kaufmann tat, wie der Bischof Nikolaus ihm geraten hatte. Mit jedem guten Wort und jeder helfenden Tat schmolz der Stein in seiner Brust, und das Herz kam wieder.

Als er starb, war aus dem armen Reichen ein reicher Armer geworden.

Relindis Agethen, St. Nikolaus und das steinerne Herz S. 28

A. Vorgegeben für dieses Bild ist die Legende vom steinernen Herzen (s. oben). Weil das Bild die Legende in seiner Weise erzählt und deutet, ist – auch im Blick auf die geringe Lesefähigkeit der Schüler – der Legendentext nicht dem Religionsbuch beigefügt. Wenn die Schüler die Geschichte durch den Lehrer kennenlernen, vermag das Bild die Handlung und ihren Innenraum auch langfristig zu vergegenwärtigen.

Die Entscheidung für eine neue, durch keine Gewohnheit festgelegte Nikolaus-Interpretation wurde durch zwei Überlegungen bestimmt: Die allen Kindern geläufige Nikolauserfahrung als mahnender und beschenkender »Weihnachtsmann« sollte selbst in der würdigsten Version nicht konterfeit werden. Solche Erfahrungen sind den Kindern in Spiel und Feier zugänglich und bedürfen keiner Abbildung im Schulbuch. Die zweite Überlegung ging auf die ikonographische Tradition zurück. Hier dominierten zunächst einmal die östlichen Darstellungen, die den Heiligen in einem Typus zeigen, der sich zwischen dem 8. und 10. Jahrhundert entwickelt hat und seitdem seine kanonische Gültigkeit behauptet: Nikolaus erscheint als Greis, mit hoher Stirnglatze, rundem Bart und in den üblichen ostkirchlichen Liturgiegewändern und Insignien. In der linken Hand trägt er das Evangelienbuch, meist aufgeschlagen und häufig den Text weisend: »Der Herr sprach: So leuchte euer Licht vor den Menschen.« Die rechte Hand ist zum Segensgruß erhoben.

Die westliche Ikonographie ist, wie immer, weniger festgelegt. Der Heilige erscheint auch hier als Bischof gewandet, mit Mitra und Stab und dem Evangelienbuch, bis ins 14. Jahrhundert noch ohne individuelle Attribute, zumal die älteren Darstellungen unter byzantinischem Einfluß stehen. Später werden am häufigsten drei goldene Kugeln (Legende von der Aussteuer für die drei Mädchen) als Attribute beigefügt, bisweilen auch drei Goldbarren, Geldsäckchen oder drei Äpfel. Ebenfalls kommen als Attribute vor: drei Brote auf einem Buch, drei Scholaren zu Füßen des Bischofs (oder in einem »Pökelfaß«), die drei Jungfrauen. Alle diese Darstellungen beziehen sich auf die besondere Nothelferfunktion des Heiligen.

Eine Nikolausdarstellung aus dieser ikonographischen Tradition schien für unser Religionsbuch weniger angemessen: Die ostkirchlichen Nikolaus-Ikonen sind in ihrer Art sehr streng und erzählen wenig; dort, wo Vita und Legende in Rahmenbildern entfaltet werden, sind die zugrundeliegenden Szenen für heutige Kinder fremd und kaum zu vermitteln. Ähnliches gilt für die abendländische Ikonographie. Da fast immer einzelne Legenden den Bildern zugrundeliegen und diese sich thematisch weniger nahelegen, war die Entscheidung für eine noch unverbrauchte Legende und deren religionsdidaktisch nützliche Visualisierung naheliegend.

B. Das Bild erscheint auf den ersten Blick rätselhaft und erschließt sich nicht ohne genaues Hinsehen dem Verständnis. Die rechte Bildhälfte, die Lichtseite, bestimmt der Bischof Nikolaus, während die linke Bildhälfte, die Nachtseite, von einem jungen Mann und allerhand Symbolgestalten ausgefüllt wird. Eine dritte Bedeutungsgruppe vertreten der ältere Mann und das Mädchen, auf zerrissenen Papierhintergrund gemalt und somit einer anderen Handlungsebene zugehörig, als sie für die übrige Geschichte gilt.

Schlüsselfigur für das ganze Bild ist der junge Mann in der vornehmen Kleidung, der Kaufmann der Legende. Er ist ein »Beau«: gepflegt, glatt, im gängigen Sinne »schön«, aber ohne Seele. Seine

Kleidung ist exquisit, der erlesen gearbeitete Kragen verstärkt den femininen Einschlag, den der Mann insgesamt erweckt. Sein Oberlippenbärtchen unterstreicht diesen Eindruck eher, als daß er ihn kaschieren könnte. Auch der schmachtende Gesichtsausdruck mit dem schrägen Augenaufschlag verstärken unser Urteil, hier einen reichlich verwöhnten »Playboy« vor uns zu haben, der die Härte und Elendsgestalt der Welt ebenso ignoriert, wie er mit den harten Fakten von Einkommen und Gewinn zu rechnen weiß. Dieser Mann hat kein Herz. Das Bild zeigt ihn in jenem Moment, wo er wohl erstmals merkt, daß ihm das Herz fehlt. Er spürt die »kalte Stelle«, die ähnlich eisig wirkt wie die Gletscherlandschaft im Hintergrund. Außen und innen entsprechen hier einander.

Das verkaufte Herz sehen wir im Rachen des goldenen Drachens. Es ist ein anatomisch genau gemaltes Herz, ikonographisch – nach Jahrhunderten symbolischer Herz-Emblematik – ungewöhnlich, aber nichtsdestoweniger in seiner physischen Gestalt auf die hintergründige Sinnebene verweisend. Der Drache erscheint gekrönt, wie Reichtum ja seit jeher die Welt regiert hat (und die Kirche dazu). (Volksmund: »Wer Geld hat, ist fromm genug«.) Dennoch kann die Krone nicht darüber hinwegtäuschen, daß dies ein herzverschlingendes Ungeheuer ist. Der Kopf, das kalte Auge, die abstoßende Haut, die Reißzähne, die Nüstern gehören zum wahren Gesicht dieser gekrönten Geldschlange. Der Kaufmann wird von ihr gefangengehalten. Sie windet sich um ihn, »wickelt ihn ein«. Ihr Leib ist so real wie die klingende Münze, denn aus nichts anderem als aus Goldstücken besteht der geschuppte Schlangenkörper. (Schaut man genau hin, ist auf den einzelnen Münzen die eingeprägte Weizenähre erkennbar, Hinweis auf die Lebensnotwendigkeit des Geldes, das nicht nur Köder des Teufels, sondern auch jenes »tägliche Brot« ist, um das Jesus zu bitten lehrt.)

Vielen Betrachtern des Bildes nicht auf den ersten Blick deutlich, wird über dem Kaufmann und dem Drachen ein dunkler Nachtvogel erkennbar, mit scharfem Schnabel und einem fürchterlich blicklosen Auge. Der Vogel steht – neben dem Golddrachen – für die innere Wirklichkeit des Kaufmanns: für seine tote Seele, die leer, kalt, dunkel und der »Nacht« preisgegeben ist.

Dennoch, die Nacht ist nicht ohne Licht. Von einem weiß leuchtenden Lichtgestirn her, das hinter Kopf und Mitra des heiligen Nikolaus strahlt, fällt ein heller Schein in die Welt des Kaufmanns. Es ist nicht eigentlich das Licht des Nikolaus, sondern ein »Licht des Himmels«, die göttliche Sonne, die im Leben der »Heiligen« widerstrahlt und die Welt erfüllt.

Nikolaus erscheint auf diesem Bild in der bischöflichen Gewandung der lateinischen Kirche, mit Mitra und Bischofsstab. Im

Gegensatz zur ikonographischen Tradition ist sein Gesicht jung, bartlos, das Haar voll und dunkelbraun. Die Augen schauen groß und etwas erschreckt drein, als sähen sie traurige Dinge, doch bleibt das Gesicht gefaßt und gütig. In der linken Hand hält der Heilige zwei schöne, frische Brote und darüber, die Welt der Kinder andeutend, einen roten Luftballon, an einen Wollfaden gebunden, der lokker herabbaumelt. Die Brote verweisen auf den Rat, den Nikolaus dem Kaufmann gibt: »Du kannst wieder glücklich werden, wenn du mit deinem Gold den Armen hilfst. Geh in die Häuser der Krankheit und des Hungers und lerne die Not der Menschen sehen!« Der Luftballon ist eine Frage an die Kinder, was sie selbst vom Eigenen geben können, um anderen Freude zu bereiten.

Beachtenswert ist noch das reiche gotische Meßgewand, das der Heilige trägt. Das obere Bild zeigt – Ghirlandajo zitierend – die Legende vom Kornwunder, freilich in der verkleinerten Reproduktion des Bildes auf Buchseitenformat kaum erkennbar. Im unteren Bildfeld ist ein Vogel, der sich in einem Netz verfangen hat – Symbol für die doppelte Gefangenschaft, die das Bild vorstellt: einerseits der reiche Kaufmann, den seine eigene Besitzgier und Habsucht umgarnen, andererseits die beiden Menschen hinter Stacheldraht, die Armut und soziale Achtung in Bande legten.

Der zerfetzte und teils angebrannte papierene Hintergrund und die an fotografische Wiedergabe erinnernde Maltechnik lassen diese Menschen als Zeitgenossen erscheinen. Es sind ein abgehärmter Mann mit Schirmmütze, offensichtlich arm und unterdrückt, wenn nicht verfolgt erscheinend, und dessen kleine Tochter, die vom Leid still in sich gekehrt ist. Auf den voranstehenden Bildern sind wir diesem Mädchen bereits mehrfach begegnet. Hier wird es zum einzigen Male nicht allein unter fremden Menschen, sondern an der Seite des Vaters gezeigt. Stellvertretend für millionenfaches Elend sind sie, an Kollagentechnik erinnernd, dem Nikolausbild fast dokumentarisch beigefügt worden. Damit werden die geschlossene Erzählung und die Vergangenheitsbezogenheit der Legende gesprengt und der aktuelle Anspruch des Bildes deutlich. Die Menschen der Krankheit, des Hungers und der Verfolgung, die der reiche Kaufmann sehen lernen wollte, auf daß ihm sein Herz wieder geschenkt würde, stellen sich dem Betrachter als Zeitgenossen vor, von deren Schicksal die Zeitungen täglich voll sind. So leitet das Nikolausbild an zum Bedenken der eigenen Zeit.

C. Die didaktische Bedeutung dieses Bildes liegt in seiner symbolischen Sprache und den vielfachen Beziehungen der einzelnen Motive zueinander. Es ist nicht notwendig, daß die Schüler *alle* Motive und ihren Zusammenhang intellektuell erfassen und erst recht nicht, daß sie darüber verbal Ausdruck geben können. Beispielsweise mag es genügen, den im Netzwerk gefangenen Vogel zu betrachten und zu *fragen,* was er auf dem Gewand des Bischofs wohl bedeuten mag, *ohne* die oben gebotene Interpretation gleich anzufügen. Die Entscheidungen über derartige Einzelschritte sind für den Lehrer freibleibend. Das junge Alter der Kinder und der Beziehungsreichtum der Agethen-Bilder gestatten ihm diese Freiheit.

Nichtsdestoweniger sind dies Bilder, die außer ihrem jeweiligen Thema zugleich ein fundamentales Symbolverständnis vermitteln. Es ist den Schülern leicht darzustellen, daß kein Mensch ohne Herz leben kann, und daß mit »Herz« nicht nur das physische Organ gemeint ist (zur Herz-Symbolik → S. 292 ff). Die »kalte Stelle« in der Brust des Kaufmanns meint also dessen mitmenschliche »Kälte und Herzlosigkeit«. Von daher verstehen sie auch die Gletscherlandschaft im oberen Hintergrund des Bildes: Was hier als gegenständliche Außenwelt gezeigt wird, meint letztlich die Innenwelt des liebeleeren Menschen und auch die Kälte, die ein solcher Mensch um sich verbreitet, oder mit Peter Handke gesprochen: »Die Innenwelt der Außenwelt der Innenwelt«.

Ganz ähnlich können die Symbole des Drachens und des Nachtvogels den Schülern interpretiert werden. Sie zeigen den seelischen Zustand des Kaufmanns, wie er beherrscht und gefesselt wird von der Geldschlange, zugleich aber auch, wie sein Wesen verdunkelt, einsam und räuberisch wird, als wäre er ein beutesuchendes Nachtgetier.

Die beiden Menschen hinter dem Stacheldraht dürften jetzt bereits den meisten Schülern verständlich sein: sowohl ihre soziale Abgrenzung, durch »Stacheldraht« verdeutlicht (vgl. die Interpretationen zu »Erntedank« und »Sankt Martin«), als auch ihre gegenwärtige Realität und der sich damit stellende Anspruch an den Betrachter des Bildes. Daß alle, die sich der Menschenfreundlichkeit des Heiligen anschließen wollen, ihnen »Brot« schulden – alles, was Menschen zum Leben brauchen –, ist auch Sechsjährigen schon verständlich. Daß der »Luftballon« aber auffordert, nach der ganz persönlichen Gabe, die Kinder schenken können, zu fragen, sollte nicht übersehen werden. Die unten zitierten Schüleräußerungen geben weitere Anregungen.

Didaktisches Fazit: Wer dieses Bild »lesen« lernt, gewinnt wichtige Vorerfahrungen, Legenden und vielen biblischen Texten mit angemessenem Vorverständnis begegnen zu können. Damit ermöglicht das Bild über die Nikolaus-Thematik hinaus eine religionsdidaktische Grundlegung, die sowohl Symbole als auch verschiedene literarische Darstellungsformen nur bildhaft vermittelbaren Sinns zunächst intuitiv, später zunehmend bewußter wahrnehmen hilft.

D. Der Bildbetrachtung sollte die Begegnung mit der Legende vorausgehen. Dies kann im Zusammenhang mit einer ausführlichen Stunde über Nikolaus von Myra und die Liebe der gesamten Christenheit zu diesem menschenfreundlichen Helfer geschehen. Die neben »Das steinerne Herz« in diesem Kommentar angebotenen Legenden können ergänzend aufgenommen werden. Für die Bildbetrachtung dürfte es jedenfalls nicht abträglich sein, wenn eine breitere Kenntnis von Nikolauslegenden vorgegeben ist, weil sich dadurch das innere Bild des Heiligen deutlicher abzeichnet.

Das Gedicht von Max Bolliger »Was du teilen kannst« empfiehlt sich dem Unterricht als Resümee und Memoriertext, also zum Auswendiglernen. Eine Verknüpfung von Text und Bild kann zwischen der Überschrift und dem Luftballon erfolgen, insofern der Luftballon an alle Schüler die Frage stellt, was sie, als Kinder, ohne elterliche Hilfe, schenken können.

Die nachstehenden Wiedergaben von Äußerungen älterer Schüler vermitteln weitere Anregungen.

Was kann der rote Luftballon wohl bedeuten?

Die Antworten stammen von Schülern aus einer vierten Klasse. Sie wurden im Anschluß an die Betrachtung des Nikolausbildes als freiwillige Hausarbeit niedergeschrieben. Die Unterrichtsstunde hatte ihrerseits jede Deutung des Luftballons unterlassen.

Ich meine, der Luftballon könnte die Seele oder das innere Bild des Bischofs sein. Ein Luftballon ist leicht, deshalb könnte man ihn mit dem leichten frohen Gemüt des Bischofs vergleichen. Schon allein die Farbe erinnert an das rote, gesunde Herz vom Bischof. Der Luftballon schwebt nach oben, ein Zeichen, daß der Bischof zu Gott gehört. – Warum hat man keinen Teddybär genommen? Ein Teddybär ist auch ein Zeichen dafür, daß der Bischof Nikolaus den Kindern etwas schenkt. Nein, ein Luftballon muß es sein, denn der ist das innere Bild des Bischofs.

Sankt Nikolaus brachte ja Geschenke zu den Kindern. Dazu gehörte auch der rote Luftballon.

Der rote Luftballon bedeutet

(1) die Liebe. Sie kann von einem zum anderen wandern (fliegen), wenn man liebt.

(2) Es kann aber auch das verschwundene Herz des Kaufmanns bedeuten. Wenn der Kaufmann all sein Geld wegegeben hat, wird ihm so leicht und froh ums Herz, als sei dies ein Luftballon.

(3) Ich glaube, daß der Luftballon die Güte und Liebe und das frohe Herz eines Menschen bedeutet, der sein Leben mit anderen teilt.

Der Luftballon gehört zum Nikolaus. Er verschenkt ihn an Arme oder an Kinder. Auch wir können Luftballons verschenken. Vielleicht sollen wir überlegen, was wir schenken wollen.

Bildimmanente Interpretation

Das nachstehende Protokoll entstammt einem 7. Schuljahr. Den Schülern wurde das Bild an die Leinwand projiziert ohne weitere

Information. Sie kannten also weder die Legende noch einen Bildtitel noch die Bestimmung des Bildes für ein Schulbuch. Die Lehrerin führte das Gespräch zu keiner Zeit, unterbrach auch niemals durch Fragen und Hinweise, sondern protokollierte nur den Gesprächsverlauf. Sie selbst kommentierte später die Stunde so: »Obwohl ich selbst kein Verhältnis zu dem Bild hatte, waren die Schüler von Anfang an in seinem Bann. Sie unterhielten sich darüber eine volle Stunde lang, ohne daß ich hätte eingreifen müssen. Das war für mich eine sehr seltene Erfahrung und spricht für das Bild.«

(Ein Schüler beschrieb zunächst in fast allen Einzelheiten für etwa drei Minuten das Bild).
Das Bild ist zweigeteilt in Hell und Dunkel.
(Ein Mädchen beschreibt sehr gefühlsbetont »die helle und die dunkle Seite«. Der Vogel wird nicht erwähnt.) Es bedeutet den Kampf des Lichtes mit der Finsternis oder des Guten mit dem Bösen.
Das Böse ist als schrecklicher Drache dargestellt.
Der Mann ist reich. Er hat ein Goldstück in der Hand. Der Drache ist auch golden. Er trägt auch eine Krone. Die Krone kann bedeuten, daß er Macht über den Mann hat.
Der Mann klagt. Er kann nicht mitleidig sein, der Drache hat ihn in der Gewalt.
Der Drache ist nur nach außen gemalt. Er ist eigentlich das Böse *in* dem Mann.
Der Mann ist ja innen hohl. Er sieht innen aus wie eine Maschine.
Der Drache verschlingt das Ich des Mannes.
Ich weiß, das ist das Herz des Mannes.
Wenn einer kein Herz hat, ist er unbarmherzig.
. . . dann ist er . . . (Caterina, eine begabte Italienerin, fing den Satz noch einmal an, sie suchte nach einem bestimmten Wort) herzlos!
Die Menschen in der Ecke sind Flüchtlinge oder Juden oder einfach Arme. Das Kind sieht aus, als ob es bald stirbt. Keiner hilft ihnen. Der Mann sieht aus, als ob er keine Hilfe mehr erwartet.
Daß sie so hoffnungslos sind, ist durch die schwarz-weiße Farbe ausgedrückt. Die anderen Gestalten sind bunt.
Der Bischof hat Mitleid mit ihnen. Er hat Brot in der Hand.
(Zu den Bildern auf dem Gewand des Bischofs sagen die Schüler nichts. Der »Luftballon gehört zu der schönen, glücklichen Seite«. Zu dem Vogel, den sie schließlich doch beachteten, sagten sie:)
Er ist in der dunklen Hälfte. Er bedeutet auf jeden Fall etwas Böses, Unglück oder Tod.

Brigitta Brockmann

Advent

A. Lange bevor es ein liturgisches Weihnachtsfest gab, und längst bevor man die Vorbereitungszeit auf Weihnachten Advent nannte, gab es den Advent als innere Erwartung der jungen Christenheit. In den frühesten Anfängen richtete sich diese Erwartung auf die »Parusia«, die Wiederkunft des Herrn. Tertullian († nach 220) übersetzte diesen griechischen Begriff mit dem lateinischen Wort »Adventus«. Diese Wiederkehr Christi ist für die frühe Kirche nicht Inhalt irgendeiner Feier im Laufe des Jahres, sondern das Grundthema des gesamten Lebens und aller kultischen Feste. »Advent« war das Thema des Glaubens schlechthin, fast die Kurzformel der neuen Botschaft, mit der diese im römischen Weltreich Aufsehen erregte. »Advent« hieß die Hoffnung auf endgültige Rettung über den Tod hinaus, auf das Reich Gottes, daß es sich für alle Welt vollende. Der Blick richtete sich nach vorne und machte die junge Religion dynamisch.

Um so spannungsreicher war die Glaubenskrise, als die Parusie ausblieb, die erste Christengeneration starb und die adventliche Hoffnung sich neu besinnen mußte. Wenn schon die endzeitliche Wiederkunft Christi nicht kalkulierbar war, so sagte man sich jetzt, gab es doch für jeden einzelnen Christen die Teilhabe an Christi Herrlichkeit durch den individuellen Tod. Jeder einzelne würde in durchaus absehbarer Zeit sein eigenes Ostern erleben, wenn auch die Christenheit insgesamt noch warten müßte.

Diese Umorientierung auf eine individuelle Erwartung bedeutete das Ende für die kollektive adventliche Hoffnungsdynamik, denn eine Wartezeit langer und ungewisser Dauer schläfert die aktuelle Sehnsucht ein. Und weil der Blick nach vorn nur Ungewißheit weckte, verfiel die Christenheit immer stärker einer rückwärts gewendeten Erinnerung. So wie Weihnachten gegen Ende der Antike primär historisierend als Anfang des Heils gefeiert wurde, verengte sich der Advent zur Vorbereitungszeit auf das »Geburtsfest« Christi.

Früheste Spuren der Adventsliturgie sind aus dem 5. Jahrhundert überliefert, zunächst nur in der Kirche von Antiochien. Jedoch hat der Bischof Perpetuus von Tours († 490) bereits seinem Sprengel vorgeschrieben, vom Fest des hl. Martin an (→ S. 100 ff) bis Weihnachten wöchentlich dreimal zu fasten. Hundert Jahre später wurde die sich so ergebende sechswöchige Adventszeit liturgisch ausgestaltet. Papst Gregor der Große († 604) ordnete die Adventsliturgie jedoch neu und legte die Zahl der Adventssonntage auf vier fest. Diese römische Regelung gewann im 8. und 9. Jahrhundert größere Geltung, auch in Gallien, und setzte sich im 11. Jahrhundert in der gesamten lateinischen Kirche durch.

Bis zur theologischen Neubesinnung unserer Tage ist der eschatologische Charakter des Christentums größtenteils unter Verschluß geblieben. Das Sprichwort »Hoffen und Harren macht manchen zum Narren« hat auch die christliche Frömmigkeit bestimmt und dem Regiment des jeweiligen Status quo unterstellt. Das lebendige theologische Denken aber lehrt nun den Widerstand und Aufbruch gegenüber einer Welt, die sich selbst allzu gerne genügt, obwohl sie letztlich nicht Heimat sein kann. Nicht in den Tag hinein, sondern über den Tag hinaus soll sich der Glaube richten, damit eine Offenheit entsteht, in der die Liebe Gottes in der Liebe der Menschen kreativ zu werden vermag: In diesen aktiven, hoffenden Glauben will die Feier des Advents einüben.

B. Das christliche Brauchtum der Advents- und Weihnachtszeit mischt sich mit den vorchristlichen Traditionen zur Zeit der Wintersonnenwende. Das kirchliche Adventsbrauchtum trägt deshalb mancherlei Züge der vorchristlichen Periode.

Zum bekanntesten, wenngleich wohl auch jüngsten Brauch ist der *Adventskranz* mit vier Kerzen zu zählen. Verbreitet wurde das Aufhängen oder Aufstellen des Adventskranzes erst zu Beginn dieses Jahrhunderts, doch hat der Kranz seine Wurzel zweifellos im Baumkult (s. »Symbol Baum« im Religionsbuch 3), ohne daß sein Überlieferungsweg bekannt ist. Es besteht auch in der Symbolik eine Parallele zum Weihnachtsbaum, denn sowohl Adventskranz wie Christbaum weisen auf Christus als das Leben und das Licht der Welt. Der Adventskranz mit seinem von Sonntag zu Sonntag wachsenden Licht will jedoch weniger erinnern (etwa an das Warten früherer Zeiten), sondern ein Zeichen für die unfertige Welt sein, die durch die tätige Hoffnung – die hoffende und liebende Tat – immer mehr in Gott erstrahlen soll.

Die barocke Frömmigkeit des 17. und 18. Jahrhunderts variierte die Adventsthematik besonders gern in szenischen *Spielen.* Aus Bayern und Österreich ist das »Frautragen« bekannt, und ebenfalls aus diesem Raum kommen die Darstellungen der Herbergssuche in Lied und Geschichte.

Für Kinder ist das Zählen der Tage bis Weihnachten eine besonders eindrückliche Adventserfahrung. Dabei hilft ihnen ein *Adventskalender.* Das kommerzielle Angebot ist freilich durchweg oberflächlich und fast nie geeignet, den Geist dieser Zeit zu erfassen. Es orientiert überwiegend auf Weihnachtswünsche hin und engt so den

Sinngehalt der Festzeit auf die Frage nach eigenem Gewinn ein. Es gibt jedoch auch Lösungen, die das »Harren der Völker« den Kindern vor Augen stellen, so daß sie mit Bild und Geschichte über ihr Kinderzimmer und über den Tag hinausblicken lernen.

C. Advent in der Grundschule: Das sind Wochen besonderer Möglichkeiten, die Schüler und Lehrer tief füreinander aufschließen können.

Der Schultag beginnt nicht wie gewöhnlich. Es ist früh noch dunkel. Das Licht des Adventskranzes leuchtet und sammelt die Schüler zu Stille und aufmerksamer Bereitschaft. Wir können mit einem Lied beginnen, mit einem Gedicht, das die Lehrerin vorträgt und besonders gerne mit einer Geschichte. Dieser Auftakt des Tages muß nicht lange dauern, vielleicht fünf, vielleicht auch fünfzehn Minuten, aber er gibt dem Tag und der ganzen Adventszeit eigenes Gepräge.

Das Thema Stille darf auch im weiteren Tagesverlauf wieder aufgegriffen werden (→ Stille-Übungen, S. 49). Weil es für den Religionsunterricht eine fundamentale Aufgabe ist, für Stille zu sensibilisieren, ist der Advent eine besonders günstige Zeit für diese Akzentsetzung.

Einen weiteren Schwerpunkt in der Advents- und Weihnachtszeit können Erfahrungen mit Licht und die erste Erschließung der Lichtsymbolik finden. Im Symbol-Lehrgang des Religionsbuches ist das Licht als ein grundlegender Erfahrungsbereich vorgesehen (→ S. 263 ff). Er findet im 2. Schuljahr seine Vertiefung und Fortsetzung in der Erschließung der Sonnensymbolik.

Die Tür als weiteres Kapitel des Symbol-Kurses findet ihre besondere Bedeutung innerhalb der »Herbergssuche«. Zweifellos ist es unmöglich, in drei Wochen Schulzeit alle diese Möglichkeiten, die je ihre eigene Muße verlangen, zu realisieren. Als Lied und vorweihnachtliches Spiel bietet die Herbergssuche jedoch einen Erfahrungsraum, an den die spätere Symbolvermittlung anknüpfen kann.

D. Hier, wie immer, ist es wichtig, *mit* den Kindern, nicht nur *für* die Kinder Situationen zu schaffen, aus denen heraus sich Gespräche, Aufgaben und Spiele entwickeln können. Der Adventskranz darf deshalb nicht fertig ins Klassenzimmer gebracht werden, sondern soll mit den Kindern gemeinsam gebunden und geschmückt werden. Auch soll er nicht als entfernter Zimmerschmuck dienen, sondern als erreichbares Symbol *innerhalb* der Schülerarbeitsplätze stehen. Ähnliches gilt für die Gestaltung des Adventskalenders, für Schnitt und Pflege der Barbarazweige, für die Einübung des Herbergssuchespiels. Solange der Unterricht nur aus Lehreraktivitäten und Anweisungen besteht, bleibt er letztlich oberflächlich. Je mehr jedoch mit den Kindern geplant und gemeinsam realisiert wird, um so intensiver sind sie dabei und tragen ihre Begeisterung über die Schule hinaus in ihre Familien. Die schulische Feier des Advents kann dann in mannigfacher Weise die häusliche Advents- und Weihnachtszeit bereichern und vertiefen.

Literaturhinweise:

Werk- und Lesebücher für die Advents- und Weihnachtszeit gibt es in großer Zahl. Für den Religionsunterricht brauchbare Anregungen finden sich oft auch in Büchern, die Vorschläge für alle Zeiten und Feste im Jahreskreis bieten. An dieser Stelle seien deshalb nur einige spezifische Titel genannt:

Martin Schmeißer (Hrsg.), Für Advent und Weihnachten in Familie, Gruppe, Gemeinde, Christophorus Verlag/Burckhardthaus-Laetare Verlag, Freiburg/Gelnhausen ²1980. Das Buch enthält Erfahrungen, Kommentare, Denkanstöße zu Weihnachten, 7 Geschichten mit Gestaltungsvorschlägen für Kinder, 12 Vorlesetexte für Jugendliche, Spielszenen, Berichte und Tips zu Aktionen in der Weihnachtszeit, Anregungen, Advent und Weihnachten zu feiern, Medienhinweise und Kopiervorlagen. Es ist *nicht* für die Grundschularbeit spezifisch, sondern für alle Schulstufen und die Jugendarbeit brauchbar.

Lieder zur Weihnachtszeit für Kindergarten, Kindergruppe, Familie, hrsg. von Kurt Rommel, 36 Lieder, Christophorus-Verlag/Verlag Ernst Kaufmann, Freiburg/Lahr 1975.

Weihnachts-Singebuch, Teil I, 70 Lieder, Christophorus-Verlag, Freiburg ¹⁶1974. Wo in der Advents- und Weihnachtszeit gern gesungen wird und wo man nicht nur die gängigen Lieder singen möchte, wird seit langem das Weihnachtsliederbuch geschätzt. Es enthält bekannte und weniger bekannte Lieder aus dem europäischen Raum.

Adventskalender, die religionspädagogisch durchdacht sind, erscheinen im Verlag Ernst Kaufmann, Lahr.

Relindis Agethen, Herbergssuche S. 30–31

A. Das Motiv der Herbergssuche entstammt dem alpenländischen Brauchtum, zumal der Tiroler Tradition. Im Spätmittelalter war die Herbergssuche noch Teil eines Weihnachtsspielzyklus, der gegen Ende des 16. Jahrhunderts neu gefaßt und weiterverbreitet wurde. Dieser Vorlage entstammt die »Herbergssuche« als ländlicher Volksbrauch, der seine eigenständige Ausprägung im Spätbarock gefunden hat. Jugendliche, als Maria und Josef gekleidet, zogen von Haus zu Haus und sangen ein Herbergslied mit verteilten Rollen (wie es im Text des Religionsbuches S. 30/31 vorliegt), um adventliche Bereitschaft zu wecken für den Fremden, der an die eigene Tür unvermutet klopfen kann, und um eine Spende für Arme zu erbitten. Ikonographische Tradition hat das Motiv nicht; eine entferntere Parallele könnte allenfalls in der gerne dargestellten »Flucht nach Ägypten« gesehen werden. In jüngerer Zeit begegnet das Motiv der Herbergssuche jedoch hin und wieder als Buchillustration, dann jedoch eher verniedlichend oder gar dekorativ verflacht zur Förderung »weihnachtlicher Stimmung«.

Das Bild »Herbergssuche« (Öl auf Leinwand, 55 × 165 cm) malte Relindis Agethen 1986.

B. Deutlich ist die tryptichonale Gliederung des Bildes. Der linke Flügel folgt in seiner Darstellung einem spätantiken Elfenbeinrelief, das die Flucht nach Ägypten zeigt, durch den Kontext dieses Bildes aber seine Umdeutung als Herbergssuche erfährt. Wir sehen die schwangere Maria auf einem Esel reitend, jedoch so geschwächt, daß sie ihren Arm um Josef legen muß. Ihr Weg führt an einer fensterlosen Front vorbei, in der nebeneinanderliegende Türen angedeutet sind, die nahezu mit der Wand verschmelzen, so daß der Eindruck, sie könnten sich öffnen, gar nicht erst entsteht. Während Maria in sich gekehrt erscheint, folgt Josefs Blick dem Weg. Mit seiner Rechten deutet er nach vorne, als sähe er bereits eine mögliche Unterkunft vor sich. Bewegung und Gestus dieser Darstellung verweisen so auf die Bildmitte.

Der rechte Flügel zeigt eine Kindergruppe hinter einer Bretterabsperrung, deren ein- oder ausschließende Funktion zusätzlich durch Stacheldraht betont wird. Dieser Teil des Bildes folgt einem dokumentarischen Foto unserer Zeit, das Kinder des Nahen Ostens in einem Flüchtlingslager zeigt, nicht aufgenommen, sondern ausgesperrt, weil man – aus vielerlei Gründen – mit ihnen nichts anzufangen weiß.

Das Mittelbild des Tryptichons scheint im Gegensatz zu beiden Seiten in eine ganz andere Welt zu führen. Diese Welt wird am Horizont umrahmt durch eine hohe Gebirgskette, die ein Übersteigen unmöglich macht. Den gewaltigen Talkessel füllt ein riesiges Labyrinth aus. Das Labyrinth ist hier Wegsymbol (→ IV, 496–523), das die Verschlungenheit und verwirrende Macht des menschlichen Schicksals verdeutlicht, aber auch die geheimnisvolle Gehaltenheit aller Umwege durch die innere Mitte, die Ankunft und Rettung verheißt. Auf unserem Bild kennzeichnet der Weltenberg diese Mitte; er umschließt Anfang und Ende, Geburt und Tod, Uterus-Höhle und Schädelstätte in einem. (Vgl. die Bilder »Geburt« und »Tod am Kreuze« im Religionsbuch für das 4. Schuljahr, S. 41 und 47; → IV, 278 ff; 315 ff.) Auf einem Bergsattel sehen wir Hirten, die ihre Schafe weiden. An ihnen vorbei führt ein Pfad durch winterliche Landschaft zur Geburtshöhle, über der bereits der Stern leuchtet. Es ist jene Höhle inmitten des Berges, mit der die ostkirchliche Tradition seit jeher ihre Weihnachtsbilder verbindet. Aber so, wie hinter jeder Geburt der Tod das am meisten Gewisse ist, das ihr folgt, so steht auch hier das Kreuz auf der Höhe des Berges. Über allem aber die Hand Gottes, aus der das leuchtende, orientierende Licht hervorgeht.

Dieses Licht trägt auch der Mann links vorne im Bild. Er hält es behutsam, wohl wissend, daß es kostbar ist und leicht verlöschen kann. Dabei ist er ganz in die Betrachtung des Lichtes versunken, im Gestus und in der Frömmigkeit jenem gleich, der auf dem Fastnachtsbild (S. 36) die zerbrechliche Kugel hält (→ S. 171 ff). Neben ihm begegnen wir erneut jenem kleinen, armen Mädchen, das für alle ausgestoßenen, vertriebenen Menschen unserer Zeit steht. Das historische Vorbild dieses Mädchens ist wohl ein jüdisches Kind aus dem Warschauer Getto. In ihm verbinden sich die Bilder unseres Religionsbuches mit der eigenen Geschichte, der auch unsere Kinder nicht davonlaufen dürfen, wenn sie ihre politische und christliche Verantwortung einholen wollen.

Die Welt, in die wir hier schauen, ist verschneit und kalt, keine wohnliche Welt. Nur das kleine Fachwerkhaus vorne rechts könnte Geborgenheit versprechen. Doch leuchtet kein Licht heraus. Ob es in seiner deutschen Idylle auch Gastlichkeit erweist und beherbergt, bleibt eine offene Frage.

Über alle drei Teile des Tryptichons spannt sich ein blau-schwarzer Himmel, sternenlos. Doch werden alle Szenen ebenfalls von einem Regenbogen überspannt, der als Zeichen des Friedens und der Versöhnung zwischen Gott und Mensch ebenso wie die lichtspendende Gotteshand neue Hoffnung verheißt. (Zum Symbol Licht → S. 263–291)

C. Mit der »Herbergssuche« von Relindis Agethen begegnet den Kindern eine Wirklichkeit, von der sie wissen dürfen, daß sie zur alltäglichen Realität dieser Welt gehört. Solange unsere Generation die Tageszeitung liest, liest sie von Obdachlosen und Armen in allen Kontinenten und Völkern. Bisweilen zeigen auch die Fernsehprogramme erschütternde Berichte. Da wäre es Schönfärberei, wollte das Religionsbuch den Kindern eine weniger gestörte Welt darstellen. Bedenken gegen das Bild können sich außerdem nur selten oder gar nicht auf kindliche Abwehrreaktionen berufen als vielmehr auf Erwachsenenkomplexe, die Kindern im Schulbuch – und zumal im Religionsbuch – eine durchgehend »schöne« und »festliche« Welt vermittelt sehen möchten. Unser Buch macht bei solchen angeblich kindgemäßen Interpretationen der Welt nicht mit. Schon im Erntedank-Bild haben die Schüler auch die unheile Seite unseres Lebens vorgestellt bekommen, und mit dem Thema »Passion« wird sich diese Intention noch deutlicher artikulieren. Sie erfahren aber zugleich in allen Bildern, daß keine Not einfach hinzunehmen ist, und andererseits, daß auch die Armut zum Segen werden kann, für den, der sie annimmt und zum Grund seiner Freiheit werden läßt. Darum kann auch die Auseinandersetzung mit den Obdachlosen dieses Adventsbildes eine Hilfe werden, nicht immer nur überall auf Einlaß zu bestehen: Der Stern leuchtet »draußen vor der Tür«.

D. Im Unterricht ist es möglich, sowohl vom Bild als auch vom Lied auszugehen.

(1) *Das Lied* gestattet eine spielerische Aufführung mit verteilten Rollen. Es ist möglich, von Strophe zu Strophe stets eine neue Besetzung für die Dialoge zu wählen. Man kann die Herbergssuche dabei breit entfaltet spielen: Die »zwei gar arme Leut« sind entsprechend gekleidet und klopfen viermal vergeblich an stets anderen Türen an; die abweisenden Hauswirte können allemal unterschiedlich interpretiert werden, vielleicht mit zunehmender Arroganz und Herzlosigkeit. Die Aufführung dieses Liedspieles mag gleichzeitig zum Ausgangspunkt einer adventlichen Schulfeier werden, wenn zusätzlich einige Lieder und eine Geschichte (→ S. 140)[1] beigefügt werden. Zur Erarbeitung des Liedes von der Herbergssuche kann dann das Bild unterstützend herangezogen werden.

(2) *Das Bild* wird immer dann dominieren, wenn – aus welchen Gründen auch immer – das Lied keine unterrichtliche Beachtung findet. Doch selbst, wenn die Melodie unbekannt ist und es an Mut oder Talent zu ihrer Erarbeitung mangelt, ist ein Rückgriff auf die knappen, eindrucksvollen Dialoge der vier Strophen empfehlenswert.

Die im Mittelteil des Bildes dargestellte Szenerie hat eine so reiche ikonographische Tradition, daß der Unterricht im ersten Schuljahr diese nicht im entferntesten ausschöpfen kann. Darum werden Labyrinth, Höhle und Berg auch erst im vierten Schuljahr näherhin thematisiert (→ IV, 264 ff; 268 ff; 496 ff; 541 ff). Für den Lehrer kann es nützlich sein, diesen Hintergrund zu kennen, er muß ihn aber nicht in seinen Unterricht einbeziehen. Es genügt, vom Augenschein auszugehen: da ist das Labyrinth ein verschlungener Weg, der erschöpfen kann, aber doch mit Sicherheit zur rettenden Mitte führt; da bietet der Berg mit seiner Höhle Unterschlupf, und das Licht, das dem Haus fehlt, leuchtet hier »draußen vor der Tür«, an einem einsamen Ort, der dennoch die »Mitte der Welt« ist; da verbindet der Berg Himmel und Erde und der Lichtsegen Gottes gilt gerade den Armen und Ausgestoßenen.

[1] Siehe auch: *Hubertus und Ursula Halbfas* (Hrsg.), Das Menschenhaus. Ein Lesebuch für den Religionsunterricht, Düsseldorf/Stuttgart [11]1986, 144–146: »Die Herberge« von Hans Bender.

Weihnachten

A. Die früheste Erwähnung einer Feier der Geburt Christi stammt aus dem Jahre 354. Als Termin wird der 25. Dezember genannt. Seit dieser Zeit verbreitete sich die Festfeier in der gesamten Kirche.

Der deutsche Name Weihnachten für die Natalitia Christi (Geburt Christi) entstammt dem vorchristlichen germanischen Brauchtum. Er bezeichnet (als Plural »Weihnachten«) die heiligen Nächte (weih = heilig, s. Weihen) um die Wintersonnenwende; der zweite Begriffsbestandteil Nacht entspricht der angelsächsischen Bezeichnung modra niht, »der Mütter Nächte«. Diesseits der Alpen wurde die Feier der Geburt Christi auf dem Fundament der kosmischen Erdfeiern als Sieg des Christentums begangen. Daß diese Siege jedoch selbst nach tausend und mehr Jahren januskköpfig bleiben, ist auch heute noch erfahrbar (→ II, 438 ff).

Die frühe Christenheit feierte Ostern, nicht die Geburt Christi, wie ja auch die Kindheitserzählungen des Matthäus- und des Lukasevangeliums relativ spät entstanden sind. Als dann im 4. Jahrhundert das Fest Christi Geburt seine Verbreitung fand, ging es zunächst keineswegs um das Gedenken an ein historisches Ereignis. Möglicherweise war der äußere Anlaß der Wunsch, den römischen Sonnenwendtag, den Kaiser Aurelian (270–275) mit zusätzlichem Nachdruck zum Fest der Sonne bestimmt hatte, christlich neu zu interpretieren. Nun sollte der Sieg der wahren »Sonne der Gerechtigkeit« über den heidnischen Kult mit diesem Kirchenfest bekundet werden. Daß sich der Festtag anschließend in der gesamten Kirche so schnell durchsetzte, wird aber auch dogmatische Gründe haben, denn wenig zuvor hatte der Arianismus die Christenheit gespalten. Arius vertrat die Einzigartigkeit Gottes, die mit der Existenz eines wesensgleichen Gottessohnes nicht zu vereinbaren sei, und hielt darum allenfalls eine Art nachträglicher »Adoption« Jesu durch Gott, seine Annahme »an Sohnes statt«, für theologisch vertretbar. Gegen diese Lehre eignete sich das Weihnachtsfest – als Feier der Menschwerdung des (präexistenten) göttlichen Logos – besonders zur Abwehr der arianischen Herausforderung. So stand zunächst weniger das historische Ereignis der Geburt Jesu im Vordergrund als die Verkündigung der Menschwerdung Gottes. Grundlegend für die frühe weihnachtliche Theologie war somit der Glaube an die Präexistenz des Christus im ewigen Gott. Weil seine Geburt im Fleische als Feier seiner ersten

Ankunft in dieser Welt geglaubt wurde, war dies zugleich die Garantie seiner Wiederkunft, so daß die Weihnachtsfeier nicht allein rückwärts gewandt, sondern ebenso entschieden in die Zukunft gerichtet war, wenn auch, ähnlich wie beim Advent (→ S. 157), später nur noch der Vergangenheitsaspekt dominierte. Wahrscheinlich hat diese Akzentverlagerung – so sehr sie eine theologische Engführung bedeutet – die zunehmende Bedeutung von Weihnachten in der westlichen Kirche gefördert. Kein anderes Fest ist so volkstümlich und mit so vielen Bräuchen angereichert wie das Weihnachtsfest.

B. Der im heutigen Bewußtsein wohl wichtigste Brauch ist das Aufstellen eines Christbaumes, sei es in den eigenen vier Wänden, sei es auf öffentlichen Plätzen (ebenso wie manchmal auf Hinterhöfen, auf Fabrikdächern, in Büros und sogar Werkstätten). In seiner uns bekannten Form ist der Weihnachtsbaum erstmalig auf einem Kupferstich von Lukas Cranach d. Ä. aus dem Jahre 1509 zu sehen. In Süddeutschland und Tirol findet er sich seit dem 16./17. Jahrhundert, doch hat er sich allgemein erst seit der Jahrhundertwende, vom Elsaß über das Rheinland herkommend, durchgesetzt.

Der grüne Baum mitten im Winter soll aber nicht »die Hoffnung und Beständigkeit« lehren, aus denen »Trost und Kraft zu jeder Zeit« fließen, vielmehr ist er der Lebensbaum, der das in Christus erschienene Leben symbolisiert. Ebenso bedeuten die brennenden Kerzen das Licht, das mit Christus in die Nacht gekommen ist. Doch spielt in diese Sprache des Christbaumes auch die allgemeine mythische Mächtigkeit hinein, die dem Baum als Menschheitssymbol eigen ist. Ausführlich findet sich dieser Zusammenhang im Religionsbuch 3 und dem dazugehörigen Lehrerkommentar erschlossen.

Alte Tradition haben die Weihnachtsspiele, die sich in breiter szenischer Entfaltung besonders in den mittelalterlichen Jahrhunderten größter Beliebtheit erfreuten und in deren Gefolge auch die Weihnachtsoratorien von Heinrich Schütz und Johann Sebastian Bach zu sehen sind. Als Hirten- und Dreikönigsspiele sind die Weihnachtsspiele (vom 17. bis 19. Jahrhundert meist als bäuerliche Bräuche) in fast allen deutschen Landschaften anzutreffen. Sie werden zu Beginn unseres Jahrhunderts durch die Jugendbewegung wieder aufgegriffen und durch starke Einbeziehung der Musik neu belebt. Die Renaissance des Sternsingens seit den sechziger Jahren vollzog sich in katholischen Gemeinden unter dem Einfluß der Jugendverbände und einer missionspädagogischen Pastoral.

Neben dem dramatisierten Spiel der Weihnachtsgeschichte gab es ebenfalls schon früh die Freude an figürlichen Abbildungen der Geburt Jesu. Die erste Krippe soll Franz von Assisi aufgestellt haben. Seitdem – und erst recht seit der Verinnerlichung des Weihnachtsfestes zum Familienfest – gibt es Hauskrippen jeglicher Art, die trotz – oder wegen? – ihrer kunstgewerblichen Darstellung des Elends dieses zugleich ästhetisieren und verharmlosen.

Überhaupt haben die vermehrten Weihnachtsbräuche die Verkündigung der Menschwerdung Gottes in die historisierende Retrospektive gedrängt und damit bei Steigerung der Gemütswerte, die Weihnachten heute ebenso beliebt wie gefürchtet machen, das Fest letztlich um seinen Aufforderungscharakter gebracht. (Eine theologische Deutung der Menschwerdung → IV, 243–260)

C. »Von allen Seiten umgibt und umschnürt mich die verfluchte Weihnachtsstimmung mit ihrer mir von Jahr zu Jahr unleidlicher werdenden Sentimentalität und Familiarität«, schreibt Hermann Hesse 1925 an Hugo Ball. »Wo ich das ›Fest‹ zubringen werde, weiß ich noch nicht, entweder hier in Zürich in irgendeiner Kneipe oder vielleicht drüben in Baden . . . Ich selber habe vor Familie und Weihnacht und Geschenken und all dem Getue und der verlogenen Sentimentalität des sogenannten Familienlebens einen solchen Ekel, daß ich nicht hingehen kann.«

Welche Worte würde Hermann Hesse wählen, wenn er heute als junger Mensch den Weihnachtsrummel erlebte? Und was würde er den Lehrern sagen. Etwa solche ironisch gebrauchten Worte wie Martin Walser in seiner »Überredung zum Feiertag«: »Ich sage mir, nimm ein Blatt vor den Mund, die Feiertage nahen. Ich sage mir: Mach, was du willst. Edelrauhreif fällt gezielt auf den sprödesten Fleck, das Klima ist teuer präpariert, mach, was du willst: Es weihnachtet sehr. Zögere, ganz zuletzt schlüpfst du noch in deine Rolle. Es muß ja nicht gleich das am meisten getragene Drogistenlächeln sein. Schau einen Winterbaum an, beachte den durchdringenden Ernst, mit dem er auf dürren Zweigen Schnee trägt, als ginge ihn der was an. Mach, was du willst, du wirst mitmachen. Schließlich sind das deine Festspiele.«

Klage und Irritation werden gezielter und treffen die Verlegenheit in einem ihrer Ansätze, wenn Karl Barth in einer Weihnachtspredigt in der Strafanstalt Basel fragt: »Ich bin nicht so ganz sicher, ob das Weihnachtsfest ins Münster oder in die Engelgasskapelle paßt, wo es von den besseren Leuten gefeiert wird. So war es gut, daß ich meinen Text für diesen Sonntag schon vorher ausgewählt hatte. Hört ihn noch einmal: ›Hungrige hat er mit Gütern erfüllt und Reiche leer hinweggeschickt.‹«[1]

[1] *Karl Barth,* Doppelte Adventsbotschaft. Lukas 1,53, in: Gesamtausgabe, I. Predigten. Predigten 1954–1967, hrsg. v. H. Stoevesandt, Zürich 1979, 212.

Die Frage, ob wir selbst hungrig oder reich seien, schließt sich hier an, verschränkt sich aber gleich darauf mit der nächsten, ob ein Reicher hungrig und ein Hungriger dennoch satt sein könne. Es ist eine wesentliche Selbstbesinnung, die den »didaktischen Ansatz« des Festes bestimmt. Eine Lösung des Unbehagens an Weihnachten, die zugleich eine theologische Neuorientierung anstößt, bieten die Überlegungen Dorothee Sölles:

»Es gibt kaum ein Fest, bei dem so überdeutlich wird, wie verkommen die christliche Tradition ist, wie sinnentleert und darum gut zu verkaufen. Man kann sich klarmachen, wie solche Sinnentleerung vor sich geht, wenn man beobachtet, mit welcher Konsequenz alle realistischen, plebejischen, niederen Elemente der Weihnachtsgeschichte getilgt worden sind: Vor lauter Stern haben wir uns angewöhnt, den dreckigen Stall zu übersehen, vor lauter Königen die verängstigten Hirten vergessen oder zu idyllischen Schäfern gemacht . . .

Was es bedeutet, daß Gott Mensch wird, sei hier in zwei Richtungen entfaltet. Die erste heißt: Gott wird immer wieder Mensch, und die zweite: Gott wird immer mehr Mensch. Man muß es in der Gegenwart denken, daß Gott Mensch wird, weil sonst die perfekte, vergangene Aussage, daß Gott einmal Mensch geworden ist, zu einem religiös verdinglichten Faktum wird, einer Art Götzenbild, das keinen Schritt über die anderen Religionen hinausführt und das wie ein Stein gegen andere benützt werden kann . . . Inkarnation ist kein einmaliger Vorgang, der um 30 nach Christus in Jerusalem abgeschlossen wurde; Inkarnation, wenn wir überhaupt wissen, was das bedeutet, geht weiter: Gott wird immer wieder Mensch, auch heute . . . Dann wird unser Stall die Baracke in der Vorstadt und unsere Krippe das Friedensdorf der von Napalm verbrannten Kinder, und wir brauchen Stall und Krippe, Ochs und Esel, Stern und Lobgesang nicht mehr in den ehrwürdigen Häusern der Tradition zu suchen, weil sie so nahe bei uns sind, daß sie für uns das Nächste werden.«[1]

D. Unsere weihnachtskritische Besinnung wäre falsch verstanden, wenn sie zur Ablehnung des Brauchtums und zur Angst vor gemüthafter Stimmung führen würde. Wir müssen aus unserer Tradition mit ihrer Wärme und Menschenfreundlichkeit nicht aussteigen, um ehrlich und mitmenschlich zu sein. Hier Alternativen zu sehen, das macht weder reif noch glaubwürdig. Die Geborgenheit, die das adventliche und weihnachtliche Brauchtum vermitteln können, tut den Kindern in unseren oft unbehausten Schulen gut, und es ist selbst eine weihnachtliche Tat, ihnen die Schule als Stätte menschlicher Begegnung in Arbeit, Spiel und Feier zu erschließen.

Georges de La Tour, Die Anbetung der Hirten S. 32–33

A. Eine eigene Bildtradition zur Geburt Christi entstand erst nach Einführung des Weihnachtsfestes. Die frühesten Darstellungen finden sich auf westlichen Sarkophagen. Sie zeigen das Krippenkind

[1] *Dorothee Sölle,* Macht von unten, in: dies., Das Recht ein anderer zu werden, Sammlung Luchterhand, Neuwied 1971, 7.11 f.

zusammen mit Ochs und Esel (im Anschluß an Jes 1,3 und Hab 3,2 aufgrund der irrtümlichen Septuaginta-Übersetzung) und verbunden mit der Anbetung durch Hirten und Magier.

In der Darstellung der Christgeburt sind im wesentlichen der östliche und der westliche Bildertyp zu unterscheiden.

Die östliche Tradition zählt zum festen Bestandteil ihrer Ikonen die *Höhle* als Stätte der Geburt. Dahinter steht einerseits die Vorstellung von einer Geburtshöhle in Betlehem, andererseits ein symbolisches Denken: Die Geburt in der Höhle wird als Entsprechung zur Höllenfahrt in seinem Tode verstanden. Außerdem entsprechen sich Höhle und Berg. Die Mutter Maria ist der Berg, die Höhle der Geburt ist ihr eigener Schoß. Der abseits sitzende Josef, Engel, Sterne und Licht in der Höhle verstärken das Anliegen des östlichen Bildtypus: die Menschwerdung Christi durch die jungfräuliche Mutter.

Die westliche Tradition betont demgegenüber die *Anbetung* des Kindes (unbeschadet wechselseitiger Übernahmen zwischen östlicher und westlicher Kirche). Anfangs erscheint bei symmetrischem Bildaufbau die Krippe nahezu als Altar. Die Gotik vermenschlicht die Weihnachtsbilder, gestaltet die Mutter-Kind-Beziehung persönlicher. (Und dennoch bleibt Distanz: Nie trägt Maria ihr Kind in den Armen, sondern es liegt nackt auf dem Boden, während die Eltern es anbeten.) Deutlich wird nun die Armut betont, die Geburt geschieht in einem *Stall*, nicht in einer Höhle. Im 15./16. Jahrhundert wird der Stall oft durch verfallene Paläste oder andere bizarre Ruinenstätten ersetzt. Insgesamt bestimmt seit dieser Zeit das Bemühen um Aktualisierung der Bilderbotschaft ihre Übertragung in deutsche oder niederländische Landschaften. Bestimmend ist seitdem eine zunehmend sich differenzierende, immer subjektiver empfundene Gestaltung.

Die hier skizzierte Ikonographie der Geburt Christi findet ihre theologisch-didaktische Auswertung im Religionsbuch 4. Ein Bildvergleich führt dort in ein tieferes Verständnis der Weihnachtsverkündigung ein. Für den Lehrer ist es sinnvoll, zur Abrundung und Vertiefung seines Verständnisses sich diese ferne Unterrichtsperspektive zu vergegenwärtigen.

Die Entscheidung für »Die Anbetung der Hirten« von Georges de La Tour im Religionsbuch 1 hat mehrfache Gründe: Das Bild ist ziemlich unbekannt und deshalb nicht abgenutzt; es ist ein Bild der Stille (und kann in Verbindung mit den Stille-Übungen benutzt werden); es konzentriert sich auf das Wesentliche, ohne sich in Landschaft oder Architektur zu verlieren; es hat eine meditative Dimension.

Von dem Maler Georges de La Tour (1593–1652) weiß man nicht

dem Grundwasserspiegel, aus welchem dennoch lebendige und reine Quellen entspringen, als deren eine in der Malerei das Oeuvre des La Tours gelten kann.«

Die formalen Mittel, derer sich La Tour bedient, um den Betrachter in die Stille seiner Bilder einzubeziehen, sind vielfältiger Art: Dazu gehören der Verzicht auf Architektur und Landschaft, die monumentale Stilisierung der menschlichen Gestalten und eine sparsame Farbskala, die manchmal bis zur Einfarbigkeit tendiert. Zinnoberrot – auch in unserem Bild der vorherrschende Farbton – gewinnt eine tiefe und geheimnisvolle Kraft. Am stärksten aber bannen Licht und Dunkelheit. Nur eine Kerzenflamme erhellt hier die Nacht. Ihr Licht ergießt sich über die kleine Menschengruppe, verleiht ihr Wärme und Innigkeit. Sicherlich ist diese Kerze hier nicht irgendein Ding, sondern Symbol des Geschehens: »Dunkelheit umhüllt die Erde und Nacht die Völker, aber über dir erscheint die Herrlichkeit Gottes.«

C. »Die Anbetung der Hirten« von Georges de La Tour ist ein Bild mystischer Tiefe. Es erzählt, aber es fabuliert nicht. Es schweift nicht aus in Details, sondern übersteigert seinen Realismus zu ergreifender Einfachheit. Die Erschließung dieses Bildes ist deshalb gebunden an Übungen der Stille (→ S. 49) und an die Bereitschaft zum meditativen Hinschauen. Im Gegensatz zu den Agethen-Bildern, deren immanente Didaktik auch eine intellektuelle Regsamkeit anspricht, bedarf es hier keiner Beobachtungsgabe für Details. »Die Anbetung der Hirten« ist in eine solch monumentale Geschlossenheit hinein gesammelt, daß vom Betrachter nur innere Ruhe und Zeit zum wiederholten Sich-hinein-Versenken gefordert werden. Unabhängig von der Weihnachtszeit kann das Bild zu einer Licht-Meditation (→ S. 268 ff) und zu Stille-Übungen erneut herangezogen werden.

D. Es dürfte unmöglich sein, La Tours »Anbetung« ähnlich wie die voraufgegangenen Bilder dem gemeinsamen Klassengespräch aufzugeben. Hier sollte nicht primär ein »Verständnis« unterrichtlich »erarbeitet« werden. Wichtig ist darum die der Bildbetrachtung vorausgehende Einstimmung. Soweit möglich, empfiehlt sich eine Dia-Projektion im Großformat eher als die Betrachtung der von jedem einzelnen Schüler aufgeschlagenen Buchseite.

Die Stunde könnte etwa folgendermaßen geplant werden:

(1) Wir schlagen (wieder einmal) die »Stille-Seiten« mit dem Flötenspieler auf. Der Lehrer liest besinnlich den Text vor, während die Schüler das Bild ansehen. Es folgt *eine* Minute Schweigen.

(2) Wir schauen »Die Anbetung der Hirten« an. Es wird vereinbart, daß sich

zunächst noch niemand meldet und zu dem Bilde spricht. Erst nach einer Weile tauschen wir unsere Beobachtungen und Gedanken aus. Das Gespräch könnte folgende Ordnung einhalten:
Die Menschen: Maria – die Hirten und ihre Geschenke. Josef mit dem Licht.
Das Krippenkind.
Das Licht, die Dunkelheit.

(3) Wir singen vor dem Bild ein Hirtenlied oder rezitieren das Hirtengedicht von Rudolf Alexander Schröder (aus: Gesammelte Werke, Suhrkamp Verlag, Frankfurt 1952).

Rudolf Alexander Schröder, Ihr Hirten, ihr Hirten

Ihr Hirten, ihr Hirten,
uns ist was geschehen,
wir haben die Engel
im Himmel gesehen.

Die sangen von Freuden,
von Freuden und Ehr
und daß Gott bei den Menschen
ein Kindelein wär.

Ihr Hirten, ihr Hirten,
so kommt von der Hut
und seht, wie es lächelt,
und schaut, wie es ruht!

Nehmt Pfeifen und Flöten
und stimmt die Schalmein
und pfeifet und singet
zum Schlummer den zwein!

Ihr Hirten, ihr Hirten,
nun habt Ihr gesehn
so geht und sagt's allen
was heute geschehn.

Relindis Agethen, Erscheinung des Herrn S. 34–35

A. Bildliche Darstellungen der Epiphanie sind älter als das Weihnachtsbild (→ S. 147 f). Bereits um das Jahr 200 wurden Jes 60,1–6 und Psalm 71 (»Alle Könige sollen ihm huldigen, alle Völker ihm dienstbar sein . . .«) auf die matthäische Magiergeschichte (Mt 2,1ff) bezogen. Die dort Magier oder Weise genannten Männer werden aufgrund dieser Verbindungslinie als Könige bezeichnet. Seit dem Ende des 4. Jahrhunderts wird die Dreizahl dieser »Könige« zur feststehenden Tradition, vielleicht durch Mt 2,11 gefördert, wo von den dreierlei Gaben des Goldes, des Weihrauchs und der Myrrhe die Rede ist. Im 8. Jahrhundert nennt man die Namen dieser einzelnen Könige. Man spricht von dem Jüngling Kaspar, dem Manne Melchior und dem Greis Balthasar und verbindet damit drei verschiedene Weltteile oder Rassen, aus denen diese Könige gekommen sind. Die Vorstellung von dem jünglingshaften Afrikaner Kaspar als einem Schwarzen wird freilich erst im 15. Jahrhundert Allgemeingut, wenngleich der Mohrenkönig vereinzelt bereits seit dem 12. Jahrhundert begegnet.

Die früheste Anbetung der Könige findet sich in der Katakombenmalerei. Dort schreiten sie – noch variabel in der Zahl – in orientalischer Tracht auf die sitzende Maria mit dem Kinde zu. Später kommen erzählerische Momente hinzu: der Stern, die Gaben, Kamele im Geleit. Gekrönt erscheinen sie erstmals zu Ende des 10. Jahrhunderts. Seit Pisano wird die Szenerie oft durch ein großes Gefolge bereichert. Das 15. und das 17. Jahrhundert schmücken die Darstellung noch phantasievoller aus, schwelgen oft geradezu in der Entfaltung orientalischer Mode und Pracht (Rubens). Die strenge liturgische Fassung des Themas ist damit längst gesprengt. Die Szenerie entartet nicht selten zu einer großen Ausstattungsstaffage, deren theologischer Gehalt heute eher bedenklich erscheint.

So beachtlich und künstlerisch hochstehend die ikonographische Tradition der Dreikönigsbilder auch ist, die Entscheidung für eines ihrer großen Bilder vermochten wir nicht zu treffen. Zu problematisch erscheint die Wiederholung der legendären Feudalszenerie, zu schmal ihr theologischer Gehalt, zu einseitig und schief – sofern überhaupt gegeben – ihre Interpretierbarkeit im Horizont der heutigen Völkerwelt, zumal jener Dritten Welt, die sich nicht länger durch königlichen Prunk repräsentieren läßt.

Von diesen Vorbehalten gegenüber der ikonographischen Tradition her bekam Relindis Agethen ihren Auftrag zu einem neuen Bild, das die Realitäten der Gegenwart und unser gewandeltes theologisches Bewußtsein widerspiegelt.

B. Formal, und damit zugleich inhaltlich, wird das Bild durch seine Anlage als Triptychon gegliedert. Ursprünglich ist das Triptychon ein dreifach geteilter Altar, der aus Mitteltafel und zwei Flügeln besteht. Diese Form – von Klaus Lankheit als Pathosformel interpretiert[1] – gestattet Beziehungsnahmen, Konfrontationen und Spannungen, die ohne eine solche Bildaufteilung nicht ebenso klar erreichbar sind.

Der linke Flügel zeigt die überlieferte Darstellung des Themas. Hier handelt es sich um die zitierende Wiedergabe der Drei Könige aus dem Bild von *Hieronymus Bosch,* Die Anbetung der Könige (Prado, Madrid). Die Mutter mit dem Kind als Zentrum des Bildes wurde fortgelassen, die Könige wurden stärker zusammengerückt, finden sich aber ansonsten bis ins Detail, jedoch in anderer Farbgebung, dargestellt. Im Vordergrund kniet mit gefalteten Händen Balthasar, der Greis. Während die beiden anderen ein Geschenk in Händen tragen, ist das seine nicht zu sehen. Vielleicht hat er es, bevor er hinkniete, vor sich auf die Erde gelegt. (Bei Hieronymus Bosch ist das Geschenk des Königs Balthasar eine goldene Plastik, die das Opfer Isaaks darstellt – eine typologische Präfiguration, die

[1] *Klaus Lankheit,* Das Triptychon als Pathosformel, Heidelberg 1959.

auf das Opfer Christi anspielt). Rechts über ihm steht Melchior, in der Vollreife des Lebens. Er trägt kostbare Gewänder mit bildlichen Darstellungen aus Seidengewebe. Im Sinne der mittelalterlichen typologischen Bildauslegung wird der Besuch der Königin von Saba bei Salomo geschildert – Hinweis auf den Vor-Entwurf, in dessen Typos sich die Heilsgeschichte nun vollendet. (Ein solches Detail, das die Bedeutungslehre der alten und mittelalterlichen Tradition spiegelt, braucht der Unterricht nicht zu beachten. Den Kindern ist das königliche Gewand einfach »schön«, und mehr dahinter zu sehen, werden sie nicht verlangen.) Melchior trägt einen halb zugedeckten Teller, doch ist deutlich genug sein Geschenk zu erkennen: Es sind nußgroße Goldkörner.

Von stattlichster Statur ist der schwarze König, der jugendliche Kaspar. Sein Prunkgewand ist phantasiereich, am Kragen und auf den Achseln mit silbernem stilisierten Blattschmuck besetzt. Als Geschenk bringt er ein gläsernes Myrrhe-Gefäß mit, das mit symbolischen Gestalten reich geschmückt ist. Auf der Myrrhekugel sitzt ein Vogel, der eine Frucht frißt, die an den von Bosch gerne dargestellten Pelikan erinnert. (Der Pelikan, der seine Jungen mit dem eigenen Blute nährt, wie der Mythos erzählt, ist ein Symbol Christi.) Die Kugelgewandung zeigt ihrerseits eine Darstellung der drei Helden, die David Wasser anbieten, wie 1 Chr 11,17–18 erzählt –, wiederum eine Präfiguration der Epiphanie. Die an einer Kette gehaltenen Früchte in Kaspars Hand, in der linken Hand wohl eine Erdbeere, dürften Symbole der Verführbarkeit und Sünde sein.

So repräsentiert also die Königsgruppe des linken Flügels die ikonographische Tradition des Mittelalters: Zum Heiland der Welt kommen die Vertreter der drei Weltgegenden, die gleichzeitig die drei Lebensalter repräsentieren und drei beziehungsreiche Geschenke bringen.

Der rechte Flügel spiegelt das Drei-Königs-Thema, diesmal jedoch im gegenwärtigen Sternsinger-Brauchtum. Während Hieronymus Bosch seine Weisen ohne Krone zur Anbetung des Kindes kommen läßt, tragen diese drei Jungen allesamt ein solches königliches Würdezeichen, zwar aus Goldpapier geschnitten und geklebt, mit unterschiedlicher Phantasie in teilweise spielerischen Formen, aber eben doch Kronen, die aus diesen Kindern, deren Gesichter gleich bekannt und vertraut sind, Könige machen. Entsprechend der mittelalterlichen Tradition ist auch hier Kaspar – der dunkle mit dem Herzchen – der jüngste, Melchior ist der mittlere und Balthasar der älteste dieses Dreiergestirns. Alle tragen symbolische Gaben: Balthasar, ganz versunken und innig, in seinen überkreuzten Armen eine Taube: Frieden möchte er schenken, und das bedeutet gleichermaßen: erbitten, denn wer Frieden bringen will, lebt zugleich aus der

Hoffnung und der Bitte um Frieden. – Melchior, der keck dreinschauende Blondschopf, trägt den Stern, wie es seit je dem mittleren »Sternsinger« zukommt. Der Stern ragt aus dem rechten Bildflügel in die Bildmitte und steht dort, überglänzt von der Sonne, über der »Dritten Welt«, dem heutigen Ort der Erscheinung des Herrn. – Treuherzig sieht uns schließlich der kleine Kaspar an. Er hat ein Herzchen mitgebracht, trägt es am Band um den Hals als Zeichen seiner Bereitschaft, sich selbst zu schenken.

So sind die Geschenke der kleinen Könige allesamt Symbole des guten Willens, hinter denen nicht irgendein »Ding« oder Besitz steht, sondern eine Haltung, das Versprechen auf eine Lebensgrundrichtung. Gerichtet ist dieses Versprechen an das Geschehen im Mittelfeld des Bildes, das die beiden Flügel rahmen und in eine eigenartige Spannung versetzen.

Dieses Mittelfeld bedeutet gegenüber der herkömmlichen ikonographischen Gestaltung den größten Bruch: Da ist kein heiliges Paar, auch nicht die Mutter Maria alleine, sondern nur ein »Jesuskind« auf Stroh, dem alle Attribute des Krippenkindes fehlen. Es ist kein Baby mehr, weder niedlich noch schlummernd, nicht herrscherlich und nicht wissend. Eher schwach, kahlköpfig, unterernährt anmutend, liegt es flach im Weizenstroh und lutscht am Daumen. Die Augen sind weit aufgerissen und schauen krank, wohl auch auf Zuwendung wartend, den Betrachter an. Hier liegt also das »lebendige Brot, das vom Himmel herabkommt und der Welt das Leben gibt« (Joh 6,33), seinerseits unterernährt und auf menschliche Hilfe angewiesen. Es ist eines von den millionenfachen Kindern dieser Welt, für die der Tisch nicht gedeckt ist, daß sie satt und lebensstark werden könnten, in deren Lebensanfang vielmehr das vorzeitige Ende schon eingeschlossen ist. Hier stellt sich in der Tat keine Idylle dar. Dieser kindliche Jesus erlaubt weder Romantisierung noch Mißbrauch zur Abrundung des eigenen Stimmungsbedarfs. Er ist eine Herausforderung zur Stellungnahme und von jener paradoxalen Art, wie sie dem Mysterium der Menschwerdung entspricht.

Dennoch: Dem armen Kind am unteren Bildrand steht leuchtend, das ganze mittlere Bildfeld in warmes Licht hüllend, die Sonne gegenüber. Es ist die aufgehende Sonne. Gerade hat sie sich über der Holzbaracke mit dem Wellblechdach erhoben. Ihr Schein überstrahlt das Licht des Sterns, denn es ist jene Sonne Gottes, die als das Licht der Welt gerade in der Elendsgestalt des Menschensohnes aufgestrahlt ist.

Aus dem Hintergrund des Bildes, in dem die fensterlose Hütte für zahllose Slums dieser Welt stehen mag, kommt ein langer Zug von Kindern und Jugendlichen zu dem Knaben auf dem Strohlager gezogen. Das vordere, asiatisch aussehende Mädchen trägt einen leeren

Topf, und es hat den Anschein, als würde die lange Kinderschlange hinter ihr nicht geduldig warten, weil jedes von ihnen etwas bringt, daß sie vielmehr erwartungsvoll stehen, in der Hoffnung, Brot und Leben zu gewinnen.

Drei aus diesem Kinderzug sind bereits angelangt. Es sind Vertreter verschiedener Rassen – links ein asiatischer Junge, rechts ein Afrikaner, darunter ein weißer Junge, der etwa Franzose sein könnte. Sie repräsentieren die Völkerwelt in ihrem Rücken. Während das nächstfolgende Mädchen aber noch den leeren Topf trägt, sind diese auf ihre Knie gesunken und betrachten mit unverkennbarer Faszination ihr schwächeres Gegenbild. Der kleine Asiate hat die Hände gleich dem König Balthasar gefaltet und schaut nachdenklich geradeaus. Der afrikanische Junge staunt mit halboffenem Mund; der wache und klug dreinsehende Weiße aber scheint am gründlichsten zu reflektieren, was er »sieht«.

In der Tradition der alten Triptychen sind die drei Teile des Bildes in verschiedenen Farbgrundtönen gehalten: der linke Flügel mit seiner Darstellung des traditionellen Dreikönigsmotivs blau – Dämmer der Vergangenheit –, der rechte Flügel, der das heutige Kinderbrauchtum zum Tage zeigt, in gedämpft warmen Rottönen, die Bildmitte mit ihrer Deutung der Erscheinung des Herrn in ein lichthelles Gelb getaucht. Zwischen diesen Bildteilen besteht eine innere Spannung, die die Farben andeuten, die aber in ihrer theologisch-didaktischen Qualität jetzt noch zu erarbeiten ist.

C. Relindis Agethens Bild bricht die alten Sehgewohnheiten auf, die dazu verleiten könnten, ein herkömmliches »Dreikönigsbild« gedankenlos hinzunehmen. Was berechtigt hier den Titel »Erscheinung des Herrn«? Wenn die ikonographische Tradition durchweg Maria mit einem gesunden Kind auf dem Schoß zeigt, so ist die Paradoxie, die in der Identität von Kindsein und Herrsein liegt, ebenfalls gegeben. Aber in unserem Bild wird sie ungewöhnlich verschärft: Es fehlt die gesunde Lebensperspektive; das schon etwas ältere Kind ist krank, unterernährt; es gehört nicht auf die Sonnenseite des Lebens; es ist eines von den vielen, die aus den Elendsländern dieser Welt kommen – eine Ohnmachtsgestalt.

Dieses Bild macht ernst mit der Weihnachtsbotschaft, daß Gott Mensch geworden ist, und zwar ein hilfloser, armer Mensch. Die Botschaft wird freilich nicht als Aussage über die Vergangenheit verstanden, als wäre das, was zu vermelden ist, ein ehemaliges, abgeschlossenes Geschehen. Vielmehr sagt unser Bild sehr eindringlich, daß sich diese Menschwerdung Gottes immer wieder vollzieht, auch heute, und ebensowenig wie damals in den Palästen der Macht, sondern an den zahllosen Orten der Not: »Wer Gott im Gesicht des

Kindes von Bethlehem gesehen hat, der wird kein Kind mehr ansehen können, ohne sich dieses Kindes zu erinnern, nein, Erinnerung ist ein zu schwaches Wort, man kann vielleicht sagen, dem wird Gott immer wieder Mensch, dem begegnet Gott an dem einzigen Ort, wo er nach dem Evangelium begegnen kann . . ., im anderen Menschen. Dann wird unser Stall die Baracke in der Vorstadt und unsere Krippe das Friedensdorf der von Napalm verbrannten Kinder, und wir brauchen Stall und Krippe, Ochs und Esel, Stern und Lobgesang nicht mehr in den ehrwürdigen Häusern der Tradition zu suchen, weil die so nah bei uns sind, daß sie für uns das Nächste werden.«[1]

In einer besonderen Weise thematisiert diese »Erscheinung des Herrn« die Dritte Welt. Die christliche Tradition und unser Sternsingerbrauchtum sind auf die Bild-Flügel gerückt. Im Zentrum steht der Armutsweg der heutigen Völkerwelt. *Hier* geschieht die Epiphania Domini, und wenn wir von unserer überlieferten Art her, Feste zu feiern, diesen unterernährten Jesus verfehlen, gibt es für uns keine »Erscheinung des Herrn«.

D. Es wäre gut, wenn der Betrachtung des Bildes ein eigenes Sternsingerspiel vorausgehen könnte. Die Kinder können sich, entsprechend dem lokalen Brauch, mit Phantasie und viel Improvisation als Boten der Erscheinung des Herrn kleiden und mit Musik, Lied, Gedicht oder freiem Text zu allen Klassen der Grundschule ziehen, um dort ihr Spiel vorzuführen und den Jahressegen an die Klassentür zu schreiben. Aufgrund dieser Erfahrung wird eine Erschließung des Bildes leichter gelingen, als wenn keine Identifikation angebahnt würde.

Selbstverständlich gehört in den Vorraum dieses Spiels eine Begegnung mit dem Text Mt 2,1–12. Hier genügt es, die Geschichte in einer ruhigen Weise vorzutragen. Ob die Differenz zwischen diesem Text und der späteren Festlegung auf »Könige« als Vertreter dreier Erdteile und Lebensalter den Schülern bewußtgemacht wird, ist eine sekundäre Frage und nach eigenem Ermessen zu entscheiden.

Für die Betrachtung des Bildes empfiehlt sich ein Vorgehen vom linken Flügel über den rechten Flügel zum Mittelteil. Eventuell wird die Eigenart des Bildes im Vergleich mit einer traditionellen Darstellung der »Anbetung der Könige« den Schülern besonders deutlich.

E. Aus Gesprächen mit Kindern im ersten Schuljahr

Da links sind zwei Könige und ein Pfarrer.
Die bringen Geschenke, wahrscheinlich Gold und Weihrauch.

[1] *Dorothee Sölle,* a.a.O. 11 f.

Und die haben schöne Kleider an, da sieht man, daß die reich sind.
Wo ist der dritte König denn?
Vielleicht ist das da vorne auch einer, der da betet.
Der betet zu dem Kind.
Das ist Jesus.
Da gucken viele Kinder zu.
Rechts sind auch Kinder, das sind die, die das spielen.
Einer sieht aus wie ein Clown, der ist bestimmt lustig.
Und vorne, das ist ein Mädchen mit einer Taube.
Einer hat einen Stern, der Schwarze, und ein Herz um den Hals.
Links ist alles blau, rechts rot und in der Mitte wie Gold, mit viel Licht.
Blau ist die Farbe für den Himmel, vielleicht sind die jetzt im Himmel.
Dunkel, das bedeutet, die sind ja schon gestorben, das sind die alten Könige.
Und da drüben, das sind die neuen, so wie man sie spielt.
In der Mitte, das ist die Sonne.
Vielleicht auch ein Stern.
Ja, der Stern von Betlehem, der strahlt bis zu dem Kind.
Und da kommen Leute, wie ein Menschenzug.
Die gucken, wer da liegt.
Eine hat einen Topf.
Da will sie was reinhaben.
Die Könige haben ja so viel, die könnten der was reingeben.
Oder sie will von Jesus was.
Der kann ja allen was geben, der kann aus einem Fisch viele Fische machen.
Das Kind da vorne hat ja gar nichts an.
Das Korn braucht es, damit es nicht friert.
Aber die Strohhalme, die stupfen doch so.
Aber besser, als wenn es friert.
Für mich sieht das so aus: Die Könige bringen dem Jesuskind Gold und Weihrauch, aber die armen Leute haben ihm bestimmt ein Kornbett gemacht, damit es nicht friert.
Ja, die armen Leute wissen, wie schlimm frieren ist, die Könige wissen das wahrscheinlich nicht, die haben ja ein Schloß.
Ich finde, für die Armen war es ein größeres Geschenk, das mit den Ähren, die haben ja eh nicht so viel, die Könige haben eigentlich gar nichts so Wichtiges mitgebracht, die haben ja sowieso genug von dem Zeug.
Lehrer: Schaut euch das Kind nochmals genau an!
Das hat keine Haare.
Und einen großen Kopf, irgendwie wie behindert.
Und so große Augen.
Das schaut einen direkt an.
Ja, egal wo man steht, es schaut einen direkt an.
Irgendwie guckt es komisch.
So traurig.
Wahrscheinlich friert es, und das Stroh sticht, es hat ja nichts an.
Eigentlich sollten die Könige ihm lieber was zum Anziehen bringen.
Lehrer: Ein Kind, das dich traurig und krank anschaut, was sagt es dir?
Es sagt: Hilf mir doch, mir geht's nicht gut.
Es sagt: Guck mal, ich hab nicht mal ein richtiges Bett und warme Sachen.
Lehrer: Vielleicht hat es auch etwas mit den Menschen zu tun, die dahinten stehen?
Wenn der Jesus groß wäre, würde er denen helfen. Vielleicht denkt er: Wartet nur, bis ich groß bin, dann versorg ich die alle.
Ja, Jesus hat nämlich den Armen zu essen gegeben und sie gesund gemacht.
Aber das Kind hier kann das noch nicht.
Es ist noch zu klein und außerdem selber krank.

Vielleicht will es darum, daß wir das tun.
Ja. Jesus möchte, daß wir denen helfen, denen es schlecht geht.
Ich finde, die Könige sollten auch denen da hinten was geben von ihren Sachen, nicht nur dem Kind, das möchte es nämlich so haben.
Außerdem leben wir ja heute, und da kann Jesus selber nichts mehr tun.
Ja, darum hat er zu den Menschen gesagt, sie sollen ihn vertreten.
Lehrer: Was könnten die Menschen da hinten denn brauchen?
Brot und was zu essen in den Topf rein.
Und Sachen zum Anziehen.
Man muß ihnen aber auch zeigen, daß man sie lieb hat, die brauchen auch Freunde.
Und Geschenke, über die sie sich freuen können.
Vielleicht ein besseres Haus.
Ich finde, das Kind sollte irgendwann mal wieder lachen können.
Lehrer: Wann könnte es denn wieder lachen?
Wenn es ihm besser gehen würde.
Wenn man ihm hilft.
Aber auch, wenn man seinen Freunden da hinten hilft.
Wenn keiner mehr traurig gucken würde, dann könnte es wieder lachen.
Irgendwie sollte man da was machen . . .
Lehrer: Schau dir nochmals den Jungen an, der den schwarzen König spielt.
Der hat ein Herz um den Hals.
Das bringt er dem Kind.
Ja, das ist dem sein Geschenk.
Vielleicht ist das sein Herz, das er schenken möchte.
Der sagt: Ich schenke dir mein Herz.
Das heißt: Ich hab dich lieb, ich mag dich.
Er schenkt von sich das Wichtigste her.
Der hat ja kein Geschenk in der Hand, darum schenkt er dafür sich selber.

Eva-Maria Bauer

Josef Guggenmos, Wir gehen zur Krippe[1]

Kaspar:	Ach, wie sind wir voll Verlangen
Melchior:	weit gegangen,
Balthasar:	weit gegangen,
Kaspar:	über Berge,
Melchior:	tief im Tal,
Balthasar:	durch die Wüste öd und kahl,
Kaspar:	Tag und Nacht auf schlechten Straßen.
Melchior:	Unsre Füße sind voll Blasen.
Balthasar:	Ach, wie war das Herz oft schwer,
alle Drei:	doch der Stern ging vor uns her.
Kaspar:	Schrecklich knurrte oft der Magen.
Melchior:	Räuber wollten uns erschlagen.
Balthasar:	Löwen brüllten gar nicht fern,
alle Drei:	doch wir folgten unserm Stern,
Kaspar:	der uns drei geleitet hat
	bis in diese schöne Stadt.

[1] *Josef Guggenmos,* Das kunterbunte Kinderbuch, Verlag Herder, Freiburg 1962.

Melchior: In die Stadt Jerusalem,
wo die vielen Häuser stehn.

Balthasar: Doch wen können wir hier fragen,
und wer wird das Kind uns sagen?

Kaspar (zeigt nach links): Welch Palast, welch goldne Tür!
Der Herr König wohnet hier!

Melchior: Dieser hohe, edle Mann
wird uns helfen, wie er kann.

Balthasar: Schenken wird er uns zum Dank
für die Nachricht Speis' und Trank.

alle Drei (rufend): Herr Herodes, komm heraus,
tritt aus deinem Marmorhaus!

Herodes (von links): Ich, Herodes, komm' heraus,
tret' aus meinem Marmorhaus,
halt' das Zepter in der Hand,
König bin ich hier im Land.
Bin gefürchtet, bin gehaßt,
tue alles, was mir paßt.

alle Drei: So heißt unsre kleine Schar:

Kaspar: Kaspar,

Melchior: Melchior,

Balthasar: Balthasar.

alle Drei: Den Herrn der Welten suchen wir,
geboren ist der Heiland hier,
der König, der den Frieden schenkt.
Ein Stern hat unsern Weg gelenkt.

Herodes (zu sich): Was? Die Botschaft freut mich wenig.
Ich bin König! Ich bin König!
Keiner soll mir das verwehren!

(zu den Drei): Gern will ich den Heiland ehren.
Dank, ihr Herrn! Nun geht geschwind,
suchet weiter nach dem Kind! (ab)

Kaspar: Finster waren seine Züge,
voller Bosheit und voll Lüge.

Melchior: Nein, wenn wir das Kindlein finden,
dürfen wir's ihm nicht verkünden!

Balthasar: Fliehen wir den bösen Ort!

alle Drei: Traurig ziehn wir weiter fort.
(langsam gegen die Mitte, Hirten von rechts)

Kaspar: Wer mögen jene Leute sein?
Eilig ziehn sie querfeldein.

Hirten: Hirten sind wir, arme Leute,
viel geplagt und ohne Freude.
Karg ist unser täglich Brot.
Unser Schatz heißt Müh' und Not.

Melchior: Arm seid ihr und unbekannt,
alt und schlecht ist das Gewand.
Und doch liegt es wie ein Licht
hell auf eurem Angesicht.

Hirten: Hell ist unser Angesicht,
angezündet ist ein Licht,
das in unsern Herzen brennt.
Endlich hat die Nacht ein End'.

Balthasar: Was ist Großes auch geschehn?

Hirten:	Wir eilen, Gottes Sohn zu sehn. In dieser Nacht, hört, was geschah, stand jäh ein Engel vor uns da, ein Engel, groß und ernst und schön. Der sagte: Geht nach Bethlehem! Gott ist als Kind herabgestiegen – in einer Krippe seht ihr's liegen!
alle Drei:	Durch die Sonnenglut, durch Sturm und Regen gingen wir dem Kind entgegen.
Kaspar:	Wir gingen Tage, Nächte viel,
Melchior:	doch nicht umsonst: Wir sind am Ziel!
Balthasar:	Der Stern, dort steht er überm Stalle!
alle Drei, Hirten:	Weihnacht ist es für uns alle.

Fastnacht

A. Fastnacht heißt heute – im eingeengten Wortsinn – der Tag vor Aschermittwoch, so daß man glauben könnte, Fastnacht meine den Vorabend vor der Fastenzeit. Die alemannische ursprüngliche Wortform ist jedoch vasnaht (vasenaht), heute noch im schwäbischen »Fasnacht« (»Fasnet«) bewahrt, und geht zurück auf faseln – Unsinn treiben. Die Bezeichnung *Fasching* ist die österreichisch-bayerische Version, während das Wort *Karneval* dem Italienischen entlehnt ist und nicht vor dem 17. Jahrhundert gebraucht wird. Eine befriedigende Erklärung der Wortbedeutung ist bis heute nicht gelungen. Wohl scherzhaft interpretierte man Karneval mit carni vale (dicere) = dem Fleisch Lebewohl (sagen), als Anspielung auf die fleischlose Fastenzeit, doch ist auch die besser verbürgte Deutung mit carrus navalis, dem Räderschiff, das bei den großen Dionysien reich bekränzt (zur Wiedereröffnung der Schiffahrt im Februar) ins Meer gefahren wurde, nicht unumstritten. Fastnacht (Fasnacht, vasnaht) bedeutet den Höhe- und Schlußpunkt des närrischen Treibens zwischen Neujahr (siehe aber auch die Hinweise zu Martini am 11. 11., → S. 102 f) und Aschermittwoch, wobei der Anfang dieser Zeit variabler ist als das durch die Fastenzeit bestimmte Ende. Jedoch sind auch heute noch die rückwärtigen Begrenzungen der Fastnachtszeit fließend. So etwa feiert Basel acht Tage später die Fasnacht, weil dort bis ins 18. Jahrhundert der alte Julianische Kalender beibehalten wurde, während im übrigen Europa die Gregorianische Kalenderreform (nach Papst Gregor XIII., 1572–1585) sich durchsetzte. Auch im holländischen Gebiet um Venlo wird zweieinhalb Wochen nach dem rheinischen Aschermittwoch-Kehraus die Fastnacht gefeiert.

Der Ursprung der Fastnacht reicht weit über die christliche Zeit zurück bis zur Feier germanischer und antiker Fruchtbarkeitsbräuche. Es mischen sich hier zweierlei Traditionen: einmal Fortführungen der Wintersonnwendbräuche, sodann Fruchtbarkeitskulte zum neuen Frühjahr. Zu den Wintersonnwendtraditionen gehören alle mit der Fastnacht verbundenen Feuerbräuche; die Frühlingsbräuche symbolisieren eine Vertreibung der Winterdämonen durch lärmende Maskenumzüge, die böse Geister bannen und gleichzeitig segensspendende Fruchtbarkeitsgeister aus dem Winterschlaf mit Lärm, Schellen und Peitschenknall aufwecken sollen.

Es hat in der Vergangenheit nie an kirchlichen Versuchen gefehlt, das (von seiner Natur her exzessive) Fastnachtstreiben einzudämmen, wenn nicht pastoral zu domestizieren. Erfolgreich waren in dieser Hinsicht nur die reformatorischen Länder mit ihrem rigorosen Schriftprinzip, das alles, was vor- und außerchristlichen Ursprungs ist, verfemte. Darum ist die Feier der Fastnacht – und zumal ihr ursprünglicher, volkstümlicher Ausdruck – in protestantischen und – nochmals verschärft – in pietistischen Landschaften so gut wie völlig beseitigt, während in katholischen Regionen eine letztenendes ungebrochene vorchristliche Tradition erhalten blieb. Zwar gab es auch hier Bemühungen, Ausschreitungen einzudämmen oder durch ein »vierzigstündiges Gebet« zu Buße und Sühne für fremde Sünden aufzurufen, doch blieb insgesamt eine der Fastnacht wohlwollende Grundströmung bewahrt, nicht zuletzt deshalb, weil die katholische Tradition das Verhältnis zum Heidentum nie ohne Übergänge und Verwandtschaften bestimmt sah. Es ist wohl auch ein verborgenes geheimes Wissen um gemeinsame Ursprünge und innere Zusammenhänge zwischen Fastnachtsbräuchen und vielen anderen Formen der Volksfrömmigkeit lebendig geblieben, denn letztenendes muß auch der Kult in seiner Symbolsprache verstummen, wenn der Maske ihr Recht genommen wird. Beide Bereiche haben anthropologisch und geschichtlich einen gemeinsamen Quellgrund.

B. Eine theologische Deutung der Fastnacht ist bisher wohl kaum versucht worden und ist auch hier nicht zu realisieren, soll aber doch – im Rückgriff auf vorhandene Ansätze – in einigen Elementen skizziert werden.

Es geht um die Frage, welchen Platz die Narren und die Clowns im Christentum haben. Sind sie verpönt? Vor die Tür gewiesen? Mit Recht ausgewiesen? Mit welchem Recht?

Einzelgänger, die in ihrer Gesellschaft den Narren spielen, haben schon oft darauf hingewiesen, daß man Jesus gut verstehe, wenn man auch in ihm den Narren erkenne. Daß seine eigene Familie ihn als verrückt ausgab, wahrscheinlich um vor den Maßstäben des erwarteten Benehmens verminderte Zurechnungsfähigkeit für ihn zu beanspruchen und ihn so zu schützen (Mk 3,20f), verbindet ihn mit den Narren aller Zeiten.

Was ist ein Narr? »Der Narr ist Zweifler an allem, was als selbstverständlich gilt«, sagt Leszek Kolakowski, »er verkehrt zwar in guter Gesellschaft, doch gehört er ihr nicht an und sagt ihr Impertinenzen. Er könnte dies nicht tun, wenn er selber zur guten Gesellschaft gehörte . . . Die Philosophie der Narren ist jene, die in jeder Epoche gerade das als zweifelhaft entlarvt, was am unerschütterlichsten gilt, gerade in dem Widerspruch aufdeckt, was als offenkundig und unbestreitbar erscheint, die alle sogenannten Selbstverständlichkeiten des gesunden Menschenverstandes lächerlich macht und im scheinbar Absurden das Vernünftige entdeckt.«[1]

War der biblische Jesus ein solcher Narr? Die voraufgegangenen Generationen haben ihn so nicht sehen können. Vielleicht ist das auch ein Unding, solange die konstantinische Ehe zwischen Kirche und Staat ungeschieden bleibt, denn allzu feierlich wird er darin für den Bestand der Institutionen reklamiert. Als König, als Richter, auch als Lehrer und Arzt konnte man ein Christusbild akzeptieren, doch Christus als Narr hätte die heilige Ordnung gesprengt. Dennoch: Die traditionellen Christusbilder haben viel von ihrer Gültigkeit eingebüßt, und wenn man alle Spuren verfolgt, mag Harvey Cox recht haben, daß der Christus jetzt in einem neuen Gewand auf die Bühne des modernen säkularen Lebens getreten ist – oder ist es das ältere Gewand der frühesten Narrenzeit, das man nur dann sehen mag, wenn Christentum und Gesellschaft die artfremde Gemeinschaft aufgeben? Jedenfalls meint Cox, Christus der Harlekin trete wieder vor uns hin:

»Eine der ersten Darstellungen Christi durch die christliche Kunst[2] zeigt eine gekreuzigte menschliche Gestalt mit dem Kopf eines Esels. Jahrelang haben sich die Gelehrten gestritten, was das bedeuten könnte. Einige nehmen an, es handele sich um ein Geheimzeichen, andere glauben an eine grausame Parodie. Beides ist möglich. Es könnte aber ebenso gut sein, daß jene Katakombenchristen einen tieferen Sinn für die Absurdität ihrer Lage hatten, als wir annehmen. Als eine verfluchte Horde von Sklaven, Wracks und komischen Schweinen muß ihnen gelegentlich zum Bewußtsein gekommen sein, wie lächerlich ihr Anspruch scheinen mußte. Sie wußten, daß sie ›Narren in Christo‹ waren, behaupteten aber zugleich, daß die Narrheit Gottes weiser sei als die Weisheit der Menschen. Christus muß für sie selbst so etwas wie ein heiliger Narr gewesen sein.

Darüber hinaus gibt es selbst im biblischen Bild Christi Züge, die ohne weiteres auf Symbole des Clowns hinweisen. Gleich dem Hofnarren spottet Christus jeder Sitte, und verachtet er gekrönte Häupter. Gleich einem wandernden Troubadour hat er keinen Ort, sein Haupt hinzulegen. Gleich dem Clown in der Zirkusparade verhöhnt er die gegebene Autorität, indem er in die Stadt einreitet, umgeben von königlichem Prunk, während ihm keine irdische Macht zur Verfügung steht. Wie ein Bänkelsänger besucht er Banketts und Parties. Zum Schluß wird er von seinen Gegnern in die Spottkarikatur königlicher Gewänder gekleidet. Unter Gekicher und Gespött wird er gekreuzigt, zu seinen Häupten ein Zeichen, das seinen lachhaften Anspruch deutlich macht.

Der frühesten Periode christlicher Geschichte scheint das Symbol von Christus dem Clown im Innersten berechtigt. Es konnte sich jedoch nicht durchsetzen, als sich

[1] *Leszek Kolakowski,* Der Priester und der Narr, in: ders., Der Mensch ohne Alternative, München 1967, 248 f.

[2] Ich schließe mich *dieser* Deutung von Harvey Cox nicht an, denn gewiß handelt es sich weder um Kunst noch um einen christlichen Ursprung. Soweit ich sehe, gilt die vorherrschende Meinung, daß es sich um eine antichristliche Spottzeichnung handelt, nach wie vor als nicht widerlegt. Trotzdem bleibt das Kritzelbild ein Dokument der Narretei, als die das Christentum der Welt von früh auf erschienen ist.

das Selbstverständnis der Kirche vom Lächerlichen zum Sublimen bewegte. Welchen Raum hat die Karikatur noch, wenn die königlichen Gewänder der Kirche ernst genommen werden? Wenn ihre Kronen und ihre Szepter aus echtem Gold hergestellt werden, statt aus Dornen und aus Holz? Eine Kirche, die Macht faktisch ausübt und herrscht, hat kaum die Fähigkeit zu Karikatur und Ironie. So verschwand das Bild von Christus dem Clown mit wenigen Ausnahmen fast für alle Jahrhunderte des Christentums – jedenfalls offiziell. Der Karnevalsgeist hielt sich in den Straßenschauspielen und den Volkstheatern. Auch wenn die Hierarchie oft dagegen war, verschwand die Haltung der Komik mit ihrer Andeutung der Zwielichtigkeit und Selbstverlästerung nie ganz. Sie ging einfach in den Untergrund. Erst heute, in unserer säkularen, nachchristlichen Zeit, vermag sie sich wieder zu zeigen. Eine schwache, ja lächerliche Kirche, irgendwie merkwürdig über Kreuz mit den herrschenden Voraussetzungen ihrer Zeit, lernt aufs neue den harlekinesken Christus schätzen. Sein Pathos, seine Schwachheit, seine Ironie – das alles gewinnt heute wieder einen merkwürdigen Sinn.«[1]

Wo aber taucht die Narrenfigur zur Deutung Christi heute wieder auf? In der Malerei ist es wahrscheinlich Georges Rouault (1871–1958), der die Deutung Christi als Clown wiederfand.[2] Der für den protestantischen Pavillon bei der Weltausstellung 1966 gedrehte Film »The Parable« (1964) ist sicherlich das direkteste Beispiel. Jesus tritt als Zirkusclown auf, sein Verhalten unterscheidet ihn deutlich von dem aller anderen und schafft jene Distanz, die sich schließlich zum tragischen Ende steigert. Wenig später griff das amerikanische Musical »Godspell« (1970) dieses Thema auf: Jesus lebt als Clown unter Clowns und verkündigt seine närrische Botschaft von einer ganz anderen Gerechtigkeit als der alltäglich verrechneten, von Gewaltlosigkeit, Vergebung und Nächstenliebe.

Es nimmt nicht wunder, daß die Figur des Narren auch in den außerchristlichen Religionen vorkommt. Die islamisch-sufische Tradition kennt zahllose hintergründige Geschichten von Nasrudin, einem Possenreißer,[3] und der Talmud erzählt, daß Rabbi Beroka einst auf dem Marktplatz seiner Stadt in Babylonien den Propheten Elias traf. Der Rabbi fragte ihn: »Sind jetzt auf diesem Marktplatz irgendwelche Kinder der künftigen Welt?« Währenddessen gingen zwei Brüder vorbei und der Prophet Elias sagte: »Diese beiden.« Gleich ging der Rabbi auf sie zu und fragte sie: »Was macht ihr?« Sie sagten: »Wir sind Possenreißer. Ist jemand traurig, so suchen wir ihn aufzuheitern, und sehen wir Leute streiten, so suchen wir Frieden zwischen ihnen zu stiften.«[4]

[1] *Harvey Cox,* Das Fest der Narren. Das Gelächter ist der Hoffnung letzte Waffe, Stuttgart 1970 (1969), 183 ff.

[2] Vgl. hierzu *Hans Urs von Balthasar,* Herrlichkeit, Bd. 3/1, Einsiedeln ²1975, 548–551.

[3] Vgl. *Idris Shah,* Die Sufis, Düsseldorf ³1982.

[4] Ta'anith 22a. Vgl. *Gershom Scholem,* Von der mystischen Gestalt der Gottheit. Studien zu Grundbegriffen der Kabbala, suhrkamp-taschenbuch wissenschaft Nr. 209, Frankfurt/M. 1977, 123.

Als »Narren in Christo« können wir eine stattliche Reihe quer durch die Jahrhunderte aufzählen, doch mag es bei einigen Beispielen bleiben.

An erster Stelle zu nennen sind der heilige Symeon der Narr († um 550) und der heilige Andreas der Narr († 947).[1] Sie spielen die Rolle Jesu weiter, indem sie hinter die Masken der Konvention leuchten und selbst in der Maskerade des Harlekins leben »wie die Blumen des Feldes«. Wenn alle fasten, sitzen sie vor den Kirchtüren und essen einen ganzen Wurstkranz, aber sie fasten, wenn alle Welt üppig lebt und niemand sie beachtet. »Glaubt ja nicht, das wäre was, wenn ihr eure Gesetze befolgt«, wollen sie sagen, »ihr könnt trotz eurer Ordnungen total verluderte Menschen sein . . .«.

»Wir werden nicht in den Fehler verfallen, Franz (von Assisi) mit den Augen der Funktionäre und Beamten zu sehen, indem wir uns der von ihnen benutzten Formeln bedienen . . . Wir werden Franz als den Narren erkennen, als den er sich selber bezeichnet hat; als einen, der die Mächtigen beim Arm nimmt, um ihnen wie ein Kind die Wahrheit zu sagen, mit einer Kraft, die sie zum Schweigen bringt. Sie singen uns ohnehin tagtäglich die Ohren voll.«[2] So knüpfte Adolf Holl in seiner Franz-Biographie die Perspektive an, und mit Sicherheit kommt er dem Poverello näher als all die sterilen Formeln seiner Nachfolger, unter denen sie ihn begraben haben.

Die nächsten großen Narrengestalten sind literarischer Natur: Cervantes' »Don Quichote« (1605–1615), der in all seinen vielen Narreteien vor allem doch der »Narr in Christo« bleibt, und Dostojewskis Fürst Myschkin aus seinem Roman »Der Idiot« (1868). Aus unserer Zeit sind Friedrich Dürrenmatt mit seinem Stück »Die Wiedertäufer« (1967) und Heinrich Böll mit seinem Roman »Ansichten eines Clowns« (1963) zu nennen. In Dürrenmatts Bühnenstück verkörpern Jan Mathisson und Knipperdollink die Narren in Christo. Ihr Narrentum besteht in einer wortwörtlichen Umsetzung des biblischen Textes in die Praxis, ohne Rücksicht auf das real Mögliche. Mathisson lehnt die Verteidigung der Stadt Münster mit Waffen entgegen aller Raison ab; Knipperdollink nimmt Jesu Wort »Verkaufe alles, was du hast, und gib es den Armen« buchstäblich genau, verschenkt seinen Reichtum und lebt hinfort aus der Gosse – und beide scheitern.

Bölls Clown ist keine Narrenfigur wie Knipperdollink. Er verstummt gegenüber den etablierten Sicherheiten des nachkriegsdeutschen Christentums, schlüpft unter die Maske, um anderen ihre Masken vom Gesicht zu reißen: die Masken ihrer fromm getarnten

[1] *Ernst Benz* hat über beide berichtet in seinem Aufsatz »Heilige Narrheit«, in: Kyrios 3 (1938) 1–55.

[2] *Adolf Holl*, Der letzte Christ. Franz von Assisi, Stuttgart 1979, 19.

Unmenschlichkeit. Seine Botschaft richtet sich gegen das so ordentlich verwaltete Christentum, das sich allzu gut angepaßt hat, als daß es noch ein Hinsehen und Hinhören bewirken könnte. Bölls Clown kämpft gegen kirchliche Standards und Konventionen, ähnlich wie Don Quichote gegen Windmühlenflügel kämpft. Seine Geschichte endet mitten im rheinischen Karneval auf der Treppe des Bonner Hauptbahnhofs. Dort hockt er, als Clown geschminkt, lebenslanger Narr unter Narren für drei tolle Tage, gescheitert in seinen Beziehungen zum »gesunden« Christentum.

C. Die voranstehenden Skizzen enthalten keine Lehre. Sie sind Hinweis auf meist verborgene Linien der Christentumsgeschichte, die in der seriösen Theologie keinen Anhalt finden und darum um so sensibler bei Dichtern und Künstlern und – natürlich – bei heiligen Narren ausgesponnen und konkretisiert werden. Für Kinder der Grundschule wurde diese Narren-Theologie hier nicht vermittelt, wohl aber für Lehrer, die Kinder unterrichten und die für jedes Wort, das sie sagen, für jedes Bild, das sie deuten, mehr Wissen und mehr verschwiegenen und doch schweigend mitwebenden Hintergrund brauchen, als sich Informations-Statistiker denken können.

Kindern ist das Fastnachtstreiben natürlich in seiner bunten Gestalt und Abwechslung lieb, ohne daß sie tieferes Verständnis suchen. Dennoch darf der Religionsunterricht bereits einige Gestalten und Elemente der Fastnacht über ihre vordergründige Erscheinung hinaus in einem ersten Ansatz transparent machen. Dazu können die Figuren des Narren oder Clown gehören, vielleicht auch die symbolischen Gestalten wie Hexe und Dämon und sicherlich die Maske in ihren vielschichtigen Bedeutungen. Allemale entfernt sich der Unterricht in diesen Themen nicht von der Religion: Es sind Begegnungen der Kinder mit verborgenen und faszinierenden Seiten, die in ihnen selbst wirksam sind und in denen sie für weitergehende Sinnerfahrung aufgeschlossen werden.

D. Zur Fastnacht gehört in erster Linie eine Fastnachtsfeier der Kinder. Das ist wichtiger als Bildbetrachtung oder verbale Belehrung. Die nachstehenden Materialien bieten ein Spektrum verschiedener Möglichkeiten, die nicht alle in *einem* Schuljahr realisiert werden können. Insgesamt werden Hinweise gegeben, die – sorgfältig dosiert und nicht allein auf den Religionsunterricht beschränkt – für alle vier Jahre der Grundschulzeit ausreichen können.

Literaturhinweise:

Walter Nigg, Der christliche Narr, Artemis, Zürich 1956.
Rainer Ruß (Hrsg.), Gott bei den Tänzern und Narren, Paulinus Verlag, Trier

1979. Eine vielseitige und welthaltige Sammlung theologischer Reflexionen über »die Wiederentdeckung einer erotischen Kultur«: den Narr um Christi willen und den Tanz als tiefsten leiblichen Ausdruck des Menschen.

Verkleiden

Bei den folgenden Spielen ist die Beschränkung durch das Material wichtig. Die Kinder bekommen eine Hilfe für die Stilisierung von Rollen, aber ihre eigene Arbeit daran wird nicht ausgeschaltet, wie es durch zu perfekte Materialien leicht möglich wäre. Außerdem erschwert das leicht zerreißbare Zeitungspapier die Aufgabe sehr und verlangt von den Kindern *geduldiges Handhaben* und *kontrollierte Bewegungen* beim Vorzeigen. Es schränkt also auch von dieser Seite her ein und verlangt *Überlegung* im voraus.

Darum ist es bei jüngeren Kindern ratsam, Kreppapier zu nehmen, da es weniger leicht reißt und sie deshalb nicht zur Verzweiflung treibt. Es ist bei dieser Spielanordnung zu raten, nicht zu viel verschiedene Farben zu verwenden. Da in diesen Spielen Beschränkung der Mittel so wichtig ist, sollte auch bei Verwendung eines anderen Materials darauf geachtet werden.

Die Beschränkung ist nach den Erfahrungen, die ich mit diesen Spielen gemacht habe, für die Kinder vergnüglich und nützlich. Nützlich deshalb, weil sie sich üben, *Wesentliches zu sehen*, und weil sie lernen, ihre *Vorstellungen zu realisieren.*

Vergnüglich deshalb, weil fast alle Kinder sich gerne verkleiden und ihnen das eine Hilfe sein kann, in andere Rollen zu schlüpfen. Vergnüglich auch, weil Absurditäten und Parodien, nach denen es Kinder manchmal verlangt, möglich sind und in diesem Zusammenhang sehr oft hoch honoriert werden. (Die neue Mode: Apfelbutzen auf dem Kopf; oder: der Mann, der sich den Tisch anzieht, etc.)

Wichtig für das Gelingen der Spiele ist, daß durch die Anweisung ganz deutlich wird, was jetzt erwartet wird. Schnelligkeit und Haltbarkeit setzt andere Maßstäbe als Elaboriertheit bestimmter Merkmale, Wirkung der Verkleidung andere als Unterstützung der Verkleidung durch Worte oder Pose.

(1) *Die Kinder bilden Paare.* Einer der Partner bekommt vier Bogen Zeitungspapier und zwölf Sicherheitsnadeln. Es wird eine Zeit festgelegt, in der der eine Partner den anderen mit Hilfe der Zeitungen verkleidet. Es kann dann entweder eine Modenschau gemacht werden, bei der der nicht verkleidete Partner Erklärungen oder Kommentare spricht. Die anderen Kinder sollen erraten, was dargestellt wird.

(2) *Die Klasse ist eingeteilt in Gruppen zu sechst.* Für jedes Kind gibt es vier Bogen Zeitungspapier und zwölf Nadeln. Es sollen mindestens drei Kinder der Gruppe in einer festgelegten Zeit verkleidet werden. Es können aber auch mehr sein. Schnelligkeit und Haltbarkeit der Verkleidung werden begutachtet. Die Haltbarkeit läßt sich z. B. in einem Laufspiel erproben, bei dem gehüpft werden muß. Wessen Verkleidung ist danach noch erkennbar oder vorhanden?

(3) *Dasselbe;* aber die Verkleideten sollen eine ihrer Verkleidung entsprechende Pose einnehmen, damit die anderen Gruppen erraten können, als was sie verkleidet sind.

(4) *Dasselbe;* aber die Verkleideten sollen ein oder zwei für ihre Rolle wesentliche Worte sagen.

(5) *Entweder der Spielleiter oder die Gruppen geben Aufgaben,* als was alle sich verkleiden sollen: z. B. vornehme Dame, Astronaut, Obelix etc. Bei der Begutachtung sollen alle dieselbe Grundhaltung einnehmen, damit auf die Verkleidung geachtet werden kann. Dann können die Kinder die Pose einnehmen, die sie (der vornehmen Dame, dem Räuber etc.) für angemessen halten. Dabei sollte darüber gesprochen werden, ob die gewählte Pose der Verkleidung entspricht und ihre Besonderheiten ausreichend zur Geltung bringt.

(6) *Die Klasse ist geteilt in Gruppen zu dreien bis fünfen.* Jedes Kind hat einen Bogen Zeitungspapier, einen Meter Bindfaden und sechs Sicherheitsnadeln. In einer festgelegten Zeit soll aus diesen Dingen ein Stück Verkleidung oder ein Requisit für jedes Kind der Gruppe hergestellt werden, das die anderen Kinder erkennen läßt, welche Rolle damit gekennzeichnet wird.

Wenn die Kinder ihre Ergebnisse zeigen, kann man gemeinsam herausfinden, welches gut, d. h. der Rolle adäquat ist. Man sollte dabei auch versuchen, zusammen mit den Kindern dafür entsprechende Kriterien zu finden.[1]

Spielen mit Masken

Masken soll man Kindern nie so anbieten, wie man sie einkauft. Es ist günstiger, die möglicherweise längst fertige Maske mit weißer Dispersionsfarbe neu zu grundieren und sie dann gemeinsam mit den Kindern zu bemalen. Dabei kommen Gesichter heraus, die viel offener für Interpretationen sind und deshalb vielseitiger verwendbar. Zum Ausprobieren kann man zunächst einmal aus Papiertüten Masken herstellen.

Manche Kinder sind sehr gehemmt. Da können ihnen Spiele mit selbstgemachten Masken die freie Vorstellung vor der Klasse und einfachste Rollenspiele erleichtern. Für den Anfang ist es oft schon genug, wenn sie sich mit ihrer Maske präsentieren und dabei sagen, wer sie sind (woher sie kommen, was sie jetzt tun wollen, usw.).
Es kann aber auch eine größere Szene erfunden werden, wie zum Beispiel das folgende Spiel, das zunächst von zwei Kindern initiiert wurde. Später beteiligten sich mehrere daran. Der Tiger und die Frau tragen natürlich Masken, aber auch die hinzukommenden Rollen sollten in Masken spielen.

Eines Morgens wacht der Mann auf und ist ein Tiger. Mann liegt im Bett und räkelt sich. Frau hantiert in der Küche.
Tiger: Frau, hast du schon Kaffee gemacht, ich muß gleich ins Büro, ich hab sauber verschlafen. Warum hast du mich denn nicht geweckt?
Frau: Du hast so gut geschlafen, da wollte ich dich noch schlafen lassen, so spät ist es ja noch nicht. So, der Kaffee ist fertig. (Sie dreht sich um und erschrickt.) Um Gottes willen.
Tiger: Was hast du denn, spinnst du. Wieso erschrickst du vor mir?
Frau: (Stammelt) Aber das gibt's ja nicht. Du bist ja ein Tiger!
Tiger: Bist du durchgedreht, oder was ist? (Er steht auf und geht zum Spiegel. Entsetzt weicht er zurück.) Aber sowas, ich bin doch kein Tiger, ich bin doch ich. (Er faßt sich an den Körper.) Hände, Beine, Haare, alles wie sonst, nur das Gesicht.
Frau: Um Gottes willen! (Weicht dem Tiger, der sich ihr nähert, aus.)
Tiger: Aber ich bin's doch, Frau, dein Mann. Wie könnte ich denn sonst sprechen? Erkennst du meine Stimme denn nicht?
Frau: Ja, doch . . .

[1] *Benita Daublebski,* Spielen in der Schule. Vorschläge und Begründungen für ein Spielcurriculum, Stuttgart 1973, 94 ff.

Tiger: Jetzt kann ich nicht ins Büro, was denken denn die Leute, die laufen ja alle davon vor mir.
Frau: Ja, du mußt zu Hause bleiben. Ich ruf in der Firma an. (Sie telefoniert mit seinem Chef. Dieser will vorbeikommen, weil er die Geschichte nicht glaubt.)
Tiger: Der soll nur kommen, dem werd ich schon zeigen, was ich bin. (Er fängt an, sich mit seiner neuen Rolle zu identifizieren.)
(Es werden noch allgemeine Dinge besprochen, wie z. B., was er jetzt zum Essen braucht, oder ob er wie gewohnt ißt usw.)
(Es klingelt, und der Chef kommt.)
Chef: Grüß Gott, Frau Krause, na, wo ist denn Ihr Tiger? (Von der Ecke her faucht es. Dann springt der Tiger den Chef an. Die Frau hält ihn fest und beruhigt ihn, indem sie auf ihn einredet. Der Chef ist an den Rand der Bühne zurückgewichen.)
Chef: Aber Frau Krause, das ist ja fürchterlich ... entsetzlich, wie können Sie nur mit einem Tiger ...
Frau: Aber Herr Seifeneder, das ist doch mein Mann ...
Chef: Aber der ist doch gefährlich ... schaun Sie doch, wie er ... (Der Tiger will wieder auf ihn losgehen und faucht wild.)
Frau: Der ist ganz lieb, nur Sie mag er halt nicht besonders.
Chef: Ein Tiger ... Tiger ... der muß doch in den Tierpark ...
Frau: Was, mein Mann soll in den Tierpark ...
Chef: Nein, nicht Ihr Mann, aber der Tiger, doch ...
Frau: Aber das ist doch mein Mann. (Der Tiger faucht wieder gefährlich.)
Das Stück geht so weiter. Es gibt noch eine Menge Verwicklungen. Eine Nachbarin, die Zucker leihen will, wird angegriffen, weil der Mann sie noch nie leiden konnte, und endlich kann er sie beißen. Als Mensch darf man das ja nicht. Es macht Spaß, so ein Tiger zu sein. Die Nachbarin alarmiert die Polizei, daß in jenem Haus ein Tiger in der Wohnung gehalten werde. Diese kann sich gegen die Gegenwehr von Frau und Tiger nicht durchsetzen und bestellt Zoowärter, denen es schließlich gelingt, den Tiger zu überwältigen. Das Ganze endet in einer großen Rauferei und ist damit beendet. Es hatte allen großen Spaß gemacht.[1]

Literaturhinweis:
Rudolf Seitz, Wir machen Masken, Don Bosco Verlag, München 1979. Dieses Buch ist sehr geeignet für die unterrichtliche Arbeit in allen Altersstufen. Es bietet eine Fülle meist einfacher, aber immer eindrucksvoller Masken für vielerlei Spiele.

Relindis Agethen, Maskenfest S. 36–37

A. In der Bildenden Kunst haben Masken und Narren ihre eigene Tradition. Eine ikonographische Verfolgung der Themen führt von archaischen Kulturen (Masken) über Renaissance und Manierismus (Narren) bis in die Moderne, wo die Themen vielfältig variiert werden (J. Ensor, G. Rouault).

Ein Rückgriff auf diese Bilder erschien für unser Religionsbuch dennoch problematisch, weil das spielerische Element in ihnen oft zu kurz kommt oder die Bildintentionen so sublim sind, daß sie sich Kindern auch im Ansatz nur schwer erschließen lassen.

[1] Zitiert nach *Gerd Grüneisl,* Spielen mit Gruppen, Stuttgart 1974, 56.

B. Das Narrenensemble von Relindis Agethen vereint vier sehr unterschiedliche Gestalten, von denen jede einen eigenen Aspekt der Welterfahrung vertritt.

Dominant im Vordergrund steht die Figur des Clowns: ein Mann der Lebensreife mit weißgeschminktem Gesicht, aber ohne clowneske Überhöhungen. Trotz der Schminkmaske ist das Gesicht nicht verzerrt oder versteckt. Man sieht jede Runzel und Hautfalte; die Augen, der Mund, der Ausdruck des Gesichts sind ganz individuell, ohne die geringste maskenhafte Objektivierung. Die weiße Schminke – zusammen mit dem weißen Hemd – unterstreicht jedoch die überalltägliche Situation. Dieser Mann ist aus dem gesellschaftlichen Reglement ausgestiegen. Er wirkt entspannt, gelassen, innerlich vergnügt. Seine Freude aber kommt nicht aus äußerer Zerstreuung, vielmehr aus innerer Sammlung und Konzentration. Wie locker und zugleich behutsam sind seine überkreuzten Hände, wie leicht halten sie die gläserne Kugel, wie gebannt ist der Blick darauf gerichtet!

Aber ist es eine gläserne Kugel oder eine Seifenblase? In jedem Fall eine Kugel, dünnwandig und durchsichtig, sehr zerbrechlich und die Außenwelt spiegelnd. In der Symbolsprache der Märchen, der Alchimie und der Kunst kommt der gläsernen Kugel ein breites Bedeutungsspektrum zu, und es dürfte unmöglich sein, einen einzelnen Aspekt von vornherein für unser Bild auszusondern und zu verabsolutieren.

Im deutschen Märchen begegnet die Kugel als Kristallkugel, aber auch als Ball und als Goldkugel. Da will ein Jüngling auf dem Schloß der goldenen Sonne eine verwünschte Königstochter erlösen, und tatsächlich überwindet er alle Widerstände und findet die Prinzessin, jedoch nicht in ihrer wahren Gestalt, sondern aschgrau und mit trüben Augen. »Nur wer die kristallne Kugel erlangt, bricht die Macht des Zaubers«, sagt sie, »doch so mancher ist darum in seinen Tod gegangen.« Der Jüngling bleibt unerschrocken und beginnt das Wagnis. Er kämpft mit dem Auerochsen, sieht den feurigen Vogel aufsteigen, in dessen Leib ein glühendes Ei und in dem Ei als Dotter die Kristallkugel. Mit Hilfe seiner »Brüder« findet er das abgeworfene Ei und kann die Kristallkugel unversehrt herausnehmen. Da ist alle böse Zaubermacht gebrochen, nun ist der Jüngling der König vom Schloß der goldenen Sonne und kann allen, die sich selbst fremd geworden waren, ihre wahre menschliche Gestalt zurückgeben.[1]

Sicherlich steht hier die Kristallkugel als Symbol der vollkommen ausbalancierten Einheit aller geistigen und körperlichen Kräfte, als Bild ursprünglicher Ganzheit in Übereinstimmung von Innen und

[1] »Die Kristallkugel«, in: Kinder- und Hausmärchen der Brüder Grimm, Nr. 197.

Außen, Gott und Welt, Kosmos und Seele. Wer die Kristallkugel gewinnt, ist viele Tode der Materie gestorben und hat eine klare, durchsichtige Geistigkeit erlangt, wie ja auch die sechseckig kristallinen Quarzpyramiden bei der Glasherstellung zu reinster und fester Durchsichtigkeit umgeschmolzen werden. In dieser Sicht also korrespondieren »Glas« und »Kristall«.

Aber hält unser weiser, still vergnügter Clown eine solche Kristallkugel in seinen Händen? Die Behutsamkeit und Leichtigkeit, mit der er die Kugel anfaßt, widerspricht der Schwere massiven Kristalls. Ebenso ist eine Seifenblase auszuschließen, die er höchstens auf offener Handfläche ganz leicht für eine Weile tragen könnte, bevor sie zerplatzt. Offensichtlich ist es eine dünnwandige, sehr zerbrechliche Glaskugel, die der Mann behutsam hält – Kugel also gewiß, und auch aus Glas, also gleicherweise durchsichtig, aber eben doch hohl und leicht zerstörbar. Wie sollen wir das deuten?

In der ikonographischen Tradition wird die Kugel seit dem 6. Jahrhundert v. Chr. unter dem Begriff *sphaira* (lat. sphaera) als Symbol des Kosmos gebraucht. Mit dieser Bedeutung verbinden sich viele antike und christliche Anzeigen göttlicher und herrschaftlicher Macht. Eine zweite Bedeutungstradition sieht die Kugel als Ort der Schicksalsentscheidung. Hier steht die Kugel vor allem als Symbol des menschlichen Lebens. In der Mantik (Wahrsagekunst) wird die gläserne Kugel als Medium des »Hellsehens« benutzt. Der Übergang von dieser Bedeutung zum Symbol der Vanitas (der eitlen Vergänglichkeit des irdischen Lebens) ist seit der Zeit Heinrichs III. (1046–56) verfolgbar, findet aber erst mit Hieronymus Boschs »Garten der Lüste« (um 1510) seinen großen Auftakt. Seitdem wird die Zerbrechlichkeit des Glases zum Symbol der Vergänglichkeit allen Lebens.

Auszuschließen dürfte für die Kugel unseres Bildes eine Machtsymbolik sein. Dafür fehlt jeder Anhaltspunkt im Kontext, und der Narr wäre nicht länger in *seiner* Weise Narr, sofern ihn die Macht faszinierte. Alle anderen Aspekte der Kugelsymbolik korrespondieren hier vielschichtig, ebenso wie in einem frühmittelalterlichen Lehrsatz des Isidor von Sevilla:

> »Die Welt ist das All insgesamt.
> Sie besteht aus Himmel und Erde.
> In einem mystischen Sinn aber
> wird die Welt passender als Mensch bezeichnet.«

Das Symbol des Kosmos und das Symbol des menschlichen Lebens treffen sich in der Kugelgestalt. Sie steht für Ganzheit und Fülle und ist in dieser Vollkommenheit Ziel menschlicher Sehnsucht. Mit der Zerbrechlichkeit ihres Glases steht sie aber zugleich für die Vergänglichkeit allen Glanzes und aller Gestalt. So symbolisiert die Kugel den menschlichen Traum nach Übereinstimmung mit der Welt und sich selbst, nach vollkommener Balance von Leib und Seele, und zugleich die jederzeitige Zerstörbarkeit dieses irdischen Lebens. Jetzt hat er ihn in der Hand: den Traum vom Glück, der ja niemals nur »irdisch« ist, sondern zugleich das Verlangen nach Gott einschließt, und zugleich weiß er, wie kostbar der Augenblick ist, der gleich zerrinnen, dessen Glück zerbrechen kann. Nur der Narr ist von dieser Glaskugel fasziniert. Sie ist sein Thema vom Leben und vom Tod, von Glanz und Vergänglichkeit, Gott und Mensch. Darum ist der Narr der eigentliche homo religiosus, den kein anderes Getriebe rundum, sei es Fastnachtstreiben, sei es konventionelles Getue, aus seiner Besinnlichkeit vertreiben kann.

Neben dem Clown sehen wir das uns nun schon sehr vertraute Mädchen wieder. Es trägt eine freundlich lächelnde Maske. Während die übrigen Augen der Menschen auf diesem Bild in verschiedene Richtungen gehen, blicken die Augen der Mädchenmaske den Betrachter frontal an. Die Wangen sind leicht geschminkt, der Mund ist halb geöffnet und lächelnd. Aber weil wir das Mädchen kennen, wissen wir, welch trauriges Gesicht sich hinter der Maske verbirgt.

Wie immer ist das Kind schwarz gekleidet. Aber die aufgedruckten Gänseblümchen des Kopftuches sind ergänzt durch ein Kränzchen aus frischgepflückten Blümchen. Das Mädchen hat sich geschmückt, hinter der Maske versteckt es seine Armut und Trauer und wagt sich in die Gruppe der Fastnacht feiernden Menschen. Erstmals trennt der Stacheldraht es jetzt nicht von den Mitmenschen. Es steht nicht länger außerhalb. Aber um welchen Preis? Ob das Kind auch ohne Maske dabei sein darf? Vielleicht wagt es nur im Schutz dieser Maske den Schritt unter die feiernden Menschen. Gewiß ist der alte Clown kein Bekannter des Mädchens, aber das Mädchen scheint Vertrauen zu ihm zu haben, denn es steht nicht allein an seiner Seite, sondern neigt sich auch mit Kopf und Körper gegen dessen Oberarm. Die weisen Clowns strahlen wohl mehr Menschlichkeit aus als die tüchtigen Normalbürger.

Hinter beiden spielt ein Mann auf der Querflöte. Er ist phantasievoll, aber festlich gekleidet: auf dem Kopf ein blumengeschmückter Hut, der selbst wie ein umgestürzter Blütenkelch aussieht. Sein blauviolettes Gewand ist mit Rüschen und Ärmelstulpen reich geschmückt. Die großen, in die Ferne gerichteten Augen werden durch die dunklen Schminkränder noch eindringlicher. Ist dieser Flötenspieler ein Rattenfänger, wie er immer wieder unter den Menschenmassen auftaucht und magisch fasziniert? Oder ist er nur ein einfacher Musikant, fidel und traurig, gesellig und distanziert in einem? Jeder mag ihm gegenüber seine eigenen Fragen und Empfindungen haben.

Eine vierte große Figur, das Bildviertel rechts oben ausfüllend, blieb bis jetzt unerwähnt. Es ist eine maskierte Hexe (→ S. 182 f), vornehmlich ausgezeichnet durch ihren Besen, auf dem sie mit Rasanz reitet, so daß sich die Kleider aufblähen und den sorgsam geschichteten Aufbau der Tracht enthüllen, die Zöpfe steif zu beiden Seiten fliegen. Ihre Gesichtsmaske zeigt ein vom Lachen verzerrtes Gesicht, keineswegs entspannt, sondern eher drohend – aber was für ein Mensch dahinter stecken mag, ob es Mann oder Frau ist, übermütig heiter gestimmt oder ausflippend aggressiv, verrät die Szene nicht, es sei denn, der im nächsten Moment erfolgende Absturz unter die Drei in der Bildmitte wäre ein Hinweis. Wen wird sie treffen und niederreißen?

Die Szenerie spielt auf dem Hintergrund der schwäbisch-alemannischen Fastnacht. Die Kulisse der spitzgiebeligen Fachwerkhäuser ist dort identifizierbar, die über die Straßen gespannten bunten Tücher prägen das Bild aller Dörfer und Städte des Südwestens, in denen »Fasnet« als Straßenfastnacht begangen wird, der weißhemdige Umzug der »Hemdklonkeren« ist ebenfalls den Kennern regionaler Traditionen vertraut. Für eine Auseinandersetzung mit diesem Bild ist der spezifische folkloristische Hintergrund jedoch unerheblich. Auch dort, wo kein Fastnachtsbrauchtum zu Hause ist, spricht das Bild seine Sprache, und hat es seine originäre Verständlichkeit. Hinzuweisen bleibt freilich auf die nächtliche Zeit des Maskentreibens und auf den leuchtenden Vollmond: Nicht jede Stunde ist eine Stunde des Hexenritts, und auch die Maskerade sucht sich lieber die Nacht als das Morgenrot.

C. Die Bildbeschreibung hat deutlich gemacht, daß diese Maskenszenerie anspruchsvoller ist, als es für den flüchtigen Blick den Anschein hat. Das Mädchen mit und ohne Maske werden die Kinder wohl am leichtesten verstehen. Der Clown hingegen mit seiner gläsernen Kugel ist ihnen nicht unmittelbar zugänglich, auch wenn ihnen die Gestalt vertraut ist. Seine letztenendes philosophische Haltung liegt der kindlichen Art fern, doch spricht das Bild mit der ihm eigenen Intensität, ohne daß bewußte Reflexionen es begrifflich aufschlüsseln müssen. Daß die Glaskugel, in der sich die Welt spiegelt, auch die Welt darstellt, ist den Schülern einsichtig. Daß die Kugel in ihrer räumlichen Vollkommenheit zugleich ein Symbol der Vollkommenheit Gottes und des Menschen zu sein vermag, ist als erste Vorahnung möglich. Aber im dritten Schuljahr wird diese Symbolgestalt – nachdem bereits im zweiten Schuljahr die Sonne als Symbol erschlossen wurde – *eingehend* thematisiert.

D. Die unterrichtliche Arbeit mit diesem Bild stellt gegenüber den übrigen Bildern Relindis Agethens, soweit sie eine geschlossene Geschichte erzählen, einen veränderten Anspruch dar. Die hier versammelten Menschen werden nicht durch einen gemeinsamen Handlungsrahmen miteinander verbunden. Sie bilden eine Komposition einzelner Figuren, von denen jede für sich einen eigenen Aspekt närrischer Festlichkeit vertritt. Darum ist es sinnvoll, die Figuren nacheinander zu betrachten und – wenn man kann und will – zu jeder von ihnen eine eigene Geschichte zu erzählen.

Nach unseren Erfahrungen ist als Schwierigkeit zu erwarten, daß die Schüler die Darstellung nur langsam realisieren und vor allem nur langsam hinter die Maskierung schauen. Eigene Spielerfahrungen im Umgang mit Masken (→ S. 169) sind deshalb vorangehend wünschenswert. Je mehr die Kinder hier selbst den Zauber und die Versuchung der Maske kennenlernen, um so eher erfassen sie intuitiv auch die Bildaussage.

Die Unterrichtsplanung kann – wie immer – zunächst von einer freien Gesprächsrunde ausgehen, in der die Schüler sich spontan zum Bilde äußern, ohne daß gleich eine Ordnung der Gedankenfolge gesucht würde. Anschließend empfiehlt sich eine gegliederte und geführte Gesprächsphase, in der sich die Aufmerksamkeit aller von Figur zu Figur richtet. Die Reihenfolge der Figuren ist dabei nicht erheblich.

Um den Clown und seine Glaskugel zu vermitteln, kann auf einige Märchenausschnitte zurückgegriffen werden, beispielsweise auf »Die Kristallkugel« (KHM 197), »Der Eisenhans« (KHM 136) oder »Der Froschkönig« (KHM 1). Im »Eisenhans« und im »Froschkönig« ist es jeweils ein goldener Ball, der in den Brunnen fällt und der die langen Schicksalswege der Märchenhelden auslöst, während die Kristallkugel selbst mit großer Mühe und fremder Hilfe erobert werden will. Sie ist ein Symbol des Glücks, das nicht ohne eigene Arbeit gewonnen wird.

Außer der Hilfe, welche die Märchen leisten, ist der Rückbezug auf viel näherliegende eigene Erfahrungen der Kinder möglich: Ihr Spiel mit Seifenblasen steht nämlich in direkter Entsprechung zu der zerbrechlichen gläsernen Kugel. Es sind wunderschöne, vollkommene Gebilde, die wir miteinander in die Luft blasen können, in denen sich die Welt spiegelt und die gleichzeitig Wunschkugeln für die eigenen Vorstellungen von Ganzheit und Glück sind – und die doch so kurzlebig sind! Gleich nach Fastnacht, am Aschermittwoch, bezeigt das Aschenkreuz die gleiche Einsicht, die den Clown beim Betrachten der Glaskugel bewegt. Doch noch ist der Augenblick gegeben, die Kugel unzerbrochen und auch das Leben jung und froh.

Das Bild kann als Anstoß benutzt werden für die eigene Fastnachtsfeier, für Masken und Kostüme, wichtiger ist aber seine Interpretation, *nachdem* eigene Erfahrungen gewonnen wurden.

Die Fastenzeit

A. Der Höhepunkt des Jahres, das Osterfest, bedurfte einer eigenen Vorbereitungszeit, die über die »Große Woche« (Karwoche) hinausreichte. Im Osten wurde es schon im 4. Jahrhundert Brauch, das Fest der Auferstehung durch ein vierzigtägiges Fasten einzuleiten – so wie auch Jesus vierzig Tage in die Wüste gegangen war, um sich vorzubereiten (vgl. Mk 1,12ff par.). Da man dort aber samstags und sonntags nicht fastete, machten erst acht Wochen (acht mal fünf Tage) die vierzig Tage voll. Deshalb begann die Fastenzeit im Orient mit dem heutigen Sonntag Sexagesima. Der Westen praktizierte statt dessen ein sechs mal sechstägiges Fasten, da hier nur die Sonntage ausgenommen blieben. Um die vierzig Tage voll zu bekommen, wurden die fehlenden vier Tage dem ersten Fastensonntag (Invocavit) vorgeordnet, so daß die Fastenzeit mit Aschermittwoch begann.

Fastenzeit war zunächst Beginn der öffentlichen Bußzeit. Die unter Kirchenstrafe fallenden Büßer erhielten ein Bußgewand und wurden mit Asche bestreut. Staub und Asche sind in der biblischen Tradition Symbole der Vergänglichkeit und Wertlosigkeit (vgl. Gen 18,27; Jos 7,6; 1 Sam 4,12; Jes 44,20; Ijob 30,19; Sir 10,9; 40,3). Als im 11. und 12. Jahrhundert die öffentliche Kirchenbuße immer mehr aus der Übung kam, wurde der Aschenritus auf alle Gläubigen ausgedehnt. Äußeres Zeichen blieb dafür bis heute die Spendung des Aschenkreuzes mit der (von Gen 3,19) abgeleiteten Formel: »Memento homo quia pulvis es et in pulverem reverteris – Gedenke, Mensch, daß du Staub bist und zum Staube zurückkehrst.« Die Asche wird durch Verbrennen der Palmzweige vom Vorjahr gewonnen. Da die Palmprozession triumphalen Charakter hat, soll so das Vergehen aller irdischen Herrlichkeit (vanitas) den Menschen deutlich werden.

Nach dem Bestreuen mit Asche mußten in alter Zeit die Büßer die Kirche durch die sogenannte Adamspforte (ein Portal mit den Darstellungen Adams und Evas und des Jüngsten Gerichts) verlassen und auf der Armesünderbank im Vorraum Platz nehmen (→ S. 323 f). So wurde die Vertreibung der Stammeltern aus dem Paradies durch das Gericht Gottes symbolisch auf sie übertragen. Erst am Gründonnerstag wurden sie wieder zu der liturgischen Gottesdienstgemeinschaft zugelassen.

Auch das Fasten entstammt – wie fast alle frühen liturgischen Ordnungen und Bräuche – der jüdischen Tradition. Montags und donnerstags pflegten fromme Juden zu fasten. Die erste Christenheit praktizierte diese Regel, verlegte dann aber die Fasttage auf Mittwoch (als Tag des Todesbeschlusses des Hohen Rates, Joh 11,37ff) und Freitag (als Tag der Kreuzigung). In der westlichen Kirche kam später als dritter Fasttag der Samstag (als Tag der Grabesruhe und der Vorbereitung auf den Sonntag) hinzu.

Diese Fasttage wurden nicht überall gleich begangen. Neben vollem Nahrungsverzicht gab es Einschränkungen im Essen und Trinken, etwa bis zur neunten Stunde (der Todesstunde Jesu) oder von der Morgen- bis zur Abenddämmerung. Daneben waren Fleisch- und Milchspeisen (wegen ihres hohen Nährwertes) verboten. Die Ordnung, vierzig Tage lang vor Ostern zu fasten, wurde im Westen erst im 7. Jahrhundert voll übernommen. Im Vordergrund standen allerdings noch lange zwei Sondergruppen, denen diese Wochen zuerst galten: die Büßer und die Taufbewerber. Erst in zweiter Linie war die Fastenzeit die österliche Vorbereitungszeit der gesamten Gemeinde.

B. Eine Theologie des Fastens gibt es schon im Alten Testament: Vor Gott hat Fasten nur Wert als Zeichen aufrichtiger Bußgesinnung (Joel 1,12f), verbunden mit Liebe und Gerechtigkeit gegen den Nächsten (Tob 12,8). So wie der Sabbat für den Menschen geschaffen ist und nicht der Mensch für den Sabbat, gilt dies auch für das Fasten: Es soll dem Menschen helfen und ihn nicht hindern, lauter und gut zu sein. Darum hat das Fasten nur unter entsprechenden Bedingungen religiösen Wert (vgl. Mt 6,16 und Mk 2,18 par.). Im übrigen spricht das Neue Testament insgesamt nur selten vom Fasten.

Für unsere Zeit sind die alten Fasten- und Abstinenzbestimmungen mit geringen Ausnahmen aufgehoben worden. Arbeitszwänge und Zeitdruck erlauben nicht mehr die asketischen Bräuche der Antike und des Mittelalters. Geblieben ist eine Wertschätzung des Fastens aus gesundheitlichen oder ästhetischen Gründen: um den Körper zu entschlacken und um dem Schönheitsideal entsprechend schlank zu bleiben. An die Stelle des Nahrungsverzichts sind individuelle Entsagungen getreten, um eine größere innere Freiheit gegenüber manchen Gewohnheiten zu erobern: Einschränkung oder zeitweise Abstinenz von Alkohol und Nikotin, Verzicht auf Fleisch, Verzicht auf leichte und ablenkende Unterhaltung, Verzicht auf eigene materielle Ansprüche zugunsten einer solidarischen Hilfe für ärmere Völker (Misereor; Brot für die Welt).

C. In der katholischen Tradition war die Fastenzeit seit jeher auch für Kinder eine deutlich aus dem übrigen Jahreskreis herausgehobene Zeit: Sie sammelten ihre Süßigkeiten in einem besonderen Glas und übernahmen freiwillig kleine Hilfsdienste. Möglicherweise hat dieser Brauch an Gültigkeit und Verbreitung unter heutigen Kindern viel verloren. Er ist auch nie durch die Schule, sondern durch Geist und Haltung der Familien getragen worden, doch konnte die Schule ihn oft stützen und ermutigen. Pädagogisch geurteilt gibt es aber nichts, was gegen eine ähnliche Praxis auch für heutige Kinder sprechen könnte. Deren Konsum an Naschereien und insbesondere Fernsehsendungen ist durchschnittlich viel zu hoch und kaum diszipliniert, als daß hier nicht Ermutigung zur *Selbst*beschränkung angebracht wäre. Nur dürfte solche Ermutigung nicht von pseudofrommen Motiven getragen sein, sondern müßte den Eigenwillen zum Guten und Selbstbeherrschten ansprechen.

D. Unser Religionsbuch 1 bietet für die vier bis sechs Wochen Schulzeit vor Ostern nur ein Bild an (bzw. zwei Bilder, sofern man das österliche Gegenstück bereits vor den Ferien einbeziehen möchte). Für die verbleibende Zeit empfiehlt es sich, den Kurs »Bibelverständnis: Israel, Land und Leute« zu unterrichten.

Relindis Agethen, Passion — S. 38

A. Für die antike Humanität waren der Gekreuzigte und seine Verehrung nur peinlich. Kreuzigung war »die schimpflichste Art der Bestrafung«. Darum galt auch die Religion des Kreuzes römischem Empfinden als unanständig und pervers. »Was Kreuz auch nur heißt, soll nicht nur vom Leibe der Bürger Roms fernbleiben, sondern auch schon ihrem Denken, ihrem Auge und Ohr«, erklärte Cicero. Der christliche Glaube an den Gekreuzigten mußte darum auf den ästhetisch gebildeten antiken Menschen als peinliche Gotteslästerung wirken. Rücksicht auf diese Einstellung, vielleicht auch eine gewisse Teilhabe an dieser Scheu vor der schmachvollen Kreuzigung und gleichzeitig der Glaube an den Auferstandenen hielten die älteste Christenheit ab, Passion und Tod Jesu bildlich darzustellen. Allenfalls waren zunächst typologische Bilder – die Opferung Isaaks; Jona im Walfisch – als Hinweise auf Jesu Tod möglich sowie verhüllende Symbole. Erst nach der monumentalen Ausgestaltung der heiligen Stätten in Jerusalem in konstantinischer Zeit wird eine Perspektive gewonnen, die im Leiden schon den Triumph erkennt. Gegen Mitte des 4. Jahrhunderts erscheinen nun die ersten Passionsdarstellungen in der Sarkophagplastik, danach in anderen Materialgestaltungen, Anfang des 6. Jahrhunderts bereits in Mosaikbildern und in der Buchmalerei. Die typologische Verbindung mit alttestamentlichen Geschichten wird aber beibehalten. Später, etwa seit dem

10. Jahrhundert, mischt sich, ohne den typologischen und liturgischen Zusammenhang aufzugeben, ein »historisches« Interesse in die Darstellungen der Passion. Unter dem Einfluß mystischer Frömmigkeit und infolge des eigenen schweren Leidensdrucks gilt im späteren Mittelalter dieses Interesse ganz dem »Jesus vere patiens« – dem notvoll leidenden Jesus –, und es entstehen detailliert ausgestaltete Szenenfolgen und Zyklen des Leidensweges, oft unmittelbar in die eigene Gesellschaft übertragen. Die gleichzeitig sich entfaltenden Passionsspiele vertiefen die Darstellungen unter Betonung von Folter, Verhöhnung, Schmerz und Todeskampf. Immer sind diese Passionsbilder auch erfahrungssatte Spiegel der eigenen Zeit in ihrem Trug und Leid. Zwar drängte die Renaissancekunst den mittelalterlichen, oft grausamen Realismus wieder zurück und milderte den Gefühlsausdruck, doch steigerte ihn das Barock – zumal in der Volkskunst – nochmals bis an die äußerste Grenze. Unser Jahrhundert schließlich brach mit der Tradition in vielfacher Hinsicht, ohne gerade die Passionsthematik aufzugeben: Im »Ecce homo«, im gefolterten und gekreuzigten Christus, werden erneut die Leidenserfahrungen der Zeit verdichtet, manchmal in persönlicher Identifikation mit dem gequälten Christus (z. B. James Ensor) oder durch symbolhafte Verallgemeinerung des geschichtlichen Vorgangs (z. B. Georges Rouault, Otto Dix, Oskar Kokoschka, Marc Chagall).

B. Mit dem Passionsbild von Relindis Agethen wird zweifellos keine »kindgemäße« Variante moderner Leidensdarstellungen gezeigt. So wenig das Leid um uns herum – Aufrüstung, Gewalt, Rücksichtslosigkeit, Krankheit, Verstoßung, Tod – eine »kindgemäße« Milderung kennt, so wenig kann ein Religionsbuch, wenn es die eigene gesellschaftliche Wirklichkeit ebenso ernst nimmt wie die Schüler, verharmlosende und geschönte Bilder der Passion akzeptieren.

Was sehen wir? Auf den ersten Blick scheint dies kein Passionsbild zu sein. Die historische Szenerie der Evangelien fehlt, statt dessen drängt sich eine Fülle schrecklicher Gestalten und Dinge, und erst nach näherer Orientierung erkennen wir, daß sich alles Geschehen zu Füßen des Gekreuzigten abspielt. Würde der Kruzifixus ganz zu sehen sein, müßte er mit seiner Größe, aber auch in seinem Grünewaldschen expressionistischen Todesgrauen das gesamte leidende Weltpanorama überragen. Doch genügen seine grauenhaft verwundeten Füße, blutend und mit einem schweren, langen Nagel an den Kreuzesschaft getrieben; – in diesem Detail allein ist die Passion Christi hinreichend präsent.

Neben dem Kruzifixus in die Höhe treibend, die obere Bildmitte beherrschend, entfaltet sich der tödliche Wolkenpilz einer Atombombenexplosion. Es ist der schlimme Horizont, der hinter unserem politischen Tagesgeschehen, hinter den starken Worten von Aufrüstung und Verteidigung als letzte Konsequenz steht. Niemand von den heute Lebenden kann sich der drohenden Macht dieser Vision entziehen. Morgen oder in zwanzig Jahren können die Sicherungen durchschlagen und das fürchterliche Over-kill-Arsenal explodieren lassen, das unter uns allen angelegt ist und diese Schöpfung Gottes sechzehnfach zu vernichten imstande ist – morgen mag die Overkill-Dosis achtzehn oder zwanzigmal größer sein, als nötig ist, um alles auszulöschen, was in vielen Millionen Jahren wurde –, und leider ist dies der Horizont, in dem unsere Kinder ihre Zukunft suchen und verteidigen lernen müssen.

Unter dem Atompilz begegnen wir erneut dem traurigen, leidenden Mädchen. Sein Gesicht erscheint nochmals gealtert. Die Augen gehen groß und stumpf ins Leere. Der Kopf ist, wie immer, zur Seite geneigt und zeigt Müdigkeit, aber auch Ergebenheit an. Der Stacheldraht, sonst nahezu schon ein Attribut, die soziale Verfemung und Isolation der Not auszudrücken, erscheint diesmal allgemeiner als Symbol einer Zeit, die überall Grenzen zieht, trennt und absondert, wo nur brüderliche Menschlichkeit retten könnte.

Neben dem Mädchen ein krankes Kind, offensichtlich an Armen und Füßen geschädigt, wie vor Jahren die Contergan-Kinder. In seinem linken Arm drückt es, unbeholfen, ein Stoff-Lämmchen an sich. Mit dem übergroßen mißgebildeten linken Fuß hält es ein Buch, auf dessen Einbanddeckel der gleiche Text (für die verkleinernde Reproduktion unerkennbar) zu lesen steht, den unser Religionsbuch auf der gegenüberliegenden Seite abdruckt. Das Kind wird damit als Opfer gesellschaftlicher Schuld verstanden, die in vielen Ordnungen und Zwängen, die wir regulär hinnehmen oder konsumieren, angelegt ist. Links daneben sehen wir einen Teddybär mit aufgeschlitztem Bauch, aus dem die »Sägemehl«-Füllung herausrieselt. Wer dieses Kinderspielzeug so zerstört hat, beantwortet das Bild nicht. Der Teddybär ist auch nur symbolisches Objekt für millionenfache Gewalt, die täglich von Menschen an Menschen verübt wird, und es sind junge wie alte, die einander leiden machen.

Zu Füßen des Gekreuzigten, auf der linken Bildhälfte, sehen wir also nur Opfer: geschädigte Menschen, die uns die Frage Arnim Juhres aufdrängen: »Wer stellt die Kreuze in die Welt? Wer arbeitet für Macht und Geld und läßt den Bruder hängen?« Die entgegenstehende rechte Bildseite scheint eine Antwort zu geben. Jedenfalls sehen wir ausschließlich symbolisch verschlüsselte Gestalten, die das Böse verkörpern: die Hexe, den Geier, den Gelddrachen, die schwarze Katze. Wie läßt sich diese Dimension des Bildes entschlüsseln?

Offensichtlich handelt es sich um märchenhafte Symbolfiguren, die wohlvertraut sind: Zuoberst sehen wir vor einem Knusperhaus die Hexe; ihr beigeordnet, aber von außen in das Bild hereinschauend, ein Geier; darunter der Gelddrache, wie er bereits vom Nikolausbild her bekannt ist. Natürlich handelt es sich hier nicht um Zitationen bestimmter Märchen, vielmehr stehen die symbolischen Figurationen hier für allgemeine Konstellationen des Bösen, deren Ort niemals nur bei anderen gesucht werden darf, ohne die »Hexe«, den »Drachen« oder den »Geier« auch in sich selbst zu wissen.

Bedenken wir zunächst die *Hexe*. Sicherlich ist sie allen Kindern von »Hänsel und Gretel« her vertraut; mit dem lockenden Knusperhäuschen im Hintergrund erinnert das Bild eindeutig an dieses Märchen. Aber »wie kommt dieser vollkommene Kindertraum von Zukkerwerk und Leckereien in den finsteren Wald«? Was ist eine Hexe? Warum gilt sie als menschenfresserisch, so daß sie Hänsel und Gretel mästen und braten will? Oder anders gefragt: Was ist das Wirkliche, das sich im Märchensymbol ausspricht?

Die exemplarische Verkörperung einer Hexe findet sich in einem mittelalterlichen Roman aus dem Kreis um König Artus. König Artus, so wird erzählt, wagte sich in den Wald von Inglewood, um dort Antwort auf die Frage zu finden, was den Frauen das Allerliebste auf der Welt sei. Sollte er das Rätsel nicht lösen, hatte ihm sein hünenhafter Herausforderer, Gromer Somer Joure, bedeutet, sei sein Leben der Preis. Auf seiner Suche nach Rettung traf König Artus im Wald von Inglewood die häßlichste alte Hexe, die je ein Mensch erblickt hatte. Diese verriet ihm die Lösung, knüpfte aber die Bedingung daran, wenn er auf diese Weise gerettet werde, begehre sie zum Lohne, daß Gawan, der Gefolgsmann des Königs, sie heirate. Nach bestandener Gefahr nun trifft König Artus dieses abstoßende Weib, Dame Ragnell, erneut:

»Herr König«, sprach sie, »froh bin ich, daß es Euch wohlerging: ich sagte Euch ja, wie es verlaufen würde. Nun aber, da ich Euer Leben gerettet habe, muß Gawan mich freien. Der ist ein wohledler Ritter. Öffentlich soll die Hochzeit gefeiert werden, und eher dürft Ihr mich nicht verlassen. Reitet voraus, König Artus, ich werde Euch zu Eurem Hofe folgen.«

Der König schämte sich ihrer sehr. Aber als sie zum Hofe kamen und alle sich verwunderten, woher dieses Scheusal wohl käme, trat Ritter Gawan ohne Zögern heran und schwor mannhaft seine Treue.

Da sprach Dame Ragnell:

»O mein Gott, ich wollt,
Ich wäre Euch zulieb eine Fraue hold,
Denn Ihr seid gar so guten Willens.«

Alle Damen und Ritter des Hofes waren in großer Sorge um Gawan; die Damen weinten in ihren Kemenaten, daß er ein solches Ding ehelichen sollte; sie war so häßlich und abstoßend. Zwei Zähne wie die Hauer eines Ebers ragten ihr handbreit auf beiden Seiten aus dem Mund, der eine nach oben, der andere nach unten, und dieser

Mund war breit und mit vielen Haaren gräßlich bewachsen. Auch ließ sie sich nicht mit einer kleinen stillen Hochzeit abspeisen, wie es die Königin gewünscht hätte, sondern bestand auf einer Hohen Messe und einem Gelage in der offenen Halle, wo jedermann teilnehmen konnte. Beim Schmause verschlang sie drei Kapaune, ebenso viele Schnepfen und eine Anzahl verschiedener Braten, die sie alle mit ihren langen Hauern und Fingernägeln zerriß, bis nur noch die Knochen übrig waren. Sir Kay, Gawans Gefährte, aber ein unhöflicher, kecker Geselle, schüttelte den Kopf. »Wer immer diese Dame küßt«, sagte er, »vor diesem Kusse muß er sich fürchten.« So schlang die Braut weiter in sich hinein, bis das Mahl um war.

Nachts im Bette konnte es Gawan zuerst nicht über sich bringen, sich umzudrehen und ihr unappetitliches Maul anzuschauen. Nach einer Weile jedoch sagte sie zu ihm: »Ach, Herr Gawan, da Ihr mich geehelicht habt, erweist mir doch etwas Höflichkeit im Bette. Ihr könnt es mir billigerweise nicht abschlagen. Wäre ich schön, so würdet Ihr Euch anders betragen; Ihr achtet nicht des Ehestands. Um Artus' willen küßt mich wenigstens; ich bitte Euch, tut dies auf mein Geheiß. Kommt, laßt sehen, wie geschwind Ihr sein könnt.«

Der Ritter und treue Neffe des Königs raffte all seinen Mut und seine Gutmütigkeit zusammen: »Mehr will ich tun«, sagte er freundlich. »Bei Gott, mehr will ich tun, als nur küssen!« Und er wendete sich ihr zu. Da gewahrte er das allerschönste Wesen, das er je erblickt hatte.

Sie sprach: »Was ist Euer Wille?«

»Oh Jesus!« sagte er, »wer seid Ihr?«

»Mein Herr, ich bin doch Euer Weib. Warum tut Ihr so fremd?«

»Ach, gnädige Frau, ich bin zu tadeln; ich wußte es nicht. Vor meinen Blicken seid Ihr schön – während Ihr noch heute das häßlichste Geschöpf wart, das mir je unter die Augen kam! Euch so zu haben, meine Frau, gefällt mir wohl!« Und er nahm sie in seine Arme und begann sie zu küssen. Und groß war ihre Lust.

»Herr«, sagte sie, »meine Schönheit wird nicht dauern. Ihr dürft mich so besitzen, aber nur für die Hälfte des Tages. Drum ist es die Frage, und Ihr müßt entscheiden, ob Ihr mich hold bei Nacht und häßlich bei Tage vor aller Welt oder schön bei Tage und häßlich bei Nacht haben wollt.«

»Ach«, erwiderte Gawan, »die Wahl fällt mir schwer. Wenn ich Euch hold bei Nacht habe und sonst nicht, so würde es mein Herz grämen; aber wenn ich mich entschlösse, Euch schön bei Tage zu haben, so hätte ich ein unliebsames Bett. Gern wählte ich das Beste, doch weiß ich nicht in aller Welt, was ich sagen soll. Meine liebe Frau, es sei so, wie Ihr es Euch wünscht; ich lege die Wahl in Eure Hand. Mein Leib und Gut, mein Herz und alles sind Euer; Ihr mögt damit schalten und walten, das schwöre ich vor Gott.«

»Ach, höflicher Ritter, großen Dank!« sprach die Dame. »Möget Ihr vor allen Rittern der Welt gesegnet sein, denn nun bin ich vom Zauber erlöst, und Ihr sollt mich schön und strahlend haben bei Nacht wie auch bei Tage.«

Alsdann erzählte sie ihrem entzückten Gatten, wie ihre Stiefmutter – Gott sei ihrer Seele gnädig! – sie durch schwarze Magie verzaubert hatte. Sie war dazu verdammt, ihre abscheuliche Gestalt zu tragen, bis der beste Ritter Englands sie ehelichen und ihr alles, Leib und Gut, zur Herrschaft überlassen würde. »So erhielt ich meine Mißgestalt«, sagte sie. »Und Ihr, Herr Ritter, freundlicher Gawan, gabt mir die Herrschaft für immer. Küßt mich, ich bitte Euch, gerade jetzt und hier. Seid froh und guten Mutes.« Und überschwenglich war ihre Lust.[1]

[1] *Heinrich Zimmer,* Fahrten und Abenteuer der Seele. Mythen, Märchen und Sagen aus keltischen und östlichen Kulturbereichen. Darstellung und Deutung, Düsseldorf 1977.

Hier zeigt sich die Hexe als Opfer fremden »Zaubers«. Das in allen schlummernde Böse wird gebündelt auf fremde Menschen projiziert. Alle Tage geschieht das, immer stempelt die Gesellschaft ihre Herren und Knechte. Was sie nicht toleriert, drängt sie in den Keller oder den »finsteren Wald«. Von dort kommt es dann drohend und zerstörerisch unter vielerlei Masken zurück und zerstört, soweit keine Liebe vom Zwang des Bösen befreit.

Ganz ähnlich ist es mit dem *Drachen*, in dem – auf unserem Bild wie im Märchen – manche Züge mit denen der Schlange zusammengehen. Das Sumpfreich, das geschmeidig wendige Wesen, die gespaltene, blitzartig umherfahrende Zunge sind der Schlange eigen und zugleich ein Ur-Bild für den Zwiespalt des Menschen geworden. Die Versuchbarkeit durch die triebhaften Süchte aber ist im Symbol des Drachen gefaßt. Im Nibelungenlied muß Siegfried den Drachen (»der erdverhafteten Süchte«) töten, um den »Goldschatz« zu erringen, wobei hier Gold gerade nicht für materiellen Gewinn, sondern für höhere Werte steht. Für die Griechen war Jason der Drachenbezwinger, um durch diese Tat das »Goldene Vlies« zu erlangen, und auch der göttliche Marduk, der babylonische Heilsbringer, wird gerühmt, weil er die Urdrachenmutter, das große Chaos, bändigt und eine geordnete Erdenwelt aus den brodelnden Kräften formt. Vor allen anderen 55 Drachentötern, die die christliche Hagiographie kennt, wird der Erzmärtyrer Sankt Georg verehrt, der den Drachen besiegt, die Jungfrau und die Stadt befreit.

Sooft in Märchen, Sage und Legende Drachen dargestellt werden, geht es letztenendes um eine innere Wirklichkeit. Auch der Drache auf unserem Bild muß zuerst im eigenen Selbst besiegt werden, denn man kann den Drachen nicht in äußerer Gestalt finden und dort mit Gegengewalt bekämpfen wollen. Überhaupt ist der Drache nicht »irgendwo« lokalisierbar und ebensowenig mit Sachbegriffen benennbar, etwa als irgendein »Anderer«, der schlechthin böse wäre und auf den sich alle Aggression richten dürfte. Weder »der Kommunismus« noch »der Kapitalismus« noch sonst eine definierbare Größe dieser Welt werden durch den Drachen symbolisiert, sondern eine Innendimension, die quer durch alle Herzen reicht. Darum gibt es auch keinen Drachenkampf als Flucht vor Selbstbesinnung. Solche naiven Projektionen standen Pate für die Kriege dieses Jahrhunderts und werden weiterhin das Leid der Welt vermehren und die Kreuze aufrichten, solange wir »das Böse« massiv hier oder da suchen und entsprechend außengerichtet überwinden wollen. Der Drache der ungezähmten Süchte und der materiellen Gier steckt in allen Menschen und ist nur dadurch zu bekämpfen, daß jeder in die Region dieses Ungeheuers hineinsteigt, in die Innenwelt und Dunkelheit des Drachens, um ihn hier zu überwinden.

Gewiß, »die Hexe« hält den »Drachen« in ihrer Hand: Aber da die Hexe ebenfalls nicht »irgendwer anderer« sein muß, sondern als mein eigener Schatten zu erkennen ist, gehört der Drache zu diesem meinem Schatten und kann nur dort besiegt werden, sofern die Kreuze in der Welt gemindert werden sollen. Die Krone, die er trägt, bedeutet jedenfalls nicht Unbesiegbarkeit.

Neben der Hexe sehen wir einen *Geier:* scharf sein Auge, gefährlich sein Schnabel. Mehrfach schon sind uns bisher auf den Agethen-Bildern solche unheimlichen Vögel begegnet: ein dunkler Nachtvogel auf dem Nikolausbild, dort ebenfalls über dem Geld-Drachen, der das Herz des reichen Kaufmanns im Rachen hält; ebenfalls ein Nachtvogel, diesmal aber eine Krone tragend, auf dem Linolschnitt »Die Sterntaler«; und das dritte Bild des Märchenzyklus »Vom Korb mit den wunderbaren Sachen« zeigt einen Truthahn. Allemale sind diese Vögel Symboltiere, die das innere Wesen ihrer Bezugspersonen verkörpern. So auch hier: Der Geier repräsentiert die Hexe, wie auch der Drache seinerseits einen weiteren Aspekt ihrer Negativität vertritt. Ein Geier ist kein sympathischer Vogel. Er stürzt sich auf Aas, er raubt, was er bekommen kann. Beide also, Geier wie Drache, interpretieren den habsüchtigen Charakter der »Hexe«: So der Mensch ganz auf Besitz und Geltung gerichtet ist, wird sein Wesen destruktiv. Der Modus des Habens zielt auf Gewinnsucht, Macht, Aggression, Neid und Gewalt, während der Modus des Seins (so die These Erich Fromms) sich auf Liebe gründet, auf die Lust zu teilen. Fromm meint, daß der Habenmodus in unserer Gesellschaft das Übergewicht hat und derzeit die Welt an den Abgrund des seelischen und ökologischen Ruins bringt. Exakt diesen Habenmodus meint das Bild in seinen Symbolen von Hexe, Geier und Gelddrache, die als innere Wirklichkeit ihren Ort nicht hier oder da, sondern *im* Gesamt unserer Gesellschaft und in allen ihren Menschen finden.

Was aber stellt die schwarze Katze dar? Sie schaut wach und vital, mit einem Ausdruck sprungbereiter Präsenz. Zur Hexe kann sie nicht gehören, denn nach Größe, Plazierung im Bild und Malweise hebt sie sich von den Symbolfiguren in der rechten Bildhälfte über ihr deutlich ab. Ohne Zweifel kommt ihr eine eigene Aussagebedeutung zu. Aber welche? Die meisten Betrachter empfinden spontan, daß diese Katze ein schönes Tier ist und mit besonderer Sorgfalt gemalt wurde: Man sieht jedes Haar an ihr und ist versucht, ihr Fell zu streicheln. Auch die Kinder reagieren positiv auf »das Mohrle«. Sie verstehen es keineswegs als eine Verkörperung des Bösen, sondern unterscheiden die Katze bewußt von den abstoßenden Figuren darüber. Wir gehen deshalb nicht fehl, wenn wir dieses Tier als eine Verkörperung elementarer, dunkler Lebenskraft verstehen, die weder »gut« noch »böse« ist, sondern »Natur«. Diese Natur gehört zu uns allen, ist unser Lebenswille, unsere Vitalität, die Summe unserer Triebausstattung. Aber im Gegensatz zum Tier ist diese Lebenskraft nicht einfach gegeben, um triebhaft ausgelebt zu werden. Das würde zu einer Desintegration des Menschen führen, zum Zwiespalt zwischen vitalen Bedürfnissen und geistigen Ansprüchen. Wer so eine ungebändigte Natur auslebt, stellt sich nicht dem notwendigen Drachenkampf, bleibt eher »Geier«, als daß er »Adler« würde, und unter den Folgen seines naiven Egoismus würde die Mitwelt so zwangsläufig leiden, wie sie es ja in unserer Gesellschaft tatsächlich tut. Wer aber alle vitalen Kräfte des Leibes und der Seele harmonisch integriert, also ganz zu erwachsener Identität kommt, der vermag auch andere zu suchen und zu lieben. So beantwortet bereits unser Bild die Frage: »Wer stellt die Kreuze in die Welt?« –, ohne auf Außenstehende zu verweisen.

C. Die hier gebotene Interpretation ist – wie immer in unserem Handbuch – nicht im Blick auf Schüler geschrieben. Sie beansprucht den Lehrer als Erwachsenen, will *seine* Auseinandersetzung, *sein* Engagement. Dabei sei an unseren Grundsatz erinnert, daß Bilder oder Texte, die zwar Kinder ansprechen, dem reifen Menschen aber nichts mehr zu sagen haben, auch keine letztgültige Legitimation für Schüler finden können. Sobald nur der Erwachsene für sich mit einem Bild etwas anzufangen weiß, ist auch dessen Vermittlung gegenüber Kindern kein unüberwindliches Problem mehr.

Als das Bild fertiggestellt worden war, habe ich es zunächst Lehrern und Freunden gezeigt mit der Frage, ob sie es Kindern gegenüber für zumutbar hielten. Die Antwort war bejahend, teils sogar aufatmend: Es sei gut, hier keine falsche Kindgemäßheit anzustreben, denn die Realität dieses Lebens nehme ebenfalls keine Rücksicht. Wer dennoch die Bildaussage für trostlos hält, sei auf den österlichen Kontext verwiesen, denn so, wie der Vers von Arnim Juhre auf der Osterseite seine Fortsetzung findet, ist auch das Osterbild eine Antwort auf die traurigen Fragen, die das Passionsbild stellt. Freilich muß man, um *diese* Antwort zu finden, dazu »eine neue Seite aufschlagen«, doch ist das ja das zwischen Karfreitag und Ostern immerfort waltende Gesetz.

Es besteht kein Zweifel, daß Kinder für Leiderfahrungen der Welt offene Verstehensmöglichkeiten haben. Auch wenn sie den Krieg nicht kennen, die Schrecken der völkermordenden Waffenkammern in keiner Weise erfassen, Opfern des Fortschritts (wie dem contergangeschädigten Kind) nur ausnahmsweise begegnen, so wissen sie doch zutiefst um die tödliche Gefährdung hinter jedem Leben, und sie sind bereit zu lernen, daß das Kreuz Jesu zugleich für zahllose andere Kreuze aller Zeiten steht, an denen die Menschen leiden und sterben. Diese Seite des Bildes ist leicht zu lesen. Vom Lehrer wird erwartet, daß er zu allen dargestellten Wirklichkeiten durchaus subjektiv erzählt, also *nicht* objektive Informationen über ABC-Waffen und Weltvernichtung, Pharmazie und Contergan-Affäre gibt, sondern sparsame persönlich gefärbte Anmerkungen, wie sie aus der Betroffenheit des Erwachsenen bei der Betrachtung dieser Bilder resultieren.

Die andere Seite des Bildes kommt mit ihren märchenhaften Motiven den Kindern entgegen – freilich nur in jener symbolischen Verschlüsselung, wie dies beim Hören von Märchen immer geschieht. Es ist weder angemessen noch möglich, diese Symbolgestalten den Schülern so zu interpretieren, wie dies vorangehend geschah. Andererseits wäre es auch falsch, überhaupt keinen Schritt zur Bewußtmachung der Bildaussagen zu versuchen:

daß die Hexe das Böse in uns selbst verkörpert und daß wir diese »Hexe« erlösen müssen, können Kinder verstehen;

daß der Geier das »Haben-Wollen-Gesicht« der Hexe ist und daß wir alle dieses Haben-Wollen in uns tragen, ist ebenfalls Kindern vermittelbar;

daß der Drache *unsere* unbewältigten Süchte darstellt und daß jeder, der lieben lernen will, den Drachen in sich bekämpfen muß – ist das nicht gleicherweise eine Einsicht, die Kindern *in* diesem Bild zugänglich werden kann?

D. Der Vers »Wer stellt die Kreuze in die Welt?« ist dem Bild »Passion« nicht nachträglich zugeordnet worden, sondern definierte den Auftrag an Relindis Agethen. Deshalb sollte auch die unterrichtliche Bildbetrachtung diesen Vers in die Ausgangssituation einbeziehen und bei der Erörterung des Bildes bewußthalten, ohne zu vergessen, daß es nur ein Halbvers ist, der auf seine Ergänzung wartet.

Die Bildbetrachtung wird ihrerseits die gleiche Reihenfolge beachten, wie wir sie hier einhielten. Am Anfang kann nur die linke Bildhälfte stehen (innerhalb dieses Teiles aber das Kreuz Jesu), während die rechte Seite sich auf die links wahrgenommene Wirklichkeit bezieht. Dem kindlichen Verständnis verschließt sich dabei am stärksten die Interpretation der Katze. Es tut dem Bild aber keinen Abbruch, wenn wir sie zwar beachten, doch keine Deutung beifügen. Diese Großzügigkeit ist legitim und vor zahllosen Bildern alter und neuer Zeit auch für Erwachsene oft nicht anders möglich.

Eine theologische Deutung des Todes Jesu und des christlichen Erlösungsverständnisses → IV, 282–299.

Ostern

Die nachstehenden grundsätzlichen Überlegungen zum Osterfest sind sehr kurz gehalten: einmal weil die Schulferien eine zeitliche Beschneidung mit sich bringen und das inhaltliche Angebot unseres Religionsbuches den üblichen Jahresumfang weit überschreitet; vor allem aber, weil im 4. Schuljahr eine sehr ausführliche Darstellung und Erarbeitung der Ostertheologie und Osterfrömmigkeit geboten werden. Was an Information und unterrichtlicher Anregung hier also fehlt, kann dort gesucht werden.

A. Die Herkunft des Wortes »Ostern« ist nicht völlig geklärt. Im Althochdeutschen bedeutete Eostre die Morgenröte. Möglicherweise hat man mit dieser Bezeichnung die altchristliche Benennung der Osterwoche als albae, »die Weißen (Tage)«, wiedergegeben, weil man sie als Plural des lateinischen Wortes »alba«, das Morgengrauen, ansah.

Die russische Liturgie nennt das Fest »Wahrhaftige Auferstehung«; in den romanischen und skandinavischen Sprachen, auch im Holländischen und im Niederdeutschen (Plattdeutschen) wird das Fest nach dem jüdischen Namen »Pascha« benannt.

In der Urkirche wurde die Auferstehung Jesu allwöchentlich am ersten Wochentag gefeiert. Eine Jahresfeier stand zunächst in Zusammenhang mit der jüdischen Paschatradition, jedoch ist der Übergang zum jährlichen Osterfest von der Forschung noch nicht eindeutig erfaßt. In Rom jedenfalls war für die Jahresfeier der Auferstehung nicht die Anknüpfung an die jüdische Tradition wichtig, vielmehr brachte der Übergang in die antike und später in die germanische Religionswelt durch die Verbindung mit Frühlings- und Sonnenkulten ganz neue, kosmisch orientierte Deutungshintergründe. Die langen und heftigen Streitereien um den Ostertermin haben in dieser Ablösung vom Judentum ihre wesentliche Ursache.

B. Während die judenchristliche Tradition Ostern als Erfüllung und Vollendung des alten Pascha beging, akzentuierte der Westen stärker die Auferstehung Jesu. Freilich wurde auch diese Feier niemals von der Passion gelöst, und zugleich ging der Blick auf die Erwartung der allgemeinen Ostern, in der die Welt am neuen Leben Christi Anteil gewinnen soll (zur Osternachtfeier → S. 265 f; zur theologischen Deutung der Auferstehung → IV, 318–341).

C. Für Kinder wie für die Volksfrömmigkeit wird das österliche Festgeheimnis am eindrucksvollsten durch ein reiches Brauchtum vermittelt. Osterei und Osterhase sowie österliche Feuerbräuche sind es vor allem, die auch heutigen Kindern im kirchlich distanzierten Milieu eigene, theologisch deutungsfähige Erfahrungen ermöglichen. Wie immer ist auch hier das Brauchtum eine Brücke zwischen liturgischer Feier und Familienleben, zwischen Kirche und Haus. Trotz außerchristlicher Einflüsse ist das Brauchtum durchweg voller positiver Möglichkeiten.

(1) *Das Osterei:* Die Geschichte des Ostereis reicht weit über die christliche Symboldeutung hinaus. Bekannt ist das Ei als Grabbeigabe, als Opfergabe, als Geburtstags- und Neujahrsgeschenk. So verschiedenartig die Eierbräuche sind, gemeinsam ist ihnen die Deutung des Eies als Sinnbild allen Lebens, aller Fruchtbarkeit und auch der Auferstehung. In antiken Mysterienkulten galt das Ei als Symbol der »doppelten Geburt« oder Wiedergeburt: Das biologische Leben genügt nicht, es kommt auf ein »Durchbrechen der Schalen« an, damit die Sinne nicht mehr vordergründig gerichtet bleiben. In anderen Kulturen sind Eier in ihrer zauberhaften Bemalung Hinweis auf das Paradies, das derjenige erreicht, dem der »Durchbruch« in das neue Leben, in die Auferstehung des Geistes gelingt.

Am bekanntesten scheint das »Rot-Ei« zu sein. Das persische Neujahrsfest am 20. Mai heißt heute noch »Fest des roten Eies«. Aber auch für christliche Traditionen machte erst die Rotfärbung das Ei zum Osterei. So mußte in der Steiermark das Osterei einfarbig rot sein, und in Ungarn sollen – obwohl vielfältige Färbungen und Verzierungen geläufig sind – Osterei und rotes Ei gleichbedeutende Worte sein. Die Rotfärbung erinnert an Jesu Passion und sein vergossenes Blut, andernorts verweist die Schwarzfärbung auf das Grab, und die darauf gemalten bunten Farben und Lebenssymbole künden die Auferstehung. Insgesamt ist das österliche Ei im christlichen Brauch ein Symbol der Auferstehung: Wie das keimende Leben die Schale sprengt, so überwindet die Teilhabe an Christi Auferstehung die Todesgrenze des Grabes, um ein neues Leben in Gott zu führen.

(2) *Der Osterhase:* Bis zum Tage ungeklärt ist der Zusammenhang zwischen Osterei und Osterhase. Es gibt viele Deutungsversuche, die sich nicht gegenseitig ausschließen müssen. Möglicherweise ist es besonders die dem Hasen zugeschriebene Fruchtbarkeit, die den Konnex zu den Ostereiern stiftete.

Insgesamt hat die Osterhasen-Tradition eine schmalere Basis als der Eierbrauch. Um die Mitte des 18. Jahrhunderts ist seine Verbreitung für Mittel- und Norddeutschland verbürgt. Seine weltweite Popularität soll er jedoch erst durch die Bildpostkarte gefunden haben (die möglicherweise auch an die Stelle der Eiergabe an Verwandte und Freunde getreten ist). Gestützt auf Atlanten der deutschen und der schweizerischen Volkskunde wurde 1957 noch eine zunehmende Verbreitung des Osterhasen bekundet. Religionspädagogisch gesehen ist die Osterhasen-Version weniger wertvoll und entfernter zur christlichen Symbolsprache als das Osterei.

(3) *Das Osterfeuer:* Am Abend des ersten Ostertages werden in verschiedenen deutschen Landschaften große Holzstöße in Brand gesetzt, die von Jugendlichen und Kindern bereits in den Kartagen zusammengefahren wurden. Diese Osterfeuer partizipieren an der Lichtsymbolik der Osternachtfeier (→ S. 265 f) und sind von den Höhen herab kündende Zeichen der Osterbotschaft. Teilweise verkümmert der Brauch aber auch aus Mangel an Gestaltung: Es bedarf erwachsenen Engagements, damit Lied und Musik bei der Feier nicht in lärmender Formlosigkeit versinken.

D. Auch wenn das Osterfest immer in die Ferien fällt, ist es möglich, mit der unterrichtlichen Behandlung der Passion zugleich der Osterfeier zu gedenken:

Die Schüler können die Ostergeschichte nach Mk 16,1–8 kennenlernen.

Sie können ein Osterlied mit Musik und Tanz einüben, etwa in der Art, wie sie Wolfgang Longardt entwickelt (vgl. *W. Longardt,* Ostern entdecken. Eine Spiel- und Arbeitsmappe für Kindergarten, Grundschule, Kindergottesdienst, Christophorus Verlag/E. Kaufmann Verlag, Freiburg/Lahr ²1979).

Wir färben oder bemalen mit den Schülern ein Osterei und deuten dessen Symbolik.

Ebenso ist es praktikabel, einen Lebensbaum oder sonstigen österlichen Tischschmuck für die Familienmahlzeiten am Ostertag zu basteln.

Der unterrichtliche Gang durchs Kirchenjahr findet seinen Höhepunkt und Abschluß in der Betrachtung des Osterbildes von Relindis Agethen.

Relindis Agethen, Auferstehung S. 40

A. Die ikonographische Tradition der Auferstehungsbilder ist reich und vielgestaltig. Im 4. Schuljahrsband ermöglicht ein synoptischer Vergleich wichtiger bildlicher Darstellungen den Kindern eine erste tiefere Einführung in die christliche Ostertheologie (→ IV, 328–338). Die Aufgabe im 1. Schuljahr zielt demgegenüber auf eine anfängliche Begegnung mit der Auferstehungsbotschaft. Dabei stehen nicht die neutestamentlichen Erzählungen im Vordergrund – eine kurze inhaltliche Begegnung mit Mk 16,1–8 mag genügen –, sondern die im Osterglauben wurzelnde Hoffnung auf Überwindung des Leides und Geborgenheit in Gott.

B. Relindis Agethens Osterbild ist eine Kollage: Die Mittelachse wird von Bildmotiven Matthias Grünewalds und Albrecht Altdorfers bestimmt, auf der linken Seite dominiert das Foto von Mutter Teresa mit einem Kind im Arm, rechts erfolgt kein Rückgriff auf Bildzitate, sondern die eigene Darstellung einer Tröstung, die alle Tränen trocknet.

Die Bildmitte beherrscht das Gesicht des auferstehenden Christus aus dem Isenheimer Altar des Matthias Grünewald, das – nahezu eingeschmolzen in eine Lichtsonne – den Betrachter direkt anschaut. Grünewalds Auferstehung ist ein »Aufgang ins Licht, im doppelten Sinn von Auffahrt, die in der Gegenbewegung von Leichentuch und Beinen, die wie nach rechts weggetrieben werden, noch nachwirkt und in der riesigen kreisrunden Lichtaureole zur Ruhe kommt, und von Aufgehen als Eingeschmolzenwerden von körperlicher Materie in Licht, ohne daß jedoch die menschliche Gestalt, vor allem das Gesicht im Zentrum des Lichtkreises sich dabei verlöre. Der Lichtkreis ist in der Tradition mittelalterlicher Lichtmystik Symbol Gottes.«[1]

Die kreisrunde Aureole von Grünewalds Altarbild findet sich in Agethens Bild nicht wieder. Dennoch umrahmt Lichtfülle, die nach allen Seiten ausstrahlt, das Gesicht des Auferstandenen. Im Gegensatz zu Grünewalds geschlossenem Lichtkreis, der göttliche Vollkommenheit und Vorbehaltenheit ausdrückt, teilt sich dieses Licht nach allen Seiten mit; die Zuwendung und Liebe der Menschen in der unteren Bildhälfte ist Ausdruck dieser österlichen Betroffenheit.

Die kosmische Dimension der Ostersonne wird einesteils durch Altdorfers Himmelslandschaft unterstrichen – es mag an das endgültige Morgenrot und die aufgehende Sonne wie bei Mk 16,1 gedacht werden –, anderenteils durch die Planeten und Spiralnebel des Weltenraumes verdeutlicht. Hier wird Auferstehung im Blick auf die gesamte Schöpfung gesehen, wie sie Paulus lehrte und wie sie Teilhard de Chardin in unser Weltbild übersetzte.

Die gleiche Kosmologie vertritt der Regenbogen, der den österlichen vom leidenden Christus scheidet. Es ist jenes Bundeszeichen, von dem es heißt: »Meinen Bogen habe ich in die Wolken gesetzt, der soll das Zeichen sein des Bundes zwischen mir und der Erde« (Gen 9,13). In der Heimholung Christi in das göttliche Leben vollendet sich erst dieser Bund für Menschheit, Erde und All, denn mit dem einen Menschen ist die gesamte Schöpfung gerettet. (Ein zweites Mal begegnet uns dieses Bundeszeichen in dem Bild »Die Heilung des blinden Bartimäus«, ebenfalls als Zeichen des Friedens zwischen Gott und Mensch, während er als »Himmelsgabe« im »Korb

[1] *Alex Stock,* Auferstehungsbilder (hier im Anschluß an H. von Einem, Grünewalds Auferstehung Christi in Isenheim, Festschrift der AG für Forschung des Landes NRW zu Ehren Karl Arnold, Köln/Opladen 1955, 32–34), in: Stock/Wichelhaus, Ostern in Bildern, Reden, Riten, Geschichten und Gesängen, Zürich 1979, 24.

mit den wunderbaren Sachen« nicht diese heilsgeschichtliche Dimension gewinnt.)

Auf den ersten Blick irritierend wirkt unterhalb des Regenbogens das umgedrehte Haupt des Krucifixus aus Grünewalds Kreuzigung desselben Altares. Wer das Bild umwendet, findet die erschütternde Darstellung menschlicher Qual in diesem Gesicht vor sich. Dieser »Ecce homo« (»Seht welch ein Mensch!«) vertritt das Leid aller Menschen – aber es ist vergangen, in der Sprache des Bildes durch die Umkehr der Richtung ausgedrückt. Vergangen bedeutet allerdings nicht vergessen. Das neue Leben in Gott löscht die Geschichte nicht aus. Eingefaßt wird das Gesicht des Gekreuzigten durch eine Dornenkrone, die dort, wo sie in das österliche Lichtfeld taucht, fruchttragende Ähren trägt – ein Hinweis auf den Segen, den bestandenes Leid zeitigt (vgl. Joh 12,24 ff).

Den bisher beschriebenen zentralen Bildbereich flankieren links und rechts zwei Personengruppen, an denen die Wirkung des Osterglaubens augenscheinlich abgelesen werden kann. Links ist es die Mutter Teresa, die ein Kind an ihr Gesicht drückt und ihm die Gewißheit des Angenommenseins und der Heimat gibt. Dabei sind diese Frau und dieses Kind nur Symbole für millionenfache Liebe, in der Menschen einander annehmen und darin die Voraussetzung zum eigenen Lebensmut finden. Etwas Ähnliches geschieht zwischen den beiden Kindern gegenüber: Das arme, leidende Mädchen, dem wir auf fast allen voraufgehenden Bildtafeln des Kirchenjahres begegneten – stets war es ausgestoßen, durch Stacheldrahtbarrieren isoliert, vom Leid gezeichnet in einem bisweilen furchtbar gealterten Gesicht –, hier ist es erlöst: Es bedarf nicht einmal mehr einer tröstenden Hand, nun kann es selbst trösten und dem weinenden Jungen die Tränen abwischen.

Erneut aufgenommen wird auch das Sterntaler-Motiv. Sowohl über der Mutter Teresa wie über dem Kinderpaar sehen wir das Sterntalermädchen. Auf der linken Seite wird die Darstellung des Linolschnitts von Seite 58 zitiert, mit der offenen Gotteshand über dem beschenkten Kind, rechts steht das Mädchen mit aufgehaltenem Röckchen, um den Himmelssegen aufzunehmen, und es steht auf dem gleichen blühenden Wiesengrund wie die beiden Kinder, deren Leid ein Ende fand. Eine vergleichende Würdigung, die dieses Auferstehungsbild in Zusammenhang und Gegensatz zur ikonographischen Tradition verdeutlicht, wird der 4. Band dieses Lehrerhandbuches für den Religionsunterricht in der Grundschule bringen.

C. Die österliche Botschaft dieses Bildes ist für Kinder ebenso zu fassen, wie sie Erwachsenen gegenüber gültig bleibt. Im »Entwurf für ein Osterlied« von Rudolf Otto Wiemer heißt es:

Das Gras ist unverwelklicher
grün als der Lorbeer. Im
Rohr der Rakete
nisten die Tauben.

Das Wort ist verstehbar. Wer
Ja sagt, meint Ja, und
Ich liebe bedeutet: jetzt und
für ewig.[1]

Die zukunftsgerichtete Perspektive dieser Verse ist unverkennbar, und auch die Symbole menschlicher Annahme und Liebe in Relindis Agethens Osterbild sind – trotz aller Realität, die sie für uns besitzen – eine Hoffnung auf das Reich Gottes, das ins Heute scheint, seine alles verwandelnde Kraft aber erst mit dem endgültigen Ostern gewinnen wird. Kinder können an diesem Bild lernen, daß wir Ostern als ein Fest des Lebens feiern: Wir kehren uns ab von allem, was erstickt und tötet. Frei werden für Gemeinsamkeit und Liebe, die allen erlauben, *ihr* Leben zu leben, das ist die Konsequenz eines Glaubens, der den Tod in allen seinen Erscheinungen überwindet. (Von hierher kann den Kindern auch die Symbolik des Ostereies als Erwartung eines neuen Lebens, das die Schalen dieser vordergründigen Realität durchstößt, erschlossen werden. → S. 189).

D. Unser Osterbild steht in mannigfacher Entsprechung zu voraufgegangenen Bildern des Kirchenjahres.

(1) Zunächst ist es ein Gegenstück zum vorgeschalteten Bild »Passion«. Darum sollte es auch niemals ohne Zusammenhang mit der »Passion« den Schülern erschlossen werden.

(2) Auch die Verse von Arnim Juhre sind aufeinander bezogen. Das abschließende »Herr Christ, hilf du uns leben!« legt den Osterglauben für den heutigen Alltag aus: Die Beispiele des Sterntalermädchens, der Mutter Teresa, des tröstenden Kindes sind Modelle eigener Möglichkeiten.

(3) Das Sterntalermotiv ist uns erstmalig auf dem Erntedankbild begegnet, später auf dem Martinsbild, jetzt wiederholt das Osterbild gleich zweifach diese Nachfolgegeschichte (abgesehen von der Weiterführung des Themas in späteren Kapiteln → S. 247 ff). Es besteht eine innere Beziehung zwischen dem armen Mädchen und den beiden übrigen Personengruppen des Bildes. Die Kinder können durch Vergleich der Sterntalergeschichte im Kontext der verschiedenen Bilder ihr eigenes Verständnis dieses Zusammenhangs formulieren.

[1] In: *Hubertus und Ursula Halbfas* (Hrsg.), a.a.O., 230, und: *Rudolf Otto Wiemer,* in: Ernstfall, Stuttgart ²1973.

(4) Die geläufigste Wiederholung für alle Schüler ist das »arme Mädchen«, das alle Male am leichtesten durch sein geblümtes Kopftuch erkennbar ist. Erstmalig erscheint es nicht grau in grau gemalt, sondern in Farben, lachend und gelöst: Was Ostern bedeutet, das ist den Kindern am nachdrücklichsten an dieser Kindergestalt ablesbar, deren stumme Leidensgröße durch alle Bilder begleitet hat: Jetzt kann es befreit auf eigenen Füßen stehen und zärtlich zu anderen werden. Es lohnt sich, von diesem Bild aus dem Schicksal des Mädchens noch einmal rückblickend nachzugehen und der Verwandlung nachzudenken, die Ostern für diesen Menschen gebracht hat.

(5) Die Fotografie der Mutter Teresa und ihres Schützlings macht bereits formal auf den dokumentarischen Charakter dieses Hinweises aufmerksam. Die Schüler müssen nicht zwingend die Geschichte der Mutter Teresa erzählt bekommen, doch empfiehlt es sich, einiges über ihr Leben zu sagen, damit allen deutlich wird, wie der Osterglaube sich real auswirkt.

Sehen lernen

Hinweise zum Kapitel »Sehen lernen«

Das Kapitel »Sehen lernen« steht in der Mitte des Religionsbuches. Es verbindet den unterrichtlichen Gang durch das Kirchenjahr mit den späteren religionsdidaktischen Lehrgängen »Sprache«, »Symbol« und »Bibel«. Es ist aber auch die didaktische Mitte des Buches, denn in einer tatsächlichen und zugleich metaphorischen Weise geht es im ganzen Jahr um ein tieferes Sehen-Lernen. Der »Himmelsgucker« dient als symbolisches Motiv hierfür. Deshalb kennzeichnet er auch die Vorderseite des Religionsbuches, kehrt er – diesmal im Originalausschnitt – auf der Titelseite des Kapitels »Sehen lernen« wieder, begegnet er als Hirt innerhalb der Geschichte vom Korb mit den wunderbaren Sachen, und zeigt er sich schließlich als Inbild des geheilten Blinden. Natürlich ist es jedesmal ein anderer, der hier seinen Kopf in eine geheimnisvolle Dimension vorstreckt. Auf dem Bucheinband findet sich das Motiv in seiner allgemeinsten und zugleich gültigsten Darstellung: Dieses Bild ist eine symbolische Verschlüsselung dessen, was im Religionsunterricht geschehen soll. So wie der Mann, der seine begrenzte Realienwelt durchstößt, sollen Lehrer und Schüler in eine andere Wirklichkeit schauen lernen, in der sich das göttliche Geheimnis offenbart. Schon manch einer hat seinen Kopf in diese irritierende Dimension gesteckt, die Nichts und Alles ist, Leere und Fülle, Finsternis und Licht, und ist dann doch ein Leben lang enttäuscht geblieben, daß sich ihm nichts zeigte. Oft war es Schuld des Religionsunterrichts, der mit toten Formeln seine Schüler traktierte, wenn ihr schwaches Sehvermögen völlig verlöschte. Nicht selten erblindeten sie auch im Gang ihrer eigenen Weltorientierung. Jedenfalls bleibt ernsthaft zu fragen, wie es unser Einleitungsvers tut:

> Kann jeder sehen, der sehen kann?
> Es ist nicht so einfach, wie du denkst!
> Wer meint, er könnte es schon längst,
> soll auf den nächsten Seiten lesen,
> wie es gewesen
> bei Bettler und Hirt,
> und prüfen dann,
> ob mit Aug und Herz *er* sehen kann.

Ähnlich wie bei späteren Leitversen (→ S. 242) sollte dieser Text nicht zu Beginn des Kapitels seine eingehende Beachtung finden. Man kann ihn zwar lesen, auch mehrfach, kann sich die Frage verdeutlichen, die hier gestellt wird, aber ihre Beantwortung *muß* zunächst doch offen bleiben. Allen Fragen vorauf haben die Geschichten von Hirt und Bettler Vorrang, gilt es, die Bilder erzählen zu lassen, ihre Sprache genau zu bedenken, um dann später – vielleicht auch einmal gelegentlich zwischendurch – auf den Titeltext zurückzukommen.

Die Verse sagen ja selbst: Bevor ihr unsere Frage allzu leicht beantwortet, seht euch lieber in den folgenden Geschichten genau um, und dann nehmt die Frage: »Kann jeder sehen, der sehen kann?« als Kontrolle eurer eigenen Erfahrungen. Man kann den Vers auch nochmals am Schuljahresende den Kindern vorlegen: Haben alle verstanden, fragt man dann, was uns über ein Jahr hinweg mit Hilfe dieses Buches beschäftigt hat? Sind jedem die Bilder vom »Himmelsgucker« als Inbilder seiner selbst aufgegangen? Dabei sollte der Lehrer stets beachten, daß er mit einem Buch arbeitet, dessen didaktische Grundformel nicht satzhaft begrifflich ist, sondern sich als eine erzählerische und symbolische Konkretion anbietet.

Im Regelfall wird es richtig sein, die einzelnen Geschichten des Kapitels »Sehen lernen« in der Reihenfolge des Buches zu unterrichten. Auch im Fortgang des Buches ist die Reihenfolge der Materialien nicht beliebig umkehrbar:

Das Kapitel »Sehen lernen« muß den religionsdidaktischen Lehrgängen »Sprache« und »Symbol« immer vorangehen, weil beide Kurse in ihren Materialien auf Kenntnisse und Erfahrungen dieses Kapitels aufbauen.

Weil der Lehrgang »Sprache« sich auf die Frage nach dem »Sehen können« stützt und ganz in der Metaphorik vom Sehen verbleibt, sollte der Symbolkurs erst nach dem Sprachkurs unterrichtet werden.

Die Geschichte vom Korb mit den wunderbaren Sachen

Das hier in Wort und Bild erzählte Märchen hat eine grundlegende Bedeutung für die Einübung in hintergründige, inwendige Sichtweisen. Es wird darum nicht zur beiläufigen Unterhaltung der Kinder bereitgestellt, vielmehr bietet es einen sprachlich-bildlichen Erfahrungsraum an, der für die erste Begegnung mit einer neutestamentlichen Wundergeschichte disponiert und der in gleicher Weise große Teile des religiösen Sprach- und Symbolkurses trägt. Eine sorgfältige Vorbereitung mit Hilfe der ausführlichen Interpretationen und Erfahrungsberichte, die hier folgen, kann deshalb nur empfohlen werden.

Beschreibung der Bildfolge von Relindis Agethen S. 45–51

1. Bild: Ein Mann hatte eine Kuhherde (S. 45)

Der junge Mann schaut wach und beobachtend. Er steht zwischen Kühen. Der gekrümmte Stab in seiner rechten Hand kennzeichnet ihn als Hirten. Die Kuh im Vordergrund ist lebendig gemalt: das Maul feucht und kühl, zum Anfassen und Kraulen verführend das kurze Fell zwischen den Hörnern, eindrucksvoll, aber auch eindringlich das Auge, das in seiner Lebendigkeit in einem auffallenden Gegensatz zu den spitzen Augen des Hirten steht. Im Hintergrund, innerhalb des Bildes nur angeschnitten erkennbar, eine weitere Kuh mit schwarzweiß geflecktem Fell und schwerem Euter. Daß es um die Milch und damit um den Gewinn geht, den diese Kühe geben, findet seine erste Andeutung. Der Weidegrund ist saftig und voll blühender Blumen. Wir erkennen Gänseblümchen, eine Blüte voll geöffnet, eine noch in der Knospe. Zwischen den Gänseblümchen nach oben wachsend ein Hahnenfuß, ebenfalls teils knospig, teils aufgeblüht. Rechts im Bild ein Löwenzahn, oft auch Kuhblume genannt, mit dem charakteristisch gezackten Blatt, einer vollen gelben Blüte und einem Fruchtstand, »Pusteblume«. Einzelne Fruchtstände der verblühten Kuhblume schweben gerade fort. Sie ziehen über das Gesicht des Hirten dahin als erste Hinweise auf die Vergänglichkeit alles dessen, was heute in Blüte steht und morgen vergeht. Wie sehr diese Vorboten das Schicksal des Hirten meinen, müssen die nachfolgenden Bilder zeigen.

Das einzige Unrealistische, Geheimnisvolle dieser Szene sind die halbmondartig gekrümmten goldenen Hörner der Kuh. In ihrer Form und in ihrer Farbe verweisen sie auf eine jenseitige »himmlische« Dimension. Sie bilden mit ihren sichelartigen Bögen nahezu einen magischen Kreis, in den der junge Hirte einbezogen wird. Die spitzen Enden der Hörner aber weisen auf sein Gesicht, als sei es nicht ungefährlich, in diesen geheimnisvollen Bann zu treten.

2. Bild: Eines Nachts sah er in eine geheimnisvolle Welt (S. 47)

Eine nächtliche Szene. Seltsam, daß am Horizont rotglühend mit flammendem Umfeld die Sonne erst untergeht, obwohl der Himmel voll strahlender Sterne ist, in der jenseitigen Welt aber, die sich hier offenbart, hell leuchtend der Mond steht. Ob die Sonne wohl, ähnlich wie auf dem ersten Bild, symbolisch zu verstehen ist? Mit den davonfliegenden Fruchtständen des Löwenzahns versinnbildlicht sie dort Abschied und Vergänglichkeit, und auch hier mag sie weniger die Tageszeit als den Niedergang des Lebens anzeigen.

Im Vordergrund kniet der junge Hirt. Der Nachtkühle wegen ist er jetzt in einen wallenden Mantel gehüllt. Kopf, Schultern und den rechten Arm hat er durch das Firmament geschoben und schaut – fasziniert? bestürzt? erschreckt? – in eine andere Welt wundersamer Vorgänge. Mit einer Hand möchte er sich in dieser fremden Welt festhalten; sie scheint die Himmelsleiter zu berühren, greift aber nicht zu. Die Linke, sonst fest um den Hirtenstab geschlossen, der Stütze und Halt bietet, ist ebenso gestreckt, und der Stab wird ihm entfallen. Obwohl das Gesicht des Mannes nur im Profil zu sehen ist, dürfen wir gewiß sein, daß Staunen und Schreck es zeichnen.

Die Gestalt dieses knienden Mannes, der aus seiner Welt heraus in eine neue unbekannte Wirklichkeit schaut, ist von Relindis Agethen in Anlehnung an einen alten Holzstich zitiert worden. Der Holzstich aus *Camille Flammarion,* L'atmosphère. Météorologie populaire, Paris 1888, der lange Zeit als spätmittelalterlich galt, empfindet das mittelalterliche, vorkopernikanische Weltbild nach, und der Künstler erklärt seine Darstellung als »Durchbruch des Menschen durch das Himmelsgewölbe und Erkenntnis der Sphären«. In einer ähnlichen Weise durchbricht der Hirt seine geläufige Welt und bekommt zu sehen, was sonst noch keiner sah: eine andere Wirklichkeit, die aus ihrer himmlischen Dimension in seine eigene, alltägliche Welt einbricht. Doch ob er auch mit den inneren Augen sieht, was er äußerlich wahrnimmt? (Siehe Abbildung nächste Seite.)

»Junge Frauen aus dem Himmelsvolk« sind es, die von oben über eine Strickleiter herabschweben. Das Ende der Strickleiter in der Höhe ist nicht auszumachen. Unten liegt sie auf dem Körper einer Kuh auf, die geheimnisvolle Verbindung dieser Tiere zur anderen Welt andeutend. Die erste der mysteriösen Feen sitzt bereits melkend unter einer Kuh. Man sieht, in welch schönen Strahlen die Milch in den Eimer fließt.[1] Ihr blondes, aufgelöstes Haar hängt lang über den Rücken; auf dem Kopf trägt sie ein Kränzchen aus Gänseblumen. Ganz überschattet aber wird sie von einem Segen herabfallender Sterne. Dort, wo die übrigen Feen noch in der Höhe weilen, verdichten sich die Sterne in einer glänzenden Wolke und fallen von hier entlang der Himmelsleiter herab bis zu dem Ort, wo die erste der Zauberfeen sitzt. Die nächste steigt gerade auf der Leiter herab, ein Gefäß zum Heimbringen der Milch tragend, während die dritte gerade im Aufbruch begriffen ist. Sie hält einen Korb in ihrer Hand und ist über und über in Sterne gehüllt. Sie wird die Allerschönste sein, die der Hirt sich einfängt.

[1] Leider wurde bei der Reproduktion des Bildes der untere Bildrand beschnitten, so daß der Vorgang des Melkens nicht mehr ganz ersichtlich ist.

3. Bild: Niemals darfst du da hineinschauen (S. 49)

Nun sind sie zusammen, die »himmlische« Frau und der junge Hirt. Sie bringt ihm Glück, den Himmel auf Erden. Das blaue Gewand, das sie kleidet und auf dem auch er ruht – es ist das Blau des Himmels –, verweist auf den Grund dieses Glücks: die Welt der Frau, deren Segen beide umhüllt und überschüttet. Jetzt fallen die Sterne zugleich auf den Hirten. Die Gaben der Liebe machen ihn glücklich.

Doch bleibt ein Vorbehalt: der Korb. Er ist mit einem geflochtenen Deckel verschlossen, und die Frau nimmt ihn weg vor dem Begehren des Mannes. Vielleicht bestimmt sie die Ahnung, daß er jetzt, zu Beginn ihrer Ehe, der Prüfung, die dieser Korb für ihn bedeuten könnte, noch nicht gewachsen ist. Denn bewußt oder unbewußt weiß sie, wie es um den jungen Hirten und seine Liebesfähigkeit steht. Vielleicht weiß sie es nur in der Weise, in der wir im Traum um uns selbst und andere wissen. Das Bild zeigt diese Innenwelt der beiden in symbolischer Gegenständlichkeit, so wie es die Träume auch tun, und wer sie verstehen will, die Frau und den Mann, ihre unterschiedliche Herkunft und Reife, muß die beiden Tiere deuten, die sich geheimnisvoll über diesen Menschen auftürmen.

Es ist tatsächlich eine imposante Komposition, dieser Berg der Tiere, und zumal die in himmlische Sphären hinragende Kuh läßt geheimnisvolle Bedeutung vermuten.

Zunächst aber gibt der rote Truthahn zu denken. Für wen mag er stehen? Und was soll er ausdrücken? In der ikonographischen Tradition kommt der Truthahn bisher nicht vor. Dort sind für die Erschließung des Bildes also keine Hilfen zu finden. Aber vielleicht hilft zoologisches Wissen weiter? Im »Brehms Tierleben« wird der Truthahn als ein ziemlich »dummes« Tier beschrieben, dessen Lebenshorizont sich räumlich eng begrenzt. Innerhalb dieses Territoriums behauptet er seinen Herrschaftsanspruch, verjagt jeden Eindringling, ist in seinem Augenmerk ganz auf die »Realitäten« des Reviers fixiert. Vor allen Dingen aber – wird man hinzufügen müssen – ist der Truthahn ein Vogel, der den Gebrauch seiner Flügel nie erlernt hat. Statt aufzusteigen und fliegen zu können, verbringt er sein Leben damit, im Staub der Erde zu kratzen, seine Vogelnatur niemals realisierend. Dieser Gedanke ist wohl nicht mehr »zoologischer« Art, sondern dem Symbolverständnis des Bildes entwachsen, und es bedarf keiner Raterei oder Zweifel, wem solche Deutung gilt.

Steht also der Truthahn für den Mann (nur für diesen jungen Mann? für viele Männer? für den typischen Mann patriarchalischer Gesellschaften?), für dessen materialistische Neigung, zu haben, zu wollen und festzuhalten, für seine Fixierung auf das Dinghafte und

Verwaltbare, auf haptische Realitäten, dann ist die Kuh in diesem Bild das Symboltier der Frau, und sie ist es nicht nur hier, sondern auch in der Religionsgeschichte. Was Mahatma Gandhi über die Kuh im Hinduismus sagt, erschließt auch den Bedeutungshintergrund der Kuh in unserem Bild: »Für mich bedeutet die Kuh die ganze mitmenschliche Schöpfung. Durch die Kuh ergeht an den Menschen der Auftrag, seine Einheit mit allem, was lebt, zu verwirklichen. Es ist für mich ganz klar, warum die Kuh für diese Apotheose (= Vergöttlichung; Aufstieg zu göttlichen Würden) erwählt wurde. In Indien ist die Kuh der beste Freund; sie war das Füllhorn. Sie gab nicht nur Milch, sie machte die Landwirtschaft erst möglich. Die Kuh ist ein Gedicht des Mitleids. Man kann Mitleid an dem freundlichen Tier lernen. In Indien ist sie die Mutter von Millionen. Schutz der Kuh heißt Schutz der ganzen stummen Kreatur Gottes.«[1]

Wir sehen hier die Kuh, würdevoll, überzeitlich alt, weiß, gegen den Himmel ragend, mit ihrem Gehörn vor dem großen, milchigen Mond (dem ebenfalls uralten Symbol weiblicher Fruchtbarkeit). In einer vorrationalen Weise stiftet so das Bild den inneren Zusammenhang zwischen den »jungen Frauen aus dem Himmelsvolk«, die nächtens des jungen Mannes Kühe melken, und dem inneren Wesen seiner Frau, die ein Füllhorn der Liebe und des Glücks über ihn ausschüttet.

4. Bild: Und wißt ihr, warum sie wegging? (S. 51)

Dann aber geschieht doch, was im Wesen dieser beiden Menschen angelegt ist. Der Mann hat den Deckel des Korbes abgehoben und »nichts« gesehen. Tatsächlich enthält der Korb nichts, was greifbar wäre, was die Hände festhalten, vorzeigen, messen oder wiegen könnten. Zwar ist der Korb nicht leer. Wir erkennen allerlei »Gaben des Himmels«: einen Regenbogen, zauberhafte Schneekristalle, und am Boden des Korbes noch ein unbestimmbares, strahlendes Etwas, das unter keinem Begriff eingeordnet werden kann. Nichts hiervon kann man besitzen. Wer den Regenbogen fassen will, greift ins Leere. Wer die schönen Schneekristalle aufnehmen will, hält nichts in der Hand. Und weil der junge Mann nur wahrnimmt, was für sein Verlangen zählt, kann er die immateriellen Gaben seiner Frau – die Liebe und das Glück, die sie »vom Himmel her für sie beide mitgebracht hat« – nicht sehen. So sind seine Augen leer und blind. Und während seine Frau ihm nun den Rücken kehren *muß*

[1] *Mahatma Gandhi,* Freiheit ohne Gewalt, hrsg. v. Klaus Klostermeier, Köln 1968, 107–115.

und »in den Sonnenuntergang« geht, ziehen noch einmal die verblühten Fruchtstände der Kuhblume über sein Gesicht.

Interpretationshinweise

Die nachfolgenden Gedanken zielen nicht auf eine Interpretation des Märchens für Kinder. Bevor Vermittlungsfragen aufgenommen werden, soll die Bedeutung, die das Märchen für Erwachsene beansprucht, hier erörtert werden. Gleichzeitig sei betont, daß das Märchen ausschließlich in der vereinfachten Textfassung des Religionsbuches vorausgesetzt wird, die Darstellung durch Laurens van der Post[1] also unbeachtet bleibt.

Offensichtlich ist es eine recht naive Welt, in der dieser Hirt lebt. Die Dinge haben ihren Sachwert, die Kühe sind Milchkühe und nichts dahinter. Der Einbruch, der sich eines Tages unvermittelt in diese Welt hinein vollzieht, bleibt – wie immer im Märchen – unbegründet, doch macht er offenbar, wie es in Wahrheit um diesen Mann steht. Die »himmlische« Dimension, die sich dem Hirten, ohne daß er durch sein Leben darauf vorbereitet wäre, auftut, erscheint ihm zwar ungewöhnlich, wird aber recht gewöhnlich eingeordnet. Die junge Frau, die er einfängt, festhält und zu seinem Eheweib macht, schickt er täglich auf die Felder, für ihn zu arbeiten, und durch beider Fleiß stellt sich bald Wohlstand ein. So wie er seine Kühe von ihrem Nutzwert her betrachtete, ist auch seine Frau unter dem Aspekt ihrer Hilfe und Brauchbarkeit gesehen. Daß sie außerdem noch Glück für ihn bedeutet, bleibt dem Gewinnaspekt untergeordnet. Doch nicht alles, was real und rein diesseitig erscheint, ist lediglich real und diesseitig. Und nicht alles, was Menschen »haben« können, ist faßbar. Weder sind die Kühe, die er seinen Besitz nennt, über ihren Nutzen definierbar, noch ist es die Frau, die er über Vertrag und Recht zu seinem Ehepartner gemacht hat. Der naive junge Hirt sieht die Dinge, wie Dinge äußerlich erscheinen, aber er sieht nicht das Unfaßbare im Definierten, das Jenseitige im Diesseitigen, das Himmlische im Irdischen. Denn auch die Kühe verkörpern mehr an Geheimnis, als landwirtschaftliche Rechnungsführung wahrnimmt. Man kann zwischen ihnen groß werden, von ihren Hörnern fast umschlossen werden und dennoch blind sein für deren goldenen Glanz.

In der schönen Frau aus dem Himmelsvolk begegnet dem Hirten nun vollends das Wunder. Symbol des Unsichtbaren und Unfaßbaren, das sie in sein Leben bringt, ist der verschlossene Korb. Diesen

[1] *Laurens van der Post,* The creative pattern in primitive Afrika, in: Eranos-Jahrbuch 1956, Rhein-Verlag, Zürich 1957; abgedruckt auch in *F. Betz, A. Becker, W. Kettler (Hrsg.),* Religiöse Elemente in der Vorschulerziehung, München 1973, 5.

Korb gibt es nicht nur in unserer Geschichte, sondern in jeder Geschichte, die zwei Menschen miteinander haben. Gewiß, der Hirt ist naiv, so wie alle Pragmatiker naiv sind, und darin steht er für unzählige Zeitgenossen. Aber die Naivität allein läßt ihn nicht scheitern, sondern seine mangelnde Bereitschaft, mehr sehen, mehr verstehen, mehr lieben zu wollen. Hätte er nicht auch *staunen* können, daß der Korb leer war? Oder hätte er nicht *fragen* können? Dann würde seine Frau die Möglichkeit gehabt haben, ihn sehen zu lehren. So aber, da er das unfaßbare und ungegenständliche Geheimnis ihrer Liebe nicht sieht und er – statt sich seiner eigenen Blindheit zu vergewissern, statt Wunsch und Sehnsucht nach tieferer Erkenntnis zu empfinden –, lediglich seiner selbst gewiß, darüber nur lachen kann, zerstört er den Geheimnisgrund ihrer Liebe. Sein Glück scheitert an seiner Unfähigkeit, »die schönen Sachen, die seine Frau vom Himmel für sie beide mitgebracht hatte«, sehen, das heißt wahr-nehmen, zu können.

Didaktische Überlegungen und Erfahrungen

Alle Märchen haben vielfältige Zugangs- und Verständnisebenen. Kinder werden von ihnen unterhalten und hintergründig fasziniert. Erwachsene entgehen ihrem Bann nicht und ebensowenig ihrem Anspruch. Sollte ein Leser die voranstehende Interpretation zu »hoch« finden, so ist dennoch nicht die Schlußfolgerung legitim, also sei dies ein Märchen für Erwachsene und mitnichten eins für Kinder. Mit jedem der »Kinder- und Hausmärchen« der Brüder Grimm läßt sich ein ähnliches Interpretationsniveau verbinden, ohne daß diese Geschichten aufhören, mit gleichem Recht Kinder anzusprechen. Wenn nach einem längeren, mit Muße und innerer Beteiligung geführten Unterrichtsgespräch ein Kind auf die Frage: »Was mochte in dem Korb denn wohl drin sein, das der Mann nicht sehen konnte?« antwortet: »Die Liebe und das Glück. Der konnte nicht die Liebe sehen, die seine Frau mitbrachte«, dann ist in dieser Antwort *alles* enthalten und nichts darüber hinaus zu erwarten.

Für die Illustration vorgegebener Erzählungen ist es immer eine grundlegende didaktische Frage, in welchem Verhältnis sich Text und Bild wechselseitig bestimmen. Leider erzählen sehr viele Buchillustrationen den Text einfach nach, ohne ihm auf der bildlichen Ebene neue Dimensionen zu geben. Das ist hier nicht so. Relindis Agethen hat Bilder geschaffen, die das Märchen in ihrer Weise sowohl erzählen (vgl. die nachstehenden Unterrichtsprotokolle) als auch in neuen Dimensionen, die nur dem Bild vorbehalten sind, erschließen. Diese Bilder gestatten, den Text zweitrangig zu behandeln. Er kann einmal vorgelesen oder erzählt werden, die Erarbeitung der Geschichte und ihres Hinter-Sinns aber ist am Bild möglich.

Das *1. Bild* des Zyklus bietet keine besonderen Schwierigkeiten. Hier sind es die goldenen Hörner, die ein Geheimnis andeuten, ohne daß es sich schon jetzt erschließt. Man darf auch die mondförmige Krümmung der Hörner beachten und nach Zusammenhängen zwischen Kuh und Mond auf den nachfolgenden Bildern suchen.

Das *2. Bild* zeigt zwei Welten, die in Wahrheit zusammengehören, nicht neben- oder übereinander stehend, sondern in wechselseitiger Durchdringung. Die »andere« Welt, die der Hirt sieht, gilt nur dem, der sich selbst entfremdet ist, als fremde Welt. Es ist – märchenhaft übersetzt – der »innere Raum« und die »innere Zeit«, in die jeder hineinfinden muß, der glücklich sein will. Für Kinder bedeutet die räumliche Darstellung der Tiefendimension natürlich ein Problem. Sie wären überfordert, sollten sie das märchenhafte »Jenseits« abstrahieren. Es genügt, wenn sie erkennen, daß der Hirt hier Zeuge eines geheimnisvollen Geschehens wird. Ob er angesichts seines derben Verhaltens (er versucht die Frauen zu fangen, und eine hält er fest) dieser ungeahnten Welt Verständnis entgegenbringt, ist an den folgenden Bildern zu bedenken.

Die Kuh in diesem Bild verbindet die Welt des Hirten mit der Welt des Himmelsvolkes. In der Sachwelt des Hirten steht sie nur mit dem Hinterteil. Aber über ihren Rücken fällt die Strickleiter herab und steigen die jungen Frauen auf und nieder. So ist die Kuh ein Bindeglied zwischen hier und da, äußerer Realität und innerem Geheimnis: viel mehr, als der Hirt es zu ahnen vermag.

Im Unterrichtsgespräch können die Frauen leicht als »Engel« bezeichnet werden, weil die ikonographische Tradition und erst recht der Religionsunterricht diese Perspektive nahelegt. Das sollte möglichst korrigiert werden. Besser ist die Wahl eines märchenhaften Namens, wie Fee, oder Bezeichnungen wie Mädchen und Frau, weil dann eine Vermischung oder Verwechslung märchenhafter und biblischer Ebenen vermieden wird.

Möglicherweise aber ist es für den Lehrer sogar noch wichtiger, sich durch dieses Bild nicht theologisch irritieren zu lassen, denn wenn auch »Frauen aus dem Himmelsvolk« herabsteigen, so hat es dennoch nichts mit dem christlichen Himmelsverständnis zu tun. Doch oft wehren sich gerade solche gegen die Unbekümmertheit der Szenerie, die mit Mühe erst dabei sind, ihren Kinderglauben abzustreifen. Denen gelte die Ermutigung, das Bild nur *als Märchen*bild und als nichts anderes zu nehmen.

Nach vorliegenden Erfahrungen empfinden Kinder des 1. Schuljahres dieses 2. Bild durchweg als das sie am stärksten faszinierende. Dementsprechend stark ist ihre Motivation zur Beteiligung am Gespräch. Der Lehrer muß bedacht sein, das Hin und Her der Äußerungen zu den verschiedenen Aspekten des Bildes zu koordinieren und in ein Gesamtverständnis zu sammeln.

Das *3. Bild* mag formal als die stärkste Lösung dieser Märchenreihe gelten, für Kinder ist es gewiß die schwierigste Aufgabe. Spontan wendet sich die Aufmerksamkeit der Schüler dem Korb zu. Sie stellen viele Vermutungen an, was darin sein könnte. Die hinten folgenden Unterrichtsprotokolle zeigen, in welcher Weise eine kindliche Auseinandersetzung erwartet werden kann.

Als dem Verständnis zu schwierig erweist sich die obere Hälfte des Bildes. Die meisten Kinder kennen keinen Truthahn und erst recht nicht dessen Verhalten und Charakter. Davon muß man ihnen erzählen. Die Kuh ordnen sie äußerlich in den Zusammenhang von Hirt und Herde ein. Daß beide Tiere die seelische Welt dieses Paares symbolisieren sollen, ist für die meisten Klassen eine zu schwierige Interpretationsaufgabe und auch von der Sache her entbehrlich. Es genügt, wenn sie diesem Bild den Handlungsfortgang entnehmen. Die Eindrücklichkeit der Komposition mit dem sich auftürmenden Tierberg über den kleiner gehaltenen Menschen verfehlt auch dann nicht eine langfristige Wirkung.

Im *4. Bild* stellt die Schilderung des »leeren« und doch so reich gefüllten Korbes eine didaktische Meisterleistung dar. Folgerichtig erkennen Erstkläßler, daß man diese Dinge aus dem Korb »nicht in die Hand nehmen kann«, weil es »lauter Sachen vom Himmel« sind. Daß Bild und Geschichte bereits in diesem Alter dazu befähigen, in der Gegenständlichkeit einer Darstellung das nichtgegenständliche unfaßbare Geheimnis zu erkennen, erlaubt dem Unterricht, sofern er bewußt darauf aufbaut, ein religiöses Sprachverständnis, das oft genug nicht einmal in höheren Klassen angestrebt wird.

Methodische Ratschläge und praktische Erfahrungen

Das Kapitel »Sehen lernen« bietet innerhalb des Religionsbuchs 1 die umfangreichsten Texte. Da es dem Lehrer freisteht, zu welchem Zeitpunkt des Schuljahres er dieses Kapitel einsetzen will, ist kein allgemeingültiger Ratschlag möglich, ob oder wie sich der Unterricht auf den Text stützen soll. Prinzipiell gilt, daß jede Doppelseite ohne Minderung der sachlichen Intensität vom Bild her unterrichtet werden kann. Selbst bei früher Lesefähigkeit der Kinder ist es durchweg geraten, vorwiegend von den Bildern her das Gespräch zu führen und den Text nur gelegentlich zu konsultieren. Immer ist es möglich, die Textseiten vorzulesen oder frei gestaltend zu erzählen.

Während der Erprobungszeit dieses Religionsbuches standen alle Bilder nur als Dias zur Verfügung. Das war keineswegs nur nachteilig. Die Geschichte vom Korb mit den wunderbaren Sachen konnte auf diese Weise Bild für Bild erzählt werden, ohne daß vorweg schon Fortgang oder Ende präsentiert waren. Darin lagen Vorteile, weil z. B. die Fragen nach dem geheimnisvollen Korb sich nicht erledigten, sondern bis zum Schluß ihre Nachdrücklichkeit behielten. Vorteilhaft erwies sich auch, bevor das 4. Bild gezeigt wurde, die Geschichte (bis: »Und wißt ihr, warum sie wegging?«) zu erzählen und dann gemeinsam oder in Gruppen zu überlegen, was der Korb in Wahrheit denn enthalten hat. Die erste Begegnung mit dem Bild gewinnt dadurch größere Eindrücklichkeit.

Nachfolgend bieten wir zweierlei Aufzeichnungen von der Arbeit mit den Märchenbildern: aus einem 8. Schuljahr sowie aus dem 1. Schuljahr.

Aus Schülergesprächen im 8. Schuljahr

Der Klasse wurden allein die Bilder ohne Kenntnis des Textes gezeigt. Selbst der Lehrerin war der Text vorenthalten. Die Schüler sollten eigenständig – ohne jede Lehrernachhilfe – erproben, inwieweit die Geschichte sich aus den Bildern herauslesen läßt. Wir bieten hier kurze Auszüge aus den Tonbandaufzeichnungen, die dem Lehrer seinerseits eine Interpretationshilfe sein können.

Bild 1:
Die Blumen sind so schön und leuchtend. In der Mitte, das ist eine Butterblume. Sie hat so ein Sonnen-Gelb.
Das Bild ist ruhig.
Das Bild drückt Frieden aus. Die Kuh liegt so friedlich im Gras. Sie guckt nur neugierig. Der Mann guckt auch . . . interessiert.
Der Mann guckt hellwach.
Seine Augen sehen etwas, was der Zuschauer nicht sieht, was nur die beiden sehen, es ist nicht im Bild.
Die Kuh ist sehr deutlich mit vielen Einzelheiten gemalt. Man sieht die einzelnen Haare. Der Mann ist nicht so natürlich.
Die Kuh ist auch nicht gemalt wie wirkliche Kühe. Sie hat goldene Hörner. Das kann Reichtum und Glück bedeuten. Ich glaube Glück, weil alles so schön und harmonisch ist. (Den verwelkenden Löwenzahn, die verwehenden Blütenstände beachten die Schüler nicht und sind deshalb nicht in der Lage, ihre Interpretation zu relativieren.)
Die Blumen sollen ausdrücken, daß die Natur in Ordnung ist. Die Kuh hat genug zu fressen. Das Gras ist nicht verseucht. Der Mann ist für die Natur verantwortlich. Die Pflanzen und Tiere gehören zu ihm.
Ich meine auch, daß es um die Einigkeit des Menschen mit der Natur geht.
Der Mann ist aber nicht alleine wichtig, weil die Kuh mindestens so groß gemalt ist wie der Hirt. Er hat nicht die Macht über alles.
Das ist darin ausgedrückt, daß der Mann mitten dazwischen ist: da ist das Hinterteil von einer Kuh und das Vorderteil, und dazwischen ist der Mann.

Die Hörner schließen ihn ein.
Die Hörner umschließen ihn.
Aber es könnte ja auch so sein, daß die Kühe bedroht sind. Ich meine das deshalb, weil der Mann und die Kuh in eine Richtung gucken, wo etwas ist, was man noch nicht sieht, ich meine, wo noch etwas kommen kann ...

Bild 2:
Man sieht wieder die Kuh von hinten wie auf dem ersten Bild. Der Hirt steckt seinen Kopf in etwas, durch etwas ...
Der Mann steckt seinen Kopf ins Weltall.
Es sieht so aus, als wäre das Weltall dargestellt.
Es erinnert mich daran, wie die Menschen sich früher die Welt dachten, Himmel und Erde geteilt.
Der Mann guckt in die andere Welt.
Es ist alles so unwirklich, geheimnisvoll. Der Engel ist verschleiert, ja, das könnte auch ausdrücken, daß es geheimnisvoll sein soll. Und er hält einen Korb in der Hand.
Die Strickleiter ist eine Himmelsleiter. Der Engel in dem Schleiergewand empfängt den Mann. Der Mann will hoch zu ihm.
Es könnte auch darstellen: Was hinter dem All kommt, was dahinter ist, ist wunderbar, ganz herrlich.
Ja, das sieht er. Der Mann, der durch den Himmel guckt, der ... durch die Erde in den Himmel guckt, er sieht, was dahinter ist.
Der Mann ist tot, oder er stirbt gerade. Das Bild bedeutet, daß er den Weg zum Himmel antritt.
Das Mädchen, das da unten sitzt und melkt, muß aber auch dazu passen! Das gibt aber so keinen Sinn.
Sie ist voller Sterne. Vielleicht soll das bedeuten, daß sie auch vom Himmel kommt.
Die Frau sieht himmlisch aus, aber sie arbeitet irdisch. Sie melkt seine Kuh.
Das Blau im Weltall ist tiefer und klarer als das in der wirklichen Welt. Der Mann gehört noch zu dieser Welt, weil er in so dumpfen Farben gemalt ist.
Der Mann geht nicht in den Himmel, die Engel schweben herab.
(Einzige Lehrerfrage: Müssen es Engel sein?)
Die Gestalten schweben. Sie sind keine wirklichen Menschen.
Das Bild zeigt eine Begegnung des Menschen mit dem Außergewöhnlichen.
Die Fee, die einen Korb hält, will ihm etwas schenken.
Das Geschenk ist, daß sie bei ihm bleibt auf der Welt.
Daß sie sich in diese Welt einleben will. Daß sie dazugehören will.

Bild 3:
Jetzt ist der Mann in dieser anderen Welt und hütet dort die Tiere.
Das sieht jetzt aus wie ein Paradiesbild: Mann und Frau im Paradies.
Nein, ich meine, es leben beide in der richtigen Welt. Die Sterne sind ein Sinnbild für die andere Welt. Sie sind hier überall. Vielleicht ist es nur ein Abglanz der anderen Welt hier auf der Erde.
Himmel und Erde sind in eins gemalt.
Der Mann hat seinen Beruf beibehalten. Er ist aber scheinbar ins Himmlische eingedrungen.
Auf diesem Bild ist eine Mischung von Unirdischem und Irdischem.
Der Mann hält die Hand ausgestreckt.
Auch hier kommt wieder der Korb vor. Ich könnte mir denken, daß diesmal die Frau den Mann gelockt hat.
Ich meine auch, wie Georg sagt, sie hat ihn gelockt. Vielleicht ist aber gar nichts im Korb. Dann ist die Frau keine gute Fee, sondern eine Hexe.

Die Frau mit dem Korb ist nach unten gestiegen, weil der Mann es nicht geschafft hat, nach oben zu steigen.
Nein, sie hat ihn mit dem Korb nach oben gelockt. Der Hirt hat auch seinen Reichtum mitgenommen, die Kühe und seinen Truthahn. Sie sind gleichzeitig Phantasiegebilde geworden in einer anderen Welt.
Ich glaube nicht, daß sie in einer anderen Welt sind. Die beiden leben wie alle. Aber es gibt etwas Außergewöhnliches in ihrem Leben, das bedeuten die unwirklichen Tiere.
Es sieht nicht so aus, als ob sie sich lieben würden.
Der Mann guckt bittend, die Frau abweisend. Vielleicht denkt sie, der Mann wolle nur den Korb haben.
Die Fee hält den Mann am Arm zurück.
Sie versucht, ihn zurückzuhalten.
Auf dem Korbdeckel glitzert es, als ob etwas Wertvolles im Korb wäre.
Das Glück des Mannes!
Ich meine auch, daß in dem Korb etwas Wertvolles ist. Sie will es ihm nicht geben. Er möchte es aber haben.
Vielleicht ist aber gar nichts drin, ist der Korb nur ein Lockmittel.
Vielleicht will er nichts als den Korb und sieht es deshalb so aus, als liebten sie sich nicht.
Es könnte ja auch sein, daß der Korb für ihn so etwas wie eine Versicherung ist, daß sie bei ihm bleibt.
Vielleicht wissen die Tiere, was im Korb ist. Ihre Augen sind so ausdrucksvoll. Vielleicht wollen sie den Hirten warnen.
Die Kuh war vorher auf den Bildern schon ziemlich groß. Jetzt ist sie noch viel größer.
Die Kuh taucht immer mit dem Mädchen auf.
Die Kuh ist ein Zeichen für Reichtum und Glück, weil sie goldene Hörner hatte.
Die Menschen sind gegenüber den Tieren so klein. Das soll heißen, daß die Tiere Macht über sie haben.
Die Kuh guckt jetzt eher nachdenklich und traurig. Der Truthahn ist mächtig. Er kann auch gefährlich sein.
Der Mann und die Frau beachten die Tiere gar nicht, sie sind nur mit dem Korb beschäftigt.
Ich glaube, die Tiere sind hier Symbole, Ding-Symbole, die an verschiedenen Stellen immer wieder auftreten wie in einer Novelle. Frau Brockmann, darf ich mal was fragen? Gehören die Bilder zu einer Novelle?

Bild 4:
Der Inhalt dieses Bildes wurde spontan mit der Bedeutung des Korbes verbunden. Weil der Mann den Korb genommen hat, wendet sich die Frau von ihm ab und »verschwindet in der Sonne«. Die Schüler beschrieben den Gesichtsausdruck des Mannes als »bestürzt«, »hilflos«, »verständnislos«. Sehr lange, mit vielen Umschreibungen, hielten sie sich bei den »blinden Augen« des Mannes auf. *Brigitta Brockmann*

Aus Gesprächen mit Kindern im 1. Schuljahr

Allgemein war ein hoher Motivationswert feststellbar. Die Bilder erwiesen sich als sehr gesprächsanregend. Die Betrachtung von Bild 2 dauerte 25 Minuten, dann mußte ich abbrechen, weil die Stunde zu Ende war. Ein Schüler sagte: »Schade, ich könnt' noch so viel dazu sagen!«

Methodisch habe ich gute Erfahrungen damit gemacht, die Geschichte anhand der Bilder mit den Schülern zu entwickeln und den Text jeweils »nachzuliefern«.

Gelegentlich gab es ein Durcheinanderwerfen der Erfahrungsebenen: »Goldene Hörner – das gibt es doch gar nicht!« – hieß es, daneben zeigten sich an anderen Stellen wiederum Beweise für gute Übertragungs- und Interpretationsfähigkeiten der Schüler.

Bild 1: Einzelne Bildteile werden beschrieben. Die Tiere werden zunächst als »Stiere« bezeichnet, nur ein Schüler kennt den Begriff »Euter«. Anfangs ergaben sich Schwierigkeiten, Bildteile zu ordnen und zu koordinieren:

»Wem gehört die Hand mit dem Stock?
Die ist so weit weg von dem Mann.«
Sind das zwei Kühe oder nur eine?
Dann tauchten die Begriffe »Hirte« und »Schäfer«, auch »Bauer« auf.

Einzelheiten:
Der Löwenzahn ist schon welk, der fliegt davon.
Kühe fressen auch Löwenzahn, darum ist der da drauf.
Ist das der Mond oder die Sonne?
Bestimmt die Sonne, die Kühe haben ja die Augen auf.
Die Kuh hat so große Hörner, daß sie den Hirten damit sticht.
Warum hat die goldene Hörner, das gibt es ja gar nicht!
Das soll bedeuten, daß das Tier wertvoll ist, daß es eine gute Kuh ist.
Dann ist der Hirt aber reich!
Wenn der so reich ist und es ihm gut geht, warum guckt der so traurig?

Vermutungen der Schüler:
Vielleicht hat er Sorgen, vielleicht ist ein Tier krank.
Vielleicht geben die Kühe zu wenig Milch?

Nachdem sie den Text kennengelernt haben, vermuten die Schüler:
Die Kühe sind krank.
Sie werden nachts von jemandem, der Durst hat, gemolken. (Zusatz: Beim Zelten hat mein Papa das auch schon mal gemacht.)

Bild 2: Das Bild fasziniert so, daß die Schüler sich alle gleichzeitig und sehr spontan äußern wollen. Die Eindrücke scheinen komplex zu sein, so daß die Äußerungen zunächst nur stichwortartig und unstrukturiert kommen:
Die Kuh, die gemolken wird, wird als erstes gesehen.
Dann: Da oben kommt Maria vom Himmel. (Vermutlich lösen die Farben, die Darstellung von Gewand und Haar sowie das Herunterschweben der Frau diese Assoziation aus. Ich verweise darauf, daß die Geschichte damit nichts zu tun hat.)

Die Frauen werden sehr detailliert beschrieben. Vermutungen lösen ihre Gefäße aus:
Die hat einen Korb, da kann sie aber keine Milch rein tun.
Die andere hat ein Glas in der Hand, daraus will sie bestimmt die Milch trinken.
Die Frau da oben ist in einer Wolke, in einem Nebel.
Der Nebel kommt von dem Mond da hinten.
Das ist bestimmt ein anderer Planet, da kommen die her.

Äußerungen zu dem Mann:
Jetzt sieht er aber, was mit seinen Kühen passiert ist.
Wo hat der denn seinen Kopf?

An dieser Stelle tauchen, vermutlich aufgrund der ungewohnten Darstellungsweise, optische Täuschungen auf:
Wo gehört denn das Bild hin?
Dreht der den Kopf auf die Seite?
Schließlich:
Der ist ja in der Wolke. Die Hand und der Kopf gehen durch den Himmel durch.

Mit den Füßen ist er noch auf dem Boden, mit der Hand und dem Kopf schaut er über die Erde hinaus.

Bild 3:
Die Frau hat einen Korb, den sie weghält.
Da ist bestimmt etwas Geheimnisvolles drin, das ihr gehört.
Vielleicht Sachen, die sie von einem anderen Planeten mitgebracht hat.
Der Mann will den Korb haben, aber sie hält ihn am Arm.
Da hat's so viele Sterne wie beim Sterntalermädchen, in dem Korb sind auch Sterne.
Mit dem Korb ist bestimmt etwas ganz Besonderes . . .
Ist was versteckt . . .
Vielleicht ist auch gar nichts drin.

Der Inhalt des Korbs beschäftigt die Schüler sehr lange, viele schließen sich der Meinung an, daß Sterne darin sind.

Zu den Tieren: Die Kuh wird sofort erkannt: Die hat auch so goldene Hörner.
Interessant ist die Deutung der überdimensionalen Darstellung der Kuh:
Die Kuh ist so groß gemalt, damit man sieht, daß es dem Hirten jetzt wieder gut geht, daß die Frau ihn reich gemacht hat.
Der Truthahn (nur ein Kind kann ihn benennen!) kann jedoch in keinen Zusammenhang zu den übrigen Bildteilen gebracht werden, wobei ich es dann auch belasse.

Die Schüler drängen nun sehr darauf, den Fortgang der Geschichte zu hören.
Darauf kommen spontane Reaktionen:
Da war wirklich nichts drin.
Ich glaube, die wollte den Mann prüfen, ob er sein Versprechen hält.
Sie wollte sehen, wie die Menschen sind. Jetzt hat sie's gemerkt!

Nachdem der Schlußtext der Geschichte erzählt worden ist:
Ich glaube, da war was drin, was nur Himmelsmenschen sehen können.
In dem Korb waren Sachen für das Herz, die man mit dem Herzen sehen kann, wie zum Beispiel »Freunde«.
Ein Schüler führt den kleinen Prinzen und seine Rose an: Die konnte man ja auch erst richtig mit dem Herzen sehen.

Frage an die Schüler, bevor sie das vierte Bild kennenlernen: »Was glaubt ihr, hat die Malerin in den Korb gemalt?“
Sterne.
Licht (!), eben schöne Sachen, die einen freuen, die man für's Herz braucht.
Blumen.
Geld.
Daraufhin Einwand eines Schülers: Das glaub' ich nicht. Geld macht manchmal auch unglücklich!

Bild 4:
Der Mann hat so komische große Augen.
Der guckt so traurig.
In dem Korb sind lauter Sachen vom Himmel.
Lauter Sachen, die man nicht in die Hand nehmen kann (!), so durchsichtig.
Viele schöne Farben.
Die Augen des Mannes sind verschwommen, der sieht gar nicht richtig.
Einer glaubt sogar, in dem Kleid der Frau eine Herzform zu erkennen, und meint:
Die Malerin möchte sagen, daß die Frau wie ein Herz ist.

Eva-Maria Bauer

Pieter Breughel der Ältere, Das Gleichnis von den Blinden

S. 52–53

A. Pieter Breughel wurde zwischen 1525 und 1530 vermutlich in Breda geboren und starb 1569 in Brüssel. Er ist der bedeutendste niederländische Maler seines Jahrhunderts. Seine künstlerische Originalität und Leistung sind um so erstaunlicher, wenn man bedenkt, daß sein gesamtes Werk in nur 18 Jahren entstand.

Breughels kurze Lebenszeit war von religiösen und politischen Unruhen durchzogen. 1555 stirbt Karl V.; sein Sohn, Philipp II. von Spanien, bricht mit der burgundischen Tradition der Niederlande; sie sollen wie ein Teil der spanischen Gesamtmonarchie zentralistisch kontrolliert werden. 1559–1567 setzt gegen diese Unterdrükkungsbestrebungen eine heftige Opposition ein. Es kommt zu großen Unruhen und Erhebungen. Der grausamen Inquisition stellt sich zusätzlich eine calvinistische Front entgegen. 1567 (zwei Jahre vor Breughels Tod) schickt Philipp den Herzog von Alba mit einem spanischen Heer in die Niederlande (bis 1573), der ein brutales Regiment führt.

Dies ist, mager skizziert, der politische Hintergrund von Breughels Schaffenszeit; er spiegelt sich in seinen Bildern. Lange Zeit hat man sich gefragt, warum Breughel solch grobe, unförmige und verzerrte Menschen gemalt hat, Frauen ohne Anmut und tolpatschige Kinder. Man hat geglaubt, er habe bewußt eine lächerliche Wirkung damit angestrebt, und hat ihn sogar »Pieter den Drolligen« genannt. Doch wird Breughel mit solchen Urteilen verkannt. So berechtigt man ihn den »Bauernmaler« nennen darf, war Breughel doch selbst kein Bauer, sondern ein gelehrter und belesener Humanist und ein Mann von Geist. Aber er fühlte sich dem armen Volk verbunden, kannte diese Menschen, ihre Armut, die Krankheiten, ihre Schwächen und Bosheiten. Zeit seines Lebens beobachtete er ihr Leben und Treiben – mit einer Intensität wie sonst kaum ein Zweiter in der Kunstgeschichte. In kleinen Notizheften skizzierte er ihre Gesten, ihr Verhalten in Glück und Unglück. Breughel sieht das Volk sich abrackern, schlafen, schwelgen, betteln, tanzen, trinken und sich vollfressen, sich übergeben und die Notdurft verrichten. Er beobachtet die Kranken, ihre schrecklichen Gebrechen: Wunden, Geschwüre, Auszehrung, Blindheit, Verkrüppelung. Er schildert dies alles, was er sieht, noch nicht, wie es erst spätere Zeiten lernen, um solche Not anzuprangern, sondern weil Armut, Leid und Bosheit ihn jammern. Breughel liebt die Menschen; nicht jene, die allezeit geliebt werden, die ohne Fehl und Tadel sind, sondern die, die ihrer Häßlichkeit und Not wegen keine Achtung finden.

So ist also der »Bauern-Breughel« kein grober, sondern ein besonders sensibler Mensch, ein beteiligter Zeitgenosse. Doch wie spiegeln sich in seinen Bildern die großen Vorgänge seiner Zeit? Breughel malt nie ein bestimmtes Geschehen, einen historisch benennbaren einmaligen Vorgang. Darauf nimmt er immer nur gleichnishaft Bezug. Deshalb verstehen wir viele oder sogar die meisten seiner politischen Andeutungen nicht mehr, obwohl sie seinen Zeitgenossen deutlich genug waren. Unverkennbar ist aber, daß Breughel die Tyrannei haßte. In Gemälden wie »Der Bethlehemitische Kindermord« oder die »Dulle Griet« (»Tolle Grete«) malt er fürchterliche Allegorien auf Zwang und Unterdrückung. Aktuelle Anspielungen auf Geldeintreibungen, Plünderungen, Massaker finden sich in fast allen Bildern dieser aufgewühlten Jahre.

Das »Gleichnis von den Blinden« entstand 1569, ein Jahr vor seinem Tode. Es gehört zu den großartigsten Leistungen Breughels und ist zugleich ein Resümee seiner Welterfahrung, Dokument und Parabel in einem.

Zugrunde liegt das Wort Jesu, bei Matthäus zu den Pharisäern gesprochen: »Laßt sie nur! Sie sind blinde Blindenführer. Wenn aber ein Blinder einen Blinden führt, so fallen sie beide in die Grube« (Mt 15,14). Dieses Wort war dem 16. Jahrhundert nicht fremd. In seinem »Narrenschiff« erinnerte Sebastian Brant daran: »Eyn Blyndt den andern schyltet blindt. Wie wol sie beid gefallen synt.«

In die niederländische Malerei hat – nach Gustav Glück – Hieronymus Bosch diese Thematik eingeführt, jedoch der Bibel genau folgend auf *zwei* Blinde beschränkt. Bei Breughel sind es *sechs*. Als Dreiergruppe hat er das Motiv schon Jahre früher aufgegriffen in seinem großen Tafelbild »Die Sprichwörter«. Dort sind die Blinden fern am Horizont als winzige Silhouette zu erkennen.

B. Breughel gestaltet sein Thema als Komposition von überwältigender Kraft. Die sechs Blinden durchqueren die Bildfläche auf einer nach rechts absinkenden Diagonale. Die Köpfe und Arme der Männer, zwischen dem zweiten und dritten durch einen Stock verstärkt, bilden diese fallende Hauptachse, die sich durch das ganze Bild zieht und die unterstrichen wird durch das parallel dazu abfallende Gelände und die je rechts gehaltenen Stöcke. Für den Eindruck des unausweichlichen Sturzes sind jedoch auch kontrastierende Bewegungen zu den Diagonalen notwendig: vorab die schrägen, nach vorn geneigten Körper der Blinden, der ähnlich schräg gehaltene Stock des drittletzten Mannes und der erbärmlich kümmerliche und kahle Strauch links unten im Bild. Die großen Dachformen links oben betonen ebenso die kontrastierende Diagonale, halten andererseits mit ihrer gegenläufigen Seite die von ihnen ausgehende Figurenkette zusammen. Wichtig für den Eindruck des Sturzes auf schiefer Ebene sind außerdem die Horizontlinien im Hintergrund: die sich neigende Hügelkontur mit ihrem Übergang in flaches Land, und wiederum in kontrastierender Spannung dazu die Vertikale des Kirchturms und der Bäume. Außerordentlich wichtig für die starke Wirkung der Komposition ist jedoch noch ein weiteres Moment: Eine geschlossene Formation des Blindenzuges würde allzu spannungslos erscheinen und die Gruppe wenig dynamisch ins Bild bringen. Darum unterbricht Breughel die fallende Diagonale, schafft eine Lücke, nur vage durch einen Stock überbrückt, die der Tragödie ihre Dramatik gibt: Während der Anführer der Blindengruppe schon im Graben liegt und der nächste gerade über ihn stürzt, scheint für die übrigen der Weg noch offen zu sein – eine zwar trügerische Hoffnung, die durch den Zwischenraum unterstrichen und die gerade dahinein komponierte kräftige Vertikale der Dorfkirche verstärkt wird – aber das unaufgehaltene Weitergehen der vier Blinden am Abhang zerstört diese Perspektive. Die zwei ersten dieser Gruppe, die besonders pathetisch-erwartend ihre Gesichter hochheben, machen es deutlich, daß sie – blind wie sie sind – dem Schicksal ihrer Anführer nicht entgehen können: Gleich werden sie übereinanderfallen und ein erbärmliches Elendsbild abgeben.

Die Farbstimmung des Gemäldes ist von sensibler Zurückhaltung: Nicht kräftige Farben, die Breughel durchaus liegen, sondern vorwiegend zarte Farbtöne verweben ineinander: violettes Rot, Graubraun, gedämpftes Grün und Grau. Es ist eine erdhafte Abendstimmung, durch die herbstliche Natur unterstrichen.

Die Landschaft, die wir sehen, ist flämisch, eine dörfliche Szenerie im Hintergrund. Links ein stattlich und massiv gebautes Haus mit gotischem Treppengiebel, mehrgeschossig; daneben eine strohgedeckte Scheune unter gewaltigem steilem Dach. Ähnliche Bauernhausformen sind weiter rechts im Hintergrund zu erkennen. Die Dorfkirche steht am Rand der Siedlung. Auch hier ein großes steiles Dach, abgesetzt davon und kleiner, aber in rhythmischer Entsprechung zum Baukörper des Langhauses, der Chor. Der steile Kirchturm ist die einzige entschiedene Senkrechte im ganzen Bild. Ganz rechts fließt, breit mäandernd, ein Bach, in dessen seichtes Wasser vorne der Blindenführer hinterrücks gefallen ist. Der Bachrand ist von einzelnen Bäumen bestanden. Hinter der großen Pappel grast eine Kuh, wegen der hier beschädigten Leinwand nur im Umriß zu erkennen. Ganz vorne im Bach, über der Hand des gefallenen Mannes, eine Wasserlilie, die eine einzige üppige Blüte trägt.

Ganz links, von dem kümmerlich dürren Gesträuch überragt, fällt das sonst flachwellige Gelände in einer steilen Stufe ab. Die Blinden sind also nicht nur durch das Wasser vor ihnen, sondern auch seitwärts durch den Graben des Sturzes sicher.

Aber was sind das für Männer, diese Blinden? Da es sich um ein berühmtes Gemälde handelt, haben sich auch berühmte Leute damit befaßt, u. a. ein Dr. Tony Michel Torrilhon, der fünf verschiedene Fälle von Blindheit diagnostiziert haben will, und zwar (von links nach rechts): (1) Blindheit durch Pemphigus, (2) Atrophie der Augäpfel, (3) Hornhautleukämie, (4) Schwarzer Star und (5) Ausschälung. Das gewichtige Breughel-Buch von Bob Claessens und Jeanne Rousseau, zu Breughels 500. Todestag herausgegeben, beteuert, Augenspezialisten würden diese Diagnose weiterhin bestätigen. Deutlich ist jedenfalls, daß der mit seinem elenden Gesicht frontal dem Betrachter im Fall zugewandte Mann ausgeschälte, leere Augenhöhlen hat – wohl weniger Folge einer Operation als einer Blendung, also einer bewußt von Menschen zugefügten Tat.

Das Schicksal der Blinden in früherer Zeit war das des Bettelmannes. Um so verwunderlicher kontrastiert dazu die Kleidung dieser sechs Männer. Es sind mitnichten zerlumpte Gestalten, sondern gut, wenn nicht sorgfältig gekleidete Menschen. Alle tragen mantelförmige Umhänge und eine Kopfbedeckung, jener in der Bildmitte sogar noch einen stattlichen Hut in der Hand. Soweit erkennbar, besonders beim dritten von links, ist die Kleidung darunter ebenfalls sorgfältig und gutbürgerlich zu nennen. Demnach sind diese Blinden nicht eine jener zahllosen Elendsgruppen, die Breughels Zeit und das gesamte Mittelalter zur Genüge kannte.

Diese Überlegung führt zu der wichtigsten Frage: Was hat Breughel mit seinem großartigen Bild sagen wollen? Hat es Hinter-Sinn, oder ist es ein realistisches Zeitgemälde? Die letzte Version ist auszuschließen, wie bereits der Titel des Bildes unterstreicht: Als Gleichnis sollen wir es nehmen. Gleichnis wofür? Einige meinen: für die Tragödie der Niederlande; andere dagegen: für die ahnungslose Menge, die ebenso unerleuchteten Wanderpredigern auf den Leim geht . . . Was immer an konkreten Tagesereignissen für Breughel der *Anstoß* zu seinem Bild gewesen sein mag – was er gestaltet, ist weit darüber hinaus in einer allgemeinen Weise gültig, denn heute nicht minder als zur Zeit Jesu führen Blinde die Blinden. In Breughels Interpretation erfolgt aber keine soziale »Anklage« oder »Entlarvung«, wie ein politischer Jargon unserer Tage so gerne agitiert, vielmehr zeigt er *alle* diese leidenden Männer als Opfer, wie sie es ja auch für Jesus sind. In beider Darstellung sind auch die führenden Menschen keine dämonisierten Bösewichter, sondern unglückliche Leute, Menschen ohne das erleuchtende Licht, das ihnen und allen anderen den Weg zum Glück – also zu sich selbst und zueinander, zum Frieden und zu Gott – zeigen könnte.

C. Breughels »Gleichnis von den Blinden« steht im Abschnitt »Sehen lernen« zwischen dem Märchen vom Korb und der Heilung des blinden Bartimäus. Diese Abfolge ist nicht beliebig austauschbar, sollte vielmehr in der vorgelegten Reihe übernommen werden. Im voraufgegangenen Märchen haben die Kinder erfahren, daß jemand scharfe, gute Augen haben kann (Bild 1) und dennoch für das, worauf es ankommt, um glücklich zu werden, blind ist (Bild 4). Der Hirt ist für sie eine deutliche Veranschaulichung des Wortes vom »Sehen und doch nicht sehen«. Konkretionen und Übertragungen dieser Erfahrung finden die Schüler auf den folgenden Seiten des Religionsbuchs.

Das Breughelsche Bild konfrontiert nun erstmalig mit realer Blindheit. Die meisten Schüler werden noch keine persönlichen Begegnungen mit blinden Menschen gehabt haben. Eine Besinnung bei geschlossenen Augen, wie ihr Leben ganz anders wäre, wenn sie nicht sehen könnten (→ S. 268 ff), vermag ihnen in einem bescheidenen Ansatz einige Lebensbedingungen blinder Mitmenschen vorzustellen. Bevor solche Versuche gemacht werden, sollte jedoch das Bild selbst eingehend betrachtet werden.

Über den Titel des Bildes kann nebenher der Begriff »Gleichnis« eingeführt werden. »Gleich diesen Blinden sind alle Menschen«, will das Bild erzählen. »Wie ist das zu verstehen?« Die Rückerinnerung an den *sehend-blinden* Hirten (um das Verstehensniveau der Schüler von Anfang an möglichst in solchen paradoxalen Formulierungen zu fördern!) wird den Schülern die Einsicht erleichtern, daß es nicht nur diesen einen Hirten im Märchen gibt, sondern daß jeder Mensch ähnlich sein kann, weil er wichtige Dinge und inwendige Wahrheiten nicht sieht oder nicht sehen mag. Gewiß verstehen sie, daß dadurch schon viel Streit und Krieg entstanden ist und immer neu droht.

Daß wir auch in der Schule oder daheim blind füreinander sein können, ist den Kindern nicht schwer ein-sichtig.

D. Aus Unterrichtsgesprächen mit Kindern im 1. Schuljahr.

Da sind sechs Männer.
Die haben den ersten in den Fluß gestoßen.
Die wollen den los haben.
Ich finde, die sehen aus, wie wenn sie blind wären.
Ja, so komische Augen.
Ja, die sind blind und können gar nichts sehen.
Der erste ist nicht blind, der kann sehen.

Der führt ja alle, dann muß er sehen können.
Die würden ja keinen Blinden zum Führer nehmen, z. B. ein Blindenhund muß ja sehen können.
Lehrer: Seid ihr der Meinung, der erste Mann kann sehen und hat die anderen absichtlich zum Fluß geführt?
Der wollte die reinlegen.
Aber der ist ja selbst reingefallen, ich glaube, der ist auch blind.
Selber ist er ja auch naß geworden.
Vielleicht sind die aus einem Blindenheim ausgebrochen und heimlich abgehauen, und jetzt geht's ihnen schlecht.
Wenn das so weitergeht, fallen noch alle rein.
Ja, die stolpern über die anderen.
Vielleicht sind sie auch schnell gerannt und sind deshalb vom Weg weggekommen und in den Fluß gefallen.
Lehrer: Stell dir vor, du bist nachts allein im dunklen Zimmer. Wie bewegst du dich da?
Ich geh langsam, weil ich nichts sehe und Angst habe, ich lauf irgendwo gegen.
Ich nehm da eine Taschenlampe.
Aber Blinde können auch bei Licht nichts sehen.
Und da links ist auch ein Fluß, da können sie auch nicht vorbei.
Ja, die können gar nicht anders laufen.
Vielleicht hatten sie Hunger und wollten einen Fisch fangen und sind dabei reingefallen.
Oder Durst.
Die sind bestimmt ausgerissen.
Lehrer: Wie meinst du das?
Die waren im Gefängnis, weil sie was angestellt haben, und da hat man ihnen die Augen weggemacht.
Ich glaub', die kommen aus dem Heim, aus dem Blindenheim.
Die wollen an die frische Luft.
Sie wollen aus dem Dorf abhauen und haben die Brücke gesucht und sind dann ins Wasser gefallen.

Aufgabe: Sucht für das Bild Überschriften!

Ergebnisse:
Die blinden Fischfänger.
Die sechs blinden Männer sind ausgebrochen.
Die sechs blinden Männer, von denen der vordere ins Wasser gefallen ist.
Männer ohne Nerven (Zusatz: Man sieht gar nicht, daß die Schreien oder daß es weh tut).
Die sechs ausgerissenen alten Männer.
Lehrer: Was wollte wohl der Maler mit diesem Bild den Menschen sagen?
Der wollte sagen, daß die Männer arm sind.
Daß man die Männer nicht so allein lassen soll, sondern sie führen muß.
Ich denke bei dem Bild auch an die Geschichte vom Blinden, den Jesus geheilt hat.
Es gibt ja nicht nur Blindheit mit den Augen, auch mit dem Herzen.
Lehrer: Kannst du das noch genauer sagen?
Wenn man haßt, häßlich ist zu einem Menschen.
Oder die Geschichte mit dem Korb und den Kühen.
Ja, der Mann hat zu der Frau ›Dummes Weib‹ gesagt, wo sie ihm doch Himmelssachen mitgebracht hat.
Die hat der auch nicht gesehen.

Wenn ich meine Freundin mit dem Herzen anschaue, merke ich, daß sie lieb ist.
Überhaupt finde ich, daß, wenn man heiratet, daß man sich zuerst mit dem Herzen kennen muß.
Das war bei meiner Mama und bei meinem Papa auch so, meine Mama hat nämlich keine blonden Haare, und trotzdem hat mein Papa sie lieb.
Wenn eine Frau einen Mann heiraten will, muß sie erst wissen, wie der ist, ob der zum Beispiel bockig ist. Meine Mama hat gesagt, da hat sie ein paarmal bei meinen Papa übernachtet, dann hat sie's gemerkt, daß er's nicht ist.

In der folgenden Stunde wurde Lk 10 unterrichtet. Im Gang des Unterrichts entwickelte sich dieses Gespräch:

Zuerst sagen die Leute: Sei ruhig! Dann sagen sie, er soll heimgehen.
Als sie merken, daß Jesus den Bartimäus hört, tun sie schnell, was Jesus sagt.
Die wollen Jesus für sich alleine haben.
Weil sie allein seine Freunde sein wollen.
Vielleicht können sie auch nicht glauben, daß Jesus ihm helfen kann.
Lehrer: Warum können sie das nicht glauben? Denkt an die Korbgeschichte!
Der Hirt konnte nicht sehen, was die Frau mitgebracht hatte.
Vielleicht können die Leute auch nicht sehen, wie Jesus die Menschen froh machen will.
Die sehen nicht, daß Jesus allen Menschen helfen kann.
Die können vielleicht gar nicht mehr staunen darüber, wie der Mann, der das Staunen verlernte.
Vielleicht wollen die das auch nicht sehen, oder sie können's nicht.
Eigentlich sieht nur der Bartimäus richtig.
Lehrer: Kannst du nochmals den Unterschied zwischen Bartimäus und dem Hirten angeben?
Der Hirt hat gesunde Augen, sieht aber mit dem Herzen nichts, Bartimäus hat kranke Augen, sieht aber Jesus mit dem Herzen.

Eva-Maria Bauer

Markus 10,46–52: Die Heilung des blinden Bartimäus S. 55

A. Im Aufriß des Markusevangeliums ist dies die letzte Wunderheilung, die Jesus bewirkt hat. Durch diese Stellung gewinnt die Szene ihre besondere Bedeutung: Es folgen nun die Passion und Hinrichtung Jesu und die nur dem Glauben sich darin offenbarende Zukunft des Reiches Gottes. Von diesem Wissen her und der bewußten Plazierung der Episode an die letzte Station auf dem Weg nach Jerusalem ist der Text gestaltet und stilisiert worden: Jesus ist von jetzt ab der »Sohn Davids« (Markus verwendet diesen Titel nur hier), der königliche Messias also, der sich »seiner« Stadt nähert. Der blinde Bettler, der Jesus erstmals begegnet, schreit es unter die Menschenmenge, und Jesus widerspricht nicht mehr. Dennoch bleibt er der »Freund der Armen«, der sich dem zuwendet, der in Not ist und ihn anruft. So wie unter dem Kreuz allein der römische Hauptmann das Geheimnis dieses Gehenkten erkennt, so ist es hier der Blinde, der in Jesus den Retter sieht, während die anderen, die zwar sehen können, ihm gegenüber blind bleiben.

B. Jericho ist etwa 30 km östlich von Jerusalem gelegen; es markiert die letzte Tagesstrecke des Weges von Galiläa durch den Jordangraben zur alten Königsstadt. Als Jesus, der hier gerastet oder übernachtet hat, »mit seinen Jüngern und viel Volk« aufbricht, sitzt »Bartimäus, ein blinder Bettler« am Weg. Nach damaligem Brauch zu urteilen, saßen die Bettler gern an den Stadttoren, dort, wo aller Verkehr sich bündelt und drängt – und wo auch in unseren Städten die Bettler zu finden sind, weil die Aussicht, ein Geldstück zu bekommen, dort am größten ist, wo die meisten Menschen passieren. Er wird aufmerksam, als der Betrieb auf der Straße zunimmt, das Gewoge der Menge ihn fragen läßt, was sich ereigne. Das Stichwort »Jesus, der Nazarener« macht ihn vollends wach. Von dem hat er gehört, mit dessen Namen verbindet sich Hoffnung, und so läßt er alle Zurückhaltung und jegliches gute Benehmen und schreit lauthals: »Sohn Davids, Jesus, erbarme dich meiner!« Das muß in einer Weise aufdringlich und störend gewesen sein, daß viele ihn anfahren, er solle den Mund halten. Bartimäus aber kennt keine Etikette, keine Würde, keine Rücksichtnahme, sondern nur das eigene Interesse, das er allerdings an niemanden delegiert, sondern mit Vehemenz selbst wahrnimmt. Also schreit er »noch lauter«, so daß es alles andere übertönt. Diese Entschiedenheit, die das Neue Testament oft »Glaube« nennt, bewegt Jesus zur Stellungnahme. Er läßt sich belangen, ist beeindruckt, hält an und sagt: »Ruft ihn her!« Das bringt die Stimmung zur Wende. Während jener vordem als peinlicher Schreihals empfunden wurde, sagen jetzt ebendiese Betulichen zu dem, der keine Hemmungen gelten ließ: »Trau dich! Steh auf!« Wer so über die Straße und durch die Menschenmenge schreit, um zunächst einmal nur bemerkt zu werden, wird sich auch wohl trauen, wenn er gerufen wird. So also springt er auf, jetzt allem Anschein nach vom Wohlwollen derer begleitet, die ihn vordem aus dem Spiel halten wollten, und sagt: »Mein Herr, ich möchte wieder sehen können!« Was sonst kann ein Blinder, den die endlose Nacht um ihn zum Bettel zwingt, anderes wünschen, als wieder sehen zu können und alle Freiheit zu haben, die die Gesunden als selbstverständlich nehmen? Und es wird von keinem Wenn und Aber, von keiner Medizin oder Therapie gesprochen außer dem einfachen Wort: »Geh, dein Glaube hat dir geholfen.« Und der, der sogleich sehen konnte, folgt ihm ebenso ohne Wenn und Aber auf dem Weg.

C. Diese Erzählung würde unterbewertet, wollte man sie zur historischen Reminiszenz degradieren. Es geht nicht um die Frage, ob wir solch eine Heilung noch in unserer Wirklichkeit unterbringen können, weil mit dieser Frage das Problem verschoben und verengt wird und die eigentliche Theologie der Geschichte ausgeklammert bleibt. Denn zunächst einmal geschieht das, was immerfort geschieht und darum tatsächlich »in unserer Wirklichkeit« zu Hause ist: daß die Sehfähigen nicht sehen, der Blinde aber das Geheimnis sieht. Es ist die Antigeschichte zum »Märchen vom Korb mit den wunderbaren Sachen«. Der Hirt dort steht auf eigenen Füßen, kann arbeiten und kalkulieren, wird wohlhabend; doch eben in dem Maße, wie er von sich selbst eingenommen ist, ist er zugleich blind für alles, was ihn innerlich glücklich machen kann. Aber der lumpige Blinde am Straßenrand, getrieben von der notvollen Suche nach rettender Güte, sieht den »Korb«, über dessen Leere die Herren aller Zeiten spotten, voll rettender Gaben des Himmels, und er, der die Gaben dieses Korbes begehrt, wird nicht abgewiesen.

D. Die Geschichte dieser Blindenheilung ist kurz und einfach erzählt. Sie bereitet auch im 1. Schuljahr keine Schwierigkeiten. Fremde Begriffe wie »Sohn Davids« oder »Rabbuni« sind leicht zu erklären. Auch sind keine Wissensvoraussetzungen über Jesus oder die Verhältnisse des Landes vonnöten. Jedoch kann ein Betrachten der Dorfszenen im Kurs »Israel – Land und Leute« ersten Einblick in die Situation der Kranken und Bettler am Wegrand geben (→ Religionsbuch 1, S. 80/81). Gegenüber dem Bild empfiehlt es sich, zuerst den Text zu behandeln. So lernen die Kinder die originale sprachliche Fassung der Perikope kennen und gewinnen damit eine bessere Voraussetzung für die Auseinandersetzung mit dem Bild. Eine tiefere Durchdringung der Geschichte wird einerseits durch die voraufgegangene Beschäftigung mit dem Märchen ermöglicht, andererseits durch eine Vielzahl folgender Texte und Bilder, die den Grundgedanken variieren und weiterführen. Ein solches Verweilen bei der Sache im Reigen aufeinander abgestimmter Medien kommt der Innerlichkeit der Kinder sehr entgegen und schafft eindrückliche Lernprozesse, auf die sowohl innerhalb des Sprach- und Symbolkurses als auch im Fortgang der nächsten Grundschuljahre aufgebaut werden kann.

Wilhelm Willms, lied für blinde, lahme, taube

der blinde mann von Jericho
der kann nun wieder sehn
der lahme aus jerusalem
der kann nun wieder gehn
in köln und auch in wuppertal
sind leute blind und lahm
es fehlt der eine der sie sieht
wie damals einer kam

es fehlt der eine der sie weckt
der hört und spricht und merkt
der eine der sich selbst vergißt
der andre heilt und stärkt
wann kommt der eine noch einmal
vielleicht auch zwei und drei
nach afrika amerika
zu uns in die türkei

er sah sie an mit einem blick
und nahm sie bei der hand
er sprach dabei ein neues wort
wie keiner sprach im land
so gehen viele blind daher
und lahm und stumm und taub
und manche laufen tot herum
und stehen nicht mehr auf

(Aus: aus der luft gegriffen. bausteine zu gottesdiensten mit kindern und familien, Verlag Butzon & Bercker, Kevelaer [3]1981, gekürzt.)

Relindis Agethen, Blindenheilung S. 54

A. »Der Blinde ist seit den frühesten Zeiten der Menschheit der Inbegriff der armseligen und hilfsbedürftigen Kreatur. Niemand wird ihm sein Mitleid versagen können. Der Anblick der vielen Blinden gehört zu den nachhaltigsten Eindrücken in südlichen Ländern, in denen die Zahl der Blinden so wesentlich größer ist als bei uns. Der gellende Ruf, mit dem die Blinden oder ihre Begleiter, meist Kinder, die Nummern der Lose aufzählen, von deren Verkauf sie ihr armseliges Leben fristen, wird jedem Besucher einer südspanischen Stadt unvergeßlich in den Ohren klingen. Bei der wohlorganisierten und zuverlässig arbeitenden modernen Blindenfürsorge unseres Landes mit Blindenpflegegeld, Blindenausbildung, Blindenheimen, Blindenschulen, Blindenbibliotheken und sogar einer Blindenuniversität machen wir uns nur noch schwer eine Vorstellung von der bedauernswerten Lage der Blinden in früheren Jahrhunderten. Er war tatsächlich der Ärmste der Armen, ganz auf die Hilfe und die Almosen seiner Mitmenschen angewiesen.

So läßt sich verstehen, daß Heilungswunder an Blinden die Menschen tief beeindruckten. Keine der Wunderheilungen Christi wird so oft und in so vielfältigen Varianten in den Evangelien erzählt wie die Blindenheilungen. Darum reichen auch die Bilder der Blindenheilung in die allerersten Anfänge christlicher Kunst zurück. Diese ersten Anfänge sind die sog. sepulkrale Kunst, die Malerei der Katakomben und die Sarkophagplastik. Daß gerade diese beiden Zweige der Kunst das Thema der Blindenheilung bevorzugt verwendeten, versteht sich aus der symbolischen Ausdeutung, die die Blindenheilung in der frühchristlichen Zeit erfuhr. Die Blindenheilung wurde nämlich nicht nur wörtlich als ein Bericht über die Heilung eines blinden Menschen verstanden, sondern als Symbol für die Erleuchtung des inneren Menschen durch die Botschaft Christi ...

Alle Elemente der altchristlichen und byzantinischen Kunst finden sich (nach Ausgang der Antike) in der karolingischen Epoche wieder ... Bei der Bedeutung der Blindenheilung unter den altchristlichen Themen ist es kein Wunder, daß sie uns auch in der Karolingischen Kunst verhältnismäßig oft begegnet ... Christus bringt das Licht in unsere Welt, als Wundertäter und durch sein Evangelium – dies bleibt das Thema der Kunst auch für die nun folgenden Jahrhunderte der ottonischen und salischen Zeit. Die Blindenheilung auf Grund ihres symbolischen Gehalts steht wieder an bevorzugter Stelle ... Aber so reichhaltig unsere Sammlung der Darstellungen der Blindenheilung aus dem frühen Mittelalter (ist), so schwierig (sind) Bilder aus dem späten Mittelalter zu finden ... Am Ausgang des Mittelalters begegnen uns noch zwei Bilder von einzigartiger Ausdruckskraft ..., (danach) erscheinen die wenigen Darstellungen der Blindenheilung, die das 16. Jahrhundert hervorgebracht hat, oberflächlich und theatralisch ... Wie ein versöhnender Ausklang führt da die Zeichnung Rembrandts von 1659 wieder ganz nahe an den tiefen geistigen Gehalt der mittelalterlichen Darstellungen der Blindenheilung heran ... Nach dieser Zeichnung Rembrandts verschwindet das Thema der Blindenheilung aus der großen Kunst. Es bleibt von da an beschränkt auf einige Bibelillustrationen rein bekehrenden Inhalts ohne selbständigen künstlerischen Wert.«[1]

[1] *Wolfgang Jaeger*, Die Heilung des Blinden in der Kunst, Sigmaringen (1960) ²1979, 7–24.

B. Im Verhältnis zur Tradition, wie sie Wolfgang Jaeger dokumentiert, ist die »Blindenheilung« von Relindis Agethen ein neues Bild. Es erschließt sich keineswegs dem »ersten Blick«, auch wenn man die Konstellation Jesus–Bartimäus gleich erfaßt. Selbst ein wiederholtes Hinsehen führt nicht für jedermann zum Erkennen, so daß sich das Thema des Bildes zugleich als Thema des Betrachters erweist: ob *er* zu sehen vermag oder angesichts dieses Bildes selbst ein Blinder ist.

Noch bevor Einzelheiten des Bildes betrachtet werden, beeindruckt das geheimnisvolle Lichtspiel, das aus zwei Quellen einfällt: Zunächst ist es Jesus selbst, der als Lichtgestalt aufscheint; außerdem aber fällt Licht aus einer anderen, jenseitigen Welt in die Bildmitte.

Diese Bildmitte wird durch eine Dreiergruppe gebildet, die sich fast pyramidenförmig von unten her aufbaut: im Vordergrund und zugleich tiefer als die übrigen ein blindes Mädchen; darüber und gleichzeitig in einer unmittelbaren Beziehung zu Jesus Bartimäus im Augenblick seiner Heilung; noch einmal höher aber, Bartimäus voll anschauend, die Gestalt Jesu. Bartimäus und das blinde Mädchen werden beide von den Armen Jesu umfangen: Seine Rechte hält die Blinde, seine Linke greift unter dem Arm des Bartimäus her, der seinerseits Jesus an der Schulter faßt.

Ohne Zweifel ist Jesus die Hauptgestalt. Aus der Malgeschichte des Bildes kann berichtet werden, daß sie viele Überlegungen, Bedenken, Vorbehalte, Versuche, ausgelöst hat, scheint doch das ikonographische Repertoire für eine derart schablonisierte Gestalt verbraucht zu sein, zumal dann, wenn an die realistische Darstellungsweise der Tradition wieder angeknüpft wird. Relindis Agethen entschied sich für ein Gesicht, das Güte und Menschenfreundlichkeit ausstrahlt, ohne einer gewissen Herbheit zu entbehren. Die Augen Jesu sind voll auf den Bettler gerichtet, der seinerseits auf ihn zukommt, sich auf Jesu Schulter stützt und so durch seine Körpersprache sagt, wo er Halt und Hilfe sucht. Jesus ist auf diesem Bild fast nur Gesicht: leuchtendes, erleuchtendes, Licht spendendes Antlitz. Seine Haare sind zwar noch im Ansatz erkennbar, verlieren sich aber wehend im Sog der Dunkelheit. Seine übrige Gestalt verdekken die umgebenden Menschen, sie wird aber noch einmal konkret in den umgreifenden Armen und Händen. Auge und Arm, könnte man sagen, ist dieser Jesus, Licht und Hilfe.

Und Bartimäus? Er ist ein struppiger Gesell, dem man sein hartes Leben, das er als blinder Bettler führen mußte, ansieht. Sein Gesicht wird von dem Licht, das von Jesus ausgeht, voll getroffen; nur die linke Partie verbleibt im Schatten. Die Augen spiegeln gerade ein erstes Erkennen, den Übergang zwischen Blindheit und Wiedersehen-Können. Kein Hilfsmittel, kein Wort, keine Geste hat diese Heilung bewirkt, als nur das »Licht«, das Jesus selber ist und in dem andere sehend werden. Nun liegt die dunkle Vergangenheit hinter Bartimäus. Sie ist das tote Leben, im toten Vogel in seinem Rücken symbolisiert, das ihn nicht weiter bannt, denn nun kann er dem Lichte folgen und selbst Licht für andere sein. Nochmals weiter in seinem Rücken aber, das neue und das alte Leben einschließend, leuchtet – auf die Wölbung wie auf eine Wiegenkufe gestellt – der Regenbogen als Zeichen des frühesten Bundes zwischen Gott und den Menschen auf.

Von der dritten Gestalt der Bildmitte weiß das Evangelium nichts. Sie verkörpert die Frage eines jeden, der die Wundergeschichte liest. Sie vertritt alle Blinden der Welt, die in ihrer Nacht verbleiben müssen. Diese junge Frau – sie trägt chinesische Gesichtszüge, muß also weder Christ sein, noch Jesus unmittelbar kennen – steht mit dem Rücken zu Jesus. Sie kommt aus einer anderen Zeitsituation als Bartimäus. Sie hält ihren Kopf weit in den Nacken gebeugt, das Gesicht steil nach oben, als wenn sie sich damit doch noch dem unbekannten Jesus zuwenden wollte. Alle Erwartung, Verlangen und ungestüme Bitte liegen in diesem Ausdruck. Mit ihren Händen hält sie einen Bogen Papier, mit Blindenschrift bedruckt, und was könnte anderes darauf stehen als die Bitte des Bartimäus: »Herr, ich möchte sehen können!«

Darf man fragen, ob sie wohl erhört wird? Oder müssen wir richtiger fragen, *wie* sie wohl erhört werden mag? Denn es gibt ja, wie die Titelseite dieses Kapitels formuliert, »Blinde, die sehen, und Sehende, die blind sind«. Auch wenn keine Organheilung geschieht, können die inneren Augen gerade deswegen zunehmend hellsichtiger werden. Auf keinen Fall aber bleibt dieser Mensch unerhört: Er »sieht« sich von Jesus in die Arme genommen, das heißt, angenommen, solidarisch bestätigt. In der Gestalt dieses blinden Mädchens finden sich freilich nicht allein die Blinden unserer Zeit vertreten – wer immer sich hier als »blind« erkennen mag –, sondern zugleich die »Lahmen«, die »Aussätzigen«, kurz die »Armen« jeglicher Art. Auch wenn sie mit dem Rücken zu Jesus stehen, umfängt sie sein Arm, öffnet sich die Hand Gottes mit achtfachem Sternensegen.

Dieses Gottessymbol begegnet uns – jeweils innerhalb der Sterntalergeschichte – in den Bildern: »Erntedank«, »Sankt Martin«, »Ostern« und »Man sieht nur mit dem Herzen gut«: Immer wird erzählt von der schenkenden Güte Gottes, die »das tägliche Brot« gibt; die sehend macht für die Not des Armen und dadurch den Helfenden am reichsten beschenkt. Jetzt aber steht die Sternenhand Gottes in einem veränderten Kontext. Sie verweist auf Jesus, und umgekehrt: Jesus offenbart die Güte Gottes.

Ebenfalls in Entsprechung zur Sternenhand steht am gegenüberliegenden Bildrand der strahlende Regenbogen. Beide Symbole verkünden die Menschenfreundlichkeit Gottes: die schenkende Hand seine Führung und Gnadenfülle, der Regenbogen seine Treue, die auch in Nacht und Tod nicht mangelt.

Noch ein weiteres Bildmotiv ist uns schon begegnet, verlangt aber hier eine neue Auslegung. Es ist der »Himmelsgucker«, jener Mann aus einem Holzstich von 1888, der uns zuvor als Hirt bekannt wurde, wie er auf der nächtlichen Lauer liegt und in eine andere Welt schaut. Auch hier sehen wir einen solchen Mann, der kniend seinen Kopf durch ein Loch im Firmament in eine unermeßliche Lichtfülle steckt. Gleichzeitig fällt aus dieser Dimension heller Lichtschein ins Bild und beleuchtet das zentrale Geschehen. Dieser Himmelsgucker ist natürlich von gänzlich anderer Bedeutung als auf dem Märchenbild. Hier trägt er einen Mantel, dessen Rot von gleicher Art ist, wie das Gewand des Bartimäus, so daß sich eine Identität zwischen beiden angedeutet findet. Und tatsächlich ist er der geheilte Bartimäus, besser gesagt, sein Inbild, das die alte Welt durchbrochen hat und in das göttliche Lichtmeer nun schauen kann. Es ist jener Bartimäus, der Jesus, nachdem ihm dieser nicht nur die äußeren, sondern auch inneren Augen aufgetan hat, auf dessen Weg folgt.

Aber das Rot der beiden Männer ist noch ein drittes Mal zu sehen: Die Gotteshand und die Sterne, die sie austeilt, erscheinen hier im gleichen Farbton, damit also erneut innere Beziehungen aufdeckend: Denn eben das, was Bartimäus durch Jesus erfährt, ist die (im Sternensymbol angedeutete) Gabe Gottes, die nicht alleine das Augenlicht, sondern zugleich die Fähigkeit zum inwendigen Sehen verleiht.

Es bleibt noch ein letzter Bereich zu bedenken, nämlich der landschaftliche Rahmen, innerhalb dessen alles geschieht, auch die dem Evangelientext fremde nächtliche Zeit, und vor allem die auf dem Berg gelegenen Häuser.

Das Geschehen selbst findet in der Niederung statt, ähnlich der im Jordantal gelegenen Stadt Jericho. Links, vom Dunkel der Nacht nahezu verhüllt, fließt ein Fluß mit »lebendigem Wasser«. Nach rechts hin aber türmt sich ein Felsenberg auf, auf dessen Kuppe sich riesige Häuser in den Himmel recken. Dazu fallen die Lichtlogien Jesu ein mit ihrem Hinweis auf »die Stadt auf dem Berge«:

> Ihr seid das Licht der Welt.
> Eine Stadt, die auf dem Berge liegt,
> kann nicht verborgen bleiben.
> Auch zündet man kein Licht an
> und stellt es unter den Scheffel,

sondern auf den Leuchter,
damit es allen im Hause leuchte.
So soll euer Licht vor den Menschen leuchten,
damit sie eure guten Werke sehen
und euren Vater im Himmel preisen. (*Mt 5,14–16*)

Was sich auf dem Felsen massiv in den Himmel reckt, das ist eine solche »Stadt auf dem Berge«. Doch was für eine? Das mehr im Hintergrund stehende, ehedem reiche Haus ist verfallen. Die Fenster sind hohl und dunkel. Kein Leben spielt sich hier mehr ab. Was verblieb, ist Fassade, so wie manches von dem, was Menschen errichten und darstellen, nichts als Fassade ist, hinter der längst Zerfall und Tod stehen.

Und die modernen, pompösen Hochhäuser (deren Architektur qualitativ besser ausfällt als das meiste, was in unseren Städten steht)? Pulsiert hinter ihren Fassaden das Leben? Sind sie Stätten menschlicher Kommunikation und Freude? Die großen verglasten Fronten gestatten keine Einblicke. Aber auch nach außen dringt kein Lebenszeichen. Selbst die nächtens gerne angeschaltete Imponierbeleuchtung ansonsten leerer Gebäude fällt hier aus. Wer also wohnt dort? Oder kann niemand in diesen Glaskästen »wohnen«? Was signalisiert »die Stadt auf dem Berge«? Das Wort Jesu meint seine Jüngerschaft, seine Gemeinde. Sie soll allen ein Zeichen sein, damit die Menschen es wahrnehmen und *sehen lernen*. Von Bartimäus heißt es, daß er sofort Jesus gefolgt sei – und von da bis heute besteht ein ununterbrochener Gefolgschaftszusammenhang. Will unser Bild sagen, das von Jesus empfangene Licht sei nicht weit gedrungen? Zwar liege die Stadt, unerschütterlich auf Felsengestein gegründet, auf hohem Berge, weithin die Welt beherrschend, doch ruinös und tot wie Verwaltungsbauten? Es mag andere Deutungen geben – mir fällt nur diese ein.

Wenn aber auch die Stadt ohne Lichter ist, die finstere Nacht darüber bleibt nicht ohne den Glanz einiger Sterne und der schmalen Mondsichel.

C. Der »Blindenheilung« von Relindis Agethen ist eine Didaktik immanent, die dieses Bild mit allen vorausgegangenen verbindet. In dem Maße, in dem die Schüler die bisherigen Bilder kennengelernt haben, entdecken sie hier inzwischen vertraute Motive, die ihnen das »Lesen« der »Blindenheilung« erleichtern werden: die Sterne spendende Hand Gottes, der »Himmelsgucker«, der tote Vogel und der Regenbogen sind ihnen bereits begegnet. Daß diese – und alle weiteren Details – auf ihre Bedeutung im Zusammenhang des Bildes befragt werden, ist den Kindern durch viele Übungen inzwischen vertraut. Deshalb dürfte es auch keine besondere Anstrengung sein, dieses Bild fragend, vergleichend, im Austausch der Gedanken und Meinungen zu erarbeiten. Wichtige Voraussetzungen sind ja durch das »Märchen vom Korb mit den wunderbaren Sachen« sowie durch Pieter Breughels »Gleichnis von den Blinden« vermittelt worden. Daß Blindheit nicht nur eine Krankheit der Augen, sondern auch eine Krankheit der Seele sein kann, ist den Kindern durch die Korbgeschichte eindringlich verdeutlicht worden. Deswegen werden sie auch die geistige Kraft finden, den Bartimäus in einer *zweifachen* Weise geheilt zu sehen, so wie ihn das Bild zweifach zeigt, als jenen, der das Sonnenlicht neu erblickt, und als jenen anderen, der zugleich in diesem Sehen-Können das göttliche Licht jenseits der Ding-Welt erschaut.

Wenn der Transfer vom äußeren zum inwendigen Sehen den Schülern schwerfällt, bietet das Kapitel »Sprachverständnis«, das einige Metaphern vom Sehen verdeutlicht, unterstützende Hilfe. Je nach Verständnis der Klasse und Ermessen des Lehrers kann dieses Kapitel sowohl in den Abschnitt »Sehen lernen« einbezogen (am besten zwischen Breughels »Gleichnis von den Blinden« und Agethens »Blindenheilung«) als auch im Anschluß an diesen Abschnitt vertiefend und wieder-holend aufgenommen werden.

D. Aus Unterrichtsgesprächen mit Kindern im 1. Schuljahr:

Ein blinder Mann, das sieht man an der Armbinde.
Und eine blinde Frau.
Die hat was in der Hand.
Ja, das ist eine Zeitung für Blinde, die können sie mit den Fingern lesen, durch Berühren.
Ich glaube, das ist die Frau von dem Martinsbild, der ging's auch nicht gut.
Da oben guckt wieder einer durch die Welt.
Ja, das ist der Mann von der Korbgeschichte, den kenn ich schon.
Und die Hand da oben, das ist die Hand Gottes mit den Sternen, wie beim Sterntalermädchen.
Von der Hand kommt Licht und fällt runter auf die Menschen, vor allem auf den in der Mitte.
Ich glaube, der in der Mitte ist ein Gespenst.
Oder ein Geist.
Der hat soviel Licht im Gesicht.
Der ist wie durchsichtig.
Vielleicht kommt der Geist aus dem alten Schloß da oben.
Da hat es aber auch Wolkenkratzer, das versteh ich nicht, eine Ruine und Wolkenkratzer.
Vielleicht soll die Ruine an die alte Zeit erinnern.
Aber da ist alles so dunkel, daß man Angst kriegt.
Lehrer: Wer könnte der Mann in der Mitte sein?
Irgendwie ein Lichtbringer.
Lehrer: Kannst du uns das erklären?
Ich glaube, das Licht in seinem Gesicht soll zeigen, daß es ein besonderer Mann ist, daß er anders ist.

Dem seine Haare gehen so nach hinten bis zu Gottes Hand. Ich glaube, das soll bedeuten, daß er ein Lichtbringer ist und das Licht von Gott zu den Menschen bringt, das Licht geht auch von der Hand bis runter auf den blinden Mann, und in der Mitte ist der Mann mit dem weißen Gesicht.
Ich glaube, das könnte Jesus sein, aber der sieht anders aus.
Da ist ja der tote Vogel, wie auf dem Bild mit der Frau und dem Stacheldraht.
Der Jesus tut seine Arme um den Bartimäus und um die blinde Frau rum.
Ich glaube, der würde der Frau auch gern helfen, der mag beide.
Ein bißchen Licht von Gott fällt ja auch auf die Frau.
Und ein bißchen auf die Stadt.
Aber ich glaub', da wohnt gar niemand und sieht das Licht.
Ich möchte da auch nicht wohnen.
Vielleicht soll Jesus Licht dahin bringen, vielleicht ist das die Stadt der Blinden. Da kommt vielleicht auch Bartimäus her.
Die eine Hand von Jesus zeigt auf den Regenbogen.
Ja, den kenn ich irgendwo her.
Aus der Korbgeschichte, im Korb war auch ein Regenbogen.
Der gehörte zu den Himmelssachen.
Und die hat der Mann nicht gesehen und hat sogar noch »dummes Weib« gesagt.
Da ist auch der tote Vogel.
Vielleicht wartet der auch auf Jesus.
Da oben macht der Himmel einen Bogen.
Und da, wo der Mann hinguckt, wird's hell.
Der guckt in die Milchstraße.
Der sieht, was hinter den Wolken kommt.
Der sieht über die Welt hinaus.
Lehrer: Schau dir mal das Kleid des Mannes an!
Das ist rot.
Der Bartimäus hat auch so ein rotes Kleid an.
Vielleicht ist das der Bartimäus.
Dann wäre der ja zweimal auf dem Bild, oben und unten, das kann ja gar nicht sein.
Vielleicht zuerst der kranke, dann der gesunde Bartimäus.
Das bedeutet, daß der Bartimäus in den Himmel sehen kann.
Der sieht ja sowieso mehr wie der Mann aus der Korbgeschichte.
Vielleicht kann er jetzt sogar Gott sehen.
Lehrer: Schau dir nochmals die blinde Frau an!
Die hat den Kopf so hoch.
Aber die steht verkehrt, die guckt weg, so kann die Jesus gar nicht sehen.
Ob die ihn gar nicht sehen will?
Oder vielleicht kann sie ihn *noch* nicht sehen.
Aber irgendwie merkt sie, wo das Licht herkommt.
Sie will auch sehen können.
Lehrer: Denkt nochmals an die Bartimäusgeschichte. Da wird auch von anderen Menschen erzählt.
Ja, die wollten nicht, daß Bartimäus zu Jesus geht.
Oder sie glaubten nicht, daß Jesus helfen kann.
Vielleicht glaubt's die blinde Frau auch noch nicht.
Ja, aber die Menschen damals haben ja Jesus wirklich sehen können.
Lehrer: Haben sie ihn wirklich richtig gesehen?
Eigentlich nur von außen.
Manche haben ihn nur mit den Augen angeschaut, sie haben nicht an ihn geglaubt, einige jedenfalls nicht.
Heute können wir den Jesus sowieso nur noch mit dem Herzen sehen, er läuft ja nicht mehr rum.

Eva-Maria Bauer

Sprachverständnis

Solange es Religionsbücher gibt, haben sie fast ausschließlich Sorge getragen, *Inhalte* des christlichen Glaubens zu vermitteln. Daß diese Vermittlung oft an Unbedarfte erfolgte, besser gesagt: an Analphabeten, die der religiösen Sprache unkundig sind, wurde entsprechend selten oder gar nicht bedacht. Der ungeduldige Eifer, möglichst früh und möglichst viel biblisches und dogmatisches Wissen an Kinder heranzutragen, läuft aber ins Leere, wenn die Auffassungskategorien nicht grundgelegt sind, es also an Fähigkeiten, die religiöse Sprache zu verstehen, fundamental mangelt.

Demgegenüber ist dieses Unterrichtswerk von der Annahme bestimmt, daß alles Lehren nutzlos ist, wenn die Schüler die Sprache nicht verstehen. Die Vermittlung einer elementaren Grammatik der religiösen Sprache ist deshalb das Ziel unserer Kapitel »Sprachverständnis«, »Symbolverständnis« und »Bibelverständnis«.

Diese Kapitel sind durchgehend für alle Schuljahre der Primarstufe geplant. Sie bauen aufeinander auf und erstreben primär Sensibilität für religiösen Ausdruck: also Empfänglichkeit und Sinn für hintergründige Erfahrungsmitteilung, Verständnis für Metaphern und Symbole, unmittelbare Ansprechbarkeit durch verschiedene bildliche und sprachliche Gattungen. Dabei stehen die einzelnen Kapitel nicht isoliert im Buch, sondern sind oftmals wie ein Schlüssel für die systematischen Kapitel: Hier werden Knoten geschürzt und gelöst, längst angelegte Spuren wieder aufgenommen und zu bestimmen gesucht, Lesarten eingeführt und buchstabiert.

Die geltenden Lehrpläne berücksichtigen die folgenden Inhalte oft nur partiell, setzen ihre Lernziele aber *immer* voraus. Insofern sind diese Kapitel – ob explizit oder implizit – grundsätzlich durch die Lehrpläne legitimiert. Auch der vorsichtige Lehrer bedarf hier keiner Rückversicherung.

Einführung in metaphorische Redensarten

Grundlegung

Es ist in der religionspädagogischen Literatur ein Allgemeinplatz, daß die religiöse Sprache »bildhaft« sei, oder daß Jesus »in Bildern« gelehrt habe. Dieser wohlfeile Hinweis auf »Bildhaftigkeit« erspart sich durchweg ein genaueres Sortieren der »Bilder«, denn es gibt zumindest zwei große Abteilungen, die hier aus sachlichen und didaktischen Gründen auseinander zu halten sind: 1. die metaphorischen Bilder und 2. die symbolischen Bilder. Zwar ist es bis in die höchste wissenschaftliche Reflexion nur selten üblich, zwischen metaphorischer und symbolischer Rede zu unterscheiden, doch wollen wir der didaktischen Präzision wegen diese Differenz aufzeigen und einhalten.

Was ist eine Metapher?

Die älteste Definition stammt von Aristoteles, der die Metapher als »die Hinübertragung eines fremden Wortes« erklärt. Der Begriff Metapher setzt sich zusammen aus *metá* = hinüber und *phérein* = tragen, kann also mit »Übertragung« – metaphorisch! – erklärt werden. Übertragen wird die Bedeutung eines Wortes aus einem Gegenstandsbereich A, die ihm »eigentlich« zukommt, in einen Gegenstandsbereich B, den das Wort nur »uneigentlich« bezeichnet, weil in gewisser Hinsicht eine Ähnlichkeit (Analogie) zwischen A und B gesehen werden kann. Aristoteles nennt als Beispiel: »Achill ist ein Löwe« statt »Achill ist sehr mutig«. Natürlich wissen Kinder schon mit vier Jahren, daß Achill »nicht richtig« (uneigentlich) ein Löwe ist (oder ein »Esel«, »Schaf«, »Schwein« . . .), sondern daß er sich verhält *wie* ein Löwe, bzw. *als ob* er ein Löwe wäre. In seiner Poetik schreibt Aristoteles: »Das Alter verhält sich zum Leben wie der Abend zum Tage. Man wird also den Abend das Greisenalter des Tages und das Alter den Abend des Lebens oder nach Empedokles den Untergang des Lebens nennen.« In allen Beispielen liegt eine Analogie zugrunde, die die Metapher ermöglicht. Sie gestattet jeweils, ein vergleichendes *Wie* zwischen den Bedeutungsbereichen zu denken: Achill ist *wie* ein Löwe; das Alter ist *gleichsam wie* der Abend eines Tages.

Die Metapher ist also eine Form der analogen Rede, die sich im Altertum und im Mittelalter mit Vorstellungen von einer zusammenhängenden Weltordnung verband. Diese Vorstellungen konvergieren im Modell der analogia entis: Das Universum erscheint als ein geschlossenes System, dessen verschiedene Ebenen (Seinsstufen des Mineralischen, Vegetativen, Animalischen und Human-Geistigen) auf das absolute Sein Gottes hingerichtet sind, aber auch untereinander vielfältig korrespondieren. Demnach hat alles Sein Verweischarakter auf die je höheren Seinsebenen. Was existiert, verweist auf den Grund oder die Spitze allen Seins. So sind die Dinge analoge Bilder eines verborgenen tieferen Sinns.

Das analoge Denken hat bis zur wissenschaftlichen Exegese hin die christliche Bibelauslegung beherrscht. Wo immer intellektuelle Probleme entstanden, half eine analoge, allegorische Auslegung, diese Schwierigkeiten zu meistern. (Die Allegorie ist eine metaphora continuata, eine Sequenz von Metaphern.) Das konnte im Mittelalter geradezu einen Analogiezwang bewirken, den Jan Huizinga so beschreibt: «Kein Ding ist zu niedrig, als daß es nicht das Höchste bedeuten und zu seiner Verherrlichung dienen könnte. Die Walnuß bedeutet Christus: Der süße Kern ist die göttliche Natur, die fleischige äußere Schale die menschliche, und die hölzerne Schale dazwischen ist das Kreuz.«

Die Analogie ist hier »ein kosmisches Strukturprinzip«, nach dem der Schöpfer die Dinge so geordnet hat, daß sie analog sind, also in Ähnlichkeitsentsprechungen zueinander stehen.

Anders findet sich demgegenüber die Metapher in der modernen Poetik gesehen. Hier wird sie nicht länger als Ausdruck eines universalen Ordnungsprinzips benutzt, sondern als Mittel der Phantasie, die das »Gegebene«, die Ordnung einer als unbeweglich gedeuteten Realität, auflöst und neue Ordnungsmöglichkeiten spielerisch ausprobiert, um so alternative Welten zu entwerfen. Hier bildet die Metapher also nicht mehr Ähnlichkeiten ab, ist nicht re-produzierend, sondern produzierend. So führt der literarische Entwicklungsgang »von der Nachahmung zur Erfindung der Wirklichkeit«.[1]

Nehmen wir als Beispiel die erste Strophe des Gedichtes von Günter Grass, »Im Ei«:

> Wir leben im Ei.
> Die Innenseite der Schale
> haben wir mit unanständigen Zeichnungen
> und den Vornamen unserer Feinde bekritzelt.
> Wir werden gebrütet.

Hier werden unsere Welt und die Menschheit als *in* einem Ei befindlich gedacht. Was immer wir Innenbewohner von dieser Welt,

[1] Vgl. zum Ganzen: *Jürgen Nieraad*, »Bildgesegnet und Bildverflucht«. Forschungen zur sprachlichen Metaphorik, Reihe: Erträge der Forschung, Bd. 63, Darmstadt 1977.

ihrem Woher und Wozu wissen, es sind die Vermutungen, Wünsche und Ängste derer, die nichts wissen, die sich dort, wo sie sind, mit unanständigen Sachen und Feindparolen befassen und den Glauben haben, daß »draußen« ein »höheres Wesen« sei, das uns wie eine gutmütige(?) Henne ausbrüte.

Dem biblischen Weltbild stellt dieser Text eine völlig andere Perspektive entgegen. Das geschieht bereits mit der tragenden Metapher vom Ei. Für diese Analogie gilt kein kosmisches Strukturprinzip, sondern ein konträres Deutungsschema für unser Weltbild, das bestimmt wird von Frage, Zweifel und Skepsis gegenüber dem trostreichen Schöpfungsglauben. So entsteht eine Innovation neuer Denkprozesse. Die Ei-Metapher (mit allen weiteren Metaphern, die das 8-strophige Gedicht darin umfängt) organisiert unser Verständnis von Leben, »Diesseits« und »Jenseits« neu, macht einen experimentellen, hypothetischen Deutungsvorschlag, der gegenüber dem, was als feststehend galt, alle Positionen neu zu überdenken aufgibt.

Über die Notwendigkeit der Metapher

Was in der Tradition ein sprachliches Spiel mit den Ähnlichkeiten zwischen den Dingen ist, das löst die moderne dichterische Metaphorik auf. Sie entwirft alternative Möglichkeiten zu »gegebenen« Ordnungen, neue Fragen zu alten Dogmen, Denkspiele gegenüber fixierter Realität. Zwar bleibt der Analogiecharakter der Metapher bestehen, nicht aber ihre Einordnung in das kosmische Strukturprinzip der analogia entis.

Andererseits gibt es »im Namen der nackten Wahrheit« auch den Protest gegenüber der Metapher. Heißt es schon bei Aristoteles: »Jede Metapher ist undeutlich«, so schwillt das Unbehagen an der Metaphorik mit der Entwicklung des naturwissenschaftlichen Denkens an. »Clare et distincte« sollten alle Wörter sein, forderte Descartes, ebenso wie der frühe Wittgenstein eine gegen die Metaphysik der Bilder abgedichtete Sprache verlangte. »Metaphors are no arguments.« Das metaphorische Reden gilt als Relikt mythischen Denkens, als begrifflich ungenau, umständlich, uneigentlich, so daß als Gegenparole ausgegeben wird, statt der »metaphorischen Umschreibung« den allgemeingültigen Begriff zu finden.

Diese Position geht von der Annahme aus, daß es für jeden metaphorisch ausgedrückten Sachverhalt immer auch eine »eigentliche« Benennung gebe. Sprache wird dabei aufgefaßt als ein komplett definierbares Benennungssystem, dessen Termini eindeutig sein können (»Etiketten-Modell«). Jede bildhafte Mehrdeutigkeit der Sprache löst bei Vertretern solcher Theorien (z. B. Russel, Wittgenstein) »tiefe Beunruhigungen« aus.

Aber ähnlich denkt der rein pragmatisch ent-bildete Durchschnitts-Zeitgenosse. »Er formuliert seine Gedanken in Wörtern und Satzmustern, von denen er fraglos annimmt, sie stünden ihm zur Verfügung, um das ›auszudrücken‹, was in seiner Vorstellung als fertiger Gedanke bereitliegt. Zwischen Sprache und Denken – so diese ›instrumentelle‹ Sprachauffassung – besteht keine Beziehung, wenn nicht die, daß man sich eben der Sprache bediene, um anderen seine Gedanken mitzuteilen.«[1]

Dagegen steht die Einsicht, daß sowohl die Worte einer Sprache als auch ihre Syntax bereits vorweg festlegen, wie wir die Welt sehen und deuten können. Und ebenso gilt, daß nicht jede Erfahrung, nicht jede neue Erkenntnis, nicht jeder Gedankenweg im lexikalischen Wortschatz seine angemessene Ausdrucksmöglichkeit finden können. Mit der Terminologie der Wörterbücher ist im Sinne der Grundbedeutungen die Wirklichkeit nicht zu beschreiben, denn – wiederum mit Aristoteles –: »In manchen Fällen gibt es für das Entsprechende keine Bezeichnung«.

In dieser Notlage hilft die Metaphorik (die schon Cicero »inopiae causa«, des Mangels wegen, für unentbehrlich hielt). »Sie füllt Leerstellen im Lexikon einer Sprache aus und macht damit Sachverhalte kommunizierbar.«[2] Erst recht gilt dies für eine Wirklichkeitsdimension, die sich dem pragmatischen Zugriff entzieht, weil sie »hintergründig« ist. Hier wird die Sprache gezwungen zu »übertragen« (*metà-phérein*), weil sonst unserer Sprachlosigkeit wegen die Welt auf das Dinghafte reduziert erschiene.

Über die religionsdidaktische Bedeutung der Metapher

An dieser Stelle wird die Notwendigkeit der Metapher für die religiöse Sprache offensichtlich. Die Religionen aller Welt müßten verstummen, gäbe es nicht die Metapher, sie müßten veröden, gäbe es kein metaphorisches Bild – und gemeinsam mit ihnen würde alle dichterische Tradition verkümmern.

Man kann mancherlei Leistungen der Metapher nennen, im Vordergrund steht für den Religionspädagogen ihr »Schaugebot«.[3] Die Metapher zeigt auf, was ohne sie nicht zu sehen ist, aber doch zur innersten Dimension der Wirklichkeit gehört.

Wie anders können Menschen von Gott sprechen als durch Metaphern und Symbole (→ Kapitel »Symbolverständnis«)? Die namenlose Verborgenheit Gottes läßt sich ohne Bilder nicht zum Ausdruck bringen. Wenn wir sagen: »Gott ist Licht«, ist dies nicht ungenaue, sondern durchaus genaue Rede, und was daran »vieldeutig« bleibt,

[1] *J. Nieraad,* a.a.O. 101.
[2] *J. Nieraad,* a.a.O. 14.
[3] Unter dem Titel »Religionsunterricht als Sehschule durch Metaphern« hat *Günter Lange* eine Art religionsdidaktisches Grundprogramm entwickelt: Katechetische Blätter 102 (1977) 715–723.

gehört zu ihrer Angemessenheit, denn jede begrifflich exakte Definition macht aus Gott ein Objekt, ent-gottet ihn also. In dieselbe Richtung zielt auch Peter Handkes Bemerkung: »Sowie beim Schreiben auch nur der Ansatz eines Begriffs auftaucht, weiche ich – wenn ich noch kann – in eine andere Richtung, in eine andere Landschaft aus, in der es noch keine Erleichterung und Totalitätsansprüche durch Begriffe gibt.« Eben dieser Totalitätsanspruch der Begriffe schließt die terminologisch exakte Sprache als Sprache religiöser Mitteilung aus und zwingt zum poetisch-metaphorischen Ausdruck.

Mehr als jeder andere hat Jesus in metaphorischen Bildern seine Botschaft gesehen und verkündet. Er sah die Menschen als Lilien auf dem Feld, die Jünger als Entschiedene, die Hand an den Pflug gelegt haben und sich nicht mehr umdrehen sollen, die Heuchler als getünchte Gräber, die Reichen als Kamel vor dem Nadelöhr, sich selbst als einen Heimatlosen, der keinen Platz hat, wohin er sein Haupt legen kann. Jesus lehrt Gott zu sehen als Vater, der bedingungslos den heimkehrenden Sohn liebt, als einen Hausherrn, der zu einem Gastmahl einlädt. Das Reich Gottes vergleicht er mit einem Schatz im Acker, einer kostbaren Perle, einer selbstwachsenden Saat oder mit dem Sauerteig, der unter drei Maß Mehl gemengt wird und alles durchsäuert.

Natürlich gibt es einen tiefen Zusammenhang zwischen dem metaphorischen Bild und der ursprünglichen Erfahrung. Je wacher ein Mensch lebt, je intensiver seine Erfahrungsfähigkeit ist, je offener er mit allen seinen Sinnen Welt wahrnimmt, um so lebhafter wird er durch immer neue Vergleiche die eingefahrenen Sehweisen wecken und die in lauter Konventionen blind gewordenen Sinne wieder sehen lehren. Nach Jesus war vielleicht keiner so urwüchsig in dieser Begabung wie der größte islamische Mystiker, Maulana Dschelaleddin Rumi († 1273). Rumi sah das tägliche Leben in der persischen Stadt Konya im 13. Jahrhundert als tausendundein Bild für das Verhältnis Gottes zum Menschen, und er spricht nicht nur von sämtlichen Tieren, vom Kamel bis zur Fliege, vom Elefanten bis zum Wurm, und ebenso von Straße und Spiel, Küchenduft und Speisekarte, Liebe und Schönheit der Menschen, sondern er reflektiert auch, was seine Metaphern leisten können: Sie sind ihm Maßbecher, in denen das Korn »Sinn« ruht; sie sind Leuchtturmlichter, die man braucht, solange man den Hafen nicht erreicht hat; sie sind der Duft der himmlischen Äpfel, der dem Menschen von den ewigen Gärten Kunde gibt.

Metaphernverständnis im Kindesalter

Rumis Metaphern für die Metapher – Becher, Leuchtturmlichter, Duft der himmlischen Äpfel – sind schön genug, um ihre volle Sinnenhaftigkeit, also ihre didaktische Kraft zu verdeutlichen. Dennoch stellt sich die Frage, von welchem Alter ab Kinder *in* Metaphern verstehen können. Es geht dabei nicht darum, ihnen eine Metapher zu übesetzen, etwa gar die »Übertragung« zurückzutragen, sondern die Kinder zu befähigen, sie *im* metaphorischen Bild die Aussage erfassen zu lassen, so daß eine unmittelbare Erkenntnis möglich wird.

Natürlich gibt es unterschiedliche Niveaus metaphorischer Rede. Im eher rüden Alltagston begegnet den Kindern bereits in sehr jungen Jahren eine banale Metaphorik:

Hast du Tomaten auf den Augen?
Hast du Bohnen in den Ohren?
Hast du ein Brett vor'm Kopf?
Du benimmst dich wie ein Elefant im Porzellanladen!
Das geht dich einen Dreck an!
Du bist dumm wie Bohnenstroh!
Da freß ich einen Besen!

Die Wiedergabe solcher Redensarten kann nur deutlich machen, wie sehr die Alltagssprache und zumal das kritisierende Reglement mit Metaphorik durchsetzt sind, unsere Kinder also von früh auf in das Verständnis von Metaphern hineinwachsen.

Natürlich lernen die Kinder auch auf einer gepflegteren umgangssprachlichen Ebene eine Fülle metaphorischer Redensarten kennen, immer in ursprünglichen Situationen und meist aus dem Mund ihrer Eltern, z. B. »Ich hoffe, jetzt bist du über den Berg« (etwa, wenn ein Kind eine Krankheit überwunden hat); »mir geht ein Licht auf!« (wenn jemand sich an etwas erinnert oder etwas erstmals versteht); »dafür lege ich meine Hand ins Feuer«; »man muß doch nicht noch Öl ins Feuer gießen«; »er will mit dem Kopf durch die Wand«; »ich kaufe keine Katze im Sack«.

Ein ebenso eindrücklicher Lernbereich sind Sprichwörter, die freilich nicht mehr in allen sozialen Schichten heute die gleiche Verbreitung haben. Es besteht sogar ein negativer Zusammenhang zwischen äußerer Bildüberflutung und Verlust an sprachlicher Plastizität. Dennoch können die Kinder immer noch viele Sprichwörter im lebendigen Gebrauch kennen und verstehen lernen, z. B.:

Hunger ist der beste Koch.
Was ich nicht weiß, macht mich nicht heiß.
Einem geschenkten Gaul schaut man nicht ins Maul.
Ein Spatz in der Hand ist besser als die Taube auf dem Dach.

Zwischen diesen einfachen Formen des Metapherngebrauchs und der phantasievollen Metaphorik moderner Lyrik besteht natürlich ein weites Spektrum unterschiedlicher Ansprüche. Im ersten Schuljahr können Kinder aber einfache Alltagsmetaphorik schon aus eigenen Kräften verstehen und auch – je nach dem Sprachmilieu, in dem sie leben – aktiv übernehmen. Zweifellos ist es eine mißliche Verspätung, »über die Zeichenhaftigkeit der Dinge und der Sprache« mit Schülern nachdenken zu wollen oder ihnen biblische Bildworte erstmals zu deuten, wenn sie bereits im 3. Schuljahr sind.[1] Auf die beiden ersten Schuljahre ist um gar keinen Preis zu verzichten, wenn es darum geht, Kinder sprachlich – und das heißt immer auch in den religiösen Auffassungskategorien – zu sensibilisieren. Sie bringen in diesem Lebensalter eine so hohe Intuition für bildhaften Ausdruck mit und vor allem eine wache Lernfähigkeit für hintergründigen Sinn, soweit er ihnen in konkreten Analogien und Symbolen begegnet, daß gerade hier die Chance einer Grundlegung ihrer religiösen Bildung liegt.

Was kann der Religionsunterricht tun?

Unser Religionsbuch thematisiert als Einführung in das metaphorische Sprachverständnis nur einen einzigen Sachbereich. Ein Verzicht auf weitere Beispiele ist damit nicht gemeint, vielmehr soll die Erschließung neuer Metaphern damit angeregt werden. Es wird auch genügen, die Metapher (dieser Fachausdruck kann und sollte benutzt werden) nur einmal ausführlich zu thematisieren, später aber nur beiläufig, jedoch wieder und wieder sprachliche Metaphern, so wie sie im Schulleben begegnen, bewußtzumachen. Damit es nicht an Übungssätzen mangelt, stellen wir hier einige Metaphern biblischen Ursprungs zusammen, deren Ursprung freilich kaum jemand noch kennt:

Im siebenten Himmel sein,
sein Licht unter den Scheffel (Eimer) stellen,
die Spreu vom Weizen sondern (→ S. 339 f),
einem das Maul stopfen,
das Herz ausschütten,
einem das Leben sauer machen,
die Zunge im Zaum halten,
Wolf im Schafspelz sein.

Anspruchsvoller, weil für die religiöse Tiefendimension sensibilisierend, ist die mit den Symbolbeispielen »Licht«, »Herz« und »Tür« verbundene Metaphorik:

Licht-Metaphorik (→ S. 263 ff):
Es geht ihm ein Licht auf: »Dem Gerechten muß das Licht immer wieder aufgehen« (Ijob 25,3; Ps 97,11), »das Volk, das in Finsternis saß, hat ein großes Licht gesehen«

[1] Vgl. »Zielfelderplan für den katholischen Religionsunterricht in der Grundschule«, München 1977.

(Jes 9,1), »und die da saßen im Schatten des Todes, denen ist ein großes Licht aufgegangen« (Jes 9,2), dem Tage ein Licht anzünden,
Licht in die Sonne bringen,
sein Licht unter einen Scheffel stellen,
sein Licht leuchten lassen: »Auch zündet man kein Licht an und stellt es unter den Scheffel, sondern auf einen Leuchter, damit es allen im Hause leuchte. Also laßt auch ihr euer Licht leuchten vor den Leuten« (Mt 5,15 f),
er ist kein großes Licht (er ist kein großes Kirchenlicht; modern und salopp: er ist wenig belichtet, er ist unterbelichtet),
»Ihr seid das Licht der Welt« (Mt 5,14),
etwas ans Licht bringen,
jemanden hinters Licht führen,
bei Licht besehen,
das Licht scheuen,
sich selbst im Licht stehen,
einen Lichtblick haben.

Alle diese metaphorischen Redensarten sind ein wichtiger Erfahrungsschatz für die im anschließenden Kapitel grundgelegte Lichtsymbolik.

Herz-Metaphorik (→ S. 292 ff):
Herzensgut,
herzkrank – herzenskrank,
herzlich,
herzlos,
herzensfroh;

ein weites Herz,
ein starkes Herz,
ein gutes Herz,
ein tapferes Herz,
ein reines Herz,
ein treues Herz,
ein gebrochenes Herz;

ich folge meinem Herz,
ein Weg mit Herz,
ich habe dich ins Herz geschlossen (→ S. 302 ff),
ich beherzige dein Wort;

dem Herzen einen Stoß geben,
das Herz in beide Hände nehmen,
sich ein Herz fassen,
offenherzig sein,
das Herz auf der Zunge tragen,
das Herz auf dem rechten Fleck haben,
sein Herz in die Hose fallen lassen,
sein Herz ausschütten,
das Herz lacht im Leibe.

»Gott wohnt im Herzen des Menschen« *(Ryókai)*

»Gibst du Gott dein Herz,
Gibt dir Gott das seine.« *(Angelus Silesius)*

Tür-Metaphorik (→ S. 311 ff):
Mit der Tür ins Haus fallen,
offene Türen einrennen,
jemandem eine Tür öffnen,
sich eine Tür (ein Türchen) offenhalten,
einer Sache Tür und Tor öffnen (es handelt sich nicht um eine Tautologie; das mittelalterliche Haus hatte beides nebeneinander: die Tür für die Menschen und das Tor für das Großvieh und den Erntewagen),
vor verschlossenen Türen stehen,
die Türe in der Hand haben,
einer gibt dem anderen die Tür in die Hand,
du kriegst die Tür nicht zu (in diesem Fall den offenstehenden Mund des sprachlos Staunenden; burschikoser Ausdruck seit ca. 1930),
jemandem die Tür zeigen,
einem die Tür vor den Hintern schlagen,
jemandem die Tür vor der Nase zuschlagen,
von Tür zu Tür gehen,
vor der eigenen Türe kehren,
zwischen Tür und Angel.

Die hier aufgelisteten Metaphern[1] sind nur zum kleineren Teil im ersten Schuljahr erschließbar. Statt zufälliger Sprachwendungen empfiehlt es sich aber, einzelne Bildfelder kontinuierlich über zwei oder drei Jahre auszuschöpfen. Die Erarbeitung der entsprechenden Symboltraditionen vermag ein tiefgehendes Verständnis religiöser Sprache grundzulegen.

Metaphorik vom Sehen S. 57–60

Die Seiten 57 bis 60 bleiben in ihrer metaphorischen Thematik ausschließlich beim Sehen. Das voraufgehende Kapitel »Sehen lernen« wird auf diese Weise ergänzt und vertieft. Aber auch das anschließende Kapitel »Symbolverständnis« bleibt mit seiner Licht- und Herzsymbolik ganz bei der Sache. Diese Beständigkeit des Themas kommt dem kindlichen Bedürfnis gerade unserer Zeit sehr entgegen, wiewohl mit dem *Bedürfnis* nicht zwingend eine *Befähigung* zum Verweilen einhergehen muß. Es ist den Kindern aber angeboten, es mit ihrer Phantasie auszufüllen und meditativ zu durchdringen. Dennoch werden sie durch immer neue Bilder und Geschichten zu weiterführenden Erkenntnissen geführt, während gleichzeitig differenzierte Unterrichtsziele vor Augen stehen.

Das Prinzip der Wiederholung – innerhalb veränderter Kontexte und Fragestellungen – wird in diesem Kapitel besonders deutlich:

(1) Die Titelverse greifen auf alle Geschichten und Bilder des Abschnitts »Sehen lernen« unter Thematisierung ihrer metaphorischen Doppeldeutigkeit zurück.

[1] Vgl. *Lutz Röhrig*, Lexikon der sprichwörtlichen Redensarten, 2 Bde., Freiburg 1973.

(2) Aus Breughels »Parabel von der Blindenheilung« (S. 52/53) wird der Geblendete im Ausschnitt gezeigt.

(3) Aus Agethens Bildern »Vom Korb mit den wunderbaren Sachen« begegnet das Gesicht des Hirten aus dem vierten Bild (S. 51) noch einmal.

(4) Und schließlich stellen wir jetzt zum viertenmal die Sterntalergeschichte in einer neuen bildlichen Version vor.

Die Titelseite: »Nicht alles ist gleich zu verstehen, weil Worte doppelbödig sind!« S. 57

Die Titelseite – mit einem Ausschnitt aus Peter Breughels Zeichnung »Die Imker und der Dieb« – bietet einen Text, der nicht »durchgenommen« werden sollte, sondern mehr spielerisch leicht, dafür aber zu verschiedenen Abschnitten der Unterrichtseinheit wiederholt werden möchte. Schwierig ist vor allem das Wort »doppelbödig«. Weil aber ein doppelter Boden etwas Anschauliches ist und an jedem Karton (mit überraschendem Inhalt) zur eigenen Erfahrung exemplifiziert werden kann, schien mir »doppelbödig« dem üblichen, aber abstrakten »doppeldeutig« vorzuziehen zu sein. Vielleicht ist dies auch der beste Ausgangspunkt für den Sprachkurs »Metaphorik«: Man läßt die Schüler ein doppelbödiges Paket, dessen eigentlicher Inhalt erst auf dem zweiten Boden zu finden ist, auspacken. Dann haben sie ein Anschauungsmodell für eine Metapher.

Der Fragetext: »Gibt es Blinde, die sehen . . .?« sollte die ersten Male, wenn das Gedicht gelesen oder vorgetragen wird, nicht beantwortet werden. Besser ist es, die Fragestellung zunächst zu verstärken und offen zu lassen. Nach Erarbeitung der folgenden Seiten kann der Text dann erneut aufgenommen werden. Unter Einbeziehung der Vorerfahrungen vom Kapitel »Sehen lernen« wird es nun auch schwächeren Schülern gelingen, die »Doppelbödigkeit« der Wörter »blind und sehen«, »lahm und gehen« zu erfassen.

»Der Himmelsgucker«, der den Schülern wiederholt begegnet und der auch hier herangezogen werden kann (vgl. die Seiten 43, 47 und 54 sowie das Titelbild auf der Außenseite des Schulbuches), kann ihnen zum Gleichnis für jenes »Sehen und Dahintersehen« werden, das zu vermitteln der Religionsunterricht als seine eigentliche Aufgabe begreift.

Der Imker von Peter Breughel dagegen kann zeigen, wie man vor lauter Beschäftigtsein und Emsigkeit bei gesundem Augenlicht dennoch blind sein kann.

Didaktischer Schlüssel zu den Seiten 58/59

Die vier Bildebenen dieser Doppelseite stehen in einer inneren Beziehung zueinander und wollen in ihrem Verweis aufeinander auch unterrichtlich beachtet werden. Zunächst ist es zwar richtig, Paula Modersohns »Das blinde Geschwisterchen« alleine für sich anzuschauen. Ebenso verlangen Breughels »Imker« anfangs, jedoch erst *nach* Modersohns Bild, ungeteilte Aufmerksamkeit. Anschließend aber steht das Verhältnis aller Bildaussagen zueinander als Aufgabe an. Folgendes ist zu leisten:

(1) Paula Modersohn-Beckers Doppelporträt soll *reale* Blindheit realisieren helfen.

(2) Pieter Breughels Imker sollen *gleichnishaft* zeigen, wie dumme Geschäftigkeit blind macht: Ähnlich blind laufen die meisten Menschen in der Welt herum und wissen nicht mehr den »Honig« zu finden.

(3) Pieter Breughels »Geblendeter« (Ausschnitt aus »Das Gleichnis von den Blinden« → S. 213) steht für alle, die blind *gemacht* worden sind: eine Metapher für viele, die in unserer Gesellschaft heranwachsen und in diesem Prozeß »geblendet« werden.

(4) Relindis Agethens Hirt soll vollends die »Herzensblindheit« – im Rückgriff auf die Geschichte, der dieser Bildausschnitt zugehört – aufzeigen.

Abgesehen vom ersten Bild, das dennoch seine eigene Innerlichkeit hat, zeigen die drei weiteren Darstellungen Übertragungen (Metaphern) des Blindseins. Der Lernprozeß des Kapitels »Sehen lernen« findet sich auf dieser Doppelseite resümiert, sowohl bildhaft wie sprachlich. Die Schüler können also von Bild zu Bild stets andere Bedeutungsebenen von Blindheit und Sehen erfahren *und gewinnen damit ein anschauliches Exempel für die Struktur und Funktion der Metapher.* Weil hier jedoch die Blindenthematik überwiegt, ist die metaphorische Aussage negativ gerichtet. Positiv gewendet, zur Erschließung des Exupéry-Wortes »Man sieht nur mit dem Herzen gut«, wird das Thema auf der folgenden Seite 60 am Beispiel der Sterntalergeschichte.

Bevor man mit Kindern andere Sprachmetaphern behandelt (→ S. 233 ff), ist im Anschluß an das Kapitel »Sehen lernen« eine sorgfältige Beschäftigung mit dieser Doppelseite sinnvoll. Sie erfahren in eindrucksvollen erzählenden Bildern die Doppelbödigkeit (→ S. 242) der Sprache (in Wort *und* Bild), so daß alle späteren Übertragungen hier modellhaft veranschaulicht werden können.

Paula Modersohn-Becker, Das blinde Schwesterchen S. 59

A. Paula Becker wurde 1876 in Dresden geboren und absolvierte dort 1896–98 das Lehrerinnenseminar. Malstudium in Berlin, anschließend in Worpswede. Dort heiratete sie 1901 den Maler Otto Modersohn. In den folgenden Jahren war sie mehrfach zu Kunststudien in Berlin.

»Paula Modersohn-Becker malte die von ihr porträtierten Kinder in einer großartigen Allgemeingültigkeit und Ursprünglichkeit, wie man sie nie zuvor gesehen hatte. Da begegnen keine heiter-gefälligen Kinder, wie auf den romantisierten Porträts des 19. Jahrhunderts, sondern unbeholfene, verschlossene kleine Geschöpfe, die von einem tiefen Ernst und oft von unbeschreibbarer Trauer geprägt sind. Diesen scheuen Kindern haftet eine eigentümliche Unfaßbarkeit an. Ihre Frage ›Wann ist man imstande, Menschen ganz zu kennen?‹, das ewige ›Was ist Wahrheit?‹, was uns täglich in neuer Gestalt entgegentritt, beantwortet sie selbst für ihre Bilder mit den Worten: ›Es muß Mysterium sein‹.«

Die Vorliebe für Kinder war ein wesentlicher Zug in Paula Modersohn-Beckers Lebensorientierung. Eigene Kinder wünschte sie sich gleich nach ihrer Eheschließung. 1905 schrieb sie an ihre Mutter: »Ich blicke ordentlich neidisch auf all das zappelnde neue Leben«, und 1906 malte sie sich, an ihrem sechsten Hochzeitstag, allein in Paris, als Schwangere, ohne es bereits zu sein. Um so tragischer und gleichnishaft zugleich erscheint es, daß Paula Modersohn-Becker, die ein so inniges Verhältnis zu Kindern hatte, an der Geburt ihres ersten Kindes sterben mußte (1907).

Während ihrer nur siebenjährigen intensiven Schaffenszeit als Künstlerin malte Paula Modersohn-Becker Kinder aller Altersstufen. In diesen Kinderbildnissen kann man eine hohe, jedoch reflektierte Intuition für das körperlich-seelische Befinden der jeweiligen kindlichen Gestalten erkennen. Ihr wohl deutlichstes Merkmal ist, neben ihrer Verschlossenheit, eine stille Schwermut. Die Malerin fühlte sich von den bescheidenen, ernsten Kindern in besonderer Weise angezogen. Auffallend häufig begegnet bei ihr auch die Thematik des Kranken, Schwächlichen und Leidvollen. Gleichzeitig fällt in Darstellungen von Mutter und Kind, von Geschwistern oder Kindern mit Tieren die Geste des Umschließens auf, des Festhaltens und Umarmens. Dabei fehlt diesen Kindergestalten jede Gefälligkeit und Sentimentalität. Statt dessen richtet sich ein klarer, verständnisvoll forschender Blick auf sie, der diesen Porträts alle klischeehafte Anbiederei nimmt zugunsten einer Aufforderung, sich um so existentieller mit der im Tiefsten schwer faßbaren Welt des Kindes auseinanderzusetzen.[1]

B. Das Ölgemälde auf Pappe »Das blinde Schwesterchen« dürfte um 1905 entstanden sein. In fast quadratischem Format werden zwei Bauernmädchen gezeigt, die mit ihren Köpfen das Bild nahezu ausfüllen, so daß nur ein vager Eindruck von der offenen Natur im Hintergrund entsteht. Das linke, größere Kind blickt den Beschauer an und legt von hinten schützend den Arm um die Schultern der kleinen Schwester, die ihre blinden Augen gesenkt hält.

Das uns anschauende und das blinde, in sich gekehrte Kind sind von einem stillen Gegensatz, der um so stärker wirkt, als das Bild nur die Gesichter zeigt, auf die sich die Malerin mit ihrer Aussage voll konzentriert. Die Schlichtheit der umarmenden, bergenden Geste und die gedämpfte Farbpalette üben auf den Betrachter des Bildes eine innerliche Wirkung aus.

C. Die körperliche und seelische Befindlichkeit eines blinden Kindes tritt auf diesem Bild dem Betrachter eindrücklich entgegen. Dieses ernste, wirklichkeitsnahe Erfassen von Kindern, zumal von leidenden Kindern, hat Rainer Maria Rilke, mit dem Paula Modersohn-Becker in regem Gedankenaustausch stand, nach ihrem Tode mit wenigen Worten beschrieben: ». . . und sahst die Kinder so, von innen her getrieben in die Formen ihres Daseins«.

»Das blinde Schwesterchen« vertritt im Kontext unseres Kapitels reale, organhafte Blindheit. Das Bild trägt also keine zusätzliche Intention als die ursprüngliche der Künstlerin: Seht, das ist ein blindes Menschenkind! Es sieht nie die Sonne, nie die Farben, nie das Gesicht ihrer Schwester, obwohl diese es so liebt. Aber dieses Kind bedarf auch besonderer Fürsorge und Führung, weil es in einer ewigen Nacht lebt, die nicht einmal Sternenglanz kennt.

D. Die Kinder sollten Gelegenheit bekommen, Blindheit wenigstens für zwei Minuten am eigenen Leibe nachzuempfinden:

Wie schlaft ihr ein? Muß die Zimmertür immer einen Spalt breit offen bleiben, damit Licht einfällt? Macht euch die Dunkelheit sonst ängstlich?
Geht ihr alleine in einen finsteren Raum (Keller, Scheune, Speicher)? Was empfindet ihr dabei?
Wie ist es beim Blinde-Kuh-Spiel, wenn euch die Augen verbunden werden? Wie geht ihr durch den Raum? Wie orientiert ihr euch?
Wie lange haltet ihr es aus, die Augen geschlossen zu haben?

[1] Diese Darstellung folgt dem Essay von *Christa Murken-Altrogge*, Paula Modersohn-Becker. Kinderbildnisse, Piper Galerie, München 1977.

Im Gespräch über diese Erfahrungen können die Kinder sagen, wie sie die Dunkelheit und blinde Hilflosigkeit empfinden und wie die Befreiung daraus ins Licht hinein. Auf dem Hintergrund dieser Erfahrungen ist eine Betrachtung von Paula Modersohns Bild »Das blinde Geschwisterchen« von größerer Intensität. Der stillen Innerlichkeit des Bildes würde es entsprechen, wenn die Beschäftigung damit nicht nur redend erfolgte, sondern wenn ein wiederholt schweigsames Anschauen möglich wäre. Dazu können folgende Anstöße, von längeren Pausen begleitet, den Kindern Hilfe geben:

Schaut zunächst das blinde Mädchen an . . . Die Augen . . . Das Gesicht . . . Wenn es blind zur Welt gekommen ist, hat es noch nie im Leben Vater und Mutter gesehen. (Wie würdet ihr, wenn ihr Vater und Mutter nicht sehen könntet, sie fühlen und riechen?)
Betrachtet die ältere Schwester . . . Wie mag sie zu ihrem blinden Geschwisterchen stehen? Was sagen die aneinandergelegten Köpfe? Was der Arm um die Schwester? Auch die Farben erzählen: Wie empfindet ihr sie? Sind sie fröhlich oder traurig? Schwer oder leicht? Hat der Hintergrund eine Melodie? Welche?

Diesem Bild sollte im Lauf des Schuljahrs nicht nur einmal Beachtung geschenkt werden. Es kann zu den übrigen Bildern und Geschichten des Buches von Blindheit und Sehen in Beziehung treten.

Von der Frage: Wie würdet ihr eure Eltern wahr-nehmen, wenn ihr sie nicht mit den Augen sehen könntet? finden die Kinder leicht den Weg zu der reichen Innerlichkeit, die blinde Menschen entwikkeln können: Sie »sehen« mit den Ohren, den Händen, den Fingerspitzen, mit ihrer Haut und dem Geruchssinn – und sie »sehen« viele Dinge, die normal Sehende nie wahr-nehmen: Sie sehen mit allen übrigen Sinnen und einem »inneren Auge«. Die Frage des Titeltextes »Gibt es Blinde, die sehen, und Augenlicht, das blind?« vermag auf diesem Weg ihre Antwort zu finden.

Pieter Breughel, Die Imker S. 58–59

A. Pieter Breughels Zeichnung »Die Imker und der Dieb« ist eine späte Arbeit, wahrscheinlich aus dem Jahre 1567 oder 1568. Das sorgfältig durchgeführte Blatt war möglicherweise als Vorlage für einen Stich gedacht, der niemals ausgeführt wurde. Die Wiedergabe der Zeichnung im Religionsbuch entspricht in etwa der Originalgröße von 20,3 × 30,9 cm. Das Thema der Darstellung ist ungewöhnlich, ohne Vorbild und ohne Nachfolger. Es hat sehr unterschiedliche Interpretationen gefunden, die hier nicht zu erörtern sind. Wir bieten eine Deutung, die verständlich und in einem brauchbaren Zusammenhang mit allen Bildern der Seiten 58 und 59 steht.

B. Auf den ersten Blick faszinieren die großflächigen voluminösen Gestalten, die hier agieren. Es sind Imker, die sich grotesk vermummt haben und sich vor einem ausgeschwärmten Bienenvolk zu schützen suchen. Alle tragen lange Mäntel und einen Gesichtsschutz, der sie zwar abschirmt, aber auch ihre Orientierungsfähigkeit stark behindert. Dabei steht diese Angst vor stechenden Bienen in einem Gegensatz zu dem tatsächlichen Wissen, das sie als Imker haben müßten. Schwärmende Bienen sind nämlich nicht aggressiv und stechen nur selten, weil sie mit Honig beladen sind.

Während diese Männer in ihrer Vermummung umhertappen und die Orientierung verloren haben, dennoch aber geschäftig bleiben, ist längst ein Junge wach und behende genug gewesen, ihnen zuvorzukommen. Er ist auf den Baum geklettert, ungeschützt; vielleicht wird er nicht straflos davonkommen, doch die Beute gewinnen.

C. Wie sein »Gleichnis von den Blinden« (→ S. 213) ist auch Breughels Imker-Bild als verschlüsselte Gesellschaftskritik angelegt. Ähnlich den Imkern läuft der größte Teil der Menschheit professionell herum, mit lauter rationalen, wichtigen Dingen befaßt, verliert aber dabei alle entscheidende Wahrnehmungsfähigkeit und geht leer aus. Es scheint schwer zu sein, Vermummung, Scheuklappen, Brillen u. ä. m. abzulegen, um frei sehen zu lernen. Angst vor Gefährdung hindert daran, vielleicht auch die allverbreitete innere Geschäftigkeit, die tausend Vorsorgen trifft und dennoch ihr Ziel und den Dieb verfehlt.

D. Kinder wird die Zeichnung interessieren. Sie möchten wissen, was da geschieht. Eine Hilfestellung zu ihrer Auseinandersetzung mit der Zeichnung sollte jedoch keine Exkurse in die Imkerei betreiben. Es genügen knappe, laienhafte Hinweise, um sie dann ihre eigenen Gedanken frei assoziieren zu lassen. Im Vergleich zu den übrigen Bildern, die auf das Breughel-Blatt gelegt sind, sollten sie erfassen, daß diese Männer sich durch ihre Schutzkleidung selbst am Sehen hindern. Wo gibt es das sonst noch, daß Menschen ihre Orientierung verlieren?

Brüder Grimm, Die Sterntaler

Es war einmal ein kleines Mädchen, dem waren Vater und Mutter gestorben, und es war so arm, daß es kein Kämmerchen mehr hatte, darin zu wohnen, und kein Bettchen mehr, darin zu schlafen, und endlich gar nichts mehr als die Kleider auf dem Leib und ein Stückchen Brot in der Hand, das ihm ein mitleidiges Herz geschenkt hatte. Es war aber gut und fromm. Und weil es so von aller Welt verlassen war, ging es im Vertrauen auf den lieben Gott hinaus ins Feld. Da begegnete ihm ein armer Mann, der sprach: »Ach, gib mir etwas zu essen, ich bin so hungrig.« Es reichte ihm das ganze Stückchen Brot und sagte: »Gott segne dir's«, und ging weiter. Da kam ein Kind, das jammerte und sprach: »Es friert mich so an meinem Kopfe, schenk mir etwas, womit ich ihn bedecken kann.« Da tat es seine Mütze ab und gab sie ihm. Und als es noch eine Weile gegangen war, kam wieder ein Kind und hatte kein Leibchen an und fror: da gab es ihm seins: und noch weiter, da bat eins um ein Röcklein, das gab es auch von sich hin. Endlich gelangte es in einen Wald, und es war schon dunkel geworden, da kam noch eins und bat um ein Hemdlein, und das fromme Mädchen dachte: »Es ist dunkle Nacht, da sieht dich niemand, du kannst wohl dein Hemd weggeben«, und zog das Hemd ab und gab es auch noch hin. Und wie es so stand und gar nichts mehr hatte, fielen auf einmal die Sterne vom Himmel und waren lauter harte blanke Taler: Und ob es gleich sein Hemdlein weggegeben, so hatte es ein neues an, und das war vom allerfeinsten Linnen. Da sammelte es sich die Taler hinein und war reich sein Lebtag.

Interpretation

A. Das Motiv der Sterntalergeschichte, daß jemand, der an andere weggibt, was er selbst zum Leben braucht, dafür auf wunderbare Weise hundertfältigen Lohn erhält, begegnet in vielen volkstümlichen Traditionen. Es ist verwandt mit dem Motiv der wunderbaren Speisung, das ebenfalls in Erzählungen aus aller Welt vorkommt, in der Bibel, in den Legenden um Elija und Elischa sowie in der neutestamentlichen Speisungsgeschichte Mk 6,30–44 parr. Eine ausführliche Interpretation dieses Motivspektrums findet sich in: *H. Halbfas*, Lehrerhandbuch Religion, Düsseldorf/Stuttgart [3]1976, 96–104.

Obwohl die Sterntalergeschichte in Grimms Kinder- und Hausmärchen überliefert wird, handelt es sich nicht um eine reine Form der Gattung Märchen, sondern um eine Mischform, die mit Legendenmärchen wohl am besten gekennzeichnet wird. Die formalen Merkmale des Märchens sind hinreichend zahlreich, seine religiös-ethische Prägung ist aber so deutlich, daß die der Legende zugrundeliegende Geistesbeschäftigung unverkennbar wird.

B. Von einem »kleinen Mädchen« wird erzählt, also einem Geschöpf, das hilflos ist und als Mädchen in seiner Gesellschaft nochmals weniger gilt als ein gleichaltriger Junge. Diesem niedrigen Geschöpf ist ein Schicksal eigen, das es auf die unterste Stufe aller Hilflosigkeit und Armut verweist: Die Eltern sind gestorben, von Verwandten oder mitleidigen anderen Menschen ist keine Rede, und geblieben sind weder Haus noch Kammer, noch irgendwo eine Bettstatt, sondern »gar nichts mehr als die Kleider auf dem Leib und ein Stückchen Brot in der Hand, das ihm ein mitleidiges Herz geschenkt hatte«. Wenn also das Brot nur für den aktuellen Tag reicht, so bieten die übrigen Mängel des Kindes alle Aussicht auf Not und Untergang in den folgenden Tagen. Dieses schwache Kind ist völlig ausgeliefert: ungeschützt, verlassen, der Willkür wie der Witterung preisgegeben.

Das Mädchen geht »hinaus ins Feld«. Das ist der Weg in die Hauslosigkeit, die vom sozialen Rückhalt menschlicher Siedlung fortführt in eine offene Fremde, freilich nicht aus Verzweiflung, sondern »im Vertrauen auf den lieben Gott«. Welche persönliche Ratlosigkeit der Leser auch mit dieser Bemerkung verbinden mag, das Vertrauen auf Gott ist zweifellos der Schlüssel für alle die kühnen Unbekümmertheiten, die das Kind begeht – und spätestens jetzt sollten wir sagen, daß es hier ähnlich paradigmatisch »Kind« heißt wie in Jesu Wort: »Wenn *ihr* nicht werdet wie die Kinder . . .« (Mt 18,3).

Dem hungrigen Mann, der dem Mädchen zunächst begegnet, gibt es ohne Rückhalt für den Abend oder gar den nächsten Tag. Hier wird nicht geteilt, sondern es schenkt sein Brot *ganz*. Das ist mehr als materielle Gabe: Es ist der Mensch selbst; er schenkt sein eigenes Leben und Herz mit dem Lebensnotwendigen, das er gibt. Nicht anders ergeht es den Kindern, denen das Mädchen nacheinander begegnet und jeweils das schenkt, wessen sie bedürfen: Mütze, Leibchen und Hemd. Beim dritten Kind ist es aber bereits im Walde angelangt, nachdem es schon dunkel geworden ist. Das ist – nach Haus und Feld – eine neue Zone voll ungewisser Gefahr. Der Wald ist im Märchen oft Ort der Herausforderung und Bewährung. Hier begegnet dem Menschen seine eigentliche Erprobung, und manch einer scheitert. Nicht so das »kleine Mädchen«. Zwar überlegt es diesmal, bevor es die letzte Hülle fallen läßt. Dann steht es »nackt« da. Hier gilt nicht mehr die gesellschaftliche Konvention, daß »Kleider Leute machen«. Von dieser Position hat sich das Mädchen inzwischen weit genug entfernt, nicht räumlich, sondern in seinem inneren Läuterungsprozeß, und so ist es, als es »gar nichts mehr hatte«, ganz zu sich selbst gekommen. Es hat – ohne es willentlich zu erstreben, ohne Nebenblick und Hintergedanken (eben »ohne Eigenschaft«, wie Meister Eckehart sagt) – in seinem eigenen Ich Grund gefunden, der zugleich der Grund Gottes ist, und so *müssen* die Sterne vom Himmel fallen, alle göttlichen Gaben, die den erfüllen und kleiden, der in Gott angelangt ist.

C. Unser Legendenmärchen »verträgt keinen derben Zugriff. Der Ton muß leicht klingen und doch ganz sicher sein, der Mentalität dieses vertrauenden Kindes entsprechend. Denn er bringt eine Erfahrung in Lauf, die landläufigem Erleben entgegengesetzt ist. Von dieser Erfahrung spricht man eigentlich nicht laut, man kann sie nicht mit Gewalt herbeiführen« – so Felizitas Betz; entgegen ihrer Ansicht, diese Erfahrung werde einem geschenkt und man müsse sie sich schenken lassen können, glaube ich jedoch, daß eine paradoxale Formulierung hier richtiger ist: Man muß, um dem Weg des Mädchens folgen zu können, alles von sich fordern, in harter Arbeit, mit kompromißloser Konsequenz, um dann doch alles geschenkt zu bekommen.

Dieses Märchen ist eine narrative Kurzformel für das Ethos Jesu. Es erzählt eine Nachfolgegeschichte für Jünger. Es setzt Orientierungsmarken, die jede durchschnittliche Alltäglichkeit undiskutiert zurücklassen. Vielleicht wird es deswegen so gerne persifliert und karikiert. Solange aber die Bergpredigt der Christenheit bedeutsam ist, darf auch diese ihre märchenhafte Verdichtung der gleichen Christenheit Verlockung und Herausforderung sein.

Relindis Agethen, Die Sterntaler S. 60

A. Relindis Agethen hat in unserem Religionsbuch die Sterntalergeschichte viermal dargestellt: Als Bild im Bild zum Thema »Erntedank« mit Pastellstiften gemalt; als deutenden Verstehenshintergrund im Martinsbild in Acrylfarben; in wiederholender Zitation auf dem Osterbild; und hier schließlich als Linolschnitt in strenger schwarz-weißer Ausführung. Je nach Kontext gewinnt das Motiv unterschiedliche Bedeutung.

B. Dargestellt wird die erste Begegnung des Mädchens mit dem hungrigen alten Mann (siehe die voranstehende Interpretation des Märchens). Der Schauplatz ist jedoch jener der letzten Szene im Wald bei dunkler Nacht. Diese Verdichtung der Handlungsfolge ist der bildlichen Darstellung, die das zeitliche Nacheinander in- und nebeneinander anordnen muß, angemessen. Sie nimmt dem Märchen nichts, sondern bringt seine Intention konzentriert zur Geltung: Dem schwachen Kind steht ein ähnlich schwacher Mensch auf der anderen Seite des Lebensweges gegenüber. Beide sind arm, beide vom Hunger bedroht. Das Mädchen schenkt dem Alten sein Brot, das nur für diesen Tag reicht, und damit schenkt es ihm »alles«. Was das Kind in den folgenden Begegnungen noch hinweggibt, ist im Symbol des Brotes schon enthalten. Darum darf diese Szene auch in den dunklen Wald versetzt werden, in dem sich mit der letzten Hingabe die Vollendung des Mädchens vollzieht.

Der Linolschnitt erzählt zwei Vorgänge: Auf der rechten Bildhälfte sehen wir den alten Mann, der gerade das Brot geschenkt bekommen hat; die linke Bildhälfte zeigt (äußerlich-gegenständlich) als Folge dieser Zuwendung den Segen des Himmels über dem Mädchen.

Der arme Mann steht vorne im Bild. Er trägt greises volles Haupthaar, einen langen Bart und einen wallenden, üppig geschnittenen Mantel, der in seltsamem Gegensatz zu seiner Armut steht. In der linken Hand stützt er sich auf einen Stock aus einem gefundenen Baumast, in der rechten trägt er das gerade empfangene Brot. Sein Gesicht ist dem Betrachter zugewandt, mit seinen Augen schaut er ihn an.

Mit diesem Bettler in seinem überraschend reichen Mantel muß es eine besondere Bewandtnis haben. Offensichtlich entsprechen dieser Mantel und die Gewandärmel, der die in die Bildmitte hineinragende Gotteshand kleidet, einander. Ist der arme Mann in ein göttliches Kleid gehüllt? Soll dies die Identifikation Gottes mit dem Geringsten der Menschenkinder ausdrücken? Es scheint so. Um so verständlicher wird der Sternensegen, den die Hand Gottes über dem Mädchen austeilt. Weil es ohne Vorbehalt und mit innerer Lauterkeit dem göttlichen Bettler sein »Brot« schenkte, schenkt dieser seine Gaben zurück. Die Hand ist überdimensional: Was zwischen dem Kind und dem Greis geschah, findet durch sie seine Erfüllung.

Rätsel gibt noch der Phantasie-Vogel mit dem königlichen Zeichen auf. Es könnte eine Taube sein, wenn nur die Taube ein Märchenvogel wäre. Wir werden angemessener interpretieren, wenn wir diesen Vogel nicht zoologisch bestimmen wollen, sondern ihn als Symbol des Lebens denken, das durch die reine Liebe des Mädchens seine höchste Würde und Krönung gewann. Doch bleibt es jedem Betrachter unbenommen, sich zu diesem Vogel mit der Königskrone eine eigene Deutung zu suchen.

Hier, wie auf den übrigen Agethen-Bildern der Sterntalergeschichte, fallen übrigens keine Geldstücke, sondern die »Sterne« des Himmels. Das ist gewiß eine bessere Interpretation, als sie die massiv materielle Belohnung darstellt, denn letztlich dürfte auch das »Gold«, von dem das Märchen erzählt, auf unüberbietbaren – also göttlichen – Gewinn verweisen, selbst wenn dieser zum Glück in diesem Leben in keinem Gegensatz stehen muß.

C. Der Linolschnitt findet seine zusätzliche Deutung durch das Wort von Antoine de Saint-Exupéry: »Man sieht nur mit dem Herzen gut. (Das Wesentliche ist für die Augen unsichtbar.)« (Zur Interpretation dieses Zitats aus seinem Buch »Der kleine Prinz« siehe *H. Halbfas*, Lehrerhandbuch Religion, Düsseldorf [4]1978, 311–314.) Die auf den voraufgehenden Seiten 58/59 des Religionsbuchs exemplifizierte Metaphorik wird mit diesem fast schon sprichwörtlich gewordenen Satz weitergeführt. War bisher von innerer Blindheit die Rede, einerlei ob selbst- oder fremdverschuldet, so geht es nun um das innere Sehen als ein Sehen »mit dem Herzen« (vgl. das »Herzauge« von HAP Grieshaber, → S. 308 ff). Nichts anderes hat das kleine Mädchen unserer Geschichte vermocht. Nur mit dem Herzen sah es die ihr begegnende Not, und darum machte es ihr *Freude*, helfen zu können.

Das Verständnis dieser Metapher wird selbst noch jüngeren Kindern als Schulanfängern im Medium des Sterntaler-Märchens von innen her zufallen. Vielleicht ist es sogar leichter, sich von hierher die voraufgegangene Metaphorik über die innere Blindheit zu verdeutlichen.

D. Bevor Kinder der Strenge des Linolschnitts begegnen, sollten sie zunächst das Sterntaler-Märchen nach den Brüdern Grimm, aber auch die Einbindungen dieses Motivs in das Erntedankbild und das Martinsbild von R. Agethen kennengelernt haben. Erst auf diesem Hintergrund, der zugleich ein wiederholtes Befassen mit der Geschichte bedeutet, wird das vorliegende Sterntalerbild eine fruchtbare Anleitung zum inneren Sehen sein.

Aber gerade der mehrfachen Wiederholung wegen – die wichtig ist, damit sich die Kinder das Märchenbild ein-bilden können – muß sorgsam darauf geachtet werden, nicht formelhaft zu sprechen und nicht derb zuzugreifen. Text und Bild dürfen ihr Geheimnis zu keiner Zeit verlieren. Die Erzählung ist zu kostbar, als daß sie »durchgenommen« und unterrichtlich verbraucht werden dürfte.

Insgesamt bietet die Thematik mehr Hintergründlichkeit, als die allein herausgestellte Metaphorik erfassen hilft. Vor allem sind in diesem (wie in jedem) Märchen reiche Symbolbezüge angelegt, auf die vom folgenden Kapitel her mehrfach zurückgegriffen werden kann.

Symbolverständnis

Einführung in die symbolische Sprache

Wir haben im Lehrgang »Sprachverständnis« gesagt, zwischen metaphorischen und symbolischen Bildern sei ein Unterschied zu machen, ohne bereits diesen Vergleich zwischen Metapher und Symbol durchzuführen. Jedoch ist uns die Metapher als eine Form *analoger* Sprache deutlich geworden. Die Analogie gestattet, jeweils ein »wie«, ein »gleichsam« oder ein »als ob« zu denken. Statt der Formulierung: »Achill ist ein Löwe« läßt sich auch sagen: »Achill ist *wie* ein Löwe«. Entsprechend ist es bei den übrigen analogen Sprachformen: Gleichnis, Fabel, Parabel und Allegorie. Immer kann ein »wie« hinzugedacht werden:

»Mit dem Reich Gottes verhält es sich wie mit einem Mann, der Samen auf das Land sät.« (Mk 4,26, vgl. Mt 13,24)
»Womit sollen wir das Gottesreich vergleichen oder mit welchem Gleichnis es darstellen? Es gleicht einem Senfkorn . . .« (Mk 4,30 par.)
»Das Himmelreich ist einem Sauerteig gleich . . .« (Mt 13,33)
»Ferner verhält es sich mit dem Himmelreich wie mit einem Fischnetz . . .« (Mt 13,47)
»Deshalb verhält es sich mit dem Himmelreich wie mit einem König, der mit seinen Knechten abrechnen wollte . . .« (Mt 18,23)
». . . der seinem Sohn eine Hochzeit hielt.« (Mt 22,1)

Neben diesen Gattungen analoger Sprache stehen die Gattungen symbolischer Sprache, und diesen entspricht nicht mehr die analoge Übertragbarkeit auf eine Vergleichsebene. Zur Kategorie symbolischer Sprachformen rechnen wir vor allem Mythe, Märchen, Sage und Legende. Deren formaldidaktische Behandlung steht im 1. Schuljahr nicht an, wohl aber muß bereits jetzt eine Begegnung mit elementarer symbolischer Wirklichkeit erfolgen. Diesem Ziel dient unser vorliegendes Kapitel.[1]

Was ist ein Symbol?

Statt einer theoretischen Darstellung soll hier zunächst ein poetisch-didaktischer Text geboten werden, wie er für das Religionsbuch 4 vorgesehen ist, um in den Innenraum des Symbols einzuführen:

[1] Eingehende didaktische Untersuchungen zum Symbol vgl. *H. Halbfas,* Auf dem Wege zu einer Symboldidaktik, in: ders., Das dritte Auge. Religionsdidaktische Anstöße (= Schriften zur Religionspädagogik, Bd. 1), Düsseldorf 1982, 84–141.

Ein Tisch ist ein Tisch. So sagt man. Aber ist es so eindeutig? Ein Tisch ist mehr als ein Tisch. Hier trifft sich die Familie. Gäste kommen und finden Aufnahme in die Hausgemeinschaft. An einem Tisch miteinander zu essen verbindet alle.

Im Lexikon steht: »Tisch: Möbelstück aus waagerechter Platte auf einem oder mehreren Beinen.« Das ist eindeutig – von außen gesehen.

Im Leben der Menschen bedeutet der Tisch die Mitte des Hauses: Symbol der Gemeinsamkeit.

Sachen sind Sachen. Man kann sie zählen, messen, fotografieren. Für Sachen gibt es Kaufhäuser. Man kann sie ersetzen.

Unersetzlich sind die Lebensgründe: Hoffnung und Liebe. Dafür gibt es keine Kaufhäuser, keine Maße und keinen Gegenwert. Hoffnung und Liebe sind immer Geschenke. Weil sie ein Geheimnis und nicht machbar sind, kann man sie eine verborgene oder innere Wirklichkeit nennen.

Solche Wirklichkeiten, die niemand ganz kennt, von der aber alle leben, offenbaren sich in Symbolen. Die Hand eines anderen halten, ein Kuß, eine Umarmung sind Symbole der Liebe. Symbole zeigen das Unsichtbare. In Symbolen kommunizieren wir mit dem Grund der Welt, aus dem die Menschen leben.

Es gibt vieles im Leben, was unsagbar ist. »Das Letzte, das Letzte geben die Worte nicht her.« Die Sprache der unsagbaren Wirklichkeit ist das Symbol.

Wer Symbole verstehen lernt,
geht von außen nach innen,
von der Oberfläche in die Tiefe,
von der Schale zum Kern.

Symbole können nicht mit den Augen der Sachenwelt, sondern nur inwendig verstanden werden. Symbole sagen das Unsagbare. Symbole verbinden den Menschen mit der Wirklichkeit hinter der Sachwelt.

Merkmale des Symbols

Was lehrt dieser Text? Wir wollen die Merkmale des Symbols, so gut es geht, aufzulisten versuchen.

(1) Das grundlegende Merkmal des Symbols, das unser Text besonders verdeutlicht, ist seine Eigenschaft, die empirisch geschlossene Oberfläche der Dinge aufzubrechen und eine dahinter verborgene Tiefe aufzudecken. Symbole weisen über sich selbst hinaus auf eine Wirklichkeit, die nicht unmittelbar ergriffen werden kann und der wir auf keinem anderen Weg begegnen können als auf dem Weg des Symbols.

(2) Primäre Symbole vermitteln die Wirklichkeit, die sie bezeichnen. Die Redeweise, dies oder jenes sei »*nur* ein Symbol«, verkennt diesen einzigartigen Rang des Symbols. Ein Kuß, eine Umarmung sind nicht »nur« Hinweis auf die Liebe, sondern sind die sich ereignende Liebe selbst. Das Brot, der Wein, im Geist der Freundschaft geteilt, sind nicht »nur« Zeichen der Gemeinsamkeit, die man von ihr abheben könnte, sondern Vollzug der Gemeinsamkeit selbst. Der Ring an der Hand der Eheleute ist nicht allein Erinnerung an das

einst gegebene Treueversprechen, sondern Re-Präsentation der bestehenden Wirklichkeit. Man kann diese elementaren Symbole darum auch re-präsentative Symbole nennen. Bildliche Symboldarstellungen allerdings, die die Umarmung, das gemeinsame Mahl, den Ehering zeigen, lassen nicht an der Wirklichkeit dessen teilhaben, worauf die Symbole hinweisen, denn der primäre Ort jener Symbole ist ihr Vollzug, nicht ihre sekundäre Darstellung.

(3) Symbole sind nicht willkürlich, sie können weder artifiziell gemacht noch erfunden werden. Und nicht alles in der Welt hat symbolische Ausdruckskraft, sondern nur bestimmte Wirklichkeiten innerhalb einer darüber hinaus unsymbolischen Welt. Was aber läßt ein Symbol zum Symbol werden?

Bei Friedrich Creuzer heißt es, die Entstehung der Symbole falle mit ihrer Deutung zusammen. Demnach kommt es darauf an, in einem Vorgang oder einem Ding einen darüber hinausweisenden Sinnbezug zu finden; zu entdecken, daß in dieser konkreten Realität eine zweite, geistige Wirklichkeit miteingeschlossen ist. Solange diese Entdeckung nicht möglich ist, fehlt eben dieser konkreten Realität ihr symbolischer Hintergrund. Erst die deutende Erkenntnis, der erkennende Vollzug, macht also das »Symbol« zum Symbol. Die Nicht-Beliebigkeit der Symbole liegt darin ebenso eingeschlossen wie ihre Geschichtlichkeit und ihre Bindung an gesellschaftliche Anerkennung und Vermittlung.

(4) Was Symbole vermitteln, ist auf keinem zweiten Weg nebenher zu gewinnen. Es liegt an ihrem Charakter, empirisch Konkretes mit ungegenständlicher Wirklichkeit zu verbinden – *symbállein* heißt zusammenwerfen, zusammenfügen, zusammenflechten – doch ist der Hintersinn ohne leibhaften Ausdruck nicht da. Was Symbole sagen, läßt sich weder empirisch erreichen und analysieren noch auf irgendeinem anderen Erkenntnisweg als dem symbolischen finden. Darum sind Symbole die einzige Sprache, in der sich religiöse Wirklichkeit unmittelbar ausdrücken kann. Sie sind die authentische Sprache der Religionen selbst. Die Wissenschaften mögen die Religionen noch so exakt erforschen, sie machen sie zugleich auch zum Objekt und bringen somit lediglich ein Wissen *über* Religion zustande. Wenn aber die Religionen selbst sprechen, wenn sie artikulieren, was ihre innere Wahrheit ist, geschieht dies ausschließlich in der Sprache des Symbols.

(5) Symbole sind Wirklichkeiten eigener Mächtigkeit. Sie können ordnen, integrieren, heilen, aufbauen. Sie können aber auch Angst auslösen, zersetzen und zerstören. Immer reicht ihre Wirkung in die Gefühlswelt des Menschen und in die Tiefe seiner Seele. Deshalb sind Symbole nicht allein rationale Kommunikationsmittel, ihre größere Bedeutung liegt dem bewußten Ausdruck vorauf: In Symbo-

len artikulieren sich die mächtigen Kräfte des Unbewußten. Aus diesem Grunde ging mit der (rationalen) Entdeckung des individuellen (S. Freud) und kollektiven Unbewußten (C. G. Jung) durch die Psychoanalyse die Entdeckung der Symbolsprache in ihrer heilenden wie verwirrenden Macht einher.

Symbol und Zeichen

Ein dritter Umkreisungsversuch des Symbols soll in der Abgrenzung gegenüber dem Zeichen erfolgen. Diese Beschreibung kommt also mehr von außen, wenngleich sich einzelne Kennzeichnungen mit der voranstehenden Merkmalliste überschneiden.

(1) Erste Unterscheidungsmerkmale zwischen Symbol und Zeichen liegen in ihrer Bedeutungsvalenz: Zeichen sind eindeutig, Symbole sind mehrdeutig: Verkehrszeichen, die nicht eindeutig wären, wären wertlos und unbrauchbar als Zeichen. Symbole, die eindeutig interpretiert werden, verkommen zu Chiffren, zu einem gegenständlichen Begriffsersatz. Das hat große Konsequenzen für den Umgang mit Symbolen und ihre didaktische Erschließung (→ S. 260 ff).

(2) Zeichen sind primär kognitiv gerichtet. Sie signalisieren einen Hinweis, der rational erfaßt und befolgt werden will. Symbole sprechen den ganzen Menschen an und sind nie ohne affektive Komponente. Das Lebkuchenherz, das der Junge seinem Mädchen auf der Kirmes umhängt, treibt die Röte ins Gesicht und läßt das eigene Herz höher schlagen. Aber die zeichenhafte Pflegeanleitung an einem Wäschestück wird lediglich registriert und nüchtern beachtet.

(3) Zeichen sind innerhalb bestimmter Geltungsbereiche definiert. Sie beruhen auf willentlicher Vereinbarung oder zwingender Sachnotwendigkeit. Ihre Übertretung zieht Schäden oder Strafen nach sich. Symbole haben demgegenüber keine klar umrissene Gültigkeit. Sie sind in vorbewußten Dimensionen verankert und nicht durch irgendwelche äußeren Instanzen in oder außer Kraft zu setzen. Ein Strauß roter Rosen mag das Geschenk an die Liebste sein, kann aber auch einem Politiker von seiner Partei überreicht werden: Beide Male variiert die symbolische Sprache in ihrem Beziehungsreichtum, und es ist unmöglich, die roten Rosen durch eine Serie von Begriffen in ihrer Bedeutungsreichweite zu begrenzen.

Über die religionsdidaktische Bedeutung des Symbols

Alles bisher Gesagte macht das Symbol als *die* spezifische Ausdrucksgestalt religiöser Erfahrung und Kommunikation deutlich, ohne deren Verständnis die Religionen in ihrer eigenen Mitte nicht erschlossen werden können. Insgesamt verlöre die Wirklichkeit ihre

Hintergründigkeit, wenn eine Bildung des Symbolverständnisses unterbliebe: Die Fähigkeit zum Sinnerleben und Sinnverstehen würde schrumpfen, metaempirische Gegebenheiten würden als irreal verdrängt, und die menschlichen Erfahrungsfähigkeiten müßten verkümmern, so daß schließlich nur noch banale Alltäglichkeit in den Blick käme.

Unter diesem Aspekt ist es nahezu unbegreiflich, daß es bis heute noch keine systematisch entfaltete Symboldidaktik gibt, und daß die vorhandenen Religionsbücher bestenfalls ganz am Rande der Aufgabe ihr Augenmerk schenken, aber keinerlei vertikale Lehrplankonsequenz kennen, vom 1. bis zum 13. Schuljahr ein zunehmend tieferes Symbolverständnis zu vermitteln.

An dieser Stelle soll unser Religionsbuch ein neues didaktisches Konzept grundlegen. Alle Bücher des Primarbereichs verfolgen einen speziellen Kurs »Symbolverständnis«, der sinnvoll aufeinander aufbaut und den Schüler instand setzen wird, zunehmend unmittelbarer symbolische Sprache in Wort, Bild oder Ritual zu verstehen und selbst in Symbolen mit anderen zu kommunizieren. Daß dieserart religiöse Sprachlehre für das *innere* Verständnis der eigenen Glaubensüberlieferung unabdingbar ist, aber auch für das Verständnis fremder Religionen und religiöser Erfahrungen, ist sicher.

Symbolverständnis im Kindesalter

Grundsätzlich wird vielleicht kaum jemand diesen Überlegungen widersprechen wollen und dennoch fragen, ob denn bereits den Sechs- und Siebenjährigen ein elementares Symbolverständnis abverlangt werden könne oder ob es nicht angemessener sei, damit noch zwei oder drei Jahre zu warten. So sehr es ansonsten in der katechetischen Praxis eine Ungeduld gibt, die allzu früh biblische Geschichten und Glaubensvorstellungen an kleine Kinder herantragen läßt – für die formale religiöse Bildung (die doch erst die Verstehensvoraussetzungen und Kommunikationsfähigkeiten schafft!) scheint man allgemein kein Bedürfnis zu spüren. Trotzdem gilt: Hier werden die Fundamente gelegt! Hier findet ein religionsdidaktisches Denken seinen Ausgangspunkt! Hier fallen die Entscheidungen über das Niveau der religiösen Bildung.

Dabei ist hier nichts zu verfrühen. Bevor der Mensch denken konnte, erfaßte er sich und die Welt in symbolischen Kategorien,[1] und bevor das Kind lesen lernt, begreift es sich und die Welt in Märchen und symbolischen Sinngestalten, wie sie in Festtagsbräuchen und Umgangsformen Ausdruck finden.

[1] Vgl. *Erich Neumann*, Ursprungsgeschichte des menschlichen Bewußtseins, Reihe: Geist und Psyche, Zürich 1974.

Kinder kommunizieren auf unmittelbare Weise mit Symbolen: Es beginnt mit dem Puppenspiel, in dem sie »Gott und die Welt« erfassen, beim Höhlenbau aus Tischdecken und Kissen, wie auch beim »Liebhalten« der Eltern und Geschwister. Das ganze kindliche Phantasie- und Rollenspiel ist eine symbolische Partizipation am großen, noch so geheimnisvollen Leben. Wenn dann die ersten Märchen in ihr Leben treten, werden Brunnen und Backofen, Wald und Haus ebenso wie Könige und Königskinder, die stets dummen Kleinen und allerhand Zaubervolk zu symbolischen Angeboten, die eigenen Ängste und Wünsche mit ihnen zu verflechten, ohne daß sie zu dieser Zeit (oder vielleicht je in ihrem Leben) *wissen* müssen, daß es symbolische Gestaltungen sind. Denn weil Symbole nicht intellektuell entworfen werden, sondern wesentlich aus dem vorrationalen Unbewußten leben, bedarf es auch nicht der entwickelten Intelligenz, um sich mit Symbolen zu befassen und im Umgang mit Symbolen das eigene Leben zu orientieren. Also ist die Begegnung mit Symbolen im 1. Schuljahr ebensowenig verfrüht wie im Kindergarten. Für den Unterricht kommt aber legitim und notwendig nun die Aufgabe erster, annähernder Bewußtwerdung hinzu. Die Kultur, in der unsere Kinder heranwachsen, ist so pragmatisch ausgerichtet, daß ihnen ohne Begegnung mit Symbolen alle Hintergründigkeit und Sinnhaftigkeit der Welt verschlossen bliebe. Und damit nicht das Empirisch-Faktische ihr alleiniger Wirklichkeitsmaßstab bleibt, tut es not, ihnen jetzt methodisch zu zeigen, wie sehr das Herz und die Tür, das Licht und die Sterne über ihre physikalische Natur hinaus Fenster zum Geheimnis der Welt sein können.

Zur Interpretation von Symbolen

Jüngeren Kindern sollten Symbole nicht verbal *erklärt* werden. Genau genommen kann man niemandem Symbole *erklären.* Das würde ja bedeuten, es sei möglich, das Symbol selbst durch rationale Begrifflichkeit zu ersetzen. Es ist also schon im Ansatz falsch, zu sagen: »Dieses Symbol bedeutet . . ., dieses Symbol will sagen . . ., es steht für . . .« Zwar sind dies in Schulen, Kirchen und Museen fast stehende Redensarten, wenn es darum geht, Symbole (Bilder und andere Kunstwerke) zu interpretieren, doch kommt eine solche »Erklärung« der Zerstörung des Symbols gleich.
In einem Gespräch mit Joseph Beuys über das Verständnis seiner Kunst wollte der Interviewer eine solche »Erklärung« für die von Beuys bevorzugt verwendeten Materialien Filz und Fett haben. Beuys' Antwort wehrt dieses Mißverständnis sehr genau ab und zeigt zugleich, warum hier keine begrifflich festlegende Deutung möglich ist:

Interviewer: Also jetzt mal für uns Doofe: Gibt es eine Erklärung für Filz, gibt es eine »Übersetzung« für Fett?
Beuys: Ja, aber nicht im Sinne von Bedeutung. Das würde ja heißen, daß hinter der Idee eines Kunstwerkes das Eigentliche steht. Damit käme man ja wieder in diesen verkommenen Ästhetik-Begriff, daß das Kunstwerk selbst nicht die ganze Sache ist, sondern nur, was als Idee dahinter steht.
Interviewer: Und nicht eine kleine Hilfeleistung?
Beuys: Doch. Hilfeleistung kann man bringen. Man kann Bildbeschreibungen machen, kann den begrifflichen Zusammenhang schildern, der dahin geführt hat, daß solche Materialien benutzt werden. Das kann man. Aber nicht in dem Sinne: Das und das soll das bedeuten.
Interviewer: Also nicht: Fett gleich Leben?
Beuys: Das ist eine heruntergekommene Interpretation. Also: Fett ist ein sehr flexibles Material, was in sehr unbestimmter Form erscheinen kann, ganz besonders, wenn man Wärme an es heranbringt. Man hat ja nie über Wärme in der Plastik gesprochen, aber dadurch, daß ich Fett benutzt habe, war der Begriff Wärme in der plastischen Diskussion . . .«

Beuys wehrt sich also gegen begriffliche Auflösungen, statt dessen beginnt er, sein Material zu beschreiben. Diese Beschreibung ist offen und letzten Endes unabschließbar. Sie gibt Hinweise, deutet Zusammenhänge an, beläßt dem Kunstwerk aber jene lebendige Bedeutungsbreite, ohne die es steril wäre.

Mit der Erschließung von Symbolen verhält es sich ähnlich. Niemals steht Herz für Liebe, wie ja auch niemals Liebe gleich Liebe ist. Eine solch isolierende Deutung reduziert das Symbol auf einen leeren Allgemeinbegriff, dem konkrete Zusammenhänge und unauslotbare Individualität fehlt.

Wie also Symbole zugänglich machen? Es gibt keine stereotype Methodik, allenfalls einige Hinweise, deren Gültigkeit von Fall zu Fall zu ermessen ist.

(1) Vorrangig ist die eigene sinnenhafte Erfahrung. Die Klasse im Kerzenschein ist wichtiger als der verbale Verweis auf etwaige häusliche Lichterlebnisse oder Lichterketten und -bäume im Stadtbild. Türspiele, die vor oder hinter Türen führen, sind nachhaltiger als Türbilder. Gemeinsame Mahlzeiten, ebenso gemeinsam vorbereitet wie begangen, sind bestimmender für die soziale Selbstfindung der Klasse als Geschichten von Essen und Trinken.

(2) Dennoch sind Geschichten nicht unwichtig. Wenn sie schön erzählt werden, eröffnen sie neue Welten und können durch die Art, wie sie alle kindlichen Sinne fesseln, ebenfalls Erfahrungen vermitteln. Geschichten führen durch Zeiten und Räume. Sie zeigen konkrete Gestalten. Sie sind aller Begrifflichkeit bar und darum geeignet, das Erlebnisfeld und die Erfahrungsintensität eines Symbols zu vermitteln. Die Geschichte vom Eisernen Heinrich entwirft eine Situation, die so nachdrücklich »ein treues Herz« erfahrbar macht, daß wohl niemand sagen könnte, wie ohne diese Erzählung dieselbe

Erfahrung möglich sein könnte. Darum steht die Geschichte auch nur für sich selbst, ohne ihrerseits in »erklärende« Deutungen abstrahiert werden zu dürfen.

(3) Soweit Symbole in Bildern begegnen, gilt erneut der grundsätzliche Vorbehalt: keine Interpretation im Sinne von Bedeutung! Vorweg ist eine genaue, im Fall unseres Religionsbuches meist erzählende Bildbeschreibung wichtig. Es muß ein offener Spielraum bleiben, nichts darf abschließend »festgelegt« werden. Dementsprechend ist es möglich – und als methodischer Zwischenschritt auch legitim! – für symbolische Konstellationen eines Bildes eine Palette einander ergänzender und konkurrierender Begriffe zu nennen, die sich gegenseitig in der Schwebe halten, nicht aber, jemals ein Gleichheitszeichen zwischen Symbol und Begriff zu setzen.

Symbol: Licht

Grundlegung

Licht ist ein zentraler Bereich religiöser Symbolik und gleichzeitig so fundamental, daß Kinder schon lange vor ihrer Schulzeit von Lichterfahrungen betroffen werden. Bevor wir die Bilder und Texte des Religionsbuches 1 zum Symbolbereich Licht hier für den Unterricht erschließen helfen, geben wir zunächst eine Einführung in allgemeine Zusammenhänge (A und B), denen wir eine ebenso grundsätzliche symboldidaktische Überlegung anschließen (C); darauf folgen unterrichtspraktische Vorschläge (D), die nicht allein auf das 1. Schuljahr beschränkt sind; sie können in selbst zu treffender Auswahl in Weiterführung der Religionsbuch-Materialien Verwendung finden.

A. Lichtsymbolik in der Religionsgeschichte

Es gibt kein anderes Symbolfeld, dessen Aussagefähigkeit und Wandlungsmöglichkeit so reich ist wie die Lichtsymbolik. Darum begegnet sie auf allen Kulturstufen, in allen Religionen und – metaphorisch – von den Anfängen der Philosophie bis in die Gegenwart hinein. Die Aussagefülle der Lichtsymbolik läßt sich, auf einen begrifflichen Umriß reduziert, etwa folgendermaßen kennzeichen:

> »Licht kann der gerichtete Strahl, die wegweisende Leuchte im Dunkel, die vordringende Entmachtung der Finsternis, aber auch die blendende Überfülle, ebenso wie die unbestimmbar allgegenwärtige Helle sein, in der alles darinsteht: das selbst nicht-erscheinende Erscheinenlassen, die unzugängliche Zugänglichkeit der Dinge. Licht und Finsternis können die absoluten metaphysischen Gegenmächte repräsentieren, die sich ausschließen und doch das Weltgefüge zustande bringen. Oder das Licht ist die absolute Seinsmacht, die die Nichtigkeit des Dunkels enthüllt, das nicht mehr sein kann, wenn erst einmal Licht geworden ist . . . Das Licht bleibt, was es ist, während es Unendliches an sich teilhaben läßt, es ist Verschwendung ohne Schwund. Licht schafft Raum, Distanz, Orientierbarkeit, angstloses Schauen, es ist Geschenk, das nicht fordert, Erleuchtung, die ohne Gewalt zu bezwingen vermag.«[1]

Bei den Griechen wurde das Licht in besonderer Weise gewertet. Die Bedeutung ihres Wortes *phôs*, Licht, charakterisiert Rudolf Bultmann folgendermaßen: »Es ist die Helligkeit, die das sich orientierende Sehen ermöglicht und die damit zugleich das Dasein sich

[1] *Hans Blumenberg*, Licht als Metapher der Wahrheit. Im Vorfeld der philosophischen Begriffsbildung, in: Studium Generale 10 (1957) 432–447, hier: 433.

selbst verständlich macht, daß es nicht ›im Dunkeln tappt‹, sondern ›seinen Weg sieht‹, daß es ›aus und ein weiß‹ und keine Angst zu haben braucht. Solche Erhelltheit des Daseins gehört notwendig zum Leben.«

Die Freude am Licht gehört darum zum griechischen Lebensgefühl. Die olympischen Götter wohnen im Licht. Der Name Zeus bezieht sich etymologisch nicht auf den Himmel als Götterwohnung, sondern auf den Himmel als das Leuchtend-Strahlende. Glänzende Helligkeit repräsentiert die Gottheit, und so wird die Lichtkuppel des Himmels zum Symbol des Zeus.

Insgesamt begegnet uns in verschiedenen Religionen die Anschauung, daß die Gottheit selbst Licht ist bzw. aus Lichtsubstanz besteht. Charakteristisch dafür ist die Gnosis. Ginza 1,9 heißt es: »Er ist der hohe Lichtkönig, der Herrscher der Lichtwelten ... Ein Glanz, der sich nicht verändert, ein Licht, das nicht untergeht, Schönheit, Glanz und Herrlichkeit, die nicht veränderlich sind. Leben, ein Überleben. Glanz, ein Überglanz. Licht, ein Überlicht. An ihm ist weder Mangel noch Fehl.«

Der babylonische Marduk wird »Gewaltiger! Glänzender!« genannt, von der »strahlenden Ischtar« ist die Rede. Zarathustra lehrt, daß Ahura Mazda in »starkem, unnahbarem Glücksglanz« lebt und die Bhagavadgita sagt von Vishnu: »Ein Berg von Glanz, nach allen Seiten strahlend, so seh ich dich ... wie strahlend Feuer und Sonnenglanz unmeßbar.«

B. Christliche Lichtsymbolik

In besonderer Reinheit finden wir die Lichtsymbolik im Neuen Testament, zumal in der Apokalypse. Hier handelt es sich um die *dóxa* Gottes. *Dóxa* heißt »Herrlichkeit«, »Klarheit« oder »Glanz«. So erzählt Offb 21,23 vom himmlischen Jerusalem: »Die Stadt bedarf keiner Sonne noch des Mondes, daß sie ihr scheinen, denn der Lichtglanz (*dóxa*) Gottes erleuchtet sie.« Auch in der Verklärungsgeschichte vom Tabor heißt es von den Jüngern: »Sie sehen seine *dóxa*.« (Lk 9,32) Erschienen waren ihnen Jesus und Mose und Elija in einem »überhellen Licht«, also in ihrer wahren Gestalt, die sich nicht kraft des Sonnenlichtes erhellt. Eben dieses göttliche »Licht vom Himmel, heller als der Sonne Glanz« (Apg 26,13) hatte auch Paulus gesehen, so wie es von den Hirten heißt, daß die *dóxa* Gottes sie umleuchtet habe (Lk 2,9).

Von ähnlichen Lichterlebnissen sprechen auch die Mystiker. Mechthild von Magdeburg schrieb ein Buch mit dem Titel »Das fließende Licht der Gottheit«, und Hildegard von Bingen berichtet: »Das Licht, das ich schaue, ist an keinen Ort gebunden, es ist unendlich heller als eine Wolke, die die Sonne trägt ... Es wird mir als der

Schatten des lebendigen Lichts bezeichnet ... Die Gestalt dieses Lichts vermag ich in keiner Weise zu erkennen, wie ich ja auch nicht voll in die Sonnenscheibe schauen kann. In diesem Licht sehe ich zuweilen, freilich nicht oft, ein anderes Licht, das mir als das lebendige Licht bezeichnet wird.«

Ganz anderer Art sind die folgenden Lichtsentenzen der Evangelien. Von einer Lichtnatur Gottes, im Zustand der Entrückung geschaut, ist hier nicht mehr die Rede. Licht wird analog verstanden, also metaphorisch, ohne daß erneute Übergänge zum Symbol im darauf bezogenen kultischen Bereich ausgeschlossen werden.[1]

Christus erscheint als »das wahre Licht, das jeden Menschen erleuchtet« (Joh 1,9); Joh 8,12 läßt ihn von sich selber sagen: »Ich bin das Licht der Welt, wer mir nachfolgt, wird nicht in der Finsternis wandeln, sondern das Licht des Lebens haben«. Darum fordert Jesus auch von seinen Jüngern, Licht zu sein und das Licht weiterzugeben: »Ihr seid das Licht der Welt ... Man zündet kein Licht an und stellt es unter den Eimer, sondern auf den Leuchter, damit es allen im Hause leuchte. So soll auch euer Licht vor den Menschen leuchten!« (Mt 5,14 f)

Diese neutestamentliche Lichtmetaphorik findet ihre Weitergabe und kultische Gestaltung in der Liturgie des Kirchenjahres: Der österliche Festkreis kulminiert in der Feier der Osternacht, in der das Lumen Christi aufgeht; der weihnachtliche Festkreis feiert nicht minder in innerlichen Lichtbräuchen den Sieg des Lichtes über die Finsternis. In der nächtlichen Osterliturgie versammelt sich die Gemeinde schweigend im Dunkel. Das Osterfeuer wird entfacht und die Osterkerze daran entzündet. »Lumen Christi. Deo gratias« wird gesungen: »Christus, das Licht. Dank sei Gott«. Hinter den brennenden Kerzen ziehen alle ins Gotteshaus und geben dabei das Licht an jeden Mitfeiernden weiter. Im Glanz der Lichter singt dann der Diakon das Exultet, den Lobgesang auf die Osternacht:

> »O Licht der wunderbaren Nacht,
> uns herrlich aufgegangen,
> Licht, das Erlösung uns gebracht,
> da wir vom Tod umfangen,
> du Funke aus des Grabes Stein,
> du Morgenstern, du Gnadenschein,
> der Wahrheit Licht und Leben.«[2]

[1] Vgl. zum Ganzen: *Gustav Mensching,* Die Lichtsymbolik in der Religionsgeschichte, in: Studium Generale 10 (1957) 422–432.

[2] Lied zum Exultet, von Georg Thurmair, 1963, in: Gotteslob, Nr. 208.

In der österlichen Lichtfeier des Ritus von 1955 (der durch die »Reform« von 1970 auf Praktikabilität hin reduziert wurde), war die Symbolhandlung noch dreifach gegliedert: Ihr erster Ort lag außerhalb des Kirchenraumes; die Osterkerze wurde beschriftet und dadurch zur tragbaren Siegessäule gemacht (analog den Siegessäulen römischer Kaiser, die deren Heldentaten verkündeten). Das »Lumen Christi« wird von hier bis in den Kultraum in einer dreifachen Steigerung skandiert, dabei stets höher getragen und weiter verbreitet. Damit verbindet sich eine Sonnensymbolik: Sonnenaufgang und Verehrung der aufgehenden Sonne. Schließlich wird die Osterkerze im Chorraum aufgestellt und im Exultet besungen. »Das Exultet gewinnt an Kohärenz, wenn man es nicht bloß als Lob des Lichtes, sondern als Lob der siegreich aufgegangenen Sonne versteht; in den Nachtlobpreisungen, die in diesem Gesang einen breiten Raum einnehmen, werden biblische Nächte erinnert und gepriesen wegen der ›Sonnenaufgänge‹, die in ihnen erfolgten.«[1]

Der gleichen Lichtsymbolik dienen auch die Osterfeuer, die in vielen Gegenden Deutschlands am Abend des ersten Ostertages auf den Bergen entzündet werden. Gewiß waren sie in vorchristlicher Zeit ebenfalls Sonnensymbole, die den Sieg des neuen Jahres über die winterliche Dunkelheit und Kälte darstellten, doch partizipierten sie an der allgemeinen Übertragung elementarer Symbolik in christlichem Kult und Brauchtum.

Auch die weihnachtliche Festzeit entfaltet ihr Mysterium in Bräuchen der Lichtsymbolik: Adventskranz und Christbaum verheißen das »neue Licht«, während zahlreiche Lieder Christus, den Morgenstern, die »Sonne voller Glanz«, das »Licht, das uns erschien«, »das Licht der Völker« und den »neuen Tag« besingen.

An der österlichen Lichtsymbolik partizipiert auch die Feier der Sakramente, zumal die Tauffeier, und ebenfalls die Wortverkündigung, die ohne brennende Kerzen nicht geschieht, denn »das Wort Gottes ist das wahre Licht«, schreibt Augustinus in seinen Confessiones. Um an die Gegenwart des Lichtes der Welt zu erinnern, brennt vor dem Tabernakel das Ewige Licht (erstmals 1068 in Cluny entzündet). Das in den gotischen Kirchenraum einfallende Sonnenlicht (als aufgehende Sonne hinter den Chorfenstern im Osten, im Westen als steingewordene, ewige Sonne in der Rosette) galt ebenfalls als Licht Christi. Und immer wieder spricht die Mystik vom

[1] *Alex Stock,* Ostern feiern. Eine semiotische Untersuchung zur Osterliturgie, in: Stock/Wichelhaus, Ostern in Bildern, Reden, Riten, Geschichten und Gesängen, Zürich 1979, 115 f. Stock kommentiert den vereinfachten Ritus von 1970: »Als kollektive Symbolhandlung, die den Aufgang der Sonne und deren Verehrung darstellt, kann man den so vereinfachten Ritus kaum noch ansehen, es ist eine einfache Lichterprozession geworden. Die Darstellung des Mythos ist unpraktisch geworden.«

»dunklen Licht der Gottheit« oder von der im unzugänglichen Licht wohnenden Gottheit, die die Kunst in umhüllenden Lichtblüten oder Aureolen hinter den Heilsmysterien darstellt.

C. Das Kind und die Lichtsymbolik. Didaktische Überlegungen

Geboren werden und das Licht der Welt erblicken, das ist eins. Es mag sein, daß dieses Licht, zumal wenn es das grelle künstliche Licht der Kreißsäle ist, die aus der dunklen uteralen Höhle kommenden Kinder schmerzt und ein Leben lang schmerzen wird, wenn die Helligkeit allzusehr gleißt und blendet. Unser lebenslänglicher Spannungszustand zwischen Dunkel und Licht ist hierin angelegt. Darum ist das Dunkel nicht schlechterdings kalt und Licht warm, sondern ebenso gibt es ein warmes Dunkel und eine kalte Helligkeit. Dunkel und Licht sind aufeinander bezogen. Ohne Dunkel wäre das Licht nicht Licht, und das Dunkel wäre kein Dunkel ohne Licht. Unser Leben braucht und liebt verschiedene Zonen und Übergänge von Dunkel und Licht.

Es gibt die abendliche Stube in der Dämmerung, eine friedliche Stimmung, die niemand durch Anschalten des Lichtes zerstören will. Einige Kinder kennen auch nächtliche Wege unter dem großen Bären, vielleicht an der Hand des Vaters, wenn die Welt ganz still und geheimnisvoll geworden ist: Das Erlebnis dieser Nachtstunden schenkt Nähe und Ruhe. Aber nie sind solche Dämmerstunden und Nächte ganz ohne Licht. Die warme Dunkelheit solcher Situationen lebt vom versinkenden Licht des Tages oder vom verborgenen Licht der Nacht, das auch dann niemals ganz vergeht, wenn Mond und Sterne verhüllt sind. Ganz anders ist demgegenüber die Dunkelheit eines lichtlosen Raumes. Wie beklommen kann diese erstickende Finsternis machen! Da tappen wir hilflos nach der Tür oder einer Lichtquelle, und wenn die schwarze Düsternis in uns eindringt, kann sie mit Angst und Panik erfüllen.

Kinder kennen diese Angst vor der Dunkelheit. Sie mögen nicht in einem völlig finsteren Zimmer einschlafen und betteln allabendlich um einen möglichst großen Spalt Licht. In manchen sitzt durch frühe Erlebnisse die Angst so tief, daß sie die Dunkelheit am liebsten ganz verdrängen möchten, um immer nur »im Licht« zu sein. Aber auch den gelassenen Kindern, denen die Dunkelheit ihr grundsätzliches Vertrauen nicht nehmen kann, ist »das Licht in der Finsternis« eine trostreiche Erfahrung: Sie kennen die Geborgenheit eines beleuchteten Hauses (gegenüber verdunkelten Häuserfronten, die wie »tot« daliegen), die Wärme, die ein Feuer gibt – und sollten sie schon einmal in der Dunkelheit an Holzfeuern gesessen haben, dann wissen sie um die *Grenze* zwischen geborgenem Leben und unbehauster Nacht.

Schon früh geht für das Kleinkind Faszination vom Licht aus, vom lebendigen Licht, nicht von einer elektrischen Lichtquelle. Sie schauen gebannt in eine Kerzenflamme, sind erregt, wenn eine Wunderkerze ihre Feuersterne sprüht, betrachten gebannt die zuckenden, züngelnden Feuerflammen und sind – als Landkinder – gar auf Stunden der Lichtmagie verfallen, wenn sie selbst Feuer in einem Feuertopf (aus einer Konservendose) hüten oder zu einem lodernden Sturm entfachen oder doch wenigstens Stöcke in die Glut halten und immer wieder neu in Brand setzen dürfen.

Alles in allem: Von früh auf ist das Kind dem Licht zugewandt und zu Beginn der Grundschulzeit besonders leicht durch Lichterfahrungen ansprechbar. So wie die Menschheit auf ihrem Entwicklungsweg in Licht- und Feuerritualen sich ihrer selbst zu vergewissern suchte und im Sonnenkult die göttliche Zuwendung suchte, gehen Kinder diesen Weg in ihrer individuellen Orientierung nach, wenn wir Erich Neumanns These folgen wollen, daß der einzelne in seinem Leben die Spur nachzugehen hat, welche die Menschheit vor ihm gegangen ist und deren Niederschlag in der archetypischen Bildreihe der Mythologie zu finden ist.[1]

»Die Verbindung der personalen psychischen Phänomene mit den dazugehörigen transpersonalen Symbolen und Stadien ist von eminenter Bedeutung für die Weiterentwicklung des Bewußtseins des einzelnen und für die Synthese seiner Persönlichkeit . . . Indem die nur-personalen Daten in Verbindung treten mit transpersonalen und der kollektive Menschheitsaspekt wiederentdeckt wird und lebendig zu werden beginnt, wachsen der personalistisch verengten und erstarrten Persönlichkeit des erkrankten modernen Menschen neue Einsichts- und Lebensmöglichkeiten zu.«[2]

D. Lichtsymbolik in Unterricht. Materialien und Vorschläge

Horchen, wie die Dunkelheit tönt[3]

»Wir wollen zwei Minuten lang erspüren, wie Dunkelheit ist.« Die Kinder legen ihren Kopf mit geschlossenen Augen auf die Arme. Alle sollen ganz still sein und horchen, wie die Dunkelheit »tönt«. Nachher werden Erfahrungen ausgetauscht, etwa:

Die Zeit wirkt länger, wenn man nicht sieht.
Man hört im Dunkeln genauer, weiß aber oft nicht, woher die Geräusche kommen und was sie bedeuten.
Man kann genauer fühlen und tasten.
Man fühlt sich allein.

[1] *Erich Neumann,* Ursprungsgeschichte des Bewußtseins, Olten 1949, 7/ Kindler Taschenbuch, Reihe »Geist und Psyche« 2, 1974, 7.
[2] *Erich Neumann,* a.a.O. 13.
[3] Nach *Regine Schindler,* Licht, in: RL, Zeitschrift für Religionsunterricht und Lebenskunde 2 (1975) 2.

Schattenspiel: Zwei Kinder im Dunkeln

Die Vorbereitungen für ein Schattenspiel sind minimal. Als Lichtquelle sind allerlei Lampen, insbesondere Scheinwerfer, und auch ein Diaprojektor brauchbar, mit denen man eine helle Wand anstrahlen kann. Zwei Kinderkonturen sind schnell aus Karton geschnitten oder aus Zeitungspapier gerissen und auf Karton aufgeklebt.

Das kleinere Kind sieht Dinge, die ihm unheimlich sind: Bäume, Sträucher, eine dunkle Hütte am Weg, eine Brücke über eine Schlucht ... Es will nicht weitergehen, oder nur, wenn das ältere Kind es ganz fest hält ... Das ältere Kind kann sich sehr unterschiedlich verhalten: tröstend und hilfreich, aber auch die Angst verstärkend ...[1]

Dunkel und Licht im Klassenraum

An einem Wintermorgen im November oder zur Adventszeit kommen die Schüler in ein dunkles Klassenzimmer. Nur vom Schulflur fällt ein schmaler Lichtstreifen ein. Wie reagieren die Kinder?

Einige suchen vorsichtig wie Blinde ihren Platz, andere kichern, einer ruft seinen Freund, ein paar Schüler werden still ... Nach einer Weile zünde ich eine Kerze an. Viele atmen erleichtert auf und schauen einander neugierig an. Alle rücken im Erzählkreis um die Kerze und betrachten das Licht ... Später bekommt jedes Kind eine kleine Kerze und zündet sie an der großen Kerze an. Nun wird es hell und festlich und spürbar wärmer in der Schulstube.

Die frische Erfahrung regt ein Gespräch über Erlebnisse von Dunkelheit und Licht an. Das Dunkel beschäftigt alle Kinder sehr intensiv. Sie erzählen von ihren Angsterlebnissen: wenn sie alleine im Bett liegen, bei Stromausfall, im Keller, im Wald, im nächtlichen Garten ..., wenn sie einsam sind oder krank oder voller Trauer ..., auch dann ist es dunkel in ihnen. Licht ist für sie Freude, Wärme, Glück, freundliches Leben ...[2]

Klangspiel: Dunkel und Licht

Ist ein Orff'sches Instrumentarium vorhanden, kann die Erfahrung von Dunkel und Licht in einem Klangspiel ausgedrückt werden:

Dunkel:	*Licht:*
Pauken	Sopranglockenspiel
Altxylophon	Triangel
Tenor-Metallophon	Cimbeln
Schlaghölzer usw.	Schellenrasseln usw.

[1] Nach *Wolfgang Longardt*, Spielbuch Religion 1, Zürich/Lahr 1974, 144.
[2] Nach *Agnes Bischof*, Dunkel–Licht, in: RL 3 (1980) 5, 6.

Zu passender Schlagzeug-Intonation können die Schüler ein pantomimisches Spiel aufführen:

Dunkel:	*Licht:*
ängstliche Bewegungen schleichen, tasten, zurückweichen, erschrecken, überfallen	gelöste Bewegungen, aufeinander zugehen, leichte Schritte; aufrechte, frohe Haltung, tänzerischer Ausdruck, schwungvolle Bewegung; gemeinsames Springen und Tanzen im Kreis

Wenn man will, kann man durch die Kleidung der Schüler dem Dunkel und Licht zusätzliche Ausdruckskraft geben:

Dunkel:	*Licht:*
schwarze bzw. dunkle Strumpfhosen; schwarzer bzw. dunkler Pullover; eine grau-in-grau-Kleidung	weiße bzw. helle Strumpfhosen; weiße bzw. helle Pullover oder fröhlich bunte Kleidung[1]

Feier: Dunkel – Licht

Diese kleine Feier ist nahezu ohne Vorbereitung möglich. Die Schüler brauchen ihre Beiträge auch nicht auswendig zu lernen. Die Klassenraumwände sind mit den Dunkel- und Licht-Malereien der Kinder geschmückt. Tische und Stühle stehen an den Wänden und lassen den Raum in der Mitte frei.

Erster Teil: Dunkelheit. Der Raum ist verdunkelt. Es herrscht Stille. Die Schüler stehen in drei Gruppen einander zugeordnet: Gruppe 1: Sprecher; Gruppe 2: Sänger; Gruppe 3: Instrumentalisten.

(a) *Ausrufe der Schüler* (denen jeweils ein Paukenschlag folgt):
Isch das dunkel!
Hilfe, i ha Angscht!
Wo sind di andere?
Was bedutet dä Schattä?
Hallo, isch niemert do?
Schlofed ihr scho?
Händ mi alli vergässa?
Es ist chalt und düster!
Diä Stilli isch unerträglich!
I fühl mi ganz einsam!
I bin so traurig! (Schüler schluchzt)

(b) *Triangel – Glockenspiel:*
Ein Schüler trägt eine große, brennende Kerze auf die Bühne. Alle Augen sind auf dieses Licht gerichtet:
(Erleichtertes Aufatmen und Staunen. Hörbar)
Einer: Lueged! – s' Licht chunt!
Alle: S'Licht chunt!

[1] *Agnes Bischof,* ebd.

Zweiter Teil: Licht
(a) *Flötenspiel*
(b) *Jeder Schüler zündet seine kleine Kerze bei der großen Kerze in der Mitte an.*
(c) *Ausrufe der Schüler* (denen jeweils ein Triangelschlag folgt):
Jetzt g'fallts mer!
I bi wieder glücklich und z'friedä!
Das Liecht isch herrlich!
I gseh alli und bi nümmä allei!
I fühl' mi ganz geborgä!
I ha 'mi scho lang nämmä ä so fescht g'freut!
Ihr müend kei Angscht meh haa!

(d) *Flötenspiel*

(e) *Sprechchor der Schüler* (z. B. zum Advent):
Es isch wieder Advent
Mer zündet d'Kerze an
und freuend us
Liecht macht häll und warm.
Liecht macht 'sDunkel schöö
Jesus, Du bischt s'Liecht vo dä Welt.
au i üsere Familie au i mer!

(f) *Lied* (z. B. Macht hoch die Tür, 1. Strophe, Gotteslob Nr. 107, oder: Wir sagen euch an den lieben Advent, Gotteslob Nr. 115)[1]

Aktivitäten

Kerzen gießen
Kerzen mit farbigen Wachsfolien verzieren bzw. in farbiges flüssiges Wachs tauchen
Kerzenständer töpfern
Laternen basteln
Laternenzug
Abendfeuer im Freien

Martinslaternen

Von einer dicken und sauber gewaschenen Runkel oder Steckrübe wird das obere Fünftel glatt abgeschnitten. Vorsichtig wird die Rübe dann ausgehöhlt, am besten mit einem Löffel. Je dünner die Wandung, desto heller leuchtet die Laterne. Der Boden muß allerdings fest und dick bleiben, damit er einen Stock aufnehmen kann, der etwa 5 cm vor dem Endteil ein Brettchen aufgesteckt bekommt, auf dem die Rübe ruhen kann. Im Innern kann auf dem Stockende die Kerze befestigt werden. Weil die Rübe mit der Zeit trocknet und schrumpft, lieber nicht zu früh mit dem Aushöhlen beginnen.

Laternenfest

»Man kann abends nicht mit Kindern allein in einen dunklen Park gehen und sie ohne Begleitung heimschicken. Auch darum ist ein Laternenfest ein Fest für die Eltern und die Geschwister mit.

Einmal haben die Kinder selbst gebastelt. Wir haben im Unterricht Kartoffelsalat gemacht und dann die Eltern eingeladen, nach

[1] *Agnes Bischof*, ebd.

dem Umzug zu uns in die Klasse zum Essen zu kommen. Manche Kinder kommen mit Brüdern, Schwestern, Vater und Mutter. Es ist nicht möglich, daß beim Laternengehen alle miteinander singen. Nur kleine Grüppchen versuchen *Laterne, Laterne ...* und *Ich geh' mit meiner Laterne ...* Die anderen unterhalten sich oder gehen schweigend mit ... Im Klassenzimmer ist es dann warm. Drei Väter warten mit den heißen Würstchen ... Nach drei Stunden löst sich die Gesellschaft auf. Die Laternen werden für den Heimweg wieder angezündet. In wenigen Minuten ist die Klasse aufgeräumt. Helfer gibt's genug.«[1]

Malen von Licht

Um die Arbeit den Kindern zu erleichtern, kann die konzentrische Kreiseinteilung auf den Zeichenblättern schon vorher angebracht werden. Die Kreise sollten nicht zu dicht aufeinanderfolgen.

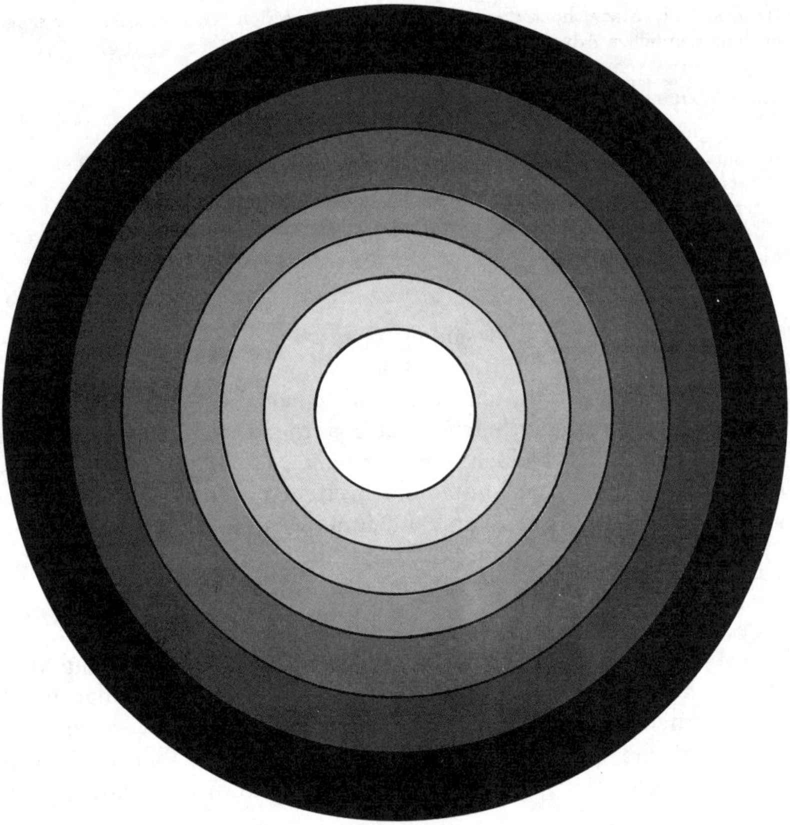

[1] *Ute Andresen,* Das zweite Schuljahr, München 1980, 50 f.

Das Bild zeigt eine Anzahl von Kreisen, die von der Mitte aus immer größer werden. Daraus kann ein helles Licht entstehen. Die innerste Kreisfläche bleibt weiß. Daran anschließend wird Ring für Ring gemalt, ganz zart der erste, er unterscheidet sich nur wenig vom Weiß. Der nächste Ring wird immer etwas dunkler als der vorherige.

Es wird der Deckfarbenkasten benutzt. Das Kind entscheidet sich für eine Grundfarbe, also entweder für Rot, Blau oder Gelb. Sodann versucht es, diese Farbe in ihren vielen Stufungen von ganz hell bis ganz dunkel von innen nach außen aufzufächern. Dies geschieht, indem es auf der Rückseite des Farbkastendeckels die Farbe für den ersten Ring mit so viel Wasser vermischt, daß sich sein Farbton nur wenig von der runden Weißfläche in der Mitte unterscheidet. Ist der erste Farbring getrocknet, so kommt der nächste dran. Er ist wieder ein wenig stärker im Farbton als der vorherige. Und so geht es weiter, bis die Farbe ihre größte Leuchtkraft erreicht hat. Dann wird die Farbe langsam dunkler und dabei weniger intensiv. Das Kind kann den Rottönen (Blautönen, Gelbtönen) nun ein wenig Schwarz beimischen, das von Ring zu Ring mehr wird.[1]

Lichterrhythmik

Eine Lichterrhythmik wird von den Kindern besonders freudig aufgenommen, weil durch die rhythmische Bewegung überraschend faszinierende Momente entstehen, die einerseits das Kind begeistern, zum anderen aber Ruhe (schöpferische Entspannung) bewirken. Wir haben immer wieder erlebt, daß Kinder eigene Ideen dazu geäußert haben, wie z. B. das Einbeziehen des Triangels, damit die Bewegungen der Lichtpunkte dem Tempo entsprechend akustisch begleitet werden.

Wir benutzen dicke Kerzen, die auch eine gewisse Standfläche haben.
Alle Kinder erhalten eine Kerze. Sie treten nacheinander vor, um ihre Kerze an einer größeren Kerze anzuzünden.
Wir gehen mit der angezündeten Kerze im Raum spazieren, ohne anzustoßen.
Wir singen gehend ein Lied. Wenn eine Strophe zu Ende ist, bleiben wir stehen, bis die zweite Strophe beginnt.
Wir stellen die Kerze vorsichtig auf den Boden und gehen um die Kerze herum.
Wir beziehen den Triangel mit ein. Wenn der Lehrer auf den Triangel schlägt, geht ein Kind ohne Absprache mit der Kerze zu einem anderen.
Zwei Kinder tragen eine Kerze. Ein Kind führt, der Partner folgt, und umgekehrt.
Wir stellen die Kerzen hintereinander im Abstand von ca. 15 cm auf. Ein Kind schlägt auf den Triangel und bestimmt, wer durch die Kerzenreihe marschieren darf.
Zum Schluß stellen wir uns zu einem Kreis auf und heben unsere Kerzen hoch; dann werden sie ausgeblasen.[2]

[1] *Regine Schindler,* Licht. Malen mit Unterstufenschülern, in: RL 2 (1975).
[2] *R. Seitz/H. Summerer (Hrsg.),* Kann man Gott malen? Schöpferische Glaubenserfahrung im Kindergarten, München 1978, 64.

Lichtsymbolik im Religionsbuch 1

Im Anschluß an eigene Dunkel-Licht-Erfahrungen, können wir mit den Kindern unser Religionsbuch verweilend durchblättern und die mannigfache Lichtsymbolik der Bilder betrachten. An dieser Stelle erfolgt nur ein stichwortartiger Verweis. Zur näheren Interpretation müssen die einzelnen Bilddeutungen herangezogen werden.

(a) *Im Kirchenjahr*
Martin von Tours: Die Sterne fallen vom Himmel und hüllen Martin in einen »Gnadenschein«; s. a. das Sterntaler-Motiv (→ S. 247–252).
Nikolaus von Myra: Das Bild wird vom Gegensatz Dunkel-Licht bestimmt. Die Nachtseite ist kalt und eisig. Die Lichtseite gewährt Freude und Brot.
Advent: Draußen vor der Tür ist immer Nacht.
Weihnachten: »Nacht umhüllt die Erde und Dunkel die Völker, über dir aber erscheint die Herrlichkeit Gottes.« – Die Kerze als Lichtsymbol.
Epiphanie: Die Christus-Sonne, aber auch: »Sehet den Stern, den wir bringen, ein Licht aus der heiligen Nacht«.
Fastnacht: Der Mond der Narren. Warum feiern die Menschen so gerne am Abend und in der Nacht?
Passion: Eine Welt ohne Sonne und Licht.
Ostern: Die Ostersonne. »Das ist der Tag, den Gott gemacht; das Leben ward uns neu gebracht!«

(b) *Sonnenbilder*
Erntedank: Die Sonne sinkt, das Jahr sich neigt. Was die Sonne reifen ließ.
Franz von Assisi: der Heilige des Sonnengesangs und des Schöpfungslobes.
Das Märchen vom Korb mit den wunderbaren Sachen:
Alle vier Bilder sind von Lichtsymbolik bestimmt:
Bild 1: Die Sonne versinkt, die Blütenstände der Pusteblume verwehen. Das Leben ist vergänglich, aber direkt in den Tod führt die Selbstbezogenheit.
Bild 2: Das Taggestirn, das Nachtgestirn. Hier steht der Mond für die »Himmelsnacht«, die Sonne für den (sinkenden) Arbeitstag: nicht das Machen macht reich, sondern das Empfangen.
Bild 3: Himmelsblau und Sternensegen. Das Füllhorn des himmlischen Glücks.
Bild 4: Sie geht in den Sonnenuntergang, und mit dem verlöschenden Glück verlöschen die Augen endgültig.

(c) *Sehen und Nichtsehen*
Breughel: Blindenparabel
Die Heilung des blinden Bartimäus
Breughel: Imker-Parabel; Modersohn-Becker: Das blinde Schwesterchen; Breughel: Geblendet; Agethen: Sehend und doch blind
Sterntaler: Mit dem Herzen sehen
Zu dieser Thematik gehört ebenfalls das Märchen vom Korb mit den wunderbaren Sachen.

Vorlesegeschichten zum Thema Dunkel – Licht

Ursula Wölfel, Der Nachtvogel, in: dies., Die grauen und die grünen Felder, Neithard Anrich Verlag, Neunkirchen/O., 1970, sowie in: Vorlesebuch Religion 2. Für Kinder von 5–12 herausgegeben von Dietrich Steinwede und Sabine Ruprecht, Kaufmann/

Vandenhoeck/Benziger/TVZ, Lahr/Göttingen/Zürich 1973, 25; als Bilderbuch erschienen im Verlag Otto Maier, Ravensburg 1975.
Dolores Travaglini, Tatanka, der kleine Indianer, in: Vorlesebuch Religion 1, 1971, 50.
Ursula Wölfel, Nebel, in: a.a.O. 46.

Dia-Meditation für Kinder »Licht und Dunkel«
8 Farbdias mit Textheft, Impuls Studio München.

Sonnensymbolik
Die im ersten Schuljahr grundgelegte Lichtsymbolik findet im Religionsbuch 2 ihre Fortsetzung mit dem Sonnensymbol. Die Sonne wird als Quell des irdischen Lebens bedacht und in diesem Verständnis zugleich als Gottessymbol transzendiert. Neben einer Grundlegung des biblischen Gottesverständnisses sorgt dieser Teil des Symbolkurses für eine angemessene Entgrenzung des Gottesbildes.

Vincent van Gogh, Tag und Nacht S. 62–63

Die beiden Bilder van Goghs werden nur hier unter den Bezeichnungen »Tag« und »Nacht« vorgestellt. Ihre originalen Titel finden sich weiter hinten angegeben. Die Bilder sollen im Unterricht auch nicht unter kunstgeschichtlichen Aspekten zur Sprache kommen, sondern die Erfahrung von Licht und Dunkel, Tag und Nacht thematisieren helfen. Sehr nachdrücklich sei aber darauf hingewiesen, daß ihre unterrichtliche Interpretation *nicht* am Anfang des Symbolfeldes »Licht« stehen darf. Grundlegend sind die voranstehenden Handlungs- und Spielvorschläge. Ohne daß diese den Schülern einen *eigenen* Erfahrungsraum eröffnen, sollten die Kinder van Goghs Bildern nicht begegnen.

Vincent van Gogh hat nur ein kurzes Leben gehabt. Als er 1890 im 38. Lebensjahr starb, hinterließ er mit seinen (bis auf eine einzige Ausnahme) unverkauften Bildern ein Werk, das für seine Nachwelt erst noch Zukunftsaufgabe war, an der sie eine neue Art zu sehen erlernen sollte. »Ich möchte so malen«, hatte er zwei Jahre vor seinem Tod geschrieben, »daß alle Welt, die Augen hat, ganz klar sieht«.

Vincents Bilder entstanden alle in einem einzigen – seinem letzten – Lebensjahrzehnt. In diesen Jahren arbeitete er fieberhaft. In nahezu jedem Brief an seinen Bruder Theo, von dessen Geld er lebte, bat er um Leinwand und Farben. Seine Erregung war manchmal so stark, daß er »malt ohne es zu fühlen, dann kommen die Pinselstriche wie von selbst in innerer Folgerichtigkeit«. Ein andermal sagte er: »Ich habe Augenblicke von furchtbarer Hellsichtigkeit, die

Natur ist so schön in diesen Tagen, daß ich außer mir gerate und daß das Bild wie in einem Traum entsteht.«

Monate vor seinem Tod, im Februar 1890, erlebte van Gogh die Publikation eines ersten Aufsatzes über sein Werk. Der Kunstkritiker Albert Aurier schrieb im »Mercure de France«: »Die strahlenden, leuchtenden Symphonien seiner Farben und Linien . . . sind einfache *Mittel* des Ausdrucks, einfache *Verfahren* der sinnbildlichen Darstellung. Wollte man den zielgerichteten Ideengehalt dieser naturalistischen Kunst leugnen, so würde ein großer Teil des Werkes, das hier zur Rede steht, ganz unverständlich bleiben.«

So sind denn van Goghs Bilder sehr oft Träger von Empfindungen, Erinnerungen und komplexen Erfahrungen, die bisweilen freudig, meistens aber dämonisch oder tragisch waren. Die schlichten »Stühle« sind symbolische Stilleben, die für van Gogh der Trauer über die Abreise Gauguins Ausdruck geben (ohne daß sich ihre Bedeutung für uns auf diesen subjektiven Anlaß reduziert). In den »Sonnenblumen« (1888) ist das Goldgelb der Blüten und des Tisches die Farbe der Güte und Liebe der wärmenden Sonne. Das Rot und Grün im »Nachtcafé« soll die schrecklichen menschlichen Leidenschaften ausdrücken. Mit seinem »Schlafzimmer in Arles«, einem Bild von letzter Klarheit, will er völlige Ruhe, einen reinen Schlaf darstellen, während er mit einem Bild von »ungeheuren, ausgestreckten Feldern unter wolkigem Himmel« seine »ganze Traurigkeit« ausdrücken will, »die äußerste Einsamkeit«.

Vincent van Goghs »Realismus« ist vom Naturvorbild abgelöst und zielt auf transzendente geistige Gehalte. Sein Stil erstrebt eine knappe, klare Zeichnung, die auf alles Nebensächliche verzichtet, so daß in der Reduktion auf das Charakteristische zugleich eine lapidare Symbolik gewonnen wird, die um so nachdrücklicher wirkt, je konsequenter eine Beschränkung in der Gegenständlichkeit erfolgt. Darum sind die »Schuhe«, der »Blütenzweig im Glas« oder der leere Stuhl von so mächtiger Wirkung. Weil van Gogh selbst einfach lebte, das Elementare und Einfache liebte und jeder aufgeputzten Konvention abhold war, konnte er in den alltäglichen Dingen und zumal in den immer wiederkehrenden Naturwundern all seinen leidenschaftlichen Glauben verkünden, ohne sprechen zu müssen, denn die schweigende Sprache war der ihm adäquate Ausdruck: »Mir scheint, daß die Dichtung schrecklicher ist als die Malerei, obwohl die Malerei immer ein schmutziges und schmieriges Geschäft ist. Aber schließlich sagt der Maler nichts, er schweigt, und ich ziehe das vor.«

Hier liegt auch ein Schlüssel zum Verständnis von van Goghs Bildern als religiösen Werken. Bevor er zu malen begann, hatte er, mit 23 Jahren, sich als Hilfsprediger in England versucht, später ging er als Missionar ins belgische Bergbaugebiet – man könnte sagen: als der erste aller »Arbeiterpriester« –, lebte dort unter den Ärmsten, tröstete und half tatkräftig, aber vernachlässigte sich selbst, so daß er 1880 entlassen wurde. Die restlichen zehn Jahre seines Lebens als Maler unterstanden letztlich keinem anderen Engagement, denn »immer hatte seine Kunst eine Mission: Sie sollte die einfachen Menschen ergreifen und ihr Leben und Leiden ausdrücken« (Horst Gerson). Um so mehr mag es verwundern, daß zu van Goghs Oeuvre keine traditionell christlichen Themen zählen (wenn man einmal die Variation zu Delacroix' »Barmherzigem Samariter« außer acht läßt). Zwar schreibt Vincent an seinen Bruder Theo von solchen Versuchen: »Zum zweitenmal vernichtete ich die Studien eines Christus mit Engel im Garten am Ölberg. Ich sehe hier wirkliche Olivenbäume, aber ich will nicht mehr ohne Modelle arbeiten; doch die Farbe habe ich im Kopf. Die gestirnte Nacht, die blaue Gestalt des Christus, die stärksten Blaus, der Engel im gebrochenen Gelbzitron und alle Violetts, vom blutroten Purpur bis zum Aschviolett in der Landschaft.« Wenig später aber heißt es dann: »Wenn ich hier bleibe, werde ich nicht versuchen, einen Christus im Olivengarten zu machen; vielmehr die Olivenernte, so wie man sie noch sieht, und wenn ich darin die wahren Verhältnisse der Menschengestalt auffinde, so kann man dabei an jenes denken . . . Wohl gemerkt, bei mir gibt es keine biblischen Geschichten.« Dieser bemerkenswerte Satz nimmt eine lange reflexive theologische Entwicklung vorweg. Er gilt für die religiöse Dimension des van Goghschen Werkes. Mit der »Wahrheit« seiner Bilder verweist er auf einen »ultimate concern«, eine letzte Maßstäblichkeit. »Es tut mir wohl, so schwer zu arbeiten. Aber das hemmt nicht mein gewaltiges Bedürfnis, darf ich das Wort aussprechen, nach Religion; dann gehe ich in die Nacht hinaus, um die Sterne zu malen, und ich träume immer von einem solchen Gemälde mit einer Gruppe bewegter Gestalten von Freunden.«

Der Tag (Die Ernte, 1889)

Die letzte Bemerkung van Goghs stammt vom September 1888. Im Sommer darauf entstanden – neben anderen bedeutenden Werken – die Bilder »Die Ernte« und »Die Sternennacht«, beidemal keineswegs irgendwelche »Landschaftsstimmungen«, sondern Ausdruck religiöser Ergriffenheit und Sehnsucht.

A. In den Briefen dieser Monate wird wieder und wieder die Thematik des Sommerfeldes beschrieben: »Ich habe ein ganz helles Kornfeld, vielleicht ist es das hellste Bild, das ich je machte.« (Juni 1889) – »Zuletzt begann ich das Kornfeld mit dem blauen Säer und der großen Sonne. Das Bild ist ganz gelb, mit Ausnahme der Mauer und des Hintergrundes mit den veilchengrauen Hügeln.« (Sommer 1889 datiert) – »Ich hoffe auf ein Bild, das ich einige Tage vor meinem Anfall begann – ein Mäher . . . In diesem Mäher sehe ich eine vage Figur, wie ein Teufel, der in der Gluthitze kämpft, um mit seiner Arbeit zu Ende zu kommen. Ich sehe darin das Bild des Todes, in dem Sinn, daß die Menschheit das Korn ist, das man mäht. Das ist, wenn du so willst, das Gegenteil des Säers, den ich früher versuchte. Aber in diesem Tode liegt nichts Trauriges, er geschieht im vollen Licht, mit einer Sonne, die alles mit Licht und überreichem Gold überstrahlt.« (September 1889) – »Mit aller Kraft fühle ich, daß die Geschichte der Menschen geradeso ist wie beim Weizen. Wenn man nicht in die Erde gesät ist, um aufzublühen, was tut's, man wird gemahlen, um zu Brot zu werden!« (Herbst 1889)[1]

Wie ein Resumee klingt da die erste öffentliche Würdigung van Goghs durch den Kunstkritiker Albert Aurier: »Und wie ließe sich dieses leidenschaftliche Besessensein von der Sonnenscheibe erklären, die er so gerne in der lodernden Glut seiner Himmel erstrahlen läßt, und zugleich seine Leidenschaft für jene andere Sonne, für dieses Pflanzengestirn, die prächtige Sonnenblume, die er, wie von einer Zwangvorstellung getrieben, unermüdlich wiederholt – wie ließe sich das alles erklären, wollte man abstreiten, daß irgendeine verschwommene, leuchtende Sonnenmythe ihm dauernd Sinn und Gedanken erfüllte?« (Februar 1890)

B. Eine solche Sonnenmythe, von der Aurier spricht, bestimmt auch das Bild »Die Ernte«. Die Sonne erfüllt den Himmel und die Erde, und wären nicht die Mauer und das Gebirge im Hintergrund, so müßten Himmel und Erde in einem goldgelben Lichtrausch verschmelzen.

Breit dahingelagert, knapp zwei Drittel des Bildes ausfüllend, wogt das Kornfeld. Es ist reif zur Ernte. Licht und Wärme der Sonne haben den Weizen wachsen lassen. Jetzt breitet sich der Sonne eigenes Bild in goldener Fülle über dem Acker aus. Die Sonne dieses Sommers steht hier auf dem Halm. Es ist Leben, Nahrung, Wärme für ein Jahr. Nun ist die Zeit gekommen, das Korn zu schneiden und in die Scheunen zu bringen.

Aber statt der vielen Arbeiter, die zum Mähen und Garbenbinden

[1] Insgesamt existieren drei Versionen des Kornfeldes, alle aus dem September 1889, in Saint-Rémy gemalt, mit der Landschaft hinter dem Hospital Saint-Paul: Von Anfang September ein Kornfeld mit pflügendem Bauer (Basel, Kunstgalerie Beyeler); derselbe Landschaftsausschnitt mit Schnitter bei Sonnenuntergang (Otterlo, Rijksmuseum Kröller-Müller); vor dem 28. September 1889 entstand schließlich das hier beschriebene Bild (Essen, Folkwang Museum). Vgl. Werkkatalog Nr. 680, 681, 682 sowie den Brief 602 in: Das gemalte Gesamtwerk des van Gogh, Bd. 2: Von Arles bis Auvers, Kunstkreis Luzern, Freudenstadt 1971.

sonst auf einem so großen Feld zu sehen sind, müht sich hier nur ein einzelner Mann mit einer Sichel. Er hält die Sichel so hoch, als bespreche oder bedrohe er das wogende Weizenmeer. Van Goghs eigene Bemerkung fällt dazu ein: »Ich sehe darin das Bild des Todes, in dem Sinn, daß die Menschheit das Korn ist, das man mäht ... Aber in diesem Tod liegt nichts Trauriges, es geschieht im vollen Licht, mit einer Sonne, die alles mit Licht und überreichem Gold überstrahlt.«

Spannung kommt in den Bildaufbau durch die nach hinten begrenzende Mauer und den sich darüber erhebenden Gebirgszug. Mann und Gebirge verlaufen konisch gegeneinander versetzt, in einer nach rechts aufsteigenden Linie, die genau in der oberen Bildecke endet. Für den Sonnenhimmel bleibt durch diese Aufteilung nur der kleinere Bildteil. Die ausladende Weite des Weizenfeldes unter dem sengenden Gestirn wird so betont. Dennoch beherrscht die Sonne durch ihre Form und Mittelpunktstellung voll das Bild. Ihr Licht überdeckt das Blau des Himmels, im Ährenfeld wird es materiell greifbar. Van Gogh selbst nannte die Arbeit unter dieser Sonne ein Kämpfen in der Gluthitze. Das dörfliche Leben auf den bewaldeten Hügeln im Hintergrund erscheint gegenüber dieser Hitze des Feldes als freundlicher Gruß.

C. Der unterrichtliche Umgang mit den Bildern van Goghs ist anspruchsvoller, als es auf den ersten Blick erscheinen mag. Die detailreichen Bilder von Relindis Agethen erzählen viele Geschichten, und ihre Symbolik hat eine didaktische Struktur, die schrittweise erarbeitet werden kann. Van Goghs Bilder sind demgegenüber von einer mehr verhaltenen Symbolik, die man auch übersehen und als einen »abstrahierten Realismus« deuten kann. Es bedarf einer größeren Schulung und Intuition, in den metaphysischen Hintergrund seiner Bilder, in die Geistigkeit ihrer Botschaft hineinzugelangen.

Trotzdem sind van Goghs Bilder einfach, und ebenso, wie sie einfachen Menschen zugedacht sind, sind sie unverstellten Kindern zugänglich. Innerhalb unseres Religionsbuches – im Kontext des Symbolfeldes Licht – ist überdies die Perspektive thematisch festgelegt: Es geht um Licht und Dunkel, Tag und Nacht. Das Sonnenbild steht deshalb von Anfang an in Korrespondenz zur Monden- und Sternennacht. Beides sind Licht-Bilder, beide sind geheimnisvoll, aber beide kommen in ihrer atmosphärischen Dichte, in der sie Tag und Nacht mit der Magie ihrer Lichter einfangen, dem kindlichen Erleben dieser Zeiten vorbewußt entgegen. Bevor sich der Religionsunterricht ihnen zuwendet, sollen deshalb die eigenen Erfahrungen der Kinder reaktiviert und durch ein Spektrum kreativer Tätigkeiten vertiefen werden (→ S. 267–275). Erst auf dieser Basis ist eine Beschäftigung mit den Lichtseiten des Religionsbuches sinnvoll.

Ausgeklammert bleiben sollte die dämonische Seite der van Goghschen Sonnensymbolik, also »das Bild des Todes«, das er in seinem Schnitter und der reifen Ernte sieht. Zwar liegt diese Ambivalenz des Sonnensymbols (wie in aller elementaren Symbolik) den lebensspendenden Wirkungen benachbart, da das Sonnenfeuer nicht nur wärmen, sondern auch verbrennen kann, ebenso beleben wie erschöpfen, doch darf diese Komplexität dem 1. Schuljahr zunächst noch vorenthalten werden.

D. Ungeachtet aller voraufgegangenen Erfahrungen mit Licht sollte die Beschäftigung mit van Goghs Sonnenbild nicht von irgendwelchen »Themen« und »Problemen« ausgehen, sondern von diesem Bild allein. Zwar können wir vorweg wieder eine Stille-Übung machen, die der Sammlung und inneren Aufmerksamkeit dient (→ S. 49), doch geht es anschließend um ein geordnetes Betrachten des Bildes:

Wir sehen, wie die Sonne den Himmel und die Erde beherrscht und ihr Licht alles Blau des Firmaments überstrahlt.

Wir betrachten das Weizenfeld, wie es in goldener Reife wogt. Es hat alle Sonnentage des Jahres in sich aufgenommen und bewahrt. (Eine Parallele des Gedankens liegt bei Leo Lionnis »Frederik« vor: Frederik sammelt Sonnenstrahlen, Farben und Wärme, um im Winter allen anderen davon mitzugeben.)

Die Sonne taucht die Welt in warmes Licht. Es ist ein ausfüllendes Licht, in dem die Dinge als das erscheinen, was sie sind. Wir sehen die Nähe wie die Ferne und zumal die Farben dieser Welt. Diese Welt *ist* im Licht. Ohne dieses Licht der Sonne wäre die Welt kalt und dunkel; weder gäbe es Pflanzen, Tiere, Menschen noch irgendwelche Nahrung. Die Sonne ist für diese Welt die Voraussetzung allen Lebens. Ohne Sonnenschein kein täglich Brot.

Die Sonne macht den Tag. Es ist die Zeit der Arbeit; es wird gesät und geerntet. Die Menschen bauen ihre Welt. Die Sonne ist Symbol ihres Lebensmutes, ihrer Hoffnung und Freude. Aber sie treibt auch den Schweiß und läßt die Menschen unter ihrer Arbeit leiden. So macht die Arbeit des Tages müde.

Die van Goghs Bild beigegebenen Verse intonieren die lebenserhaltende Seite des Sonnenlichtes. Sie können resumieren, was die Kinder gesehen und empfunden haben. Es ist sinnvoll, den Text so oft zu lesen oder zu sprechen, daß alle Schüler ihn auswendig sagen können.

Die Nacht (Die Sternennacht, 1889)

A. »Die Sternennacht« entstand im Juni 1889 in St. Rémy (nachdem van Gogh im Mai dort Aufnahme in die Irrenanstalt gefunden hatte; es ist eine fruchtbare Periode, in der eine neue Reihe großer

Werke entsteht; die Arbeit war für van Gogh »wohl das beste Heilmittel«). Im voraufgegangenen Herbst 1888 hatte er an seinen Bruder Theo von seinem »gewaltigen Bedürfnis nach Religion« geschrieben: »Dann gehe ich in die Nacht hinaus, um die Sterne zu malen, und ich träume immer von einem solchen Gemälde mit einer Gruppe bewegter Gestalten von Freunden.«

Eine »Sternennacht über der Rhone« entstand ein Jahr früher, im September 1888 in Arles. Der Sternenglanz und die Lichter der Stadt bestimmen die Abendstimmung, der aufgewühlte Lichtersturm der neun Monate später entstehenden »Sternennacht« deutet sich hier noch nicht an.

B. »Die Sternennacht« ist die Darstellung eines verklärten Nachthimmels, hinter der van Goghs tief empfundene religiöse Sehnsüchte stehen. Mit diesem Bild aus St. Rémy versucht er ein letztes Mal, das Motiv des gestirnten Himmels aufzugreifen, aber alle vordergründige Sichtbarkeit abzutun und eine Version des Unendlichen in der Natur zu malen. Die uns hier gezeigte flammende Nacht mit ihren rotierenden Spiralnebeln und Sonnengestirnen, ihrem abnehmenden, orangefarbenen Mond, der selbst zwischen den Hörnern und ringsum fast sonnenhaft leuchtet, ist von solch aufgewühlter und aufwühlender Dynamik, wie nie zuvor und nie danach eine Nacht gesehen und gemalt worden ist. An der Vibration dieses Himmelssturmes partizipiert alles: der reißende Strom der Pinselstriche, die lodernde dunkle Flamme der Zypressen, der die Horizontlinie durchstoßende spitze Kirchturm. Jeder Bildbereich und jeder Gegenstand hat seine eigene Bewegung, seinen eigenen Rhythmus und seine eigene Richtung und steuert darin zur Dynamik des Ganzen bei. Unmittelbarkeit und Ausdrucksstärke dieses Bildes sind durch beschreibende Worte nicht einzufangen.

Wenn wir »Die Sternennacht« mit dem Tag-Bild vergleichen, finden wir die Aufgliederung von Himmel und Erde gegensätzlich bedacht. Das Tag-Bild reserviert zwei Drittel seiner Fläche der Erde, das Nacht-Bild gibt den gleichen Raum dem Himmel: Hier vollzieht sich Leben und Wachstum, Arbeit und Veränderung im menschlichen Lebensraum unter dem Licht der Sonne, dort schläft die Erde, während der Nachthimmel (der Bereich des Unbewußten, der Seele?) in flammenden Aufruhr gerät.

Die Horizontlinie steigt auch hier zum rechten Bildrand hin an. Hügelige Berge, im Rhythmus des bewegten Himmels geschwungen, umgreifen ein weites Tal, in das sich ein Dorf duckt. Im Vordergrund zuckt eine riesige Zypresse flammend in den Himmel. In ihrer vertikalen Bewegung durchstößt sie die wellenartige Bewegung des Himmels, ebenso wie der in streng geometrischer Zeichnung aufragende Kirchturm. Im Gegensatz zu der fließenden und kurvigen Strichführung der Himmelszone, sind Kirche und Ortschaft in geraden, winkligen Linien gemalt, die beleuchteten Fenster in den Häusern erscheinen als statische rechteckige gelbe Lichtpunkte, während die Himmelslichter allesamt in kreisförmiger Bewegung rotieren. In dieser architektonischen Kantigkeit sind die Bauwerke eine Korrektur der früheren Version der »Sternennacht« (von 1888), in der die Bauten ebenso wie der übrige Raum in welliger Bewegung vibrieren.

Was geschieht nun eigentlich am Himmel? Die kosmische Bewegung geht von links nach rechts und wird vor allem durch einen wellenförmigen Lichtnebel hervorgerufen, der sich genau in der Bildmitte in einer riesigen Spirale zweimal überschlägt. Ganz rechts treibt der Mond, durch einen leuchtenden Hof fast zur Nachtsonne vergrößert, und elf fast explodierende Gestirne, von Lichtstürmen umtost, bewegen sich in diesem Meer kosmischen Aufruhrs. Was ist das für eine Sternennacht?

Es nützt gar nichts, auf van Goghs Geisteskrankheit zu verweisen und diesen ekstatischen Himmel mit einer krankheitsbedingten Vision zu »erklären«. Was wäre damit erklärt? Selbst wenn van Goghs erkrankter Seelenzustand eine Bedingung dieser »Sternennacht« sein sollte, ist die Bildaussage nicht minder geheimnisvoll und wahr. Denn warum sollte ihn seine Krankheit nicht tiefer sensibilisiert haben für Schöpfung und Menschenleben, als die sogenannten Gesunden in ihrer alltäglichen Derbheit es sind? (Ronald Laing: »Was wir ›normal‹ nennen, ist ein Produkt von Verdrängung, Introjektion und anderen Formen destruktiver Aktion gegen die Erfahrung. Sie ist radikal der Struktur des Seins entfremdet.«) Van Gogh hat uns keine Exegese seines Bildes gegeben. Wahrscheinlich hätte er es ebensowenig gekonnt wie andere Künstler. Denn, was sie zu sagen haben, sagen sie in Bildern, und könnten sie es neben dem Bild her in Worten sagen, bedürfte es nicht ihrer Mühen und Leiden, in Bildern zu sprechen. Wir wissen aber, daß ihn ein »Verlangen nach Religion« in die Sternennacht trieb, eine Sehnsucht nach dem Unendlichen. Doch, ob das Bild zugleich »die Spur einer apokalyptischen Phantasie« enthält, sei dahingestellt. Gewiß lebt in seiner »Sternennacht« die Ahnung von unermeßlichen Räumen, von Feuersonnen, Glutstürmen und kosmischen Katastrophen, die zugleich Symbol der göttlichen Nacht sein können, deren Unermeßlichkeit den Wahnsinn heraufführen kann und zugleich die Ergebenheit. Jedenfalls treibt uns diese »Sternennacht«, nach uns selbst, nach der Welt und nach Gott zu fragen, und wie aufgewühlt die Lichtwelten in unseren Nächten auch sein mögen, sie künden zugleich von einer Wirklichkeit, die unserem Bewußtsein voraufgeht und es selbst in der Summe aller Tage übergreift.

C. Für die Kinder ist die »Sternennacht« geheimnisvoller als der »Sonnentag«. Die dunkelblaue Farbstimmung des Bildes, die nächtlich schlafende Welt und unermeßlich darüber der rollende Lichtersturm des Firmaments kann sie tief beeindrucken und – sofern sie das Bild in einem verdunkelten Raum als große Dia-Projektion erleben – sogar tief berühren. Theorien über die »Bedeutung« des Bildes sind hier abwegig. Es genügt, die Kinder, bevor sie das Bild betrachten, still werden zu lassen, und sie dann der Eindrücklichkeit van Goghs zu überlassen, mit einer nur langsam nachgehenden behutsamen Interpretation. Im übrigen gelten analog die gleichen didaktischen Überlegungen (C), wie sie zum Bild »Die Ernte« voraufgehend zu finden sind.

D. Die unterrichtliche Arbeit mit van Goghs »Sternennacht« mag zunächst das Bild ganz für sich – also ohne Blick auf das gegenüberstehende Tag-Bild – beachten. Dabei können die Kinder, wie immer, in einer ersten Phase sich frei und unsystematisch äußern. Anschließend kann etwa folgende Gesprächsordnung befolgt werden:

Wir betrachten den Himmel; den Mond; die Sterne; die riesige Spiralschlange. Immer sind diese Gestirne über uns, auch bei Tag; dann verbirgt sie nur der helle Sonnenschein. Auch die Sterne sind brennende Sonnen. Auf vielen herrschen ungeheure Feuerstürme. Ob der Maler diese Feuerstürme im Weltall sichtbar machen wollte?

Es ist schön, Mond und Sternenhimmel über uns zu erleben. Die Welt erscheint dann so friedlich. Die Lichter der Nacht kommen aus gewaltiger Ferne. Ihre Nähe würde uns vernichten.

Lichter zeigen die Richtung; sie helfen, auf dem Weg zu bleiben. Auch der Sternenhimmel zeigt die Richtung. In der Wüste und auf dem Meer ist das besonders wichtig. Wenn es um und in den Menschen völlig dunkel wird, können sie sich nicht mehr zurechtfinden.

Was mag die Zypresse bedeuten? Sie lodert wie eine dunkle Flamme hoch in den Himmel. Ob sie von der Sehnsucht nach Gott spricht?

Auch der Kirchturm weist nach oben. Die Menschen sollen sich nicht in ihren Werktagen verlieren. Sie sollen *über* sich hinaus schauen und suchen, was sie größer macht.

Die Nacht hüllt die Stadt in eine dunkle Decke. Die Menschen schlafen, die Natur schläft. Aber keine Nacht unter dem Himmel ist vollständige Finsternis.

Die dem Bild »Die Sternennacht« beigefügten Verse sind Kindern nicht ohne Hilfe verständlich, doch erlaubt jede Zeile eine den Kindern nachvollziehbare Erklärung. Auch diesen Text können die Schüler auswendig lernen. Die Sonnensymbolik im 2. Schuljahr wird Rückgriff und Weiterführung erlauben.

A. Licht verjagt die Finsternis, es bannt die Dämonen und nimmt die Angst. Darum schwinden mit dem Aufgang der Sonne Spuk und Zauber. Religionsgeschichte und Volksglaube belegen diese Einstellung durch alle Jahrtausende.

Im Kampf gegen dämonische Kräfte haben freilich die künstlichen Lichtträger – Fackel, Lampe, Laterne, Kerze – eine ungleich größere Bedeutung *als bannende Lichter* gewonnen. Dies dürfte für alle vorchristlichen Kulturen und Religionen zutreffen. Für die christlichen Kerzenbräuche reichen die Vorbilder vermutlich bis zu etruskischen Traditionen. Nach einem anfänglichen Sträuben gegen die Übernahme heidnischer Lichtbräuche entstanden sehr bald zahlreiche Anleihen und Übernahmen, so daß bald eine unentwirrbare Verbindung vorchristlicher und christlicher Elemente entstand. Die erste Übernahme des brennenden Lichts erfolgte im 3. Jahrhundert im Totenkult. Dann wird der Brauch des Kerzentragens für das 4. Jahrhundert im Evangelienkult bezeugt. Wenig später ist die brennende Kerze in den Händen der Neugetauften. Mindestens seit dem 5. Jahrhundert tragen alle Teilnehmer der Osternachtfeier in der Grabeskirche zu Jerusalem brennende Kerzen. Bei der Eucharistiefeier standen die Kerzen ursprünglich *um* den Altar herum; erst seit dem 11. Jahrhundert werden sie, zunächst nur zwei, *auf* den Altar gestellt.

Die immer reichere Verwendung von Kerzen bei allen gottesdienstlichen Handlungen in und außerhalb der Kirche schuf zugleich die besten Voraussetzungen für die Erhaltung und Ausgestaltung volkstümlicher Lichtbräuche. Die Kerzenweihe zu Mariä Lichtmeß (am 2. Februar) rückte, ähnlich wie die Lichtfeier der Osternacht, die symbolische Beziehung auf Christus, das Licht der Welt, in den Vordergrund. Für die Volksfrömmigkeit war jedoch die Segnung wichtiger: Sie verstärkte die Abwehrkraft der geweihten Kerze gegen allerlei Unbill. Brennende Lampen und Lichter sollen gegen den Teufel und alle seine vielfältigen Helfershelfer feien und abwehren.

Anders verstanden ist die Benutzung der brennenden Kerze als reinigender Feuerbrand bei den wichtigen Ereignissen des Lebens. Bei der Geburt eines Kindes wurde ein Feuer oder Licht angezündet. So soll man »einer Kindbetterin schlaffbeth, die gantze zeyt ihrer Kindbeth soll man mit geweyhten Liechtern bezünden, ... als ob der böß Feind mehr gewalt ober sie hett dann ober andere Menschen«. Ähnliches galt für die Fackel im antiken Hochzeitszug, für die Brautkerze im deutschen Volksbrauch. Besonders vielgestaltig aber sind die Lichtbedeutungen im Totenkult. Die Fürsorge beginnt beim Sterbenden; ihm wird das Licht gehalten, der Weg wird ihm geleuchtet, dadurch, daß man die Sterbekerze ans Bett stellt, dem Todkranken in die Hand gibt oder um sein Bett herumträgt. Allgemein verbreitet ist der Brauch, bei der Leiche ein Totenlicht anzuzünden, das beständig oder nur des Nachts brennt, und zwar abgeblendet, »damit kein Lebender den Schein davon habe«. Nach der Aufbahrung stehen Kerzen um den Sarg, im leeren Sterbezimmer wird eine Kerze vors Fenster gestellt, und an den Tagen des Totengedenkens brennen Kerzen oder abgedeckte Lichter auf den Gräbern. Zugrunde liegt durchweg das Bestreben, durch Lichter dunkle Mächte zu bannen. Die christliche Symbolik versuchte, diese primitive Anschauung zu überwinden und das brennende Licht als das »ewige Licht«, also als Symbol des göttlichen Lebens, zu deuten, in das der Verstorbene eingegangen ist. Die heutige Anschauung dürfte eher diffus sein, aber auch alle Mischungen von christlicher und abergläubischer Deutung bewahren.

Ein ganz anderer Symbolsinn verbindet sich mit der brennenden Kerze durch die Gleichsetzung von Licht und Leben. Bereits die antike Philosophie und Kunst kannte die Vorstellung von einem Lebenslicht, das mit dem »göttlichen Funken« im Menschen in sympathetischer Bindung stand. Mit dem Erlöschen des Lichtes war auch der Tod dieses Menschen gekommen. In Märchen und Sagen wird dieses Motiv mehrfach gestaltet und findet sich zuletzt in Michael Endes »Momo« (siehe dort die Zeichnung S. 166).

Die heutigen Licht- und Kerzenbräuche sind nach wie vor vielgestaltig: Unseren Kindern sind die herbstlichen Laternengänge lieb, Martinszug, Adventskranz und Weihnachtsbaum. Aber auch der Geburtstagskuchen mit den brennenden Lebenslichtern ist ihnen geläufig, die Kerze bei Taufe, Erstkommunion und Hochzeitsfeier sowie die Lichter auf den Gräbern.

B. Unsere Kerzenseite greift aus diesem verzweigten Lichterbrauchtum einige Anlässe und Situationen heraus, die den Schülern die Symbolsprache der brennenden Kerze verdeutlichen können. Wir beschreiben diese Motive hier in der Reihenfolge der Bildanordnung.

(1) *Das »Ewige Licht«* (links oben). In allen katholischen Kirchen brennt vor dem Tabernakel das sogenannte Ewige Licht. Es wurde erstmals 1068 in Cluny entzündet (so Manfred Lurker) bzw. verbreitete sich unter dem Einfluß der Regel des Hospitals St. Johann in Jerusalem seit dem 12. Jahrhundert im Abendland (so Walter Dürig). Die erste allgemein verbindliche Vorschrift, die das Ewige Licht zum Kennzeichen katholischer Kirchen macht, findet sich im Rituale Romanum von 1614. Als Brennstoff wird Olivenöl oder Bienen-

wachs angeordnet, in Ermangelung dessen können auch andere Pflanzenöle gestattet werden, aber nur in Notfällen (wie z. B. während und nach dem Zweiten Weltkrieg) wird elektrisches Licht erlaubt. Dieses oft in einem roten Glas brennende Licht soll die Gegenwart des eucharistischen Christus anzeigen und zu seiner Verehrung einladen.

(2) *Votivkerzen* (links unten und Mitte). Nichts läßt eine Kirche oder Kapelle mehr beseelt erscheinen als brennende Kerzen vor einem Altar. Die Kerze wird angezündet als symbolischer Ausdruck für das eigene Flehen. So erfolgt auch hier eine Verbindung von Mensch und Kerzenlicht: Was die Worte nicht sagen können, und doch über die kurze Gebetszeit hinaus fortwährend sagen möchten, soll die still brennende Kerze ausdrücken. Hier vollzieht sich nicht magische Übertragung, sondern eine symbolische Geste, so wie sich in jeder anderen menschlichen Geste und Gabe das ganze Herz aussprechen kann.

Das Foto links unten zeigt das allgemeinste Kerzenbild. Schöne, dicke Kerzen stehen auf einem Rost; einige sind erst vor kurzer Zeit angezündet worden, andere sind bereits weit heruntergebrannt. Was erzählen diese Kerzen? Jede steht für eine eigene, ernste Geschichte, mit einer jeden verbinden sich Ängste, Vertrauen, Bitte und Dank. So zeugen die Kerzen von menschlichem Schicksal, von bewegten Herzen, die wir achten, wenn wir die Kerzen achten.

Die Situation wird konkreter auf dem Foto in der Mitte. Vor einem Altar, einem »Gnadenbild«, das wir nicht sehen können, brennen zahllose Kerzen. Sehr viele Menschen muß es hierhin treiben, um an diesem Ort zu beten. Eine Frau, die gerade »ihre« Kerze anzündet, ist zu sehen. Ein Bild wie dieses kann man alltäglich an den großen und kleinen Wallfahrtsorten erleben. Es verweist auf die Hilfsbedürftigkeit des Menschen. Kerzen sind die brennenden Bitten der Menschen, seltener ihr brennender Dank.

(3) *Die Taufkerze* (oben Mitte). Jede Taufkerze ist eine Osterkerze. Sie vertritt nicht den Täufling, nicht die Hoffnungen und Wünsche seiner Angehörigen, sondern das »Licht Christi«, also Christus selbst. Weil die Taufe zu einem »alter Christus«, d. h. zu einem zweiten Christus macht, den Menschen dem Corpus Christi Mysticum eingliedert, will die Taufkerze ein Symbol dieser neuen Wirklichkeit sein. Es ist eine lichthaft verstandene Wirklichkeit, man kann auch sagen, eine göttliche, seit der österliche Christus das Leben Gottes gewonnen hat.

Seit 384 ist (in Piacenza) der Gebrauch einer besonderen Osterkerze bekannt. Sie verkündet den Sieg des Lebens über die Finsternis des Todes. Bei der Weihe des Taufwassers wird die Osterkerze in den Taufbrunnen eingesenkt: »Es steige herab in die Fülle dieses

Brunnens die Kraft des Heiligen Geistes«, singt der Priester dreifach gesteigert und fährt fort: »und befruchte die ganze Masse dieses Wassers, daß es die Wiedergeburt bewirke« (Ritus von 1955). In der Ostkirche, wo man die Taufe gerne »Erleuchtung« nennt, ist diese Symbolik von Osterlicht und neuem Leben besonders bewußt. Aber auch die Licht-Worte der Evangelien lassen sich hier anführen: In der Taufe wird eine Jüngerschaft begründet, die in der Nachfolge des »Lichtes der Welt« nun selbst zum Licht-Sein für andere verpflichtet (→ oben S. 226 f und S. 265 f).

(4) *Festliche Kerzen* (Mitte unten). Unser Foto zeigt einen Ausschnitt aus der St. Lorenz-Kirche in Nürnberg. Vor dem »englischen Gruß« (d. i. die Szene Lk 1,26ff) des Veit Stoß hängt ein üppiger Kronleuchter voller Kerzen. Darunter in der Kirche hat sich ein großer Chor aufgebaut. Hinter dieser Gruppe sind die Altarkerzen angezündet. Das Foto erzählt uns nicht den Anlaß, der begangen wird, aber es ist offensichtlich: hier wird gefeiert. Die vielen Kerzen dieses großen Hängeleuchters sind keine Votiv- oder Andachtskerzen. Sie schmücken den Raum, machen ihn festlich, ähnlich wie wir auf den schön gedeckten Tisch Kerzen stellen und bei vielen anderen festlichen Anlässen mit dem Licht der Kerzen das Leben feiern.

(5) *Die Geburtstagskerzen* (oben rechts). Wer geboren wird, erblickt »das Licht der Welt«: Ob er selbst auch ein Licht *für* die Welt wird, unterliegt keiner biologischen Regelung. Die meisten Kinder erfahren eine Beachtung und Feier ihrer Geburtstage durch Eltern und Lehrer. Wenn sie sich geliebt erleben, in Familie und Schule geborgen, sind wichtige Voraussetzungen erfüllt, selbst lieben zu lernen. Die Geburtstagskerze sagt: So ist unser Leben, es kann leuchten, aber auch verlöschen, es brennt und gibt Licht, indem es sich verzehrt. Jetzt stehen sechs Kerzen auf dem Geburtstagskuchen, für jedes Lebensjahr eine. Im letzten Herbst ist der Junge in die Schule gekommen. Je älter er wird, um so mehr wird er verantwortlich für seine Freunde und für seine Arbeit. Er lebt nicht für sich alleine, so wenig, wie er den Kuchen ganz alleine aufessen wird. Er wird ihn mit seinen Gästen teilen. Leben ist teilen. Die Liebe, von der wir leben, kann man immer wieder teilen, sie bleibt stets ein Ganzes. Ebenso können wir das Feuer der Kerze beliebig oft weitergeben, ohne daß es schwächer und weniger würde.

(6) *Das Grablicht* (unten rechts). Es ist das letzte Licht, das dem Menschen nachgesendet werden kann. Alle seine Geburtstage hat er begangen. Dieses Licht symbolisiert nicht mehr das eigene Leben (s. oben), sondern das mystische »Licht der Finsternis« (wie Meister Eckehart sagt), das den Lebendigen unzugängliche Licht der Gottheit, das alles andere Licht, selbst das der ungezählten Sonnen im Weltraum, umfangende und überstrahlende ewige Licht. Angesichts

winziger Grableuchten mag diese Symbolik mißverstanden werden. Dennoch meint die kleine Kerze keine andere Glut, kein anderes Lichtmeer als jene göttliche Lichtfülle, wie sie Hildegard von Bingen in einer Vision geschaut und im Kloster Rupertsberg hat malen lassen. Das Gottessymbol aus dem Hildegardis-Kodex auf der gegenüberliegenden Seite und das »ewige Licht«, das wir den Toten wünschen und als Zeichen unseres Gebetes auf ihre Gräber stellen, verkörpern also die gleiche transzendente Wirklichkeit.

C. Die meisten oder alle der gezeigten Lichtsymbole sind unseren Kindern zugänglich. Unbekannte Situationen lassen sich leicht vermitteln. Vom Lehrer wird nur erwartet, daß er zu den Fotos mit den unterschiedlichen Lichtbräuchen etwas erzählen kann: möglichst eigene Erfahrungen, die sich mit all den verschiedenen Verwendungsformen der Lichter und Kerzen verbinden. Formal betrachtet, sollen die Schüler lernen, daß die gleiche Sache – hier die Kerze – je nach Situation und Zusammenhang weit auseinandergehende Bedeutungen gewinnen kann.

D. Die vier Schulbuchseiten zur Lichtsymbolik sind nicht beliebig austauschbar. Hier ist die Reihenfolge des Buches zwingend, noch besser: die Schrittfolge, die unser Lehrerhandbuch aufzeigt. Bevor die Schüler von Kerzenlichtern sprechen, sollen sie die Tag- und Nachtgestirne durch van Goghs Bilder in sich aufgenommen haben – längst.

Hildegardis-Codex, Das göttliche Licht S. 65

A. Die berühmte Handschrift der heiligen Hildegard von Bingen, die von 1098 bis 1178 lebte, enthielt in 26 Kapiteln 235 Blätter. Der Codex, der sich früher in der Landesbibliothek Wiesbaden befunden hatte, ging während des Zweiten Weltkrieges verloren; dieser »Liber Scivias« – was sich vielleicht von Sci vias Domini, das heißt: »Erkenne Gottes Wege«, ableiten läßt – wurde in dem Benediktinerinnenkloster auf dem Rupertsberg bei Bingen um 1147 unter Leitung der heiligen Äbtissin geschrieben und dann mit 35 eigenartigen Miniaturen geschmückt. Schon Goethe sagte von ihnen, sie »wirken merkwürdig«, denn in leuchtenden Farben zeigen sie fast surrealistische Formen. Eine illuminierte Kopie befindet sich in der Benediktinerinnenabtei St. Hildegard zu Eibingen.

Die heilige Hildegard, die als hellsichtig galt, schilderte in diesem Codex die erste Serie ihrer ekstatischen Visionen. Es handelt sich um eine mystische Schrift über Glaubensgeheimnisse, die sie Volkmar in ihrem ersten Kloster Disibodenberg bei Bingen diktierte. Bei den Illuminationen dieses Codex lassen sich stilistisch verschiedene Meister unterscheiden. Zu den besten Miniaturen gehört u. a. das im Religionsbuch 1 abgebildete Blatt »Die wahre Dreiheit in der wahren Einheit«.

B. Hildegard von Bingen schildert die dargestellte Vision wie folgt: »Danach sah ich ein überhelles Licht und darin eine saphierblaue Menschengestalt, die durch und durch im sanften Rot funkelnder Lohe brannte. Das helle Licht durchflutete ganz die funkelnde Lohe und die funkelnde Lohe ganz das helle Licht. Und beide, das helle Licht und die funkelnde Lohe, durchfluteten ganz die Menschengestalt, alle drei als eine einzige Lichtfülle wesend in einer Kraft und Macht.«

Das überhelle Licht symbolisiert die Gottheit, die funkelnde Lohe den göttlichen Geist, die saphirblaue Menschengestalt den Sohn und – es ist legitim, so zu interpretieren – »den« Menschen. Die Miniatur des Rupertsberger Meisters stellt diese drei Dimensionen ineinander: Die Menschengestalt steht in der Fülle der Geistesaura und zugleich umflossen vom überhellen Licht Gottes, des Vaters. In dieser trinitarischen Deutung interpretiert Hildegard von Bingen.

Eine etwas andere Interpretation zitiere ich aus meiner Gebetsschule »Der Sprung in den Brunnen«, Düsseldorf 1981, S. 119–121:

Lehrer: Auf deinem Wege zur Ein-sicht kann dir ein Bild helfen, das unser inneres Auge führt. Sieh es dir in Ruhe an.
Schüler: Da ist ein Mensch inmitten zweier Kreise, einem goldenen und einem silbernen. Der silberne Kreis umfließt die Gestalt des Menschen.
Lehrer: Man nennt dieserart Bilder Mandala. Für Uneingeweihte mögen sie ähnlich rätselhaft sein wie eine Landkarte für kleine Kinder. Man sieht Farben und Formen, kann sie aber nicht lesen. Du solltest das Mandala – nicht heute, nicht morgen, aber doch fernerhin – lesen lernen.
Schüler: Was ist ein Mandala?
Lehrer: Eine Wegkarte der Wahrheit. Ein mystisches Bild, das Gott, Mensch und Welt in ihrer Zusammengehörigkeit schauen läßt.
Schüler: Der Mensch in der Bildmitte – kann ich es sein?
Lehrer: Es ist Christus. Du bist es. Ich bin es auch. Zugleich ist es die ganze Welt, wie ein alter Lehrsatz sagt: »Die Welt ist das All insgesamt. Sie besteht aus Himmel und Erde. In einem mystischen Sinn aber wird die Welt passender als Mensch bezeichnet.«
Schüler: Was aber bedeutet dann der große Kreis, der nach innen hin die Menschengestalt umfließt?
Lehrer: Er bedeutet Gott. Gott umfängt, trägt und durchdringt alles.
Schüler: Aber Gott ist doch Einer! Wieso ist da noch ein zweiter Kreis in der Mitte?
Lehrer: Dieser innere Kreis ist funkelnde Lohe. Hier ist Gott unerreichbar: Geheimnis, das keinen Namen mehr hat, weil alle Begriffe, Bilder und Namen darin falsch werden. Vielleicht ist es besser, ihn das göttliche Nichts zu nennen.
Schüler: Nichts?
Lehrer: Die verborgene Gestalt der Gottheit, die gestaltlos ist. Das göttliche Licht, das nicht erleuchtet, sondern blind macht. Der grenzenlose Abgrund, in dem es kein Etwas mehr gibt.

Schüler: Das sind ja schreckliche Beschreibungen. Sie machen die Gottheit für mich furchterregend.
Lehrer: Und doch hat sich das furchterregende Geheimnis als Liebe geoffenbart. Es trägt und erleuchtet den Menschen, wie das Bild es dir zeigt.
Schüler: Das ist schwer einzuholen.
Lehrer: Du mußt nicht gleich am Ziel sein wollen. Die tiefste Wahrheit, von der wir herkommen, weil sie in jedes Menschen Kindheit leuchtet, ist zugleich die Wahrheit, zu der wir ein Leben lang unterwegs bleiben. Laß das Mandala deinen Weg begleiten. Es will dir sagen: Das bist du! Wenn du das eines Tages mit deinem inneren Auge ein-siehst, ist die Wahrheit in dir zu sich selbst heimgekehrt.

C. Die Auswahl dieser einfachen und dennoch anspruchsvollen Miniatur ist von einer langfristig intendierten Wirkung her bestimmt. Die grund-legende Bedeutung dieses Bildes, auf das wir in den folgenden Schuljahrsbänden zurückgreifen und auch erneut abbilden werden, wird in den Kommentaren im Rahmen einer elementaren Didaktik der Gotteslehre aufgezeigt. An dieser Stelle sei lediglich ein vorausweisender Hinweis gegeben.

Wenn überhaupt ein Gottesbild didaktisch legitim sein soll, dann nur ein offenkundig symbolisches. Es wird in dem Maße an Gültigkeit gewinnen, als es auf detailhafte Fixierungen verzichtet und jene Grundgestalt einholt, die sowohl archetypisch als Gottessymbol im Menschen angelegt ist, als auch in der mystischen Erfahrung seine didaktische Brauchbarkeit erweist. Dabei ist eine Gültigkeit zu erstreben, die schon dem Kind gerecht wird, aber dem erleuchteten Weisen immer noch voraufliegt.

Ohne Zweifel verweist die so beschriebene Symbolstruktur auf den Kreis. »Im Kreis sind alle Gegensätze aufgehoben, und doch sind alle Potenzen in ihm enthalten; die zentripetalen und die zentrifugalen Kräfte sind im Gleichgewicht. So ist der Kreis ein Topos für das Mysterium der heiligen Mitte, nach der das ganze All ausgerichtet ist. Die absolute Seinsmitte ist der Schoß der Welt, aus dem alles Leben kommt und in den alles Leben wieder einmündet.«[1] In der christlich-ikonographischen Überlieferung erkenne ich meinerseits kein Bild, das den beschriebenen didaktischen Anspruch gültiger realisierte, als die vorliegende Gottes-Symbolik des Hildegardis-Codex. Diese Darstellung impliziert eine theologische, eine mystische und eine meditative Didaktik der Gotteslehre *und* des Gottesverhältnisses – bei gleichzeitiger Konvergenz zu den besten außerchristlichen Traditionen religiöser Erfahrung –, daß von hier her die bisherigen »Bebilderungsversuche zur Gotteslehre« (anders läßt sich das nicht sagen), aber auch ihr dogmatischer und spiritueller Weg eine neue Begründung und Ausrichtung finden sollten.

[1] *Manfred Lurker,* Der Kreis als Symbol im Denken, Glauben und künstlerischen Gestalten der Menschheit, Tübingen 1981, 36.

D. Die voranstehenden Hinweise zur didaktischen Theorie der Gotteslehre wollen der ersten Begegnung mit der Hildegardis-Miniatur eine Perspektive für den Religionsunterricht aller folgenden Jahre geben. Das Wichtigste wird also erst später gesagt. Aber schon jetzt ist es entscheidend, diesem Bild nicht mit halber Aufmerksamkeit zu begegnen oder gar zu denken, es verdanke seine Auswahl halb dem Zufall, halb der Ermangelung besserer Lösungen. Nochmals: Dieses Bild ist optimal. Es repräsentiert die didaktische Grundformel unserer Gotteslehre, deren religionspädagogischer Anspruch an anderer Stelle begründet wird.[1]

Die Zugänge zu dieser Gottessymbolik sind über die Farben (Licht) und die Form (Kreis) geboten. Im Zusammenhang des Symbolfeldes Licht empfiehlt sich der im Religionsbuch angelegte Modus procedendi. Die S. 268 ff angeregten Lichterfahrungen sollten also grundlegend sein. Im Anschluß daran können die van Goghschen Bilder realisiert werden, dann folgt die Erschließung der Kerzen-Symbolik. Schon hier erfahren die Schüler, daß einige Lichtbräuche das göttliche Leben anzeigen wollen. Sie lernen das Licht als ein zentrales Gottessymbol kennen. Erst nach dieser Grundlegung sollte »Die wahre Einheit« aus dem Hildegardis-Codex betrachtet werden. (Vertiefende Anregungen siehe im Band 3 dieses Lehrerhandbuchs.)

[1] Siehe *Hubertus Halbfas,* Das dritte Auge. Religionsdidaktische Anstöße, Düsseldorf 1982, 63 ff sowie die weiterführenden Lehrerkommentare für die Schuljahre 2 bis 4.
Eine nichtschulische didaktische Realisation dieses Konzeptes liegt vor in meinem Buch: Der Sprung in den Brunnen. Eine Gebetsschule, Düsseldorf 1981.

Symbol: Herz

Grundlegung

Ähnlich wie das Licht, ist das Herz ein religiöses Grundsymbol, das sich seit Jahrtausenden in allen Kulturen findet und das für viele Religionen, nicht zuletzt für das Christentum, eine große Bedeutung erlangt hat. Den für das Religionsbuch 1 ausgewählten Aspekten der Herzsymbolik stellen wir hier zunächst eine allgemeine Orientierung voran. Sie dient dem Wissen und Verständnis des Lehrers und hat eine Zielsetzung, die über die Möglichkeiten des 1. Schuljahrs hinausführt, denn das, was wir dort grundlegen, bedarf eines Horizonts, dessen Weite auch der Erwachsene noch als Anspruch an sich selbst erfahren kann.

A. Herzsymbolik in der Religionsgeschichte

Keine Kultur ist auf eine einzige Auffassung vom Herzen festzulegen. Überall begegnen Bedeutungsbündel, von denen bald dieser, bald jener Aspekt dominiert. An dieser Stelle können darum nur einzelne Auffassungen, die nicht für ihren gesamten kulturellen Kontext gültig sind, beschrieben werden. Außerdem erfolgt eine sehr begrenzte Auswahl, die beispielsweise die ebenso abartige wie zentrale Bedeutung des Herzopfers bei den Azteken übergeht, weil ihr keine religionspädagogische Relevanz für uns zukommt.

(1) Aristoteles zählte das Herz noch zu den Eingeweiden. Dennoch gibt es schon vor ihm, in den platonischen Mythen von der Erschaffung des Menschen, den Versuch, das Herzorgan symbolisch zu deuten und in seiner Funktion zu werten. Die Götter, so erzählt Platon im »Timaios«, legten »das Unsterbliche« in das Haupt des Menschen, »an die Brust aber fesselten sie den sterblichen Teil der Seele und schieden, da er von Natur aus in einen besseren und einen schlechteren zerfiel, wiederum die Höhle des Brustkastens und legten, wie man die Wohnung der Frauen von der der Männer trennt, zwischen beide das Zwerchfell als Scheidewand . . .« Doch dem Herzen wiesen sie die Stelle des Wachpostens an, damit, sobald das Ungestüm des Blutes aufbrause, »eine Warnung der Vernunft . . . durch all diese engen Gänge hindurch folgsam werde . . .«

Die den Griechen geläufige wertende Unterscheidung von »oben« und »unten« liegt diesem Modell zugrunde. Vornehmster

Bereich ist der Kopf, in dem die Vernunft thront, die ihre Weisungen an alle übrigen Körperbereiche gibt. Der Brustraum, in dem das Herz schlägt, gilt seinerseits wieder als »höher« als alles unterhalb des Zwerchfells, das man – gegenüber den »männlichen« oberen »ehrliebenden Teilen der Seele« – als negativ und »weiblich« stigmatisierte. Die Stelle, die dem Herzen in dieser symbolischen Hierarchie zugewiesen wird, ist nicht sehr hoch. Es empfängt seine Weisungen von der Vernunft, die im Haupte regiert; diese Weisungen muß das Herz selbst mit Druck und Zwang in die Glieder senden. Es ist aber kein eigenempfängliches Organ, das von sich aus wacht und reagiert und zwischen Gut und Schlecht scheidet. Bedenklich ist vor allem – besonders im Blick auf Platons Einfluß, der für die Grundeinstellungen unserer Kultur wirksam geworden ist und bis heute nachwirkt –, daß hier fraglos das »Herz« unter den »Kopf« gestellt wird. »Wenn dieses zwei Jahrtausende als selbstverständlich galt, so spürt man gerade in der somatischen und psychischen Heilkunde seit einigen Jahrzehnten immer stärker das Verhängnisvolle einer solchen symbolischen Simplifizierung und ihrer praktischen Folgen. Wie oft sind es nicht die mit Vorliebe moralisch eingekleideten Befehle des Kopfes an das Herz, die dieses funktionell und auch schließlich organisch krank machen!«

(2) In eine andere Welt führt uns ein ägyptisches Gebet an das eigene Herz, das, wesentlich älter als das griechische Herzdenken, etwa um 1650 v. Chr. entstanden sein kann. Es entstammt der Inschrift eines steinernen Skarabäus – ein symbolischer »Käfer der Unsterblichkeit« –, der an Stelle des herausgenommenen wirklichen Herzens in den einbalsamierten Leichnam eingesetzt wurde:

> »O Herz, das ich von meiner Mutter habe!
> O Herz, das zu meinem Wesen gehört!
> Tritt nicht gegen mich als Zeuge auf,
> bereite mir keinen Widerstand vor den Richtern,
> widersetze dich mir nicht vor dem Wagenmeister.
> Du bist mein Geist, der in meinem Leibe ist . . .
> Laß unseren Namen nicht stinken . . .
> Sage keine Lügen gegen mich bei dem Gotte.«

Das Herz wird hier angerufen, im Totengericht nicht gegen den Menschen, zu dem es gehörte, auszusagen. Dabei wird das Herz als eine Art Verdoppelung des Ich und zugleich als dessen innerster, gültiger und bleibender Kern verstanden. Die sterbliche Hülle des Menschen mit all ihrem Besitz – in diesem Fall der König – bleibt auf der Erde zurück. Das Herz aber (symbolisch: der Skarabäus) überlebt und trägt die Mitte der Persönlichkeit ins jenseitige Gericht.

Ähnlich dieser Anschauung sagte der alte Ägypter von einem Menschen, der einen moralisch schlechten Weg ging: »Sein Herz war nicht bei ihm«. Darin drückt sich das Verhältnis des Menschen zu seinem Herzen als einer Doppelheit und einer Einheit zugleich aus, die ebenfalls im biblischen Denken vorkommt und bis heute auch unsere Sprache bestimmt.

(3) Fast alle Redensarten der westlichen Sprachen für Pein und Qual des Herzens haben in der Bibel ihre Heimat: »Ich gräme mich, daß mir das Herz verschmachtet.« Aber gerade dann treibt es den Menschen zu Gott: »Laßt uns unser Herz samt unseren Händen aufheben zu Gott.« Das Herz ist der Sitz der Frömmigkeit, man muß »ein Herz haben, den Herrn zu fürchten« oder »dem Herren dienen von ganzem Herzen«.

Insbesondere das personale Verhältnis zwischen Gott und Mensch drückt sich in Herzmetaphern aus: »Aus ganzem Herzen, aus ganzer Seele und mit allen seinen Kräften« soll der Mensch Gott lieben und so ein Mensch »nach dem Herzen Gottes« werden. Bisweilen erscheint im biblischen Denken ähnlich wie in Ägypten das Herz als innerster Kern der Persönlichkeit, in dem sich der Mensch mit allem, was er ist und hat, ausspricht und gibt.

(4) Bewußter und tiefer meditiert finden wir die Herzsymbolik in Indien. Die Upanishaden finden ihren liebsten Gedanken in der Idee vom »Wohnen Gottes im Herzen«; dort ist »die höchste Stätte ..., wo keine Sonne glüht, kein Wind weht, kein Mond scheint, kein Stern leuchtet, kein Feuer brennt, kein Tod eindringt, kein Schmerz aufkommt, das Wahr-Wonnige, Ruhige, stets Selige«.

Der innere Weg zu dieser immateriellen Wohnung Gottes im Herzen führt zunächst über die Erkenntnis des eigenen Selbst, des Atman. Schon diese Einkehr ins Herz ist beglückend:

»Wer, durch Nachsinnen reingewaschenen Geistes,
sich versenkt im Atman,
was für Seligkeit der fühlt,
das auszudrücken sind imstande Worte nicht,
das muß in seinem Herzen man erfahren selbst.«

Hier im Herzen findet dann der zu sich selbst Gekommene die Unendlichkeit: »Dann soll er sagen: Wahrlich, so groß dieser Weltraum ist, so groß ist dieser Raum inwendig im Herzen. In ihm sind beide, der Himmel und die Erde, beschlossen, ... was einer hienieden besitzt und was er nicht besitzt, das alles ist darin beschlossen.« Um zu dieser Vereinigung mit dem alles umfassenden Gott zu gelangen, müssen jedoch die triebhaften Fesseln abgestreift werden:

> »Wenn alle Leidenschaft schwindet,
> die nistet in des Menschen Herz,
> dann wird, wer sterblich, unsterblich,
> schon hier erlangt das Brahman er.«

Wenn diese Einheit von Atman und Brahman gefunden wird, kehrt der Geist in seinen Ursprung heim, von dem er »im Grunde« nie getrennt war. So erscheinen mit dem Herzen die Probleme der Identität des Ich mit der Welt wie der Nichtidentität von Ich und Welt.

(5) Noch einen Schritt weiter geht der Sonnen-Herzen-Kult des japanischen Shinto-Priesters Kurozumi Munetada (1780–1850), der ohne indischen Einfluß nicht denkbar ist, aber doch eine eigenständig japanische Färbung und Intensität gewann.

Gott und Welt entdeckt auch Munetada im eigenen Herzen. »Himmel und Erde«, sagt er und meint damit die Gesamtheit aller sichtbaren und unsichtbaren Dinge. »Himmel und Erde erstrecken sich unermeßlich weit. Dennoch sind sie in Wahrheit in meinem Herzen eingeschlossen.« Oder anders formuliert:

> »Warum auf die Suche gehen
> nach dem Herzen von Himmel und Welt?
> Ihr Herz ist in deinem.«

Damit hängt eine Einheitserfahrung zusammen, die jeden Dualismus hart abweist:

> »Das Herz des Alls und der Gottheit ist
> kein anderes als deins.
> Träume kein zweites außer ihm.«

Doch darf das menschliche Herz nicht in einer alltäglich-vordergründigen Weise bei sich selber bleiben, darf sich nicht dem konkreten Ich gleichsetzen. Dialektisch gesprochen: Wer sein Herz finden will, muß es loslassen können:

> »Verlaß deinen Leib, dein Ich und dein Herz
> und kehre zurück zu dem Einen
> und der einzigen Wahrheit des Alls.«

Die Vorstellung vom »Wohnen« Gottes im Herzen wird hier überschritten. Munetada lehrt, daß die All-Gottheit des Menschen Herz ist. Das ist freilich zu keinem Moment bequem und beruhigend gemeint. Vielmehr ein Anspruch, der letzten Ernst verlangt.

B. Christliche Herzensmystik

Munetadas Theologie berührt sich in erstaunlicher Weise mit der christlichen Herzensmystik, deren bedeutendster Vertreter – im

Erbe des Meister Eckehart – gewiß der Schlesier Angelus Silesius (1624–1677) war. »Halt an! Wo läufst du hin?« lehrt dieser, »der Himmel ist in dir. Suchst du Gott anderswo, du fehlst ihn für und für.« Analog zu dem Japaner Munetada heißt es hier:

»Der Adler sieht getrost grad in die Sonn' hinein
und du in'n ewigen Blitz, im Fall dein Herz ist rein.«

Dennoch geht die Ähnlichkeit der christlichen Herzmystik nicht ungebrochen parallel. Der christliche Mystiker ist sich trotz seiner oft kühnen Aussagen der grundsätzlichen Geschöpflichkeit des Menschen gegenüber dem ungeschaffenen Gott bewußt und setzt darin andere Akzente, als es die östliche Tradition tut. Aber aller Differenz vorauf besteht, etwa vom Eckehartschen »Seelengrund« her, ein fundamentaler Gleichklang, Gott nicht erst ins menschliche Herz »einkehren« zu sehen, sondern ihn in aller Transzendenz immer auch schon dort zu wissen, weil die Gottheit hier in ihrem »Eigentum« ist. So spricht denn Angelus Silesius von einem Tausch zwischen Gott und Mensch:

»Mensch, gibst du Gott dein Herz,
er gibt dir seins wieder.«

Was von der deutschen Mystik ausgehend zu einer erfahrungsbezogenen Herzenstheologie geführt hat, findet, ebenfalls im 12. und 13. Jahrhundert beginnend, eine *andersartige* theologische Parallele in der Entwicklung der Herz-Jesu-Frömmigkeit, besonders seit ihrer Neubegründung durch Pascal, Berulle und Maria Margarete Alacoque. Während die Herzensmetapher aus der europäischen Literatur in unserem Jahrhundert fast ganz verschwindet, vollzieht Leo XII. die »Weihe des Menschengeschlechtes an das hl. Herz Jesu« (1900), und Pius XII. legt 1942 ein »Weihegebet« an das Herz Mariä vor: »Dir und deinem unbefleckten Herzen vertrauen wir und weihen wir uns in dieser verhängnisvollen Stunde der menschlichen Geschichte.«

C. Das Herz in Sage und Märchen

Wir verlassen das Niveau der Mystik und kommen in Regionen des Volksdenkens, wenn wir den Geschichten vom Herz in Sagen, Legenden und Märchen nachgehen.

Unser Buch hat im Zusammenhang mit dem Nikolausfest das Motiv des *steinernen Herzens* aufgegriffen. Dieses Motiv begegnet in den älteren Traditionen zunächst positiv. Hier haben mutige Männer ein eisern oder steinern Herz. Die Edda erzählt, daß Hrungnir, der Thor herausgefordert hatte, also ungewöhnlichen Mut bewies, ein Herz »aus hartem Stein hatte mit drei vorstehenden Ecken«. Ein steinernes Herz ist also zunächst ein Herz, das nicht verzagt, ist Mut und Standfestigkeit wider den Feind. Doch später, mit dem Fortgang der Christianisierung, ist ein steinernes Herz auch bald ein trotziges, »hartes« Herz, und bald wird es zum Herzen eines unbarmherzigen Menschen. »Steinern« ist nun keine Auszeichnung mehr, sondern Schande, die zur Strafe wird.

Gegen das negativ verstandene steinerne Herz, das man auch als »klein« bezeichnet, steht das große, *weite Herz.* Es ist ein Herz voll Großmut, Güte und Verständnis. Es gibt vielem Raum und Geltung, auch solchem, das man gemeinhin in der Welt nicht akzeptiert und bejaht. Weil sowohl das steinerne und enge wie das weite Herz wohl in Sagen und Legenden, nicht aber in Märchen zu finden sind, meint Will-Erich Peukert, daß diese Ausdrücke jünger als unsere Märchen sind.

Daß *Herz und Liebe* zusammenhängen, ist freilich den Märchen nicht fremd, wie ja bis zum Tage noch jedes Kind zu diesem Verständnis kommt. Kinder wissen, daß man die Liebe im Herzen wohnen läßt, oder erfahren, daß man einen Menschen, den man liebt, mit »Herzchen« anreden kann – und der Brauch mit den Pfefferkuchenherzen ist ihnen auch nicht unbekannt (→ S. 299 f). In einer indirekten Weise erzählt von diesen Dingen unser Märchen vom »eisernen Heinrich« (→ S. 303 ff) – und es mag in seiner strengen Verhaltenheit auch als Beispiel genügen.

Ein anderer Motivkreis deutet das *Herz als des Menschen Leben.* Das Märchen denkt hier sehr gegenständlich, so, als wenn das Leben an einem bestimmten Ort des Körpers steckte. Im alten Israel galt das Blut als Sitz des Lebens. Demgegenüber gilt seit dem Neuen Reich in Ägypten, später in Europa, aber auch in den Hochkulturen Amerikas überall die gleiche Ansicht: des Menschen Leben sei sein Herz, bestehe aus seinem Herzen (vgl. insbesondere das Märchen »Der Mann ohne Herz«[1]). Es wird als die wichtigste Kraft des Herzens angesehen, die allen anderen Qualitäten voraufgeht: Mut, Liebe, Standhaftigkeit sind ebenfalls dem Herzen eigentümlich, gegenüber dem Leben aber doch erst Kräfte nachgeordneten Ranges.

Erst eine jüngere Zeit sah im Herzen nicht mehr das Leben, die Liebe, den Mut, sondern eine Heimstatt von Tugenden oder auch sündhaften Neigungen. Hier wird das Herz zum Wohnraum, »entweder ein Tempel Gottes oder eine Werkstatt des Satans«, wie es im pietistischen Gefälle des 19. Jahrhunderts heißt. Inzwischen sind alle

[1] *Karl Müllenhoff*, Sagen, Märchen und Lieder der Herzogtümer Schleswig, Holstein und Lauenburg, Ausgabe von 1845. Das Märchen findet sich inzwischen in vielen neueren Sammlungen, u. a. in: Deutsche Volksmärchen seit Grimm, Fischer Taschenbuch 1175, 1975.

diese mythischen Entwürfe rational auf den analytischen Nenner reduziert worden. Die Wahrheit des mythisch symbolischen Denkens ist vielen Menschen heute nicht leicht einholbar. Dennoch wissen wir, daß in unserem geistigen Leben mehrere Provinzen nebeneinander existieren, die mythische neben der rationalen, die magische inmitten agnostisch-skeptischer Regionen. Und einem rationalistischen Dünkel entgegen, werden Recht und Wahrheit des wissenschaftlichen Denkens nicht mehr gegen das »wilde« oder vorwissenschaftliche Denken aufgerechnet.

D. Unterrichtliche Perspektiven

(1) *Grammatikalische Ansätze* (→ S. 240 f): Das deutsche Wort »Herz« unterscheidet sich von anderen Substantiven durch eine eigenwillige Deklination. Seit althochdeutscher Zeit hat es die Neigung, von der schwachen in die starke Klasse überzuwechseln. Das ginge allein die Linguisten etwas an, wenn nicht bei vielen Zusammensetzungen mit dem Bestimmungswort Herz ein Bedeutungsunterschied entstünde, je nachdem, ob das Herz als physisches Organ oder als symbolische Chiffre gemeint ist. Beispielsweise sagen wir:

Herzbeutel	aber:	Herzensbildung
Herzklopfen		Herzensgüte
Herzspezialist		Herzenswünsche
Herzverpflanzung		Herzenskummer

und dementsprechend ist es ein Unterschied, ob jemand

herzkrank	oder	herzenskrank

ist. Hier hilft also bereits die sprachliche Form, die reale von der symbolischen Bedeutung zu unterscheiden – und mittels einfacher Beispiele ist dies eine beiläufige Hilfe im Symbolkurs des Anfangsunterrichts.

Weitere Übungsmöglichkeiten im Verständnis metaphorischen Ausdrucks bieten Wendungen wie diese:

das Herz ist: umnachtet, bitter, matt, trocken, glatt . . .
das Herz ist: hart, steinern, fest, stark, groß, weit, klein . . .
das Herz waschen
seinem Herzen gehorchen
mit Herz schenken
ein herzloser Mensch.

Auch sprichwörtliche Redensarten können gute Hilfe bieten, das Verhältnis von Sprache und Wirklichkeit differenziert zu erfassen:

einem ans Herz gewachsen sein
jemanden im Herzen tragen

einem sein Herz schenken
sich etwas zu Herzen nehmen
etwas nicht übers Herz bringen
seinem Herzen einen Stoß geben
das Herz in die Hand (in beide Hände) nehmen
sich ein Herz fassen
das Herz auf der Zunge tragen
das Herz auf dem rechten Fleck haben
ihm fällt das Herz in die Hose
sein Herz ausschütten
einen ins Herz schließen
jemandem das Herz stehlen
ein Herz und eine Seele sein.

(2) *Die Herzsymbolik im Religionsbuch 1:* Die nachfolgenden Materialien zur Entfaltung der Herzsymbolik zeigen jeweils genaue Querverbindungen und Verschränkungen. Unmittelbar kommt die Herzthematik außerhalb des Symbolkurses noch an weiteren Stellen vor:

in der Nikolaus-Legende »Das steinerne Herz« und zumal in der bildlichen Darstellung dieser Geschichte durch R. Agethen (→ S. 130 ff),
im Bild »Erscheinung des Herrn«: Der kleinste, dunkle Sternsinger »schenkt sein Herz« (→ S. 154 f).

Backmodel: Das Herz als Liebessymbol S. 66

A. »Das Herz seye das erst stück und glied, so in allen lebendigen körpern geformt werde«, heißt es 1594 in einem »New Artzney Buch«. Dahinter steht die Meinung, daß sich das Leben aus dem Herzen als der ersten Keimzelle heraus entwickle. Bereits in der Antike wurde dem Herzen diese Bedeutung für die Entstehung des Lebens beigemessen. Plinius d. Ä. (23–79) bezeichnete es als den Grund und Ursprung des Lebens, wobei er vermutlich das Herz als Sitz der Seele ansah, wie schon Aristoteles (384–322 v. Chr.) vor ihm. Daß zuerst die Seele und ihr Gehäuse, das Herz, da sind, und dann erst der Körper hinzukommt, war hierfür die leitende Auffassung.

Die scholastische Theologie des Mittelalters war von dieser Tradition beeinflußt, dennoch hat das Konzil von Vienne 1311 sich von der These distanziert, daß die Seele im Herzen wohne. Sie sei ganz im ganzen Körper und ganz in jedem seiner Teile, wurde hier in erstaunlicher Klarheit des Gedankens gelehrt.

Dennoch hat die volkstümliche Tradition die Seele auch weiterhin im Herzen vermutet, es als »anvanch einer ieglichen regung« und überhaupt als »schatzlädlein des lebens« bezeichnet (so Konrad von Megenberg in seinem »Buch der Natur«, um 1350). Dementsprechend ist das Herz besonders häufig Symbol des Lebens. Es begegnet in Verbindung mit dem Lebensbaummotiv (oder auch in der Hand des Knochenmannes, der dem Menschen das Leben wegnimmt).

Weit häufiger ist jedoch das Herz Symbol der Liebe, wobei sich im Blick auf die Fruchtbarkeit der Liebe eine Verbindung mit der Lebenssymbolik oftmals fast von selbst einstellt.

In seinen grundlegenden Forschungen über herzförmiges Gebäck[1] hat der Tölzer Medizinalrat Max Höfler (1905) die Ansicht vertreten, das Herzmotiv sei nach 1440 über italienische Vorbilder aus hellenistisch-koptischen Traditionen Oberägyptens aus dem 3. bis 7. Jahrhundert in das volkstümliche Symboldenken der deutschen Tradition übernommen worden. Demgegenüber weist die spätere Forschung darauf hin, daß zwar die altägyptische wie die späthellenistische Kunst Oberägyptens die stilisierte Herzform immer wieder in Reihen zusammenfasse, nie aber als Herz*bild* darstelle. Als Ornamentmuster ist das stilisierte Herz auch bei den Römern nachweisbar, doch fehlt es auch hier an Kenntnissen, ob es zugleich Herz*bilder* gegeben hat. Es ist nicht einmal bekannt, ob das menschliche Herz bereits in den mittelalterlichen Jahrhunderten (11. bis 13. Jahrhundert) in stilisierter Form verbindlich wurde. Festzustellen bleibt allein diese Symboltradition seit dem 14. Jahrhundert. Die Belege volkstümlichen Symboldenkens begegnen vor allem seit dem 17. Jahrhundert und sind auch heute noch in massenhafter Verbreitung zu finden.[2]

B. Unser Bild zeigt ein Herz als Backmodel. Die stilisierte Herzform ist zweigelappt und bildet so bereits eine Gestalt, die Zweiheit in der Einheit, Einheit in der Zweiheit vorentwirft. Dieses Thema findet seine überzeugend klare Gestaltung im inneren Feld des Herzens: Einem gemeinsamen Keimling entsprießen zwei Rosen, die sich oben je dreiblättrig zu dreifacher Blüte entfalten. (Das Motiv des Dreisproßes ist weitverbreitet und verweist auf die Weitergabe des Lebens.) Der Keimling am Grund des Herzens vertritt den gemeinsamen Wurzelgrund der Liebe; die ihm entspringenden Blumen symbolisieren das Liebespaar: Die Zweiheit hat ihre Ermöglichung in einer tragenden, nährenden Gemeinsamkeit. Den gleichen Gedanken drückt die rahmende Herzform aus: Es ist die Liebe, die beide zusammengeführt und nun aus zwei verschiedenen Menschen »ein Herz und eine Seele« gemacht hat. Die Herzform selbst wird durch eine zusätzliche Rahmung unterstrichen: Im untersten Bereich

[1] *Max Höfler,* Herzgebäck, Archiv für Anthropologie, Neue Folge, Bd. V, 1906.

[2] Vgl. zum Ganzen: *Albert Walzer,* Das Herz als Bildmotiv, in: Das Herz, Bd. 2: Im Umkreis der Kunst, Biberach a. d. Riß 1966, 137–179, hier: 174 ff.

des Herzens entspringen zwei Sprosse einem gemeinsamen Ursprung und umfangen das Blumenmotiv; dabei gehen die Sprosse ineinander über ohne Andeutung einer Grenze. So werden die Blumen von einer einzigen »herzlichen« Liebe umschlossen und zugleich von einem Lebensbaum, der ebenso zusammenschließt wie er nach außen hin abschließt und behütet.

Als Backmodel dient dieses Herz einem herzhaften Eßvergnügen. »Das Herz allhier, teil ich mit Dir«, heißt es auf einer Tübinger Backmodel. Das heißt natürlich zuerst, daß die, für die dieses Symbol spricht, ein Herz und eine Seele werden möchten, und nur in sehr nachgestellter Bedeutung, daß man zusammen dieses Herz verzehren wolle. Dennoch muß ein solches Herz ja eines Tages gegessen werden, so daß die darin mitschwingende religionsgeschichtliche Symbolik, so wenig sie heute noch bewußt ist, in aller Kürze erinnert werden muß. Zugrunde liegen magische Vorstellungen, die mit dem Herzen der Geliebten oder des Gegners operieren. In vielen älteren Kulturen wurde das Herz des Gegners gegessen, wie man auch das Herz eines starken Tieres aß, um sich dessen Kraft einzuverleiben. (So erzählt die Sage, daß Siegfried das Herz des von ihm erschlagenen Drachen Fafner verzehrte.) Für das Blutracheritual des späten 17. Jahrhunderts werden noch viele solcher Praktiken aus Italien belegt.

Anders gewendet begegnet diese Praxis schwarzer Magie in der Liebesdichtung. Boccaccio erzählt von Tancredi, Fürst von Salerno, der den Geliebten seiner Tochter tötet und ihr dessen Herz in einer goldenen Schale schickt. Sie schüttet vergiftetes Wasser darüber, trinkt es und stirbt, »um mit meiner Seele zu kommen und deiner das Geleite zu geben«.[1]

Die heutigen Lebkuchenherzen unserer Jahrmärkte sind angesichts der früheren Herzensmagie ein freundlicher und harmloser Rest dieses Denkens. Hier ist es liebenswürdig geworden, daß man sein Herz zum Verspeisen hingibt. Daß dennoch tief gründende archaische Vorstellungen in diesem Brauch mitschwingen, wird deutlich, wenn man der Vorstellung vom Essen des Herzens am unerwarteten Ort begegnet, so etwa bei Angelus Silesius, einem sehr feinsinnigen Herzmystiker, der dennoch die drastischen Verse schrieb:

[1] *Giovanni di Boccaccio,* Das Dekameron. Der vierte Tag, Erste Geschichte. Das gleiche Motiv nochmals in der neunten Geschichte des vierten Tages: Herr Guiglielmo Rossiglione gibt seiner Frau das Herz ihres Geliebten zu essen, den er getötet hat; als sie das erfährt, stürzt sie sich aus einem hohen Fenster herab (»Behüte Gott, daß nach einer so edlen Speise . . . je eine andere Speise über meine Lippen komme.«) und stirbt. Hier wie in allen anderen Geschichten des gleichen Motivs werden die Liebenden gemeinsam begraben.

»Wie kocht man Gott das Herz?
Es muß gestoßen sein,
Gepreßt und stark vergold't,
sonst geht es ihm nicht ein.«

Hier fühlt man sich mehr an aztekische und indische Götteropfer erinnert, als daß die christliche Gottesvorstellung bildhaft verdichtet würde.

C. Die Herzsymbolik ist Schulanfängern nicht fremd. Es bedarf keiner besonderen Anstrengung, ihnen ein Verständnis der verschiedenen Redensarten und Bräuche zu vermitteln. Auch die schlichte Symbolik der Backmodel spricht eine den Kindern intuitiv einleuchtende Sprache, die keiner großen Vermittlung bedarf.

D. Ein Betrachten der Herzmodel kann im Zusammenhang mit den oben aufgeführten Metaphern und Symbolen erfolgen. Insbesondere empfiehlt es sich, den nachstehenden Text »Dû bist mîn . . .« hinzuzunehmen. Ebenso wie in den übrigen Symbolfeldern »Licht« und »Tür« ist es ratsam, das methodische Vorgehen von der Grundlegung im Handbuch aus zu planen, im Verbund mit allen hier angebotenen Materialien.

»Dû bist mîn, ich bin dîn« S. 66

A. Die Metapher vom Wohnen im Herzen ist alt. Paulus wünscht den Ephesern, daß »Christus durch den Glauben in euren Herzen wohne« (Eph 3,17). In der theologischen Sprache wie in der Liebeslyrik ist seitdem oftmals auf diese Metaphorik zurückgegriffen worden, meistens im Sinne eines statischen Einwohnens Christi im Herzen. War diese Metapher schon von Paulus her mehr Gedanke als Bild, so hat ihre spätere Abnutzung erst recht die Redensart blaß werden lassen. Aber erst im 12. Jahrhundert gab es einen neuen frischen Zugriff mit der bekannten Frauenstrophe aus »Minnesangs Frühling« 3,3, die wir in unserem Religionsbuch in originaler Schreibung gegenüber dem Originaltext vorlegen.

B. Der sprachliche und menschliche Reiz des mittelhochdeutschen Verses »dû bist beslozzen in mînem herzen: verlorn ist daz slüzzelîn: dû muost immer drinne sîn« liegt weniger in seiner Herzensraum-Metapher, als im Schritt zu ihrer pointierenden Übertreibung, durch die das Ganze dichterisch neu und unverbraucht wirkt. Die bis heute erfrischende Kunst dieser Strophe liegt im Schlußeffekt, deren phantasievoller Übermut im Bild zu bleiben scheint, wo er es aufhebt: »verlorn ist daz slüzzelîn, dû muost immer drinne sîn«. Die alte metaphorische Aussage »ich habe dich ins Herz geschlossen« gewinnt eine ganz neue Wendung durch die Hinzufügung der Schlüsselmetapher, die den statischen Befund zur Tat macht und durch den Verlust des Schlüssels dem Geschehen Endgültigkeit verleiht. Das »dû bist mîn« bekommt so einen vorher nie gehörten Ton einer Schwebe zwischen Spiel und Ernst. »Die Strophe ist ein Edelstein.«[1]

C. Der Reiz des Verses liegt nicht nur in seiner frischen Metaphorik, sondern zugleich in seiner liebenswürdigen mittelhochdeutschen Sprachform. Den Klang dieser Unmittelbarkeit gegen heutiges Deutsch einzutauschen, würde eher schulmeisterlicher Biederkeit als kindlichem Wesen entsprechen. Der Vers stellt Kindern nach Inhalt und Form keine Probleme. Er will lediglich mit etwas Schalk und Leichtigkeit bei allem Ernst im Anspruch der Sache vermittelt werden. Selbstverständlich wird er nicht als Leseübung angeboten, sondern zum Erlernen by heart.

D. »Wollen wir das Gedicht auswendig lernen?« kann der Lehrer fragen und gleich anschließend – selbst ohne Text in der Hand! – die Strophe dreigeteilt vortragen. Die Schüler wiederholen Satz für Satz und anschließend den vollen Vers. Wenn die nächste und übernächste Stunde nochmals auf die Strophe zurückkommen, mit gesteigerter Freude am Text, kann der innere Besitz des Verses für ein Leben gesichert sein.

Der eiserne Heinrich S. 67

A. In unserer Grundlegung zur Herz-Symbolik war schon davon die Rede, daß das Herz für vierlerlei Bedeutungen steht. Neben der heute geläufigsten Darstellung, die das Herz als Liebessymbol kennt, gibt es ältere Versionen, in denen das Herz als Sitz der Treue, aber auch des Schmerzes verstanden wird. Dazu gehört die Metapher, daß jemandem das Herz bricht. Im »Wigalois« des Wirnt von Grafenberg heißt es, als ihr die Nachricht vom Tod des Geliebten kommt: »daz ihr das herze brach lüte als ein dürrer ast«, und ähnlich im Ortnit: »ir herze hört er krachen, dazz in ihr libe brach«. Am bekanntesten ist aber das Märchen vom »Froschkönig und eisernen Heinrich«, wo davon erzählt wird, daß vor Schmerzen das Herz brechen kann.

[1] *Friedrich Ohly* in seinem Aufsatz: Cor amantis non angustum, in: ders., Schriften zur mittelalterlichen Bedeutungsforschung, Darmstadt 1977, 128–155. Die Punkte A und B in Anlehnung an Ohly.

Das Märchen ist alt. Schon im »Froschmäuseler« (1608) kennt Rollenhagen unter den Hausmärchen eines, das »vom eisernen Heinrich« erzählt. Und bei den Minnesängern, etwa bei Heinrich von Sax, begegnet bereits das Motiv: »min herze in banden lit«.

B. Der Eiserne Heinrich ist eine exemplarische Gestalt der Treue. Nachdem sein Herr in einen Frosch verwandelt war und in einem Brunnen saß – gar manchem geschieht solches: bis er seine wahre Gestalt gefunden hat und darin seine Befreiung (Erlösung), fristet er in chthonischen Bereichen sein Leben –, nachdem also sein Herr in diese krisenhafte Not geraten war, »hatte der treue Heinrich sich so betrübt, daß er drei eiserne Banden hatte um sein Herz legen lassen, damit es ihm nicht vor Weh und Traurigkeit zerspränge . . .«. Nicht minder aber ist sein Glück, als er seinen erlösten Herrn und dessen Erlöserin, die Prinzessin, die nun dessen Braut ist, in die eigentliche Heimat des »Frosches« heimholen kann. Nun ist es die Freude, die alles sprengt, was vordem nötig war, um vom Leid nicht gebrochen zu werden, denn »als sie ein Stück des Weges gefahren waren, hörte der Königssohn, daß es hinter ihm krachte, als wäre etwas zerbrochen. Da drehte er sich um und rief: »Heinrich, der Wagen bricht!« Der aber antwortete ihm mit den Versen:

»Nein, Herr, der Wagen nicht.
Es ist ein Band von meinem Herzen,
das da lag in großen Schmerzen,
als ihr in dem Brunnen saßt,
als ihr eine Fretsche wast.«

Und nach und nach zerspringen alle drei Bänder um sein Herz.

Die von den Brüdern Grimm in ihre »Kinder- und Hausmärchen«-Ausgabe aufgenommene Fassung stammt aus Hessen. In einer Nebenform, die sie bei ihrem Bökendorfer Aufenthalt (im Bökendorfer Kreis um die Annette von Droste Hülshoff) kennenlernten, ist es nicht Heinrich, der sein Herz mit einem Eisenband beschlägt, sondern die Braut, denn der eben Befreite bleibt seiner Braut nicht treu. Als Reiter verkleidet kommt diese an den Königshof. Wie nun der Prinz mit seiner falschen Braut wegfährt, reitet sie im Gefolge hinter dem Wagen her. »Unterwegs hört der Königssohn ein lautes Krachen und ruft: Halt, der Wagen bricht! Da ruft die rechte Braut hinter dem Wagen: Ach nein, es bricht ein Band von meinem Herzen! So kracht es noch zweimal, und jedesmal bekommt er dieselbe Antwort. Da fällt ihm die rechte Braut wieder ein: er erkennt sie in dem Reiter und hält Hochzeit mir ihr.«

In dieser Version zerspringen die Eisenbande vor Schmerz, »denn hinter dem Wagen zu reiten, in dem der Verlobte sitzt und die falsche Braut im Arm hält, das muß unerträglich sein; da droht das Herz zu brechen, und die Bande wollen nicht mehr halten.«[1] Die von den Brüdern Grimm für ihre Sammlung ausgewählte Fassung, die auch für unser Religionsbuch als angemessenere Version gewählt wurde, hat den Sinn: Der Prinz ist erlöst; nun ist das große Leid vorbei. Nun kann sich das lange gehaltene Herz wieder in Freude und Lebenslust weiten, darum zerspringen die Bande, ohne daß das Herz jetzt noch brechen würde.

C. Kinder verstehen gleich, daß hier eine metaphorische Rede vorliegt, denn das Herz in eiserne Bänder zu legen ist ihnen von vorneherein keine reale Vorstellungsmöglichkeit. Um so leichter fällt es, an diesem Märchenmotiv die Gültigkeit bildlicher Aussagen deutlich zu machen, denn kann jemand die Treue und das Glück eines Freundes besser zeigen, als dieses Märchen es tut? Wenn es später um biblische Texte geht, können die hier (und im gesamten Kurs »Sprache« und »Symbol«) gewonnenen Erfahrungen das unmittelbare und nicht immer neu apologetisch zu rechtfertigende Verständnis biblischer Erzähltraditionen tragen helfen.

D. Obwohl unser Religionsbuch lediglich den letzten Teil des Märchens vermittelt, ist es im Unterricht angemessen, die ganze Geschichte zu erzählen. Aber die Symbolik des Märchens ist zu reich, als daß sie in diesem Alter bereits voll erschlossen werden könnte. So mag es beim Motiv des Eisernen Heinrichs bleiben. Daß wiederum der Vers »Heinrich, der Wagen bricht . . .« so vermittelt wird, daß alle ihn gleich auswendig lernen, sollte selbstverständlich sein. Ein Vergleich mit der Herzsymbolik der gegenüberstehenden Seite ist möglich. Dabei erkennen die Schüler, daß Herz nicht allein für Liebe, sondern auch für Treue und Leid stehen kann.

Wer es sich zutraut, kann außerdem noch das Motiv des Frosches (der Fretsche) aufgreifen und interpretieren. Dazu, außer dem oben gegebenen Hinweis, noch ein zusätzlicher Wink: In allen Frosch-Märchen geht es um Wandlung und Befreiung. Bereits seit ägyptischen Traditionen ist der Frosch Symbol von Wiedergeburt und Auferstehung (im Gegensatz zu Israel, wo er Dämonisches repräsentiert). Der Frosch lebt in dunklen Zonen: im Waldbrunnen, in Erdhöhlen (»Die drei Federn«). Er ist »eine Wassertropfengestalt, ganz rund, nur Bauch, zwischen wässriger und fester Gestaltzone, im Austausch lebend auf feuchter Erde oder in sumpfigem Wasser, den Stoffwechselvorgängen also dämmrig hingegeben, sie nur umhül-

[1] *Will-Erich Peukert*, Das Herz in Sage und Märchen, in: Das Herz, Bd. 3: Im Umkreis des Denkens, Biberach a. d. Riß 1969, 142 f.

lend.«[1] Aus diesen dumpfen Zonen gibt es keine Selbsterlösung. Um eine feste Gestalt zu finden, bedarf es einer »Prinzessin«, die die unerlöste Sphäre fest an sich heranholt, in ihre wachen Tage und rhythmischen Nächte hinein, um schließlich, überwältigt von der abstoßenden Zumutung, den Frosch an die Wand zu werfen, was auch hier nicht wörtlich, sondern eher psychologisch zu nehmen ist: »Das Himmelreich leidet Gewalt . . .«, nur so wird »der Königssohn« geboren.

Hans Fries, Predigt des hl. Antonius über das Wort: »Wo euer Schatz ist, da ist auch euer Herz« S. 68

A. Es handelt sich hier um den Ausschnitt aus einem Altarbild von 1506 in der Franziskanerkirche in Freiburg/Schweiz. Die Thematik des Bildes begegnet bereits ein halbes Jahrhundert früher in einem künstlerisch großartigen Relief, das Donatello 1445–1448 für den Hochaltar des Santo in Padua geschaffen hat. (Die Paduaner nennen den hl. Antonius ebenso wie die über seinem Grab errichtete Basilika nur Il Santo; für sie ist er der Heilige schlechthin.) Beiden Darstellungen liegt folgende Legende zugrunde:

Ein reicher Mann hatte sein Vermögen durch Wucher ungeheuer vermehrt. Als er starb, bat seine Familie den hl. Antonius, die Leichenrede zu halten. Der Heilige predigte über das Wort des Evangeliums: »Verkaufet eure Habe und gebt Almosen; erwerbet euch . . . einen Schatz, der nicht ausgeht, in den Himmeln . . . Denn wo euer Schatz ist, da ist auch euer Herz« (Lk 12,33 ff; Mt 6,21). Nach der Predigt wandte sich Antonius an die Verwandten des Toten und kündigte ihnen an, daß sie das Herz des Toten nicht in seiner Brust, sondern in dessen Geldkiste finden würden, wenn sie nur die eine und die andere öffneten: »Also geht hin und durchsucht die Kästen des Verstorbenen, zwischen dem Silber und Gold werdet ihr sein Herz finden.« Sie gingen und suchten und fanden mitten unter dem Gold ein Herz aus Fleisch und Blut. Sie berührten es mit ihren Händen. Das Herz war warm.

Donatello schildert diesen Vorgang vor einer phantastischen Architektur, von der sich schwer sagen läßt, ob sie einen Innenraum oder eine Straße darstellen soll, so daß Häuslichkeit und Öffentlichkeit zugleich anschaulich werden. Die Häuslichkeit zeigt die Pracht des Reichen; in der Öffentlichkeit bewegt sich viel Volk. Die Mitte bildet der aufgebahrte Tote. Unmittelbar dahinter stehen zwei Gestalten, von denen der eine seiner Tracht nach ein Professor sein könnte; der andere ist der Prosektor (»Zerschneider«, Facharzt für Pathologie, der eine Sektion leitet), der den Brustkasten geöffnet und in ihm vergebens nach dem Herzen gesucht hat. Rechtsseits steht der Heilige. Umdrängt vom Volk, weist er mit seiner Hand auf

[1] *Ortrud Stumpfe,* Die Symbolsprache der Märchen, Münster 1969, 58 f.

den Toten. Hinter ihm sieht man Neugierige, die sich eine Estrade zunutze machen, den erregenden Vorgang genau zu verfolgen. Linksseits der Bahre kniet, hockt, steht Volk, das die Armen darstellen könnte, denen der Reiche kein Almosen gegeben hat. Auch hier ist die Erregung groß. Sie gilt dem Toten wie dem Heiligen. Den Hintergrund füllen in dichtem Gedränge weitere Zuschauer, außerdem Kleriker, die mit Kerzen und Kreuzen zur Abhaltung der Exequien kommen. Am linken Reliefrande vollendet sich die Erzählung. Da sieht man vor der geöffneten Schatztruhe Männer, die aus ihr das Herz des Reichen herausheben. Was hier vor sich geht, ist trotz Professor und Prosektor ein Wunder. Von der Sektion unablösbar sind das in der Truhe gefundene Herz und der Heilige, der dessen Fundort vorausgesagt hat.[1]

B. Donatellos Holzrelief ist nach Form und thematischer Gestaltung ein prachtvolles Zeugnis der Renaissance. Demgegenüber mutet das später entstandene, mit 1506 signierte Altarbild von Hans Fries als Ausdruck noch gotischen Lebensgefühls an.

Unser Religionsbuch zeigt einen Ausschnitt aus dem rechten Flügel des Altars. (Die Begrenzung rechts und links und unten entspricht ungefähr den originalen Grenzen, während oberhalb unseres Ausschnittes der Altar die Sterbeszene des Reiches erzählt und seine Entführung durch den Teufel. Der linke Flügel zeigt den predigenden Antonius vor seiner Gemeinde in jenem Augenblick, da er als einziger die Vorgänge um den reichen Mann sieht.)

Der Bildausschnitt des Religionsbuches zeigt die Visitation in der Schatzkammer. In einer Wandnische liegen allerhand Reichtümer ausgebreitet: Gefäße aus edlen Metallen, Goldmünzen in großer Menge und mitten unter diesen Schätzen das Herz des Reichen. Die umstehenden Menschen betrachten diesen Fund erschüttert.

C. Wir haben Donatellos Holzrelief so ausführlich geschildert, weil es die Geschichte des Reichen, der sein Herz an das Gold gebunden hatte, besonders anschaulich erzählt. Für die Behandlung des Freiburger Altarbildes ist diese Geschichte hilfreich. Es ist eine Legende, deren Wahrheit in ihrer inwendigen Erfahrung liegt. Für die Schüler geht es darum, die Gültigkeit des realistisch verstandenen Bildwortes *zu erahnen.*

D. Die Antoniuslegende spiegelt in ihrer Weise das Motiv der Nikolauslegende (→ S. 130). Um die Verbindung zu verdeutlichen

[1] Leicht gekürzt nach *Hubert Schrade,* Das Herz in Kunst und Geschichte, in: Das Herz, Bd. 2: Im Umkreis der Kunst, Biberach a. d. Riß 1966, 18.

und das Verständnis der Kinder zu unterstützen, wurde deshalb der Golddrache des Nikolausbildes als Rahmung des Friesschen Bildausschnittes wiederholt (ein weiteres Mal begegnet der Golddrache auf dem Passionsbild). Da im Regelfall die Nikolauslegende vom Steinernen Herzen diesem Bildthema voraufgeht, kann der Unterricht auf einem bereits grundgelegten Verständnis aufbauen (→ S. 130 ff): Auch dort ist die Brust des Reichen kalt und leer, sein Herz befindet sich im aufgerissenen Rachen des Gelddrachen. Ähnlich sagt man von habgierigen Menschen, die ohne Mitleid und Güte sind, daß sie *kein Herz haben,* herzlos leben. Und genauso klingt im Märchen das Motiv an, es könne jemand ohne Herz sein oder man könne einem das Herz fortnehmen.

Die mehr alltäglichen Redensarten, daß man sein Herz an irgend etwas hängen könne oder sein Herz (z. B. in Heidelberg) verloren habe, sind beschränkt brauchbare Verständnisbrücken, um den Kindern das Jesus-Wort »Wo euer Schatz ist, ist auch euer Herz« zu erläutern. Man sollte diese Brücken nicht strapazieren. Das Wieder-holen der Nikolauslegende und das erneute Betrachten des Agethen-Bildes, das Bedenken der Antonius-Legende und die Verdeutlichung des Jesus-Logions am Altarbild von Hans Fries ist hinreichend sinnenhaft und immanent sinnfällig, um die unterrichtliche Bemühung auf diese Schritte begrenzen zu dürfen.

HAP Grieshaber, Herzauge S. 69

A. Der Reutlinger Holzschneider Helmut Adolf Paul Grieshaber (1909–1981) war neben Franz Masareel einer der großen Erneuerer der Holzschneidekunst. Kennzeichnend für ihn sind auf ihre rudimentäre Form verdichtete Gestalten, oft von archaischer Wucht, deren Sprache dem begrifflich Sagbaren weit vorausliegt. Dem Medium Holzschnitt ist dabei die klare Kontur, der Verzicht auf Beiwerk und Beiläufigkeit eigen. Holzschnitte werden nicht mit dem Pinsel gemacht, sondern mit Messer und Stecheisen aus dem Holz gegraben. Der Widerstand des Materials drückt sich in der knappen Klarheit der Form aus.

B. Der Farbholzschnitt »Herzauge« stammt aus Grieshabers Frühzeit. Er ist das Titelbild eines gleichnamigen Kinderbuches, das Grieshaber 1937 fertigte, als die Nazis herrschten und ihm keiner mehr Papier zum Drucken geben wollte. In dieser Situation politischer Bedrängnis, die für Grieshaber fast ausweglos war, wandte er sich an die Kinder. Sie wurden Herzauge für ihn, holten auf seine Bitte Papierbögen aus dem Papierladen und halfen ihm so, weiterzuarbeiten. Der Erstabdruck auf dem Filtrierpapier eines Krankenhauses mußte dann 17 Jahre ruhen, bis das alte Kinderbuch seiner Tochter Ricca gewidmet werden konnte. 1969 verlegte es der Parabel Verlag.

Was sehen wir? Da ist eine phantastische Gestalt, die eifrig ausschreitet. Auf dem Kopf trägt sie eine baumartige Krone, mitten im Leibe aber anstelle (?) des Herzens ein großes Auge. Das Herz ist auch hier außer Leibes (vgl. voranstehend »Wo euer Schatz ist . . .«), doch sagt der beigefügte Bildtitel »Herzauge«, daß dieser Mensch sein Auge im Herzen hat, also mit dem Herzen sieht, so daß sein Herz bei anderen sein kann.

Ursprünglich war dieses Bild ein politischer Appell an die deutschen Zeitgenossen. »Könnt ihr denn nicht mehr sehen?«, war seine Frage, »nicht mit euren Gefühlen wahrnehmen und das Herz sprechen lassen?« Opportunismus und Angst hatte die Menschen bewogen, lieber nichts zu sehen, nichts zu hören und nichts zu sagen, was außerhalb der Nazidoktrin lag, also sich dem Mitmenschen in seiner Not und Betroffenheit nicht mehr zu stellen. Die damals und auch weiterhin so oft unterbrochene Verbindung vom Auge zum Herzen sollte durch Grieshabers Holzschnitt aufgedeckt werden. Darum bleibt sein »Herzauge« eine beständige Frage, ob wir mit Kopf und Herz leben, statt die Dissoziierung der Person weiterzutreiben.

C. Im Gegensatz zu den detailfreudigen, erzählenden Bildern unseres Religionsbuches ist »Herzauge« ein sehr strenger Holzschnitt. Er zwingt die Kinder zu gesammelter Aufmerksamkeit. Dennoch macht es die nicht-naturalistische Darstellung, die Auge und Herz vertauscht, den Kindern leicht, zu diesem Bild eigene Gedanken zu entwickeln. Denn das Bild ist ja nicht fertig, vielmehr offen, so daß der Betrachter jetzt das Seine hinzutun muß, um zu sagen, was er sieht, was für ihn gelten soll. Inge Behr, die »Herzauge« mit 5–6jährigen angeschaut hat, bestätigt, daß es den Kindern leicht gefallen sei, herauszufinden, was der Holzschnitt sagen will: »Sofort fällt das Herz auf. Es befindet sich nicht auf seinem Platz, sondern ist wie ein Signal aus der Gestalt herausgesetzt. Anstelle des Herzens finden wir ein übergroßes Auge. Es bestimmt die Mitte des Menschen. Als dritte Auffälligkeit erleben wir die Kopfbedeckung der Gestalt. Die zweigartigen Formen lassen vielfältige Deutungsmöglichkeiten zu.«

D. »Die Kinder sehen das Bild lange an. Sie versuchen, sich einzusehen. Dann interpretieren sie das Bild:

Das ist ein ganz komischer Mann.
Der schwingt seine Beine nach hinten.

Ein Herz fliegt in der Luft.
Auf dem Kopf hat er einen großen Hut.
Auf seinem Kopf wachsen Zweige.
In der Mitte hat er ein Loch, da ist sein Auge drin. Sein Herz ist dafür draußen.
Das Auge ist sehr groß, damit soll der Mann etwas sehen.
Das Auge ist da, wo vorher das Herz war.
Er ist ein Herzseher.
Er sieht mit dem Herzen.
Es ist vielleicht Martin.

Den Kindern wird der Name des Mannes gesagt. Er heißt Herzauge. Die Kinder klären im Gespräch, was es mit dem Namen auf sich hat: Herz und Auge gehören zusammen. Wer mit dem Herzen sieht, sieht nicht nur sich, sondern auch den anderen. Wer den anderen sieht, ist nicht mehr allein.«[1]

Daß Grießhabers »Herzauge« in seiner Weise die Quintessenz unseres Kapitels »Sehen lernen« – wie auch des Kurses »Sprachverständnis« – wieder aufnimmt und zusammenfaßt (ohne diese Reihenfolge einzufordern), ist offensichtlich. Empfehlenswert ist eine Anknüpfung an den »Sterntaler«-Linolschnitt mit dem Exupéry-Wort: »Man sieht nur mit dem Herzen gut. Das Wesentliche ist für die Augen unsichtbar.« (→ S. 251 f)

[1] *Inge Behr*, Mit Staunen fängt es an. Ein Werkbuch für religiöse Erziehung von 5 bis 8 Jahren, Göttingen/Zürich 1977, 143 ff.

Symbol: Tür

Grundlegung

Es gibt einen Film von Henri Bresson, dessen Personen die meiste Zeit damit verbringen, Türen zu öffnen, zu schließen, durch sie hindurchzugehen, durch sie zurückzugehen. Ein französischer Kritiker schreibt dazu: »Wer nur das geringste Gespür für transzendentale Bedeutungen hat, sieht, daß die Tür nicht nur eine Öffnung in der Mauer ist oder eine Assemblage hölzerner Bretter, die sich in Angeln dreht. Je nachdem, ob sie geschlossen ist, geöffnet, mit dem Schlüssel bewahrt, verriegelt, hin- und herschlagend – immer sendet die Tür, ohne ihre Eigenschaften zu ändern, Signale aus: menschliche Kundgebungen. Sie bedeutet Anwesendsein oder Abwesenheit, Einladung oder Verteidigung, sie gewährt Tiefenperspektiven in unbekannte Räume oder weckt, geschlossen, wie ein Bühnenprospekt die Erwartung des Zuschauers. Wir betrachten eine geschlossene Tür: irgend jemand, der noch außer Sicht ist, nähert sich ihr; noch haben wir kaum Zeit gehabt, seinen Schatten wahrzunehmen, der auf die Tür fällt, als er sie schon aufgestoßen hat und hinter ihr verschwunden ist: eine Gegenwart, ein Ereignis, eine Absicht haben sich kundgetan ohne jegliche banale Exhibitionierung, allein durch einfache Fläche, die sich bewegte.«

Diese symbolische Relevanz der Tür ist keine moderne Erfahrung – eher hat die zeitgenössische Architektur sie verdrängt –, sondern ein über die Jahrtausende kommendes Wissen, dem wir in alten Kulturen vielfältig begegnen. Vergewissern wir uns deswegen zunächst des geschichtlichen Hintergrundes.

A. Tür-Symbolik in der Religionsgeschichte

»Alle Wege sind gewiesen, keine Abweichung gestattet, kein Irren möglich. Zwischen den Reihen heiliger Tiere, zwischen den Toren wandeln wir ehrfurchtsvoll hindurch. Weit, hoch und mächtig zeigt sich die Pforte, gewaltig wie die Wirkungen des Gottes auf die Welt ...

Wer durch diese erste Pforte eingegangen, atmet wieder freier; ein weiter Hof nimmt ihn auf, heitere Säulen, in reichen mannigfachen Formen mit Pflanzenfülle, umgeben ihn. Auch hier ist der Weg bezeichnet, der weiter in das Innere führt, sanft aufwärts gehend; die Seitenwände nähern, die Höfe senken, der Boden hebt sich, alles strebt nach einem Ziele. Nun kommt eine zweite Schranke; der vielsäulige Raum, welcher schon mehr dem Inneren angehört, ist zwar so weit geöffnet, daß wir in seine dichte, schattige Fülle und Pracht hineinblicken können; aber der Eintritt selbst ist nicht auf allen Stellen willkürlich verstattet. Die Zwischenräume der Säulen sind geschlossen; nur ein Weg in der Mitte ist geblieben. So gehen wir weiter, nun schon der Zerstreuung des freien Himmels entzogen, von dem Ernst des Baues, von der Heiligkeit der Bildwerke eng umgeben. So umschließen uns die geweihten Wände immer näher, bis endlich nur der priesterliche Fuß das einsame tönende Gemach des Gottes selbst betritt.«[1]

So beschreibt Carl Schnaas den dreifach unterteilten Weg in einen ägyptischen Tempel, dessen Pforten immer wieder neu unterschiedliche Bereiche voneinander scheiden: Bekanntes und Unbekanntes, profane und sakrale Zonen, Diesseits und Jenseits. Doch gilt diese Bedeutung nicht allein für den Tempel, sondern in gleicher Weise für das Haus, denn in der alten religionsgeschichtlichen Tradition sind Haus und Tempel wesentlich eins. Immer sind Haus und Tempel eine organische Einheit, deren Wesen eine bestimmte Macht ist: »Wenn der Herr das Haus nicht baut, bauen die Bauleute vergebens« (Ps 127). »Es fällt uns«, schreibt Gerhard van der Leeuw 1957, »die wir schon halbwegs amerikanisiert sind, in Mietwohnungen wohnen und uns unseren Bedarf ins Haus tragen lassen, vielleicht schon schwer, uns eine Vorstellung zu machen von der einheitlichen Macht des Hauses ... (wie sie einmal eine Wirklichkeit war) ...«. Diese einheitliche Macht ist verteilt auf die verschiedenen Teile des Hauses, deren jedes seine eigene Heiligkeit hat. Vorbildlich ist hier das römische Haus, doch findet sich überall auf der Welt Ähnliches.

Zunächst ist da die Tür, die die Räumlichkeit des Hauses von der Macht, die draußen ist, abschließt, die Tür, die schützt und den Übergang bildet vom profanen zum geheiligten Bezirk. Geweiht waren Tür und Tor dem Gotte Janus, der doppelköpfig dargestellt wurde, weil er beide Räume überschaut, jenen vor und jenen hinter der Schwelle. Auf dem Forum Romanum hatte man ihm ein Heiligtum erbaut: ein Tor, das frei auf dem Platz stand und die Gottheit selbst verkörperte. Bei Gebeten und Opfern wurde Janus als Erster angerufen und zum Beginn von Unternehmungen um Schutz gebeten, denn als Gottheit der Türen und Tore war Janus zugleich der Gott allen Anfangs, des Ausgangs zu neuen Taten.

Von ebenfalls eigener Mächtigkeit galt in fast allen alten Religionen die Schwelle. Selbst in unserer Zeit gibt es noch Schwellenbräu-

[1] *Carl Schnaas,* zit. n. *Heinrich Lützeler,* Kunsterfahrung und Kunstwissenschaft, Band 2, Freiburg 1975, 1478.

che beim Einzug in ein neues Haus, eine neue Wohnung (ein Glas Sekt auf der Schwelle zerbrechen, dem Einziehenden Brot und Salz überreichen, die Braut über die Schwelle tragen), die in ihren Rückbezügen aus archaischen Wurzelgründen leben. Auf der Schwelle darf man nicht arbeiten, nicht sitzen, Kinder säugen oder gar sie dort bestrafen; in einigen Traditionen durfte man die Schwelle nicht einmal betreten, sondern nur übersteigen, weil sich gerade hier die dem Hause eigene numinose Mächtigkeit realisierte. (Die »Schwellenangst« ist nur der psychologische Ausdruck dieser Dimension.) Überall auf der Welt werden deswegen apotropäische (abwehrende) Zeichen an den Türen der Häuser angebracht.

In besonderer Weise manifestiert sich die transzendentale Bedeutung der Tür in den öffentlichen Toren, zumal den Stadttoren, Tempeleingängen und Kirchenportalen. Vom Löwentor in Mykene über alle nur denkbaren Tempel- und Kirchenportale bis zu den fastfunktionalen Eingängen heutiger Bundesministerien, die dennoch stets das staatliche Hoheitszeichen tragen, wird hier nicht nur Schutz gegen die Außenwelt realisiert, sondern in weit höherem Maße auch Versinnbildlichung von Macht, und das hieß früher immer auch: höherer Macht. Die in Mandalaform angelegten asiatischen Tempel und Städte mit ihren vier Haupttoren verbanden den sakralen Bereich mit dem Kosmos, die Tore mit ihrer reichen Symbolik wehren böse Außenwelteinflüsse ab und senden dennoch die Segensfülle des inneren Lebens in die vier Regionen des Reiches, das heißt der kosmischen Welt. An den Tempelportalen beginnt der Weg zum Allerheiligsten, deshalb sind Tempeltüren immer auch Manifestationen der Tür zum Himmel.

B. Christliche Tür-Symbolik

»Wie furchtbar ist dieser Ort. Hier ist wahrhaftig Haus Gottes und Pforte des Himmels« (Gen 28,17) – dieses Wort Jakobs aus der Bethel-Erzählung hat die römische Kirchweihliturgie übernommen und auf den Kirchenbau übertragen. Die Portale der jüdischen und christlichen Sakralbauten gewähren den Zugang zur Offenbarung: Christus selbst ist eine Pforte, durch die man zum Heil gelangt: »Ich bin die Tür, wer durch mich eingeht, wird gerettet sein«, heißt es Joh 10,9.

Entsprechend wird Christus mit dem Kirchenportal identifiziert: Sein Heilshandeln findet im Tympanon (Bogenfeld über der Tür) seine Darstellung; wer darunter herschreitet, tritt ein in die Wirklichkeit des Dargestellten. So ist Christus ostium, wobei eine Doppelbedeutung zugrunde liegen kann: die auf das Paradies hinweisende Funktion (ostendere) und die das Paradies verwehrende Funktion (obsistere).

Weitere Hinweise und Konkretionen zur Theologie der Tür finden sich nachstehend zur Interpretation des Kapellenportals von Schloß Tirol (→ S. 323).

C. Tür-Symbolik im Märchen

Lange bevor wir die Tür als Machtinstrument handhaben lernten, begegnet sie uns in unserer Vorstellungswelt. »Vor der Tür lauert es, hinter der Tür kann sich Unheil verbergen«, das ist ihre ewige Thematik, wie sie in symbolischer Verdichtung besonders die Märchen erzählen.

»Drück nur auf die Klinke«, rief die Großmutter, »ich bin zu schwach und kann nicht aufstehen.« Der Wolf drückte auf die Klinke, die Tür sprang auf, und er ging, ohne ein Wort zu sprechen, gerade zum Bett der Großmutter und verschluckte sie. So wird es im »Rotkäppchen« erzählt, aber auch Schneewittchens böse Stiefmutter hat an die Tür geklopft, bevor sie das Mädchen umbrachte, und als Hänsel und Gretel am Hexenhaus knuspern, geht die Tür auf, und eine steinalte Frau kommt herausgeschlichen. Nicht anders erleben es die sieben kleinen Geißlein, als ihre Mutter ausgegangen ist und jemand an die Tür klopft. Mit raffinierter List erschleicht sich der Unbekannte draußen Einlaß, und damit beginnt das verschlingende Unheil.

Doch nicht immer lauert das Unheil vor der Tür. Oft erzählen die Märchen im Bild der Tür auch von Verlockung und neuer Erfahrung. Jene Söhne, denen der Vater drei Federn in die Luft geblasen hatte, damit sie ihnen nachzögen und etwas Tüchtiges aus der Welt heimbrächten, lachten den Dummling aus, dessen Feder gleich vor dem Vaterhaus niedergegangen war. Der Dummling aber setzte sich nieder und war traurig und versann sich. Und nur deshalb bemerkte er auf einmal, daß neben der Feder eine Falltür lag. Er hob sie in die Höhe, fand eine Treppe und stieg hinab . . ., und was er hier unten, hinter der von allen übersehenen Tür entdeckte, das war der eigentliche Reichtum der Welt, den nicht die Weite, sondern nur die Tiefe bereithält.

In anderen Märchen gibt es die geheimnisvolle Kammertür mit den schrecklichen Wahrheiten getöteter Opfer, den lebensgefährdenden Verführungen überirdischer Bilder, denen nachzujagen eine Kette von Gefahren auslöst.[1]

Oder: Die Tür ist verschlossen, der Zugang verboten, aber der Held der Geschichte wird mit dem Schlüssel alleingelassen. Ob er der Versuchung erliegt, ist seine Entscheidung, und nur die Übertretung des Verbots, der Gebrauch des Schlüssels, macht ihn frei! Die

[1] Vgl. Der treue Johannes, KHM 8; auch: Das Marienkind, KHM 67.

geöffnete Tür konfrontiert ihn mit der Wahrheit: Dem Mutigen, der sich dem Unbekannten stellt und dem Grauen begegnet, wachsen auch die Kräfte zu, mit dem Unerwarteten fertig zu werden; im Durchschreiten der Tür geht er seiner eigenen Wandlung entgegen. Kafkas Parabel »Vor dem Gesetz« lehnt sich an diese Tür-Symbolik an.

Und natürlich bedeutet die Tür Schutz. Das ist ja wohl die wichtigste Erfahrung, die wir alle mit der Tür verbinden. Hinter verschlossener Haustür ist Ruhe. Wer nichts in der Stube zu suchen hat, bleibt ausgesperrt und kann weder den Hausfrieden stören noch das Geheimnis, das keinen fremden Blick verträgt, stehlen.

Andere Türen wollen erzwungen werden. Um zum Wasser des Lebens zu kommen, muß das von zwei Löwen bewachte Schloßtor bestanden werden. Dazu bedarf es des Mutes, den Löwen ein Brot in den Rachen zu werfen, aber auch der Zauberrute, um die ehernen Flügel zu öffnen. Doch wer sie bezwingt, darf die Zeit und das wache Herz nicht vergessen, sonst können die Tore auf immer einsperren, zum Grabesverschluß werden oder im letzten Moment noch die Ferse kappen.

Dann gibt es Portale, das sind Türen der Wahrheit. Man kann sie nicht durchschreiten, ohne auf seine tiefste Verfassung hin entlarvt zu werden: Diesen vermag das Tor mit Gold zu überschütten, jenen mit Pech und Schwefel zu strafen. Es sind Durchlässe, die das Innerste nach außen kehren.

D. Tür und Hausarchitektur

Folgen wir allein der konstruktiven Definition, so ist die Tür nichts anderes als eine »bewegliche flächige Verschlußvorrichtung einer den Zutritt ermöglichenden Öffnung in einer Wand . . .«. Auf diese reine Funktionalität ohne jeden symbolischen Wert hat die Architektur der Gegenwart die Tür inzwischen reduziert, »nachdem sie sich im Lauf der Geschichte mit so viel Bedeutung aufgeladen, zu so vielfältiger Gestalt herausgebildet hatte. Jahrhunderte arbeiteten daran, lieferten ihr die sorgsam ausgesuchten Materialien, die handwerkliche Kunst, das individuelle Beteiligtsein. Wo aber der Wohnraum zur bloßen Behälterarchitektur verkommen ist, bedarf es auch nicht mehr der einladenden Geste. Der Behälter repräsentiert niemanden mehr; in ihm finden beliebig austauschbare Nutzer befristete Aufbewahrung. Hauseingänge sind, oft kaum auffindbar, auf bloße Durchschlüpfe reduziert; sie verstecken sich oft im hochgestelzten zugigen Sockelgeschoß oder bieten, in endloser Reihung an Straßen, die niemanden mehr zum müßigen Schlendern reizen, nüchtern verglaste Eingänge an, die kein Geheimnis mehr bergen. Keine Loggia lädt zum Schutz vor Regen ein. Keine Schwelle zum

Verweilen, kein Dekor zur optischen Nah-Erkundung, kein Klingelzug, keine sorgsam gestaltete Klinke wecken die Berührungslust einer taktiler Erfahrungen bedürftigen Hand. Die Tür öffnet sich nach Druck auf einen der vielen Klingelknöpfe, vielleicht nach dem schnarrenden Kontakt durch die Gegensprechanlage, automatisch. Automatisch – und anonym ...

Die Entfremdung aber – ein Besuch besonders in den Großsiedlungen offenbart das – äußert sich in Aggressionen. Türen und Tore sind – Elias Canetti hat darauf hingewiesen – bevorzugte Angriffsziele einer durch keine persönlichen Beziehungen, durch keine affektiven Bindungen mehr gehaltenen Masse. Aber die in die kahlen Türplatten eingeritzten Obszönitäten und Injurien, die unter Steinen und Fußtritten zersplitterten Scherben des nackten Glases, der gewaltsam verschaffte Zutritt, bedeuten kaum noch eine Verletzung der Schwelle im alten Sinn: das Haus ist nicht mehr das geschützte Zuhause, und die Ängste lauern heute, ohne Verheißung verändernder Erfahrungen, auf beiden Seiten der Tür.«[1]

E. Kinder und Türen

Anfangs ergeht es den Kindern nicht anders als den Katzen: Jede verschlossene Tür ist ein unüberwindliches Hindernis; sie müssen rufen, wenn sie rein oder raus wollen. Dann wird es ein Kriterium erster Selbständigkeit, ganz allein die Klinke erreichen zu können und ohne fremde Gunst von Zimmer zu Zimmer zu gehen. Früher war in diesen Jahren das Warten vor der Weihnachtstür ein stets wiederkehrendes Ereignis; das dürfte für unsere Kinder heute sein Geheimnis verloren haben. Aber das Verfügungsrecht über den Schlüssel, das freie Kommen und Gehen und zumal die späte Heimkehr am Abend sind ein lange schwelender, sich immer neu modifizierender Konfliktanlaß der Kindheit und der Jugend.

In der Regel bleibt die Tür bei alledem so achtlos übersehen wie tausend andere Dinge unseres Lebens. Zwar wird sie in Dichtung und Brauchtum überhöht. »Macht hoch die Tür, die Tor macht weit, es kommt der Herr der Herrlichkeit«, dies singen auch heute noch die Gottesdienstgemeinden, und immer noch schreiben die Sternsinger ihren Segen auf die Haustür, gibt es hier und da den Maienschmuck am Eingang, und doch kann ein Mensch alt werden, ohne je mit sehenden Augen den Schmuck der Portale und die symbolische Hintergründigkeit der Brauchtumssprache wahrzunehmen. Das wird für die meisten nur erreichbar durch die bewußte Bildung eines sensiblen Unterrichts.

[1] *Lore Ditzen*, Türen: Sinnbilder und Abbilder, in: Wolfgang Lauter, Tür und Tor. Zwischen drinnen und draußen (Die bibliophilen Taschenbücher), Dortmund 1980, 167–175.

Dennoch ist es für jeden so, auch für den betont Nüchternen, daß sich in all seinen Erfahrungen die »Tür an sich« bewegt, ein Symbol, mit dem sich die Regungen der Seele verbinden: Angst und Sicherheit, Abweisung und Hoffnung, Ermutigung, Verwandlung. Sie hat Macht über uns, »eine Passage zwischen zwei Zuständen, zwischen zwei Welten, zwischen dem Bekannten und dem Unbekannten, dem Licht und dem Dunkel, zwischen Unschuld und Schuld. So öffnet und schließt sie sich auch in den Labyrinthen der Träume.«[1]

Max Kruse, Die Tür

Der Knirps kam nach Haus. Er ging durch die Tür. Doch auf der Schwelle blieb er stehen. Dann setzte er sich hin und stützte seinen Kopf auf den Arm.

»Laß mich nachdenken«, sagte der Knirps zur Tür.

»Worüber?« fragte die Tür.

»Dumme Frage«, sagte der Knirps. »Über dich natürlich. Den ganzen Tag bekam ich Geschichten erzählt. Jetzt will ich dir was erzählen.«

»Bitteschön«, sagte die Tür.

»Also –«, sagte der Knirps. »Du bist dazu da, damit ich durch dich hindurchgehe. Immer wenn ich durch eine Tür gegangen bin, sieht alles anders aus. Dann komme ich in ein anderes Zimmer – oder nach draußen. Am Morgen sause ich durch dich – in die Schule. Und mein Vater geht durch dich zur Arbeit.«

»Richtig«, sagte die Tür. »Und wenn ihr abends die Tür aufmacht, freut ihr euch, daß ihr wieder zu Hause seid.«

»Du sollst still sein«, sagte der Knirps. »Ich will es selbst rauskriegen. Dich gibt es auch, damit wir alleine sein können. Damit einen niemand sieht.«

»Ja«, rief die Tür. »Und im Winter lasse ich die Kälte nicht rein und halte die Wärme in der Stube.«

»Darauf bilde dir nur nichts ein«, sagte der Knirps. »Das tun die Fenster und die Mauern schließlich auch.«[2]

Ernst Bloch, Das Tor-Motiv

Wer wir sind und wann wir eigentlich leben, weiß bis heute niemand. Noch dunkler, wie und wohin wir dann gehen: Sterbende treten ab, als was? Das fault und stäubt ein wenig, doch darum handelt es sich nicht. Der schlechte oder gute Name geht in die Erinnerung einiger Überlebender, bleibt dort eine Weile stehen. Aber die Menschen selber, als Kerne dieser Nachrede, fahren zu einem unbekannten Ziel. Selbst das Nichts, das die Ungläubigen zudiktieren, ist unvorstellbar, ja im Grund noch dunkler als ein Etwas, das bliebe.

Geht einer aus der Türe, so kann man ihn zwar gleichfalls nicht mehr sehen. Auch er verschwindet, als ob er stürbe, mit einem Male, der Zug biegt um die Ecke. Dennoch besteht, selbst bei weiten und gefährlichen Fahrten, der einleuchtende Unterschied, daß der lebend Abreisende auf unsrer Ebene bleibt, und zwar buchstäblich: man kann ihn auf unserm Plan ohne Auf oder Ab der Bewegung wieder erreichen. Jedoch der Sterbende wechselt die Ebene; er geht entweder als pure Leiche in ein unvorstellbares Nichts, das höchstens chemische Vorgänge übrig läßt, oder aber er steigt auf, der »Seelenvogel«, verschwindet in einem offenen, hochgelegenen Tor. Die

1 *Lore Ditzen,* a.a.o.

2 *Max Kruse,* Warum . . . Kleine Geschichten von großen Dingen, dtv 7512, München 1980, 57 f.

Türe, aus der er weggeht, wird zu einem Maul, das ihn so einsam und hohl verschluckt wie jeder seinen Tod allein bestehen muß; oder aber sie wird zum Eingang in ein Etwas, das man nicht weiß und das keine Körpermauern mehr hat. Dies Letztere ist das »einleuchtend« Näherliegende, obwohl keinerlei Realurteil darüber ergehen kann. Aber die Betroffenheit ist sonderbar, die das Tor überall hervorruft, wo es an Bildern und Geschichten erscheint; die Wand des Einschlafens und das Tor des Sterbens.[1]

Michael Ende, Die drei magischen Tore

In Michael Endes Roman »Die unendliche Geschichte« (K. Thienemanns Verlag, Stuttgart 1979) findet sich ein Kapitel »Die drei magischen Tore« (S. 89–101), das zur Symbolik der Tür eindrucksvolle Begebenheiten erzählt, die bei vereinfachender Vermittlung, möglichst ohne Buch, also frei erzählt, tiefgreifend faszinieren können: Das erste Tor besteht nur, wer »die Furcht vor dem Unbegreiflichen, vor dem über alle Maßen Großartigen, vor der Wirklichkeit des Übermächtigen« besteht. Das zweite Tor ist das Zauber Spiegel Tor aus blankem Silber, von dem es schwerfällt zu glauben, daß man gerade durch diese metallene Fläche sollte hindurchgehen können. »Wer da durch will, der muß – um es mal so auszudrücken – in sich selbst hineingehen.« Das dritte Tor schließlich, zu dem man nur gelangt, wenn man die beiden ersten bestanden hat, ist das Ohne Schlüssel Tor: Da gibt es keine Klinke und keinen Knauf und kein Schlüsselloch, nichts. Das Ohne Schlüssel Tor ist einfach zu und absolut unzerstörbar. Sein Material reagiert auf unseren Willen. »Gerade unser Wille ist es, der es so unnachgiebig macht. Je mehr einer hinein will, um so fester schließt die Tür. Aber wenn es einer fertigbringt, jede Absicht zu vergessen und gar nichts zu wollen – vor dem öffnet sich die Tür ganz von selbst.«

Nicht zuletzt ist dieses Kapitel eine meditative Lektion für Lehrer . . .

Michael Ende, Der Tausend Türen Tempel

Im gleichen Roman führt Michael Ende seinen Helden in den Tausend Türen Tempel (S. 233f). Da gab es Pforten, »die aussahen wie große Schlüssellöcher, oder andere, die Höhleneingängen glichen, es gab goldene und verrostete Türen, gepolsterte und nägelbeschlagene, papierdünne und solche, die dick waren wie Tresortüren, es gab eine, die wie der Mund eines Riesen aussah, und eine andere, die wie eine Zugbrücke geöffnet werden mußte, eine, die einem großen Ohr glich, und eine andere, die aus einem Lebkuchen bestand,

[1] *Ernst Bloch,* Spuren (1930), Frankfurt a. M. 1970, 196.

eine, die wie eine Ofenklappe geformt war, und eine, die aufgeknöpft werden mußte. Jeweils hatten die beiden Türen, die aus einem Zimmer hinausführten, irgendetwas miteinander gemeinsam – die Form, das Material, die Größe, die Farbe – aber irgendetwas unterschied sich auch grundsätzlich voneinander.«

Dieser Tausend Türen Tempel ist also ein Irrgarten der Entscheidungen. Jede Entscheidung, die in einen neuen »Raum« führt, stellt zugleich vor eine neue Entscheidung, die ihrerseits wiederum eine Entscheidung nach sich zieht . . .

Man kann diese Geschichte auch selbst entwickeln, sie auf die Kinder der eigenen Klasse hin mit Phantasie und Hinter-Sinn erzählen, so daß diese ihrerseits entscheiden müssen, durch welche Tür sie gehen wollen, um die Freiheit jenseits der tausend Türen zu gewinnen.

Türen des Lebens und des Todes S. 70–72

Die Türenvariationen auf den Seiten 70–72 bilden einen inneren Zusammenhang, ohne daß die Reihenfolge der Bilder zwingend beachtet werden müßte. So stehen sich – in Querformaten – das Foto einer alltäglichen Haustür und das Dämonentor von Bomarzo gegenüber, während in einer anderen Gruppierung Türen zu finden sind, durch die wir immerfort ein- und ausgehen, und daneben solche, die wir nur einmal passieren. Alle Türen der Doppelseite entfalten Einzelaspekte des Symbolfeldes »Tür«, während auf Seite 72 das Kirchenportal alle Vielfalt in einem einzigen Spannungsbogen zusammenfaßt: Dieses Tor ist ein Tor des Todes *und* des Lebens, ein Portal, das Gestern, Heute und Morgen umfaßt, das Himmel und Erde trennt und verbindet.

(1) Die Haustür: Manche Kinder können sich noch erinnern, wie stolz sie waren, als sie zum erstenmal allein die Türklinke erreichen konnten. Von da ab stand ihnen die ganze Wohnung offen, konnten sie von Zimmer zu Zimmer gehen. Vor der Wohnungs- oder Haustür standen sie meist noch etwas länger hilflos, ähnlich wie die Katzen auf einen Erwachsenen angewiesen, der den Schlüssel herumdreht oder die Sicherungskette abnimmt. Jetzt aber, zu Beginn der Schulzeit, sind sie »schon groß«, die Haustür hindert sie nicht mehr, ein und aus zu gehen, und selbst rund ums Haus haben sie längst eine selbständige Bewegungsfreiheit gewonnen. Vor der Haustür liegt die Welt: Auf der Straße gehen Menschen hin und her, fahren Autos, und diese Straße verbindet mit allen anderen Straßen auf dem Kontinent. Von hier aus brechen wir jeden Tag erneut auf: in die Schule, zu den Spielkameraden, zum Einkaufen. Aber hierhin keh-

ren wir auch immer wieder zurück: müde und hungrig, fröhlich oder traurig, zögernd, aber noch öfter erwartungsvoll. Denn hinter dieser Tür ist unser Zuhause. Da sind Vater und Mutter, die Geschwister. Da ist der Tisch gedeckt, da können wir spielen, aber auch ausruhen und schlafen. Hinter dieser Haustür sind die reichsten Stunden unseres Lebens zuhause. Dort stand unsere Kinderwiege, haben wir gehen gelernt, hat uns die Mutter tausendmal aufgenommen und hingelegt, uns an sich geschmiegt und vorgesungen. Darum können wir immer hierhin zurückkehren. Hier finden wir die Kraft für neue Wege in die Welt, denn wir gehen ein und aus, und je älter wir werden, desto länger bleiben wir oft fern, um aber doch immer wieder heimzukehren – und ebenso oft wieder aufzubrechen, bis zu einem letzten Weg, von dem wir nicht zurückkommen, weil die Heimat hinter dieser Heimat uns aufgenommen hat.

Haustüren erzählen und verschweigen. Sie verschweigen, ob Glück oder Streit hinter ihnen wohnt, aber sie erzählen auch etwas von den Menschen, die hinter ihnen leben, zum Beispiel durch die Blumen im Türbereich, mit denen alle, die kommen, gegrüßt sein sollen. Auch die Kinderstiefelchen am Eingang erzählen . . ., oft sogar das Türschild oder die Klingel . . ., alles, was zwischen Straße und Tür liegt.

(2) Die Schultür: Schultüren sind schwerer zu öffnen als Haustüren. Sie sind höher und größer und haben außerdem eine Schließautomatik, gegen die man alle Kraft aufwenden muß (um hinein- oder hinauszukommen). Haustüren öffnen sich immer nach innen – auch das ist bei Schultüren anders. Sie gehen nur nach außen auf, damit sie den Weg nicht versperren, wenn alle auf einmal hinauswollen. Schüler gehen gerne durch die Schultür, aber die meisten lieber hinaus als hinein.

Durch die Schultür gehen jeden Werktag viele hundert Schüler. Manchen Türen sieht man das an, weil sie abgestoßen sind. Sie werden nicht immer gut behandelt. Neue Schultüren sind oft aus Metall und Glas, alte Schultüren aus starkem Holz. Leider sind sie alle, die neuen und die alten, ohne Schmuck. Man könnte ja zum Beispiel ein Herz daran hängen, das allen Schülern sagen würde: Ihr seid herzlich willkommen! Wir Lehrer freuen uns auf euch! Und wir wollen euch auch Freude bereiten! Dann würden die Schüler und sogar deren Eltern merken, daß die Tür und das Herz mehr miteinander zu tun haben, als die gedankenlosen Menschen meinen.

(3) Der Türsegen: Daß die Tür mehr ist als eine Platte, mit der man das Haus verschließt, haben die Menschen schon immer gewußt – früher mehr als heute. Deshalb haben sie gerne ihre Türen

geschmückt oder einen Segensspruch oder Wünsche darüber geschrieben: »Herr, segne dieses Haus und die da gehen ein und aus.« Oft hat bei den Türen auch ein Weihwasserschälchen gehangen – ähnlich wie bei den Kirchentüren –, aus dem alle, die morgens das Haus verließen, Weihwasser nahmen und sich segneten. Denn wer zur Arbeit hinausgeht, weiß nie, wie er zurückkommt, wie es ja auch unter dem Schleier der Zukunft liegt, was mit den Menschen im Hause geschieht, ob sie gesund bleiben und ob sie die Liebe zueinander bewahren. Darum haben sie mit dem Durchschreiten der Tür einen Segen verbunden, damit keiner gedankenlos werde, sondern sich für das Leben draußen und drinnen unter den Schutz Gottes stellt.

Ein solcher Tür- und Haussegen ist auch mit dem jährlichen Brauchtum des Dreikönigssingens verbunden (→ S. 157). Phantasievoll gekleidete Kinder, welche die »Weisen aus dem Morgenlande« repräsentieren, ziehen mit einem Lied von Tür zu Tür und schreiben mit Kreide ihren Segenswunsch darauf: »19 + C + M + B + 83«. Die volkstümliche Lesart hat diese Buchstabenfolge immer mit den legendären Namen der »drei Könige« gedeutet, also mit Caspar, Melchior, Balthasar, doch dürfte eine Auflösung mit »*C*hristus *M*ansionem *B*enedicat« – Christus segne dieses Haus – wohl angemessener sein. Mancherorts wurde der Haussegen auch mit dem Neujahrssingen verbunden und ebenso wie beim Sternsingen auf die Haustür geschrieben. Wenn alle das Sternsingerlied lernen mögen und Spaß am sinnreichen Spiel haben, können sie auch nach den Weihnachtsferien durch das Schulhaus ziehen und an alle Klassentüren ihren Segen schreiben.

(4) Dämonentor: Auf der Kirmes zahlen wir noch Geld dafür, einem Dämon nach dem anderen in den aufgesperrten Rachen fahren zu dürfen, und erleben solch eine Geisterbahn mit Wonneangst. Im Labyrinth unseres Lebens können wir den vielen Türen, durch die wir alle Tage ein und aus müssen, von außen nicht ansehen, ob es Eingänge in die Höhlen des Schreckens, der Not und der Vernichtung sind. Meistens sind die vertrauten Türen ins eigene Haus und sogar die festlich geschmückten Türen in ihrem Schatten ebenfalls solche Dämonentore, die redlich bestanden sein wollen. Es wäre deshalb oberflächlich geurteilt, die Türen unseres alltäglichen Lebens nur im Licht zu sehen: *Jede* Tür ist Eingang zum Himmel und zur Hölle zugleich, und damit sie allein ins Glück geleite, bedarf es der Annahme und Überwindung des Dämons, der in uns und um uns her haust.

Das Monster, das unser Foto zeigt, findet sich nördlich von Rom bei dem Dorf Bomarzo nahe Viterbo in einem Garten der Rätsel. Il

Bosco Sarco, den heiligen Hain, nennen ihn die Italiener. Zwischen 1552 und 1554 hat ihn der Renaissancefürst Francesco Orsini anlegen lassen, »um seinem Herzen Luft zu schaffen«, wie eine Inschrift verrät, nachdem Giulia Farnese, seine zweite Frau, gestorben war. Eine andere Inschrift spricht vom »heiligen Wald, der nur sich selber und nichts anderem gleicht«. Es sind Bilder des Unbewußten, nach außen projizierte Symbole, in denen der Besucher den ungelösten Rätseln seiner eigenen Seele begegnen kann.

Was verlockt die biederen Leute, in den Rachen der Unterwelt hineinzugehen? Ist es ein Traum von Verwandlung, der sie nach dunklen Zonen verjüngt wieder entläßt? Oder ist es in allem der Schauder des Unbekannten, auf den sie sich in spielerischer Probe einlassen? Es dürfte kaum einen Menschen geben, den dieser aufgesperrte Rachen nicht verlockte. Warum nur? Und steht diese Erfahrung nicht für viele andere Türen, die ebenfalls in Unterwelten führen können und gerade deshalb locken?

Andererseits: Märchen erzählen immer wieder von verriegelten Toren, die ein Ungeheuer bewacht, und erst dann wird der Weg zum »Wasser des Lebens« frei, wenn dem Rachen des Verderbens furchtlos entgegengetreten wird. Letztlich ist dieser verschlingende Dämon das vordere Antlitz des Todes, den der besiegt, der ihn annimmt.

Kindern kommt das Bild vom »Monstri« entgegen. Vielleicht fasziniert sie kein anderes Tor so sehr wie dieses. Sensiblen Schülern kann es aber auch Schrecken und Ablehnung einflößen. In jedem Fall möchten alle gerne hören, was es mit diesem Eingang ins Dunkle auf sich hat. Es wird gut sein, keine definitiven Antworten zu geben, sondern mutmaßend darüber zu sprechen, ähnliche Märchenmotive zu erinnern und zu erzählen und zu verdeutlichen, daß jeder Mensch in seinem Leben oftmals in solche Höhlen hinein muß, von denen man glauben kann, daß sie für immer verschlingen, und die doch aufgegebenen sind, in ihnen zu siegen und neues Leben zu gewinnen.

(5) Hochzeitstür: Die Kinder haben nicht mehr überall Gelegenheit, eine geschmückte Hochzeitstür zu sehen. Die Verlagerung der Familienfeiern in Gaststätten und eine allgemeine Nivellierung des Brauchtums ließen auch diese Tradition schwinden. Das Foto aber läßt sie unmittelbar die Sprache dieser Tür erfassen. Sie ist mit einem Kranz umwunden, wie ja auch manche Mädchen zu festlichen Anlässen ein Blumenkränzchen auf dem Kopf tragen und mit Blumen den Hochzeitszug begleiten.

Es gibt noch andere Hochzeitsbräuche, die eng mit der Türsymbolik in Verbindung stehen. Zum Polterabend werden Scherben vor die Haustür geworfen, nicht allein, weil Scherben Glück brächten, sondern aus einem tieferliegenden Wissen, daß »Dämonen«, die es zu besiegen gilt (s. oben Nr. 4), die Tür des jungen Paares hinter aller jetzigen Freude versteckt belagern. Und wenn die Braut als angetraute Frau erstmals die Schwelle der eigenen Wohnung überschreitet, ist es mancherorts Brauch (gewesen), hier Brot und Salz zu reichen oder sie über die Schwelle in die Wohnung zu tragen.

Die bekränzte Tür ist Ausdruck festlicher Freude, ein Symbol des Himmels. Hinter dieser Tür ist die Wohnung geschmückt, die Tafel ist gedeckt, und das Brautpaar ist mit vielen Gästen beim Mahl versammelt: Für Jesus war dies mehr als alle anderen Lebenssituationen ein Gleichnis des vollendeten Gottesreiches.

(6) Die Totenhaustür: Dies ist die letzte Tür, durch die der Mensch ein- und ausgeht, das heißt, er kann sie nicht mehr selbst durchschreiten, er wird getragen, die Füße voran. Auch diese Tür führt ins Dunkel. Die drei Schädel am Türbogen sagen die wahren Verhältnisse an: Nun wird der Tote versammelt zu den Vielen in der Erde, bald ist sein eigenes Gesicht verfault, für eine weitere Weile bleibt nur noch der beinerne Schädel gleich denen an der Totenhaustür.

An einer Beinhaustür (unser Foto zeigt jene von Wolhusen bei Luzern) kann niemand vorübergehen, ohne des eigenen Todes zu gedenken. Und doch ist diese Tür nicht die einzige Tür des Todes. Wollen wir nicht beim äußeren Vorgang stehenbleiben, so sind das Dämonentor und das Kirchenportal (S. 72) als Tore der Erlösung hinzuzunehmen. Beide Tore passiert der Mensch in seinem Tode. Im Dämonentor begegnet er seinem eigenen Schatten, all den unerlösten Dimensionen seines Lebens, im Erlösungstor werden ihm Befreiung und Heil zuteil. Eine sorgfältige Betrachtung des umseitigen Portals als der Summe aller Türen des Todes und des Lebens ist darum bedeutsam.

Kirchenportal S. 72

A. Im Kirchenportal vollzieht sich die Scheidung der Geister. Löwen und Greifen bedeuten, daß niemand hier ungerüstet eintreten kann (vgl. die Löwen im Grimmschen Märchen »Das Wasser des Lebens«). Einst standen im Narthex, das ist im Vorraum, die aus der Gemeinde zeitweilig Ausgeschlossenen und verrichteten dort ihre Buße. Sie mußten die Ernsthaftigkeit ihrer Umkehrgesinnung noch und noch unter Beweis stellen: mit Bußketten und rauhen Gewändern angetan, mit Fasten und Entsagungen. Sie baten die Eintretenden um ihr Gebet.

Aber auch jene, die das Kirchenportal durchschritten, ermahnte dessen Symbolsprache zu innerer Bereitung. Mit ihrem Eintritt begaben sie sich in das durch Christus eröffnete Paradies.[1] Jeder Gang durch das Kirchenportal ist deshalb Eingliederung in die Gemeinsamkeit mit Christus und Anteilhabe an seinem Heil. Das Kirchenportal will nicht »erinnern« oder »ermahnen«. Es ist eine symbolische Raumgestalt, die entweder Einhalt gebietet oder in ihrem Durchschreiten den aktuellen Vollzug der Communio Sanctorum realisiert. Als Symbolqualität ist das Kirchenportal ein Sakramentale: Es vergegenwärtigt, was es bedeutet.

B. In einer sehr eindrucksvollen Weise verkörpert das *Portal der Kapelle von Schloß Tirol* ein solches Programm. Wir geben hier zunächst einige historische Informationen und beschreiben dann das Portal detailliert in seinem Aufbau.[2]

[1] Oft heißt auch die dem Portal vorgelagerte Halle Paradies. Es ist der westlichste Teil der geosteten Kirche. Vom Westen her (im germanischen Raum auch vom Norden) kommen die Dämonen, im Osten aber liegt das Paradies. Der Narthex wurde als Paradies aufgefaßt, weil er das erste Stück des Ostens für den Eintretenden war. Häufig galt der Narthex jedoch als das verlorene Paradies – die Adam- und Eva-Darstellung erinnert daran –, während das Kircheninnere das neue Paradies war. Vgl. *Herbert Schade,* Dämonen und Monstren. Gestaltungen des Bösen in der Kunst des frühen Mittelalters, Regensburg 1962, 36.

[2] Der Beschreibung liegt der eine breite Forschung resümierende Aufsatz von *Franz Dietheuser* zugrunde: Die Rätsel der zwei romanischen Figurenportale auf Schloß Tirol, in: Der Schlern 48 (1974) 49–63.

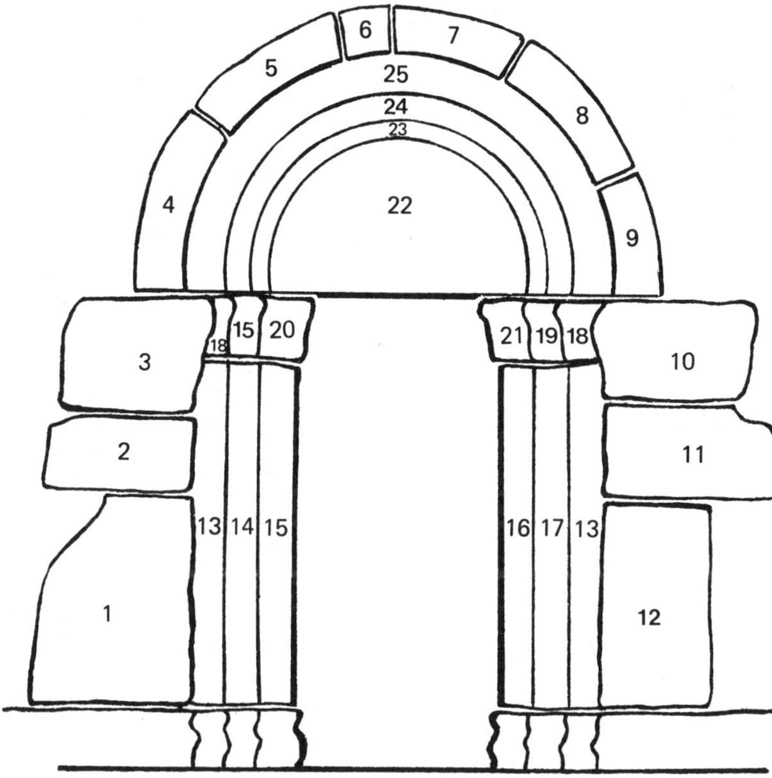

Aufbau: vier *Bögen* (mit Wechsel zwischen glatt und wulstig) ruhen auf vier *Stützen* (auch diese zeigen Wechsel zwischen Pfeilern und Säule).

1. Kentaur mit Pfeil und Bogen
2. Sündenfall
3. David über dem Löwen. Schafbock befreiend
4. Hades stößt Kain mit Gabel in die Hölle
5. Sich lausendes Affenpaar
6. Aufgereckte Hand Gottes
7. Großes Dreistreifengeflecht
8. Greif schlägt Hasen
9. Laufendes Rebhuhn
10. Stehender männlicher Löwe
11. Drache mordet Elija und Henoch, zeugt zwei Schlangen
12. Christus-Adler beraubt den Höllendrachen
13. Glatte Dreiviertelsäule rechts und links
14. Pfeiler mit Weinblatt und Wellensaum
15. Pfeiler (Türpfosten) mit Schilfrohr, oben Flechtwerk
16. Pfeiler (Türpfosten) mit Weinranken und Trauben
17. Pfeiler mit Lotosranke
18. Adlerkapitell rechts und links
19. Pfeilerkapitelle rechts und links mit Akanthus
20. Pfeilerkapitell mit Meermaid
21. Pfeilerkapitell mit Akanthus
22. Bogenfeld mit dreifiguriger Kreuzabnahme
23. Bogenkehlung mit Blitzmotiven
24. Flachbogen mit Regenbogenmotiv und Lebensbäumen
25. Wulstbogen mit Lebensbäumen im Dreistreifenflechtband

An der Unterseite des Bogenfeldes sind zwei bärtige Halbfiguren mit Buch (= Engel), ihre Flügel ragen ins Bogenfeld hinein, halten mit einer Hand den Kreuzesfuß.

Das Portal entstand um 1150 infolge der großen Baulust nach dem zweiten Kreuzzug. Sein theologisches Programm wurde in einem Benediktinerkloster des Bistums Chur ausgearbeitet; auch die Vorlagen für die Steinmetzen entstanden dort. Die Ausführung übernahm ein lombardischer zusammen mit einem einheimischen Steinmetz. Das Portal war ursprünglich in kräftigen Farben bemalt. Die Kunst der Romanik war ja insgesamt Farbkunst, die – niemals naturalistisch – inhaltlich charakterisierte und Bedeutungen symbolisierte. Auch das pflanzliche Ornament ist nicht einfach grün bemalt zu denken, sondern profiliert in leuchtenden Kontrastfarben das Gesamtbild.

Das Kapellenportal von Schloß Tirol ist eines der ersten in monumentaler Form im deutschen Raum und gleichzeitig ein großes Beispiel für eine noch archaisch empfundene Tür-Symbolik. Das Portal hat zwei Abtreppungen, aber nur eine Rundsäule in der ersten Ecke. Mit Ausnahme des Säulenschaftes sind alle Teile, auch die Tympanonbogen, reich ornamentiert. Ein Türsturz fehlt, so daß die Tür nur mit der Bogenfeldplatte abschließt.

Die Kreuzabnahme im Bogenfeld (22). Die Zentraldarstellung im Tympanon ist Mitte und Bezugspunkt des gesamten Portalprogramms. Was immer hier an Menschengestalten, Tieren und Pflanzen den Eingang umrahmt, es gewinnt seine Bedeutung vom Christus des Bogenfeldes her.

»Ich bin die Türe. Wenn jemand durch mich hineingeht, wird er gerettet werden«, heißt es Joh 10,9. Deswegen zeigt das Bogenfeld den Gekreuzigten als Auferstandenen. Nur auf den ersten Blick erscheint die Szene als eine Kreuzabnahme. Karfreitag und Ostern sind hier vereint mit einem futurischen Aspekt, der Christus als Weltenherrscher darstellt: Zu dieser Darstellung des Siegers und Herrn gehören Haartracht und Bart, Gewandung, Thron, Leibwachen, Hand Gottes, Adler-Wächter und Triumpharchitektur.

Das Kreuz ist als Thron und Siegeszeichen gestaltet. Die Balken sind stark verbreitert, die Querarme sind aufwärts gerichtet. Es ist der Baum des Lebens, von dem überreiches Heil kommt. Für das alte symbolische Denken steht das Kreuz im Mittelpunkt der Erde –, und es markiert überall dort, wo es errichtet wird, die Mitte der Welt: »An ihm hat der Erlöser die Arme ausgebreitet, um die Enden der Erde zu fassen« (Cyrill von Jerusalem).

Die Hände des Gekreuzigten sind noch angenagelt, während die Füße nebeneinander auf einem Stützbrett stehen, ohne Nägelköpfe, aber mit den Nägelmalen gezeichnet. Die Haartracht ist »samsonflechtig«: Wie Samson den Löwen überwunden hat, so hat Christus den Tod besiegt. Darum sind seine Augen auch nicht im Tode geschlossen, sondern weit geöffnet in die Welt gerichtet. Die zeitgenössische Ostersequenz des Wipo von Burgund (1048) besingt den gleichen Gedanken, den das Bogenfeld darstellt: »Tod und Leben stritten im Kampfe, wie nie einer war. Der Fürst des Lebens erlag dem Tod; zum Leben erstanden herrscht er als König.«

Rechts und links des Kreuzes sind die beiden Ratsherren Josef von Arimathäa und Nikodemus zu sehen. Sie tragen zeitgenössische Kleidung, weil es hier nicht um eine historische Darstellung geht, sondern um eine Gegenwart, die im Durchschreiten der Tür aufgenommen werden soll. Einer dieser Männer will mit einer übergroßen Zange den Nagel aus der rechten Hand Christi ziehen, der andere umfaßt Christi Leib, wie um ihn aller Welt als deren Maß und Heil zu zeigen.[1]

So also bekommt diese Kirchentür ihre symbolische Bedeutung durch den Inhalt des Bogenfeldes. Es ist eine Zusammenfassung des Evangeliums auf seine entscheidende Mitte hin. Alle übrigen Darstellungen müssen von hier her gedeutet werden.[2]

Kentaur (1): Links unten sehen wir einen Kentaur mit Pfeil und Bogen. Kentauren sind vierbeinige, aus Mensch und Pferd gebildete Wesen, die ursprünglich im antiken Hellas die wilden Bergwälder belebten. Sie galten als Verkörperungen der wilden, dämonischen Natur. Nach dem »Physiologus«[3] ist der Kentaur ein Sinnbild des Irrlehrers, der ähnlich wie Wildbäche, die unvermutet die Natur verheeren, die Christenheit bedroht. Er trägt auf seinem Haupt einen Helm, wie er für das 12. Jahrhundert typisch war; auf seinen Bogen hat er gerade einen Pfeil zum Abschuß aufgelegt, jetzt ist er im Begriff, den Bogen zu spannen. In der (auf dem Foto nicht wahrnehmbaren) Seitenansicht wird der Kentaur als Teufel entlarvt. Er gilt als Vater der Lüge und der Häresie, der jetzt und in der Endzeit Pfeile des Irrtums auf die Kirchenbesucher abschießt.

Der Sündenfall (2): Über dem Kentaur wird die Geschichte vom verlorenen Paradies erzählt. Ganz links hält die große geohrte Para-

[1] Vgl. die aus gleichem Geist gestaltete monumentale »Kreuzabnahme« an den Externsteinen im Teutoburger Wald.

[2] Das Schema des Kapellenportals auf S. 325 stammt von *Christian Caminada*, Die Skulpturen im Schloß Tirol, in: Zeitschrift für Schweizerische Archäologie und Kunstgeschichte (1956), Heft III, 140–156. Wir beschreiben nachfolgend nicht alle Details, sondern beziehen uns nur auf die wichtigsten Figuren, soweit sie für die Deutung dieser Kirchentür grundlegend sind.

[3] Der »Physiologus« (der Naturforscher) ist ein anonymes christliches Volksbuch, dessen älteste Fassung ins 2. Jahrhundert zurückgeht. Es deutet teils reale, teils fabulöse Tiere, Pflanzen und Steine auf Christus, die Trinität, die Kirche, den Teufel, den Menschen ... hin. Eine naturwissenschaftliche Beschreibung tritt aber ganz zurück hinter mythische und magische Auffassungen. Der Einfluß des »Physiologus« auf die Bildende Kunst ist weit verbreitet und besonders hinter Fabeltieren wie Einhorn, Phoenix, Pelikan u. a. m. zu finden.

diesschlange den Baum des Lebens und den Baum der Erkenntnis umwunden. Ihr Maul ist weit aufgesperrt und bedroht die Menschen. Adam und Eva sind nackt, gerade haben sie es entdeckt und bedecken darum ihre Scham. Mit ihnen begann die Geschichte des Unheils, aber hier soll sie nun enden. Wer durch die Tür, die Christus ist, eintritt, wird in ihm ein neuer Mensch.

David kämpft mit dem räuberischen Löwen und befreit einen Schafbock(3): Zugrunde liegt der Text 1 Sam 17,34ff. Wir sehen David als Hirten über dem Löwen stehend. Er faßt das Raubtier, das gierig die Zunge aus dem Rachen streckt, mit der Linken am Unterkiefer, mit der Rechten am Oberkiefer, um ihm die Kinnladen auszurenken. David wird in dieser typologischen Darstellung als ein Vorentwurf Christi verstanden: So wie der Ahnherr David über den Löwen gesiegt hat, so hat Christus über das Totenreich gesiegt, das seine Beute wieder freigeben muß. Die Entsprechung dieser Szene zum Sieg Christi im Bogenfeld ist leicht verständlich.

Stehender männlicher Löwe (10): In gleicher Höhe auf der gegenüberliegenden Seite wiederholt sich die Löwensymbolik noch einmal. Wir sehen ein männliches Tier, das die Zunge herausstreckt zum Zeichen der Gier und Macht, das an den Beinen jedoch schon Fesseln trägt. Zunächst mag es befremden, daß dieser gebundene Löwe ohne seinen Bezwinger abgebildet wird. Wenn wir uns der »samson-flechtigen« Haartracht Christi im Tympanon erinnern, wird jedoch die innere Beziehung zwischen dem Sieger am Kreuz und dem besiegten Löwen deutlich. So wie Samson nach Ri 14,5f einen Löwen zerriß, hat Christus durch seinen Tod den Tod besiegt. Darum ist diesem Löwen als Bild des besiegten Todes, der zwar noch seinen Rachen aufsperren kann, die rechte Vorderpranke in den Block gelegt.

Der dämonische Antichrist-Drache (11): Die folgende Szene ist schwieriger als die voraufgegangenen zu deuten und deshalb auch oft widersprüchlich interpretiert worden. Wir sehen ein menschenfressendes Untier, das vorne gerade einen Mann verschlingt; hinten, unter dem Schwanz, liegt eine weitere Gestalt. Dem Rücken des Drachen entwachsen zwei Schlangen.

Es handelt sich hier nicht um ein Phantasiegebilde, sondern um eine Zusammenschau verschiedener Bibelstellen, wie sie für die romanische Kunst mehrfach bezeugt ist. (Parallelen zu diesem Thema auf einem Kapitell zu Vézelay, am Nordportal von St. Jakob in Regensburg, auf einer Gurtrippe am Kreuzgang von St. Michael in Hildesheim). Die beiden Menschen, die der Drache mordet, sind

»Elija« und »Henoch«. Sie stehen hier als Blutzeugen der Endzeit, die der Antichrist beherrscht, wie Offb 11,7ff erzählt:

»Und wenn sie ihr Zeugnis vollendet haben, wird das Tier, das aus der Unterwelt heraufkommt, mit ihnen Krieg führen und sie besiegen und sie töten ... Und die Bewohner der Erde freuen sich über sie und frohlocken und werden einander Geschenke schicken; denn diese zwei Propheten peinigten die Bewohner der Erde. Und nach den dreieinhalb Tagen kam Geist des Lebens aus Gott in sie, und sie traten auf ihre Füße, und große Furcht überfiel die, welche sie sahen. Und sie hörten eine laute Stimme vom Himmel, die zu ihnen sprach: Kommet hier herauf! Da erhoben sie sich zum Himmel hinauf in der Wolke, und ihre Feinde sahen sie.«

Die typologische Deutung nimmt Elija und Henoch im Alten Testament als Vorfiguren der Himmelfahrt Christi. Hier sind sie zugleich jene endzeitlichen Zeugen, die dem Wüten des Drachen ausgeliefert sind, und – obwohl in Qual und Tod gerissen – durch Christi Sieg (den das Bogenfeld darstellt) über diese Leidenszeit triumphieren.

Der Christus-Adler beraubt den Höllendrachen (12): Hier steigt das Tier aus der Unterwelt herauf, von dessen Wüten das darüber befindliche Bild erzählt (oben Nr. 11). Sein Aufstieg meint das Siegesbewußtsein der Hölle beim Tod Jesu am Kreuze. Aber gerade da stößt der Christus-Adler auf seinen Kopf herab und entwindet ihm seinen Raub. Dieser Niedersturz des Adlers ist die Höllenfahrt Christi. Die Hölle ist dieser Feuerdrache. Sein Vorderleib ist von parallelen Feuerwellen überzogen, während das Schwanzende ebenfalls Feuer ausspeit. Wiederum steht dieses Motiv in einer inneren Entsprechung zum Bogenfeld und deutet das zentrale Heilsgeschehen.

Der äußere Bogenstein (4–9): Die kleineren Darstellungen des Portals sollen hier nur in knapper Form beschrieben werden. (4) Der linke Bogenstein zeigt Hades, die personifizierte Hölle, wie er den Brudermörder Kain kopfüber in den Abgrund stürzt. Darüber (5) ein sich lausendes Affenpaar als mittelalterliches Sinnbild des Teufels, der in den Luftraum verbannt ist. Fast in der Mitte des Scheitelbogens eine nach oben gerichtete Hand (6). Es ist die Schwurhand des messianischen Psalms 109, 110: »Setze dich zu meiner Rechten, bis ich die Feinde dir gelegt zum Schemel deiner Füße« (vgl. 1 Kor 15,25). Gleichzeitig ist es das Gottessymbol, dessen Geheimnis alles zusammenschließt, was unter dem Scheitelbogen dargestellt wird. Der nächste Stein (7) ist ornamental mit einem wohlgegliederten Flechtwerk gestaltet. Anschließend ein Greif, der einen Hasen schlägt (8), und ein laufendes Rebhuhn (9), beides – wie auch auf der linken Bogenhälfte – Symbole der äußersten Peripherie und Gottesferne.

Die Ornamentik (14–17; 23–25): Das Ornament kann in der romanischen Kunst mal herrschen, dann wieder dienend zurücktreten. Es verschlüsselt und grenzt den Zugang zum Geheimnis ab. Das Ornament gibt aber zugleich eine »letzte« Erklärung der Welt, denn diese Welt ist für die Menschen der romanischen Zeit ein Ordnungsgefüge, ein Kosmos, mundus oder ornamentum. Was allemale auf die gleiche Gehaltenheit hinter den Erscheinungen verweist. So ist auch der äußere Bogenstein als Peripherie des christlichen Kosmos, den dieses Portal abbildet, nicht ausschließlich von Erfahrungen des Bösen und der Schwäche bestimmt, sondern im Zenit gehalten von Gottes Schwur- und Segenshand und daneben von einem Ornamentbogen bestimmt, der auf die nicht endgültig zerstörte innere Ordnung der Welt verweist.

C. Das Kapellenportal auf Schloß Tirol hat in der Forschung sehr unterschiedliche Deutungen gefunden, die ihrerseits ein Kapitel wechselnden Kunstverständnisses darstellen. Viele Interpretationen gehen deshalb so willkürlich auseinander, weil man die einzelnen Figurationen je aus ihrer Gegenständlichkeit reichlich assoziativ zu deuten versuchte und ihre strenge Eingebundenheit in das theologische Programm des gesamten Portals dabei ignorierte. Didaktischer Grundsatz ist jedoch, daß jede Detailerklärung vom Inhalt des Bogenfeldes ausgehen muß. Wer hier nicht ansetzt, verliert den Zusammenhang und findet niemals zum Geist des Ganzen.

Die monumentale Theologie des Portals spricht in der noch unbeholfenen, aber handwerklich stets sorgfältigen Behandlung des Steins eine volkstümliche Bildersprache. Freilich war auch zur Entstehungszeit des Portals der »geistliche Dolmetscher« nötig, um die Glaubenswelt des Portals zu erschließen. Ohne Beheimatung in der biblischen und theologischen Tradition sind diese Szenen nicht zu lesen, das Portal nicht in einem geistlichen Vollzug zu durchschreiten. Aber wem die Geschichten, die diese Figurengruppen verkörpern, erzählt werden, der vermag in ihre Glaubenswelt einzutreten. Es wäre der mittelalterlichen Kirche ja auch niemals eingefallen, an ihren Portalen Bilderrätsel aufzustellen. Selbst der einfachste Mensch sollte die Sprache dieser Darstellungen verstehen und nachvollziehend in die Wirklichkeit des verkündigten Geschehens kommen können.

Kann das der heutige Mensch auch noch? In vielen Fällen wird man sagen müssen, daß es den Kindern leichterfällt als den Erwachsenen. Die Sprache dieser Kunst ist zwar weithin fremd geworden, aber doch noch nicht zur Fremdsprache schlechthin. In dem Maße, wie der Mensch mit Bildern und Symbolen wieder leben lernt, wird auch dieses Portal in seiner vitalen Urwüchsigkeit erneut lebendig.

Im Symbolzyklus »Tür« steht das Portal der Kapelle des Schlosses Tirol mit methodischem Bedacht am Ende der Beispielreihe. Bevor dieser Eingang den Kindern vorgestellt wird, müssen sie die Tür in ihrer alltäglichen und symbolischen Bedeutung von allen vorangestellten Beispielen her kennengelernt haben. Die symbolische Qualität dieses Kirchenportals erschließt sich ihnen dann vorbewußt.

Ausgangspunkt der Betrachtung kann das Jesus-Wort sein: »Ich bin die Tür. Wenn jemand durch mich hineingeht, wird er gerettet . . .«. Dieses Wort muß nicht rational erklärt werden. Alleine die symbolischen Tür-Geschichten von Michael Ende können in hinreichender Weise das Sensorium für die spezifische Bedeutung des Kirchenportals vermitteln. Darum wird vieles von selbst zufallen, sofern die vorausstehenden Anregungen und Materialien in angemessener Auswahl und Vereinfachung schrittweise vermittelt werden.

Bibelverständnis

Israel – Land und Leute

Die didaktische Konzeption unseres Buches berücksichtigt Bibeltexte im 1. Schuljahr nur sehr sparsam. Unmittelbar in das Religionsbuch aufgenommen findet sich lediglich Mk 10,46–52: Die Heilung des blinden Bartimäus. Mittelbar ist freilich der biblische Bezug breit angelegt: Die Feste des Kirchenjahres verweisen in Bild und Text in den meisten Fällen auf das Neue Testament; im weihnachtlichen wie im österlichen Themenkreis erzwingen sie geradezu die Vermittlung der Jesus-Geschichte. Aber auch das Kapitel »Sehen lernen« sowie die Kurse »Sprachverständnis« und »Symbolverständnis« sind voller biblischer Bezüge, zumal sie ja auch elementare Voraussetzungen für das Verständnis der biblischen Sprache grundlegen wollen. Die Bände für die Schuljahre 2 bis 4 werden einerseits das Vorhandensein einer eigenen »Schulbibel für die Grundschule« berücksichtigen, andererseits aber unser bibeldidaktisches Konzept systematisch weiterführen, so daß am Ende der Grundschulzeit eine solide Grundlage an bibelkundlichem Wissen und hermeneutischer Kompetenz erwartet werden darf, die den weiterführenden Religionsunterricht auf ein dem Alter angemessenes Niveau hebt, freilich auch mehr Qualität vom Bibelunterricht einfordern wird.

Der erste bibelkundliche Kurs hat »Land und Leute in Israel« zum Thema. Es werden wichtige Informationen über das Volksleben in biblischen Zeiten geboten, die für die spätere Arbeit mit Bibeltexten ein anschauliches Rahmenverständnis liefern. Da wir im 1. Schuljahr hierfür noch keine Lesefähigkeit voraussetzen können, erfolgt die Darstellung ausschließlich über das Bild.

Auf diese Bilder ist ungewöhnlich große Sorgfalt verwendet worden. Jedem einzelnen Detail liegen gründliche Studien und Erkundungen zugrunde. Hauptsächlich ist hier die bis heute noch nicht überrundete Forschungsarbeit von *Gustaf Dalman,* Arbeit und Sitte in Palästina, 1928ff, zu nennen, deren Grundlegung in die ersten drei Jahrzehnte unseres Jahrhunderts zurückreicht. Eingehende Beratung verdanken wir dem Judaisten Reinhold Mayer und dem Bibelarchäologen Peter Welten, beide von der Universität Tübingen. Für den Zeichner Josef Schelbert bedeutete die Arbeit an diesen 14 Seiten mehrmonatige Anstrengung vom Vorentwurf bis zur endgültigen Fassung. Dafür liegt nun eine Lösung vor, die sachlich wie künstlerisch hohen Ansprüchen gerecht wird und bisher nicht gekannte Qualitätsmaßstäbe setzt.

Alle Bilder des bibelkundlichen Zyklus wollen im Detail genau angeschaut werden. Sie erzählen aus sich heraus. Damit sie der Unterricht jedoch voll ausschöpfen kann, bieten wir nachfolgend eingehende Informationen zu jedem gezeigten Detail. In erzählenden Gesprächen und gemeinsamen Überlegungen kann mit Hilfe dieses Sachwissens den Schülern eine ihnen fremde Welt eröffnet werden, die sich durch ihre bedürfnislose Einfachheit in einen wohl radikal zu nennenden Gegensatz zu unseren Lebensverhältnissen stellt und doch mehr als jede spätere Zivilisation geeignet ist, das Maß des Menschen wieder bewußtzumachen.

Die Arbeit des Bauern: Von der Saat zur Ernte S. 74–75

Schon vor dem Eindringen der israelitischen Kleinviehnomaden nach Kanaan war dieses Land kultiviert. Die Ansiedlung zwischen den Städten und Äckern der Kanaaniter führte schrittweise zu agrarischen Lebensformen. Damals noch bestehender Wald wurde gerodet; der Ackerbau prägte seitdem die weitere kulturelle Entwicklung. Das zeigt am deutlichsten der Charakter der drei großen Feste, die alle Erntefeste waren. Gegenüber dem Ackerbau gewannen Handwerk und Handel nur bescheidene Bedeutung. Selbst als Saul zum König gesalbt worden war, pflügte er noch auf dem Felde. Die Gesetzgebung Israels gründet auf agrarischen Voraussetzungen, und die prophetische Rhetorik bis hin zu Jesus ist mit ihren Bildworten und Gleichnissen ganz mit bäuerlichen Lebensformen vertraut.

Die Bodenverhältnisse des Landes sind jedoch sehr unterschiedlich, je nach Höhenlage, Sonneneinstrahlung, Regenmenge oder Bewässerungsmöglichkeit. In höheren Lagen Galiläas und auf dem Gebirge Juda war Gerste die wichtigste Getreideart, in tieferen Lagen gedieh der Weizen. Manche Böden und Lagen waren für Weingärten geeignet, andere für Oliven und Maulbeerfeigenbäume. Das Jordantal bot mit seinen Oasen, besonders um Jericho, subtropische Vegetationsbedingungen. Wo es an Regen fehlte – das waren vor allem die Grenzzonen des seßhaften Gebietes –, unterhielten die Bauern gemischte Betriebe mit starken Kleinviehherden, die das versteppende Weideland nutzten.[1]

Feldbestellung: Pflügen und Säen

Die Arbeit der Bauern ist hart, denn der Boden ist steinig und schwer. Wenn der Sommer ihn ausgetrocknet hat, ist er kaum aufzubrechen; deshalb beginnt die Bestellung der Felder erst mit Beginn

[1] Den abgebildeten Gerätschaften und Arbeitshaltungen liegen Bilddokumente aus Gustaf Dalman, a.a.O., Bd. III, Von der Ernte zum Mehl, zugrunde (reprografischer Nachdruck der Ausgabe von 1933, Hildesheim 1964).

des ersten Frühregens im Herbst (Ende Oktober/November). Bleibt der Regen aus, verschiebt sich die Feldbestellung in den Dezember hinein.

Die damaligen Pflüge bestanden nur aus einem Holzdorn mit einer Eisenspitze. Mit diesen einfachen Geräten (s. Abb. S. 74 unten) konnte man weder sehr tief pflügen noch den Boden umwenden, sondern nur die Erde aufreißen, so daß der Regen den Boden tränkte und die Saat in das gelockerte Erdreich fiel. Der Pflug wurde meistens von einem oder zwei Ochsen gezogen, auch Esel kamen für diese Arbeit in Frage, aber das Zusammenspannen von Ochs und Esel war (der unterschiedlichen Tiere wegen) verboten (Dtn 22,10). Beim Pflügen führte der Bauer mit einer Hand den Pflug, während er in der anderen den Ochsenstecken hielt. Diese Stecken waren zwei bis drei Meter lang.

Die Reihenfolge: erst pflügen, dann säen, wurde nicht immer eingehalten. Es gab auch die Praxis, zuerst zu säen – also auf festgetretenes Land, voller Steine und Unkraut (vgl. Mk 4,3–9) – und dann erst mit dem Pflug den Boden aufzureißen. Der Sämann warf je nach der Richtung, in der er das Feld abschritt, mit der rechten oder linken Hand den Samen auf den Acker. Durch wiederholtes leichtes Pflügen wurde die Saat mit Erde bedeckt, blieb aber bis zur Ernte vielen Gefahren ausgesetzt, wie Trockenheit, Hagel, Unkraut, Ungeziefer und heißen Winden. Auch Sturzregen konnte die Saat vernichten, am bedrohendsten aber war die Dürre, denn ohne Wasser gibt es kein Leben. Ein trockenes Jahr brachte Hunger und Not für das ganze Land, für Menschen und Tiere.

Die Ernte

Der Winterregen gibt dem Boden genügend Feuchte, so daß die Saat keimen und wachsen kann. Der Spätregen im März fördert die letzte Reifung, dann beginnt die Ernte im April, die sich über mehrere Wochen, in höheren Lagen bis Juni, hinzieht. Wenn die Felder nicht ganz klein waren, wurden Tagelöhner, auch Frauen, für die Ernte angeheuert. Bezahlt wurde oft mit Feldfrüchten, bei Tagelohnarbeitern mußte der Lohn täglich ausgehändigt werden. Alle Arbeiter wurden auf dem Feld beköstigt. Weil mit der Erntezeit zugleich der heiße Sommer begann, wurde die Arbeit auf den tagsüber glutheißen Feldern (vgl. van Gogh, Die Ernte, → S. 277) in die Morgenkühle vor und nach Sonnenaufgang verlegt; auch die abendliche oder nächtliche Ernte ließ das jüdische Gesetz zu. Als Werkzeug wurde die Sichel benutzt. Wir zeigen eine solche Schneidesichel auf Seite 74 unten. Der Schnitter (nach Jer 50,16 »der, der die Sichel faßt«) umfaßte das stehende Getreide mit der linken Hand und führte die Sichel mit der rechten. Von anderen Helfern wurden die von den Schnittern hingeworfenen Büschel aufgesammelt und zu größeren Bündeln, nicht eigentlichen Garben, mit Strohbändern zusammengebunden. Dann wurden sie auf dem Rücken von Lasttieren zur Tenne geschafft. Nur wenn der Dreschplatz auf dem Felde war, wurde dort das gesamte Getreide zusammengetragen, mußte dann aber notfalls hier bewacht werden.

Das Ernten war ein froher Vorgang, der sich auch im Gesang äußerte. Wer am Erntefeld vorbeiging, grüßte die Schnitter: »Der Segen Gottes komme zu euch!« Die Antwort lautete: »Wir segnen euch im Namen Gottes.« Zu Beginn der Ernte wurde im Heiligtum eine Opfergabe dargebracht. Das Ende der Ernte beschlossen Erntefeste als große Freudenfeste.

Zu erwähnen ist noch die Nachlese: Die Armen, die Witwen und Waisen durften liegengebliebene Ähren aufsammeln oder »Vergessenes« mitnehmen, wenn es nicht eine festgelegte Menge überschritt. Schließlich gab es den Brauch, eine Ecke des Erntefeldes den Armen zu überlassen. Ursprünglich war dies eine private Sozialhilfe, die später rechtlich gefaßt und als Wille Gottes eingeschärft wurde.

Dreschen

Der Ort des Dreschens, Worfelns und Siebens war nicht eine Scheune, sondern die Tenne unter freiem Himmel. Dazu konnte eine ebene Fläche dienen, die aus gestampftem Lehm oder glattem Fels bestand. Die örtliche Lage der Tenne mußte sich nach der Bodenbeschaffenheit und den Windverhältnissen richten. Oft waren die Tennen gemeinsamer Dorfbesitz; dann gab es mehrere Dreschplätze darauf, die meist durch Steine oder Dornen gegeneinander abgegrenzt waren. Doch konnte auch ein einzelner Bauer irgendwo seine Tenne unterhalten.

Bevor die neue Ernte auf die Tenne gebracht wurde, mußte der Dreschplatz sorgfältig vorbereitet werden. War er felsig, so genügte es, ihn zu kehren. Erdige Tennen verlangten mehr Arbeit: Steine und Unkraut mußten entfernt werden, der Boden geglättet und mit Häckselstroh hart gemacht werden, damit sich das Korn nicht hineindrücken ließ.

Gedroschen wurde nur ausnahmsweise mit einem Stab (Stock), in der Regel wurde eine Dreschtafel benutzt. Das ist eine hölzerne Tafel, aus zwei oder mehr Brettern zusammengefügt, die auf ihrer Unterseite mit spitzen, harten Steinen, meist aus Basalt, besetzt ist. Die Steine, etwa 150 bis 220 Stück, wurden in runde oder viereckige Löcher eingesetzt, mußten jedoch oft erneuert werden, weil sie entweder abgenutzt oder herausgefallen waren. Gezogen wurde die Dreschtafel gewöhnlich von Rindern, denen das Maul zu verbinden das tierfreundliche jüdische Gesetz verbot (vgl. Dtn 25,4). Ein Mann oder Knabe stand auf der Dreschtafel und trieb die Tiere an, während ein zweiter Mann benötigt wurde, das Dreschgut aufzutragen, zu wenden, das leere Stroh abzunehmen sowie das Gedroschene nach außen zu werfen. Dabei entstand ein Kornwall rings um die Dreschbahn. Dieser wurde später, nachdem der Dreschplatz gesäubert worden war, erneut auf die Bahn geworfen und zum zweitenmal gedroschen. Aber je nach Menge des Getreides konnte die Arbeit auch anders organisiert werden.

Im Prinzip hat sich dieser Vorgang bis an die Schwelle der Gegenwart unverändert erhalten. Gustaf Dalman beschrieb das bunte Bild einer Dorftenne, das er 1925 beobachtete: »Drei jetzt mit Eisen, früher mit Steinen besetzte Dreschtafeln waren im Gebrauch, die eine von einem Pferde, die zweite von zwei Eseln mit Joch, die dritte von einem Maultier gezogen. Außerdem arbeiteten da ohne Dreschtafel drei gekoppelte Ochsen und zwei gekoppelte Esel, alle von Männern oder Knaben getrieben (damit sie mit ihren Hufen die Körner aus den Ähren herausdrückten). Daneben waren andere mit dem Worfeln beschäftigt.« Gerne wurde dabei gesungen, während die Tiere mit Stock oder Peitsche immer neu angetrieben werden mußten.

Worfeln

Auf dem Boden der Tenne bleibt ein Gemenge von Körnern, Strohresten, Spreu und Staub zurück, das durch Worfeln geschieden werden muß. Dazu ist ein milder Wind notwendig, der weder zu stark bläst, weil dann das schwerere Korn mit der Spreu davongeblasen würde, noch stoßweise kommen darf. Ebenso wie das Dreschen ist auch Worfeln ausschließlich eine Männerarbeit, die oft mit Gebet begonnen wird. Weil Dreschen und Worfeln vielfach Hand in Hand gehen, können alle Arbeiten im Wechsel besorgt werden. Wenn der Drusch mehrfach durchgeworfelt wird, lassen sich noch Grobhäcksel und Feinhäcksel voneinander trennen. Zum Schluß wird der Tennenboden sauber gekehrt.

Geworfelt wird mit der Worfelgabel. Das Worfelgerät, das unser Buch zeigt, ist eine südpalästinische Gabel. Sie hat fünf etwas gebogene Zinken (»Finger«) aus flachen, am Ende zugespitzten Hölzern. Diese Zinken stecken in einem Querholz, in dem sie mit Holzstiften befestigt sind. Die mittlere Zinke reicht noch 8 cm über das Querholz hinaus zur besseren Befestigung an dem 130 cm langen Griff, der seinerseits mit seinem abgeflachten Ende über Querholz und mittlere Zinke zur Stabilisierung der Gabel hinausgeführt wird. Die Worfelgabel ist auf diese Weise fast eineinhalb Meter lang. Beim Aufheben des Drusches wird die Worfelgabel gegen den Wind gedreht, damit der Fall der Körner in dieser Richtung beginnt. Bei zu starkem Wind hebt man die Wurfgabel nur ein kleines Stück hoch, während sie bei gutem Worfelwind bis zwei Meter hoch gehoben wird. Der geübte Worfler weiß sich den Windverhältnissen anzupassen, indem er z. B. gerade in die Höhe oder gegen den Wind worfelt. Mehrfaches Worfeln war vermutlich die Regel.

Der Grobhäcksel wurde als Viehstreu benutzt, auch als Heizmaterial für den Backofen oder als Bindemittel für den Lehmputz auf dem Dach oder an den Hauswänden.

Der Feinhäcksel (Spreu) war wichtiger. Er diente als Viehfutter, bisweilen mit Wicken vermengt, war aber auch Bindemittel für Ziegel und andere Tonprodukte wie Getreideschreine, Kochherde und Backöfen (siehe Bild »Im Haus« → S. 84/85).

Als das Wertvollste auf der Tenne wurde der Kornhaufen bewacht. Für ihn galt die gesetzliche Pflicht des Zehnten und der Priesterabgabe. Eine gute Ernte sicherte den Lebensbedarf für ein langes Jahr.

Sieben

Das Sieben des Getreides scheint wieder Arbeit der Frauen gewesen zu sein. Es konnte möglicherweise mit einem feineren oder gröberen Sieb geschehen. Ausgesondert sollten alle fremden Beimengungen werden, die auch durch mehrfaches Worfeln nicht vom Korn zu trennen waren. Die Arbeit konnte hockend wie stehend ausgeführt werden, aber selbst ein zweifaches Sieben auf der Tenne erbrachte noch kein absolut vollkommenes Resultat. Dalman berichtet von Ergebnissen, wie sie vor Jahrzehnten gemessen werden konnten: Demnach enthielt selbst Handelsgetreide immer noch Beimengen von Staub oder Erde von 2 bis 4 Prozent, ja bis zu 10 Prozent. Auch Unkrautsamen blieb reichlich erhalten. Beim Weizen aus Gaza etwa 2–8 Prozent, beim anderen Weizen meist weniger. Am saubersten war der Weizen des Ostjordanlandes. Unser Bild zeigt eine Frau mit Sieb, die rechte Frau mit dem Tennenbesen.

Messen

Der Ernteertrag mußte noch auf der Tenne gemessen werden, weil die Zehntabgabe zu entrichten war. Messen konnte der Bauer selbst oder ein von ihm Beauftragter. Von einer fremden Kontrolle ist nirgends die Rede. Ehrlichkeit gilt hier als selbstverständlich vor Gott. Es gab ein gestrichenes und ein gehäuftes (gerütteltes, gedrücktes) Maß. Zum Abstreichen des Maßes benutzte man ein besonderes Holz. Im Tempel wurden alle Maße gehäuft genommen. Das Maß selbst bestand aus Holz, mit Eisenbändern umzogen. Eine im Altertum vielgebrauchte Einheit war das Sea (Scheffel), dem etwa 12 Liter entsprechen.[1]

[1] *Gustaf Dalman*, a.a.o. 105.

Die Arbeit des Fischers: Fischfang am See Gennesaret S. 76–77

Bildbeschreibung:

Links im knietiefen Wasser stehend ein Fischer mit Wurfnetz. Im Hintergrund legen andere Fischer von zwei Booten ein großes Netz aus. Am Ufer ist ein Ruderboot festgemacht. Rechts am begrünten Strand sind Netze zum Trocknen aufgehängt. Vorne ist ein Mann noch mit dem Aufhängen beschäftigt. Vor ihm stehen drei Fischkörbe (einer allein, die anderen ineinandergestellt).

Details unterhalb der Bildszene: oben links: Discognathus Rufus; unten: Chromis Simonis; oben rechts: Cyprinodon dispar. Daneben eine Fischfanggabel, ein Angelhaken und ein Trockenfisch.[1]

Das Fischvorkommen in Israel

Es hat im alten Israel nie an Fischen gemangelt. Die Mittelmeerküste zwischen Gaza und Nordphönizien war sehr fischreich und auch der See Gennesaret, der Jordan und die nur kurzläufigen Dauerbäche boten gute Fangmöglichkeiten. Das Tote Meer gestattet allein im Mündungsgebiet des Jordan den Fischfang. Sein hoher Salzgehalt verhindert im übrigen alles Leben. Flavius Josephus erwähnt besonders die Fische des Sees Gennesaret wegen ihrer eigenen Gestalt und ihres Geschmacks.

Über den Fischbestand des Sees Gennesaret liegen nur jüngere Bestandsuntersuchungen vor. Nach Bodenheimer wurden hier 24 Arten registriert. Für die Meeresküste etwa 78 Arten, für zwei Küstenbäche zehn, für den Jordan elf Arten.[2] Diese Arten haben natürlich nicht alle Bedeutung für den Fischfang. Nach Dunkel (Biblica, 1924, 383 ff) sind die wichtigsten Gattungen des Sees Gennesaret die Chromiden, die Cypriniden und die Siluriden. Die auf unserem Bild Seite 76 unten links dargestellten Fische sind im See Gennesaret heimisch. Der Petrusfisch (Chromis Simonis, unten Mitte) ist ein Maulbrüter. Das männliche Tier nimmt die Brut in seinen Rachen, der mit dem Heranwachsen der Jungen stark anschwillt.

Man unterschied reine und unreine Wassertiere: »Alles, was im

[1] Die Zeichnung wurde angefertigt auf der Grundlage von Informationen und Bilddokumenten in: *G. Dalman*, a.a.O., Bd. VI (1939), Bild Nr. 66; 74.
Die Vorlagen für die Fischabbildungen stammen aus: *Tristram*, The Fauna and Flora of Palestine, und: Wegouroux Dictionnaire de la Bible, Paris 1912, V.

[2] *Bodenheimer*, Animal Life, 417, 420, 422 ff, 431 f, 466 ff. Ferner: Report of the Departement of Agriculture and Forests for 1927–30 (1932) mit Abbildungen aller eßbaren Fische Palästinas. Zit. n. Dalman, a.a.O.

Wasser Flossen und Schuppen hat, in den Meeren und in den Bächen, das dürft ihr essen. Doch alles ... was keine Flossen und Schuppen hat, gelte euch als Greuel.« (Lev 11,9–11)

Das Fischfangrecht im galiläischen See unterstand keinem Eigentumsvorbehalt. Wer wollte, durfte fischen. Am Sabbat war der Fischfang natürlich verboten. Die größten Erträge brachte die winterliche Regenzeit, nicht die heißen Sommermonate.

Der Fischfang

Die Evangelien erzählen oft vom Fischfang am See Gennesaret.

Das am Nordostufer liegende Betsaida (Mt 11,21; Mk 6,45; 8,22; Lk 9,10; 10,13; Joh 1,44; 12,21) ließe sich mit »Fischfanghausen« übersetzen und das hier ebenfalls gelegene Magdala (Mt 15,39) heißt »Einmachwort von Fischen« oder »Pökeldorf«. Nach Falvius Josephus (Bellum Judaicum, II, 21,8) gab es dort 230 Boote mit je vier Schiffen gerechnet. Allein diese Angaben lassen auf ein wohletabliertes Berufsfischertum schließen.

Die Angel war schon in biblischen Zeiten das Gerät für den Fischfang im kleinen, gewöhnlich vom Ufer aus. Petrus sollte sie nach Mt 17,27 in den See werfen und den ersten gefangenen Fisch nehmen, um in seinem Maul einen Stater zu finden. Die Angel (s. S. 77 unten) konnte einfach an einer Schnur ohne Angelrute hängen, doch gab es auch das Angeln mit Schnur und Stock.

Die Gabel: Für Ägypten sind holzgeschäftete Gabeln gut bezeugt, die für das gern geübte Fischstechen benutzt wurden. Allem Anschein nach war dieser Modus auch in Israel heimisch. Die abgebildete Broncegabel wurde in Geser gefunden.

Das Wurfnetz: Es hat eine kreisförmige Fläche, deren Ränder mit Bleistückchen beschwert sind. Das Netz wird mit der rechten Hand so ausgeworfen, daß es mit seiner vollen Fläche ausgebreitet auf das Wasser fällt und dort sinkt, wobei es die darunter befindlichen Fische einfaßt. An günstigen Orten kann das Netz so stark gefüllt werden, daß es nur mit Mühe einzuholen ist. Meistens hilft eine Zugeinrichtung, das gefüllte Netz zu schließen. Unser Bild zeigt links einen Fischer mit Wurfnetz, im knietiefen Wasser stehend (nach Dalman, Bd. VI, Bild Nr. 66).

Das Schleppnetz: Nach Dunkel (a.a.O., 377 f) ist ein Schleppnetz 200–250 Meter lang, in der Mitte 5 Meter, an den Enden 3,75 Meter breit. Diese Angaben beziehen sich auf Netze, wie sie Anfang des Jahrhunderts am See Gennesaret benutzt wurden. Gustaf Dalman sah 1900 »ein viele Meter langes, 2 Meter breites Netz mit einer Ausbuchtung in der Mitte«. Ein anderes Schleppnetz am See Gennesaret hatte 40 Meter Länge und 2 Meter Breite. Da Schleppnetze für biblische Zeiten verbürgt sind, darf bei der Beständigkeit des einfachen Volkslebens in Palästina bis zum Übergriff der Technischen Zivilisation von ähnlichen Fischfanggeräten im Altertum ausgegangen werden.

Die Enden eines Schleppnetzes sind an Holzstäbe, etwa 1,5 Meter breit, gebunden, und daran befindet sich jeweils ein Zugseil. Der obere Netzrand ist mit Kork, der untere Rand mit Blei besetzt. Für das Auslegen des Netzes sind zwei Boote nötig, in dem einen liegt das geordnete Netz, vom anderen Boot aus wird es aufgenommen und, nachdem es vollständig ausgelegt ist, angezogen, bis es eine Wand im Wasser bildet. Darauf fahren beide Boote ans Ufer und ziehen das Netz nach. Viele Männer fassen beide Zugseile an und ziehen das Netz an Land. Die zusammen mit Schalentieren, ungewünschten Fischen und Seetang gefangenen Tiere werden anschließend gleich ausgelesen. Dalman berichtet, daß große Mengen zwischen 2800 kg bis 14 400 kg auf diese Weise gefangen werden können, doch kann das Fischen auch über Tag und Nacht vergeblich sein.

Das Auslegenetz: Diese dritte Netzart ist für den Fischfang im tiefen Wasser bestimmt. Es ist ein »gefüttertes« Netz, bei dem ein engmaschiges Netz von zwei weitmaschigen Netzen umgeben wird. Kleinere Formen von 15 Meter Länge und 3 Meter Breite werden ebenso verbürgt wie 100 und gar 200 Meter lange Netze. Auch hier hält Kork den oberen Netzrand, während Blei das Netz in der Tiefe spannt. Früher wurden hohle Kürbisse als Markierungen an den Enden angebracht, damit man sah, wo das Netz liegt. Die Fische werden dann durch ein Boot und Ruderschläge in das bogenförmig zusammengezogene Netz getrieben. Sie verfangen sich im dreifachen Netz, werden mit allen verfügbaren Kräften ins Boot gezogen und ausgelesen.

Die Boote: Ebensowenig wie Netze aus biblischer Zeit erhalten geblieben sind, gibt es genaue Kenntnisse über Bootstypen, die dem Fischfang dienten. Unsere zusätzlichen Erkundungen bei der Hebräischen Universität Jerusalem erbrachten keine neuen Auskünfte. Da Israel in der Seefahrt nie eine selbständige Rolle spielte, vielmehr immer von Phöniziern und anderen seefahrenden Völkern abhängig war, finden sich auch keine Unterlagen für den hochseetüchtigen antiken Schiffsbau in Israel, sondern vorzugsweise in der Ägyptischen Geschichte. Die auf S. 76/77 dargestellten Bootstypen folgen den Beschreibungen und Bildern Dalmans, geben also Formen wieder, wie sie zur Jahrhundertwende in Gebrauch waren, doch darf mit ähnlichem Recht, wie Archäologen und Historiker von der in ihrer Substanz unverfälschten beduinischen Gesamtkultur ausgehen, dies auch für die Fischerei angenommen werden.

Um jedem Zweck zu entsprechen, waren die Fischerboote zum Rudern und Segeln eingerichtet. Es gab einen größeren und einen kleineren Bootstyp. Bei beiden war der Kielbereich durch einen Bretterboden abgedeckt. Außerdem hatten Vorder- und Hinterteil jeweils an ihren Enden eine obere Abdeckung. Zwei oder mehr schmale Bretter dienten als Sitzbänke. Das vordere Sitzbrett enthielt ein Loch für den Mast, der nicht in der Mitte des Bootes stand. An ihm war ziehbar die Rahe aufgehängt, an dem das meist dreieckige Segel hing. Bei starkem Wind wurde das Segel abgenommen und um die Segelstange gewickelt.

Die Wetterbedingungen auf dem See Gennesaret: Die tiefe Lage des Sees – 208 m unter dem Mittelmeer, 400–500 m unter den Bergen im Westen, Norden und Osten – ist Ursache eigentümlicher Windverhältnisse. Morgens herrscht meistens Windstille. Der Westwind, der Sturm bringen kann, senkt sich oft erst mittags auf den See. Stärkere Fallwinde bewirken einen Wellengang, dem die Fischerboote nicht gewachsen sind. Die Windstille der Nacht ließ die Fischer gerne das Auslegenetz fern vom Ufer auswerfen und morgens den Fischfang beenden. Auch die an einem langen Strick ausgelegten Angeln wurden nachts von Booten in die tiefe See gelassen und morgens eingezogen.

Die Fischverwertung

Das warme Klima gestattet nur eine sehr kurze Aufbewahrung der gefangenen Fische. Darum war frischer Fisch allein in der Nähe der Küstenorte zu haben. Für den Versand wurden die Fische ausgenommen, an der Sonne getrocknet und als Trockenfisch transportiert. (Siehe S. 77 unten rechts.) Das Fischtor in Jerusalem weist auf diese Fischmärkte hin (Neh 3,3; 12,39; 2 Chr 33,14). Fische konnten aber auch in Salzlake eingelegt und konserviert werden. Der griechische Ortsname Magdala weist darauf hin (s. o.). Das jüdische Recht kennt den Fisch als eingepökelt, gekocht, gesotten, geröstet und sogar als im Korb eingeführten »ägyptischen Fisch«. Das aramäische Sprichwort »Vom Meer zur Pfanne« betonte den schnellen Transport vom Fangort zur Nahrungsbereitung.

Im Dorf: Hausbau und ländliche Architektur S. 78

Bildbeschreibung

Vorne ein kleiner Hof; eine Frau ist beim Kochen; auf der Türschwelle sitzt eine andere Frau beim Spinnen; rechts neben ihr hockt auf der Treppe zum Söller ein Kind. Auf dem Dach eine Laubhütte mit teilweise eingefallenem Dach; unter der Hütte auf der Ummauerung steht ein Wasserkrug mit Standring. Die Mauern des Hofraumes, mit Ausnahme des Treppenteils, sind unverputzt. Das Dach des Hauses rechts im Vordergrund ist ohne Mauereinfassung; der Lehmbestrich ist gut erkennbar.

Links ein Haus mit Söller Obergemach. Auf dem unteren Dach eine Schlafhütte aus Schilfmatten und Tuch. Ganz hinten (links oben) ein Haus mit Laubenvorbau und Mäuerchen.

Rechts das mittlere Haus zeigt einen weiteren Treppenaufgang zum Dach. Das Dach ist von einem unterschiedlich hohen Mäuerchen umfaßt (vgl. die anderen Dächer). Auf dem Dach ein Schutzgestell mit Matten als Schlafhütte und für sonstigen Aufenthalt. Dahinter auf dem nächsten Hausdach zwei Hütten in Form von Spitzzelten. Dieses Haus umgibt ein geräumiger Hof. Am Ende des Dorfes ein von Mauern gesäumter Weg, links davon zwei Zypressen.[1]

Die Baumaterialien

Das übliche Baumaterial auf dem Lande waren Lehm und Lehmziegel; die gebirgigen Landschaften boten auch einen Kalkstein, der leicht zu bearbeiten war. Weil Holz knapp war, zumal Bauholz von ausreichender Länge, stand dieses Baumaterial nur sehr eingeschränkt zur Verfügung.

Im Küstengebiet und im Jordantal liegt der Fels in unerreichbarer Tiefe. Hier fertigte man aus lehmhaltiger Erde Ziegel unter Beimengung groben Häcksels: Der tonige Brei wurde in viereckige Holzformen gefüllt, abgestrichen und zum Trocknen an der Luft aus der Form gelöst. Die Produktion solcher Luftziegel war für weite Teile des Orients regulär. Diese Lehmziegel konnten 35 bis 54 cm lang, 23 bis 28 cm breit und 9 bis 15 cm hoch sein. Es gab aber abweichend noch viel größere Formen, etwa bis zu 1 m Länge pro Ziegelstein.

Das bessere Material war der Kalkstein. Für einfache Bauten sind weitgehend rohe, unbehauene Steine benutzt worden. Fast immer waren die Fundamente und die Mauerfüllungen aus unbehauenen Feldsteinen. Bei behauenen Steinen redet das jüdische Recht von dreierlei Arten: von einseitig behauenen Steinen, zweiseitig behauenen Steinen und mehrseitig behauenen Steinen. Alle Arten konnten auch bei gewöhnlichen Bauten vorkommen, doch war der allseits behauene Stein teuer und durchweg repräsentativen Bauten vorbe-

[1] Den Abbildungen (Hausarchitektur wie Tätigkeiten) liegen Bilddokumente des Seminars für Biblische Archäologie der Universität Tübingen sowie aus *G. Dalman,* a.a.O., Bd. VII, Das Haus u. a., zugrunde.

halten. Einfache Häuser und Mauern wurden aus unbehauenen Steinen gebaut, und nur die Eckverbindungen und Türstürze verlangten hammerrechte Steine.

Der beim Hausbau verwendete Mörtel konnte lehmige, tonhaltige Erde sein. Auch der Töpfer benutzte diese Erde für seine Produktion. Daneben gab es Kalkmörtel. Innerhalb der Häuser wurde das rohe Mauerwerk oft mit Lehmmörtel geglättet und verputzt, ebenso das Dach. Außerdem konnten die Wände des Hauses getüncht sein.

Obwohl im Altertum der Wald noch nicht völlig vernichtet war, war das Holz doch stets knapp und teuer. Zedernholz vom Libanon kam nur für öffentliche Bauten und sehr reiche Bauherren in Frage. Bei einfachen Häusern wurden durchweg unbeschnittene Rundhölzer verwendet, die als tragende Elemente den Dachaufbau zu halten hatten. Je nach Größe des Hauses mußten diese Deckenhölzer von unten gestützt werden (vgl. die Zeichnung »Im Hause«, S. 84/85).

Der Hausbau

Die Häuser waren durchweg sehr klein und einfach. Das jüdische Recht berechnet das kleinste Wohnhaus auf 4 zu 4 Ellen (1 Elle = 0,444 m), ein kleines Wohnhaus auf 6 zu 8 Ellen, ein großes Wohnhaus auf 8 zu 10 Ellen, einen »Speisesaal« mit 10 zu 10 Ellen. Ein kleines Wohnhaus soll 7, ein großes 8 Ellen hoch sein. (Zum Vergleich: Ausgrabungen ergaben für das israelitische Jericho – also eine Stadt! – Häuser von 3,30 zu 5,25 m bis 3,85 zu 6,20 m. Die Westburg von Megiddo hat Räume von 2,5 zu 3 m bis 4 zu 5 m).

Die Steine wurden vom Kameltreiber aus dem Steinbruch herangeschafft. Je nach Funktion und Qualität der Ausführung werden die Steine behauen. Den Fundamenten galt größere Sorgfalt, zumal dann, wenn mit Lehmziegeln gebaut werden mußte. Ein Lehmhaus ohne Fundament wäre ungesichert gewesen. Schwere Regengüsse hätten es unterschwemmt und zum Einsturz gebracht. Darum erhielten Lehmhäuser oft eine Steingründung über die Fundamente hinaus.

Ein Keller wurde niemals angelegt, wohl aber eine Zisterne, in die das Regenwasser des Daches abgeleitet wurde. Natürlich war Zisternenwasser immer abgestanden und hatte einen fauligen Geschmack. Es war eine Brutstätte der Mücken und auch der Malaria verbreitenden Anopheles. Beim Bau der Hausmauern wurden auf dem Lande meist unbehauene oder einseitig behauene Steine verwendet, nur die Ecksteine und die Einfassungssteine der Tür waren mehrseitig behauen. Das Dach war flachgedeckt, meist von vier Hölzern getragen, die wegen der kleinen Spannweiten des Hauses kaum von unten abgestützt werden mußten. (Unsere Zeichnung eines Hausinneren S. 84/85 geht von einem überdurchschnittlich großen Raum aus.)

Diese von Wand zu Wand gehenden Träger sind Rundhölzer von der Stärke einer Handbreite. An den Auflagern wurden sie eventuell flachgeschnitten. Der mittlere Balken wurde etwas höher gelegt als die übrigen, damit eine leichte Dachneigung zum Abfluß des Regenwassers entstand. Quer über diese Balken wurde eine Schicht starker Weidenäste in engen Abständen gelegt, anschließend eine Lage dünner Weidenzweige mitsamt dem Blattwerk. Hierauf wurde eine Mischung von Lehmerde, Häcksel und Wasser mit Hand und Kelle aufgetragen und glattgestrichen, festgestampft und gewalzt. Nach starken Regengüssen mußte das Dach durch weiteren Lehmauftrag mit der steinernen Dachwalze neu gedichtet werden. Solche Arbeiten der Reparatur und Pflege am Dach gehörten zum Jahreslauf.

Bestiegen wurde das Dach gewöhnlich durch eine Treppe von außen. Zum Laubhüttenfest errichtete man dort gerne Hütten aus Buschwerk, die das restliche Jahr stehenblieben, während der Regenzeit verfielen, zum nächsten Laubhüttenfest aber neu aufgebaut wurden. Im Sommer war das Dach ein beliebter Schlafplatz; gleichzeitig war es volle Öffentlichkeit: Man konnte sehen, was die Nachbarn trieben, was im Dorf und ringsumher geschah.

Das reguläre ländliche Haus kannte nur einen Raum, der mit den Haustieren noch geteilt wurde. Einen Abort gab es nicht. Gehobene Verhältnisse aber lagen vor, wenn auf dem Dach ein kleines Obergemach (Luther: Söller) errichtet war, das für vertrauliche Gespräche, Gebet, Gäste und zur Aufbahrung der Toten dienen konnte. Ein »großes« Obergemach war der Raum, der Jesus für den letzten Abend seines Lebens zusammen mit seinen Jüngern zur Verfügung stand.

Die Türen der Häuser waren niedrig. Das Türblatt bewegte sich in Vertiefungen zwischen Sturz und Schwelle mit mühsamem Krächzen. Viele Häuser waren fensterlos oder hatten nur kleine Luken bzw. Löcher, durch die der Rauch aus dem Innern abziehen konnte. Bei Durchzug oder Kälte wurden diese Luken einfach zugestopft.

Das Dorf

Nicht jedes Haus wird einen geschlossenen Hof gehabt haben. Zuweilen hatten wohl auch mehrere Familien zusammen einen gemeinsamen Hof. Dieser Hof war von einer mal niedrigen, mal höheren Mauer eingefaßt und vielleicht nicht immer verschließbar. Im Sommer fand das eigentliche Leben auf diesem Hof und in den engen Gassen statt.

Das Dorf war meistens mit einem Steinwall umfriedet. Bis zu Sauls und Davids Herrschaft standen die israelitischen Dörfer unter dem zinspflichtigen Protektorat der gebietsbeherrschenden Stadt, später nur noch unter deren Gerichtshoheit. Seit ca. 700 v. Chr. wurden die selbständigen Bauern immer mehr Lohnknechte und Pächter der expandierenden Großgrundbesitzer (vgl. den Protest des Amos; s. a. Mt 21,13ff).

Spinnen und Weben S. 79

Beschreibung der Bilddetails auf Seite 79

Oben eine Frau beim Strecken der Wolle; unten links eine Frau beim Spinnen (desgleichen gegenüber in der Tür des Hauses); unten rechts zwei Frauen an einem liegenden Webstuhl.[1]

Die Vorbereitung der Wolle

Das übliche textile Material war im Altertum Schafswolle. Der kleine Bauer vollzog die Schur selbst, für Großherdenbesitzer arbeiteten berufsmäßige Scherer. Im jüdischen Recht galt das Reinigen (Waschen oder Baden) der geschorenen Wolle als selbstverständlich. Der nächste Schritt zur Vorbereitung der Wolle für das Spinnen war das Kämmen. Als Werkzeug diente ein mit Zähnen oder Eisennägeln versehener Wollkamm. Die geschorene Wolle wurde mit diesem Kamm geglättet. Dabei entstanden Wollflocken, die zum Spinnen unbrauchbar waren, aber als Kissenfüllung, auch als Ohrenstopfer oder Schuhpolster verwendet wurden.

Das Werkzeug: Die Spindel

Eine Spindel besteht aus Stab, Wirtel und Haken. Der Stab ist ein 25 bis 40 cm langer Stock, der sich nach unten verjüngt (etwa von oben 12 mm Durchmesser bis zu 6 mm am unteren Ende). Auf dem Stab sitzt eine runde Scheibe, die Spinnwirtel. Am Scheitelpunkt der Wirtel ist ein eisernes Häkchen eingesetzt. An diesem Häkchen wird der entstehende Faden befestigt, so daß die Spindel mit dem Wirtel nach oben daran hängt.

Gesponnen wird folgendermaßen: Die linke Hand greift etwas gekämmte Wolle, während die rechte eine kleine Menge davon nimmt und mit den Fingern formt und dreht. Wenn eine Spanne fertig ist, wird der (noch unfertige) Faden um den Haken der Spindel geschlagen, dann die Spindel mit der rechten Hand auf dem Oberschenkel gerollt und, am Faden hängend, frei hochgehoben, so daß die Spindel sich weiterdreht und dadurch den Faden zwirbelt. Ist der Faden so lang geworden, daß die daran hängende Spindel sich dem Boden nähert, löst man ihn vom Haken und wickelt ihn um den

[1] Den Zeichnungen liegen Bilddokumente des Seminars für Biblische Archäologie der Universität Tübingen zugrunde; ein Funktionsmodell des liegenden Webstuhls bei *G. Dalman,* a.a.O., Bd. V: Webstoff, Spinnen, Weben, Kleidung, Bild Nr. 19.

Spindelstab, befestigt das obere Ende erneut am Haken und spinnt das nächste Stück Wolle. Wenn die Spindel voll ist, wird der Faden über die Hand oder den Ellenbogen zu einem Knäuel aufgewickelt.

Geschieht die Arbeit im Gehen oder Stehen, so wird für das Rollen der Spindel (um den Faden zu zwirbeln) das Knie gehoben. In biblischen Zeiten war die beschriebene Spindel das einzige Spinngerät. Ein mit dem Fuß bewegtes Spinnrad war selbst bis in die jüngere Zeit unüblich; es wurde um 1530 in Deutschland erfunden.

Das Spinnen gehörte zu den Pflichten der verheirateten Frau. Selbst bei hundert Mägden sollte sie es nicht unterlassen. Darum ging das Gesponnene auch in das Verfügungsrecht der Frau über. In Galiläa konnte man (im Gegensatz zu sonstigen Dingen) Wollstoffe von Frauen kaufen.

Das Weben: Der liegende Webstuhl

Im alten Israel ist der liegende Webstuhl das übliche Webgerät gewesen. Für die griechisch-römische Welt war der liegende Webstuhl freilich unbekannt. Da das jüdische Recht einen »stehenden Webstuhl« ebenfalls erwähnt, wird er bekannt, doch nicht in gleicher Weise verbreitet gewesen sein, wie die liegende Vorrichtung.

Für den liegenden Webstuhl werden zuerst vier Pflöcke in den Boden geschlagen. Ihre Entfernung richtet sich in Breite und Länge nach den gewünschten Maßen des Webstoffes. Hinter die Pflöcke beider Schmalseiten bindet man Rundhölzer, die die Kette spannen sollen. Auf beiden Seiten der Kette werden ca. 25 cm hohe Träger für den Schlingenstab des Webjochs aufgestellt. Unsere Zeichnung zeigt diese Träger in ihrer einfachsten Beschaffenheit: Steine mit je einer leichten Vertiefung. Denkbar sind auch hölzerne oder tönerne Träger, die jedoch nie bodenfest verankert sind, weil sie ja mit dem wachsenden Webstoff wandern müssen. An das Webjoch werden durch Schleifen die unten liegenden Kettfäden befestigt, so daß sie nach oben gezogen werden können. Ein durch die Kette gesteckter runder Trennstab drückt die an das Webjoch nicht angeschlungenen Kettfäden nach oben und ermöglicht so ein zweites Fach beim Weben. Mit einem dünnen Stab wird der Einschlag in die Kette eingeführt, während ein linealartiges Holz, das Webschwert, dem Andrücken des Einschlags an das schon fertig gewebte Stück dient.

Als Funktionsmodell für den Webvorgang kann im Unterricht ein handelsüblicher Webrahmen dienen.

Im Dorf: Straßenleben, Handel und Gewerbe. Die Sozialfürsorge S. 80–81

Bildbeschreibung

Links vorne sitzt ein Bettler. Er hält eine Schale mit Münzen auf seinen Knien. Vor ihm spendet ein Bauer, der gerade ein Schaf gekauft hat, ein Geldstück. Aus der Tür dahinter wird ein Blinder hinausgeführt. Hinter dem Blinden lehnt ein Mann mit einer Krücke unter dem rechten Arm. Aus der schmalen, dunklen Gasse kommt ein Einbeiniger mit Stock und Bettelschale in der Hand.

Inmitten des kleinen Platzes, auf den verschiedene Straßen führen, spielt sich eine Marktszene ab. Auf dem Boden sitzen zwei Marktfrauen, eine mit dem Rücken zum Betrachter, die andere, umgeben von Körben, Krügen und Melonen, nimmt von einem Melonenkäufer ein Geldstück an. Hinter dem Melonenkäufer steht ein Kind. Hinter den sitzenden Marktfrauen eine Frau mit Wasserkrug auf dem Kopf und Trinkschale in der Hand. In ihrem Rücken große Krüge und Stoffballen eines Tuchhändlers. Der Tuchhändler steht im Gespräch mit einem Kunden. Hinter dem Kunden eine Frau, die Fladenbrote auf einem runden Brett davonträgt. Links und rechts der Straße sitzen Männer vor den Haustüren. Ganz hinten verschwindet gerade eine Frau mit Ziege in einer schmalen Nebengasse. Ein Händler kommt auf einem Maultier, den Lastesel am Zügel, die Straße hoch.

Vorne rechts ein zweirädriger Karren mit massiven Holzrädern, von zwei Rindern gezogen. Rechts daneben ein Bettler an Krücken. Ganz rechts im Schatten hat ein Händler auf einem Webteppich Krüge und Gefäße mit Gewürzen und Spezereien aufgestellt.

Die Münzen im Vordergrund sind links ein Silberschekel aus dem jüdischen Aufstand (66–70 n. Chr.), mit drei Granatapfelblüten vorne und einem Kelch auf der Rückseite. Aufschrift: »Israelit. Schekel, Jahr 2 – Jerusalem, die heilige.« Rechte Münze: Tetradrachme (Silber) aus dem 3. Aufstand (132–135 n. Chr.). Vorderseite: Tempelfront mit Toraschrein, darüber ein Stern. Aufschrift: »Jerusalem – Jahr 2 der Freiheit Israels.«[1]

Das Leben vor der Haustür

Die Häuser im Orient waren und sind eng aneinandergebaut. Bisweilen kann man von Dach zu Dach springen. Dadurch entstehen

[1] Den Abbildungen liegen Beschreibungen und Bilddokumente aus *G. Dalman,* a.a.O., Bde. I bis VII, sowie *Heide Rohse,* Palästina. Vom Leben der Menschen zur Zeit Jesu, Göttingen/Zürich 1978, zugrunde; die Abbildung der Münzen nach *Avraham Negev,* Funde und Schätze im Land der Bibel, Stuttgart 1978; vgl. dazu Art. Münzen, in: Biblisch-historisches Handwörterbuch, Göttingen 1964.

enge Gassen, oft nur Durchschlüpfe, in die die Sonne kaum eindringt. Solche Gassen sind nur für einzelne Personen passierbar. Daneben müssen zum Transport von Lasten und Tieren breitere Wege vorhanden sein und immer auch ein zentraler Platz oder Markt, auf dem sich das öffentliche Leben konzentriert. An das Haus wurden zu allen Zeiten nur geringe Ansprüche gestellt, weil sich das Leben weitgehend auf der Straße abspielte. Man saß gerne draußen, zumal dort, wo auch Fremde und Durchgangsverkehr herkamen. Für Händler und Bettler war diese Öffentlichkeit lebenswichtig.

Auch die Handwerker arbeiteten gerne in der Öffentlichkeit. Jedermann konnte ihnen bei der Arbeit zuschauen. Kinder dieser Gesellschaft kannten schon früh alle Seiten des praktischen Lebens. Die Verhältnisse waren plausibel und überschaubar.

Handwerk und Kleinhandel

Im Dorf lebten nicht nur Bauern. Je nach den Lebensbedingungen waren hier auch Weinbauern, Fischer oder Hirten zu Hause. In ältester Zeit waren diese Menschen noch ihre eigenen Handwerker. Schuhwerk und Kleidung, Arbeitsgeräte, Hausbau und -reparatur wurden mit eigener Kraft hergestellt. Der Übergang zum spezialisierten Handwerk konzentrierte sich zunächst auf die Verarbeitung von Metallen und auf die Töpferei, weil diese Tätigkeiten besondere Werkzeuge und viel Übung voraussetzten. Deswegen waren der Schmied und der Töpfer die ältesten Handwerker. Der Schmied fertigte alles, was aus Metallen hergestellt wurde. Für die bäuerliche Welt war er unentbehrlich. Vom Töpfer stammte das Geschirr für Küche und Vorratshaltung, also Krüge und Schüsseln in allen Größen, sodann Lampen und die verschiedenen irdenen Koch- und Backöfen. Das im Zusammenhang mit Josef immer wieder genannte Zimmermannshandwerk ist eine irreführende Bezeichnung. Es handelt sich um einen Bauhandwerker, Steinhauer, Maurer und »Zimmermann« in einer Person. Soweit sich ein Handwerker allein auf die Holzverarbeitung beschränkte, war er mehr Schreiner und Stellmacher, der die wenigen hölzernen Geräte für Haus und Ackerbau herstellte, sofern wir hier vom Schiffszimmermann absehen.

Von Webern, Schreinern, Schuhmachern oder Bäckern hören wir nichts aus den Dörfern. Deren Arbeit wurde durchweg noch in jedem Haus, meistens von den Frauen besorgt.

Dagegen spielte der Kleinhandel auch im Dorf eine Rolle. Es gab einen festen Markt für Angebot und Nachfrage, der nur am Sabbat geschlossen bleiben mußte. In größeren Städten gab es für die verschiedenen Waren spezielle Märkte. Der Dorfmarkt vereinte jedoch Handwerksartikel – Töpfereien, Webwaren – mit agrarischen Produkten – Obst, Lebensmittel, Öl, »Spezereien«, Gewürze – und dem (vermutlich nur periodisch stattfindenden) Viehmarkt.

Feststehende Preise waren höchstens für den alltäglichen Grundbedarf eingespielt, ansonsten gab es – wie auch noch heute im Orient – ein genüßliches Feilschen: Der Händler rühmt seine Ware, demonstriert ihre Vorzüge, der Käufer setzt sie herab, sucht verborgene Mängel, bis nach langem Hin und Her eine Einigung erzielt wird. Amos prangert den Gebrauch falscher Maße und Gewichte an; Propheten warnen immer wieder vor Betrug, dagegen fällt Jesus zum Kaufmann jemand ein, der gerne ein gerütteltes und geschütteltes Maß gibt (Lk 6,38).

Geldverkehr: Münzen

Zur Zeit Jesu gab es längst eine entwickelte Geldwirtschaft. Viele Texte des Neuen Testaments setzen Kapitalverkehr und Bankwesen und einen täglichen Kleinhandel mit barer Münze voraus. Münzen aller Währungsgebiete der Mittelmeerwelt und des Nahen Ostens waren damals in Israel in Umlauf. Pilger, Söldner und Händler brachten jeweils aus ihren Heimatländern Fremdgeld mit, so daß es nicht überrascht, im Neuen Testament das griechische und das römische Münzsystem nebeneinander zu finden. Die griechische Grundeinheit war die Drachme. Vom Orient hatten die Griechen als größere Recheneinheit die Mine (= 100 Drachmen) und das Talent (= 60 Minen) übernommen. Die römische Grundeinheit war der Silberdenar, zugleich Sold- und Steuermünze. Denar wie Drachme entsprachen in etwa einem israelitischen Viertelschekel und waren der gewöhnliche Tageslohn eines Arbeiters. Wenn man die Währungen »umrechnen« will, geht man am besten von dieser Relation aus.

Herodes der Große hatte eigenes Münzrecht. Auf einigen seiner Münzen finden sich Symbole, die seine orthodoxen Untertanen beleidigen mußten. Vermutlich hat Herodes jedoch für die jüdischen und nichtjüdischen Teile seines Reiches verschiedene Münzen prägen lassen. Die römischen Prokuratoren der Provinz Juda respektierten mit ihren Münzen ebenfalls die religiösen Gefühle ihrer Untertanen. Erst Pontius Pilatus praktizierte eine andere, aggressive Münzpolitik. Die Gebühren im Tempel wurden mit Tetradrachmen (= Silberdrachmen = tyrische Schekel) bezahlt. Nach dem Ausbruch des jüdischen Krieges (66–70 n. Chr.) verwendeten die jüdischen Behörden keine ausländische Währung mehr, um den Bruch mit Rom allen zu dokumentieren. Das Material lieferte wahrscheinlich der Tempelschatz. Eingeführt wurde erneut der israelitische Viertelschekel, der halbe Schekel und der ganze Schekel. Die Legenden (Inschriften) waren althebräisch; als Symbole erschienen alte Kultzeichen.

Die Münzen des Bar-Kochba-Krieges (132–135) waren mangels eigener Metallvorräte überprägte römische Münzen. Als neue Motive erscheinen die Tempelfront und andere Kultobjekte, ein Zeichen, daß das Ziel des Aufstands die Wiedererrichtung des Tempels war. Vom 2. Jahr (der neuen, revolutionär-jüdischen Zeitrechnung) ab erscheint als neues Münzsymbol der Stern von Num 24,17, wahrscheinlich als Hinweis auf die von Rabbi Akiba erklärte Messianität Bar Kochbas. (Weitere Informationen zu den abgebildeten Münzen → S. 350).

Soziale Zustände: Armut und Krankheit

In der frühesten Geschichte Israels schloß die Struktur der nomadischen und halbnomadischen Gemeinschaft soziale Unterschiede weithin aus. Auch nach der Seßhaftwerdung in Kanaan herrschte unter den israelitischen Kleinbauern zunächst noch soziale Ausgeglichenheit. Erst mit dem Aufkommen des Königtums entstanden neue Strukturen, die zugleich Ursache sozialer Spannungen waren: Die Söldnertruppen und der Beamtenapparat verlangten hohe Steuerabgaben, die durch Staatsbauten und viele Kriege immer belastender wurden. Für große Teile des Volkes bedeutete das den sozialen Niedergang, dem auf der anderen Seite eine extreme Konzentration von Besitz und Macht in Händen weniger gegenüberstand. Es entwikkelte sich als Folge ein Tagelöhner-Wesen, dessen soziales Elend weit unter dem der Sklaven stand, denn diese waren Besitz ihrer Herren, der sich amortisieren mußte, während die Tagelöhner der beliebigen Ausbeutung preisgegeben waren.

Solange die Familien und Sippen noch beieinander wohnten, waren Kranke und in Not geratene Glieder sozial versorgt. Aber die gleichzeitig mit dem sozialen Niedergang des einfachen Volkes überhand nehmende Stadtkultur riß die Sippen auseinander, so daß der einzelne den Schutz seiner Verwandten verlor. Seitdem gab es in Israel Bettler auf den Straßen, da keine andere Sozialfürsorge existierte. Die vermutlich großen Scharen von Tagelöhnern wurden gegeneinander ausgespielt, indem man sie am liebsten nicht mehr als je einen Tag beschäftigte, so daß der Lebensunterhalt auf weite Strecken hin nicht gesichert gewesen sein dürfte.

Durch die Lockerung oder Auflösung der Sippensolidarität wurde auch die Versorgung der Witwen und Waisen ungesichert und natürlich insbesondere das Schicksal der Kranken. Krankheit bedeutete zur damaligen Zeit unsägliches Elend, dem der Mensch in vielen Fällen hilflos gegenüberstand. Besonders häufige Krankheiten, die zum Betteln auf der Straße nötigten, waren Blindheit und Lähmungen. Wer von Aussatz (ein Name nicht nur für die Lepra, sondern auch für andere Hauterkrankungen) befallen war, mußte außerhalb der Siedlungen betteln und durch Zeichen auf seinen ansteckenden Zustand aufmerksam machen.

Blindheit findet sich in der Bibel immer wieder erwähnt. Sie kommt im Orient bis zum Tage aus klimatischen und hygienischen Gründen besonders häufig vor (→ S. 222 f). Daneben finden Besessenheit und Epilepsie oftmalige Erwähnung. Da alle Krankheiten als von Gott gesandt galten, deutete man sie als Folge der Sünde. Gebet und Opfer galten deshalb als der wichtigste Weg zur Heilung. Trotz des unbezweifelten Vergeltungsmechanismus sah es der Jude aber als seine religiöse Pflicht an, durch Almosen den bettelnden Armen und Kranken zu helfen.

Früher Morgen im Haushof: Das tägliche Brot S. 82–83

Bildbeschreibung

Links ist ein Treppenaufgang zum Dach angeschnitten. Im Hintergrund ein Haus mit Söller (Obergemach) und einer vorgelagerten Laubenterrasse. Rechts schließt eine hohe Mauer mit überwölbter Einfahrt den Hof nach draußen hin ab.

Vorne im Bild sitzt eine Frau beim Teigkneten. Zwei Mädchen schauen ihr dabei zu. In der linken Schüssel liegt der Mehlvorrat. Eine Frau, die Wasser geholt hat, kommt über den Hof geschritten. Unter dem Laubendach steht eine Frau mit einem Kind auf dem Arm; neben ihr sitzt ein Mann. Vor der Laube eine Frau beim Bakken von Fladenbroten.

Details S. 83: Oben eine Handmühle in Betrieb; links ein flacher Korb mit Getreidevorrat. Neben dem Unterstein auf der Strohmatte ein Häufchen Mehl. Die Frau mahlt abwechselnd mit der linken und der rechten Hand. In der Mitte: Feuerstelle mit Backblech und Teigfladen. Unten: Fladenbrote auf einer Strohplatte mit Ornament.[1]

Mahlen mit der Handmühle

Für den täglichen Bedarf das Getreide zu mahlen und das Brot zu backen, das war jeden Morgen die harte Arbeit der Frauen. In der ältesten Zeit mußte das Korn mit dem Reibstein zerrieben oder mit dem Mörser zerstoßen werden. Später dürfte die Handmühle in keinem Haus gefehlt haben.

Die Handmühle besteht aus einem feststehenden Unterstein und einem drehbaren Oberstein (Läufer). Ihr Material ist meistens Basalt oder auch Granit. Manchmal ist der Unterstein etwas größer als der

[1] Den Zeichnungen liegen Beschreibungen und Bilddokumente aus *G. Dalman,* a.a.O., Band IV: Brot, Öl und Wein, zugrunde.

Oberstein, aber gewöhnlich sind beide Steine gleich breit und dick. Der Durchmesser der Steine liegt bei 40 cm. Beide Mühlsteine haben in der Mitte eine Öffnung. Im Unterstein ist dort eine Spindel (ein Zapfen) eingesetzt, um die der obere Läuferstein gedreht wird. Am Rande des Läufers steckt in einem weiteren Loch ein Holzgriff, mit dem der Stein gedreht werden kann. Das Korn wird in die Mittelöffnung des Obersteins eingefüllt. Da die Spindel immer dünner ist als dieses Loch, bleibt der benötigte Durchgang erhalten.

Beim Mahlen muß die Handmühle zum Auffangen des Mehls auf ein Tuch oder eine andere Unterlage gestellt werden, sofern sie nicht selbst eine tönerne Auffangwanne hat. Beim Mahlen dreht man mit einer Hand den Läufer, mit der anderen wird das Korn nachgeschüttet. Dabei kann jeweils abwechselnd mit links oder rechts gedreht werden. Das gewonnene Mehl fällt nach allen Seiten um den Mühlstein und häuft sich zumal dort, wo der Läufer jeweils gewendet wird.

Nach jüdischem Recht ist die Mühle ebenso wie Mehl-Siebe und Backofen Frauengerät. Für verheiratete Frauen gehört das Mahlen zu den Hauspflichten, ohne deshalb ehrenvoll zu sein. Weil Mahlen, Backen, Waschen, Kochen, Säugen und anderes als mindere Tätigkeiten galten, übertrugen Frauen, die eine Sklavin mit in die Ehe bringen konnten, diese Arbeiten der Magd.

Jeden Morgen – oft schon vor Sonnenaufgang – hörte man in allen Dörfern das Geräusch der steinernen Handmühlen, von irgendeiner Seite her war es nahezu den ganzen Tag über zu hören. Von hierher versteht sich die Drohung des unheimlichen Stillewerdens bei Jer 25,10.

Teigbereitung und Backen

Der Brotteig wurde im Altertum ebenso hergestellt, wie es heute noch bei Beduinen oder in abgelegenen ländlichen Verhältnissen üblich ist. Das Mehl wird zunächst noch einmal im Mehlsieb gereinigt und in eine flache Holzschüssel gegeben. Für das Ablegen der fertig geformten Teigfladen und des gebackenen Brotes wird eine geflochtene Strohplatte oder ein Strohkorb bereitgestellt. Dem Mehl wird Wasser beigegeben und dann gemengt und geknetet, abschließend wird der Teig kräftig mit den Fäusten gestoßen. Ist der Teig bereitet, nimmt man einen Batzen davon, wälzt ihn in Streumehl und klopft ihn auf der ebenfalls mit Mehl bestreuten Strohmatte oder auf einem Stein platt. Durch Hinundherwerfen auf den entblößten Armen dehnt man den Teig weiter, bis runde Fladen von etwa 30 bis 50 cm Durchmesser und nur 2 mm Dicke entstehen. Solche Fladen zu formen ist eine Kunst, zu der Übung gehört. Nun wirft man in kühnem Schwung den Kuchen auf die erhitzte eiserne Backplatte, wendet nach kurzer Zeit mit der Hand und nimmt ihn bald darauf ab.

Solcherart wurde das Brot täglich frisch gebacken. Der Vorgang setzt ungesäuerten Teig voraus. Will man gesäuerten Teig verwenden, so gibt es zwei Möglichkeiten: Im Sommer kann man den Teig in der Sonne aufgehen lassen, dadurch wird er aus sich selbst »sauer«. Sonst jedoch und immer im Winter mengt man ein Stück Sauerteig (d. h. ein zu diesem Zweck aufbewahrtes Stück des letzten gesäuerten Teiges) unter den frischen Teig und läßt ihn die Nacht über gären. Das geschah aber im orientalischen Haus seltener. In der Regel war das tägliche Brot ungesäuert. Ungesäuertes Brot erhielten auch die Gäste, da es die Sitte gebot, für sie stets frisch zu backen, selbst wenn der Brotvorrat ausreichte (→ S. 359).

Das Brot

Das auf dem Backblech gebackene Brot ist krustenlos und weich, anders als das in einem Backofen gebackene Brot. Es gilt als besonders wohlschmeckend. Da es aus meist grob gemahlenem Weizen gebacken wird, ist das Brot nie weiß, sondern immer grau und kräftig in seiner Struktur.

Von diesem Brot gilt, daß man es nicht mit dem Messer schneidet, auch nicht, wenn es sich um feste Brotlaibe handelt. Gustaf Dalman berichtet, ein Bauer habe entrüstet zu einem Pfarrer, der sein Brot schnitt, gesagt: »Bist du besser als Christus, der das Brot mit seinen Händen brach?«

Das Brot gilt als Gottesgabe, die es nicht erlaubt, es an Tiere zu verfüttern. »Findet man ein Stück Brot auf der Erde, so hebt man es auf, küßt es und hält es an die Stirn, um die Entweihung wieder gut zu machen, ißt es dann oder legt es auf einen erhöhten Ort« (Dalman).

Das Thema Brot wird weitergeführt und entfaltet in den folgenden Bänden Religionsbuch 2 und 3. Die zugehörigen Lehrerhandbücher bieten reichhaltige weitere Informationen für den Unterricht.

Im Haus: Familienleben und Gastfreundschaft S. 84–85

Bildbeschreibung

Von links nach rechts: Eine Nische mit Öllampe. Darunter verschiedene Decken als Bettzeug. Hinter dem Stützpfosten eine große Nische mit Regal; irdenes Geschirr steht auf den Regalbrettern, darüber hängt ein Beutel für Salz.

Am Boden auf der Matte eine Familie bei der Mahlzeit. In der großen Schüssel, aus der alle essen, ein Grütze-Gericht; davor auf der runden Flechtmatte ein Fladenbrotstapel; daneben eine Schale zum Eintunken des Brotes. Das Kind im Vordergrund ißt ein zusammengefaltetes Fladenbrot. Am mittleren Pfeiler steht eine Frau mit Wasserkrug. Hinter dem letzten mittleren Holzpfeiler zwei große Vorratskrüge für Getreide. Am rechten Krug angelehnt ein Backblech, darüber an der Stange ein Putztuch.

Unter dem Rauchloch im Dach eine Feuerstelle mit einem offenen Kochherd aus Lehm. Auf dem Herde (der auch das Backblech tragen kann) ein Kochtopf. Zwei Frauen sind mit Rühren und Feuern beschäftigt. Rechts an der Stange hängen Vorräte in Sack und Krug (zum Schutz vor Mäusen). Am Stützpfosten stehen im Standring ein Vorratskrug für Wasser, ein kleinerer Wasserholkrug und, am Pfosten hängend, ein Schöpfgefäß. Ganz rechts am Pfeiler hängt ein flacher Korb.

Im Vordergrund, tiefer als die Wohnterrasse, der »Stall« für das Kleinvieh, unmittelbar an der Haustür gelegen.[1]

Die Einrichtung des Hauses

Der Fußboden einer Wohnterrasse bestand durchweg aus gestampftem Lehm, selten nur war er mit Steinplatten gepflastert. Dennoch werden Matten oder Webteppiche sparsam verwendet worden sein. Das jüdische Recht erwähnt ihren Gebrauch zum Sitzen und Liegen. Zum Schlafen besaßen die Armen keinerlei Decke; sie schliefen auf bloßer Erde, in ihr Obergewand eingewickelt, das deshalb, sofern es gepfändet worden war, für die Nacht zurückgegeben werden mußte. Auch die »Betten« der Kranken, die Jesus heilte, waren nur Webteppiche oder Strohmatten. Als Zudecken dienten die Tageskleider oder im Winter der Mantel. Selbst bei David heißt es, mit Kleidern habe man den frierenden alternden König vergeblich bedeckt.

Für die Zeit Jesu darf man annehmen, daß in ländlich-bäuerlichen Verhältnissen das gestellose Lager, das sich leicht wegräumen ließ, in der engen Behausung selbstverständlich war, obwohl eine Art Bettgestell bereits schon Jahrhunderte früher in wohlhabenden städtischen Verhältnissen vorkam.

Einen Stuhl gab es im Bauernhaus nicht, er gilt in der Bibel als Sitz einer »hochstehenden« Person. Man saß auf dem Boden, durchweg wohl auf einer Matte. Auch der Tisch war ein im Dorf fremdes Möbel. Natürlich gab es niedrige Tische in städtischen Verhältnissen seit der Königszeit, aber die Bauern legten – dies jedoch wohl immer – eine geflochtene Platte oder ein Tuch auf den Boden und stellten

[1] Grundriß und Proportionen des Innenraumes wurden gezeichnet nach *G. Dalman*, Bd. VII, Skizze 36a.

hierauf die Speisen. (Die in den Grundschul-Religionsbüchern verbreiteten, meist voneinander abhängigen Zeichnungen sind in dieser, aber auch noch in manch anderer Hinsicht falsch.)

Die Speise wurde in einer großen Schüssel aufgetragen, aus der jeder bei der Mahlzeit ohne Löffel und Gabel das Seine mit der Hand nahm. Das Händewaschen vor und nach der Mahlzeit war deshalb wichtig. Gewöhnlich wurde zur Mahlzeit neben der Speise noch Brot angeboten. Mit dem Brot tunkte man flüssige Speisereste auf. Auch Wasser stand stets in einem Krug oder einer Schale bereit, aus der alle trinken konnten. Wein wurde im Becher angeboten.

Das fensterarme Bauernhaus ist im Innern stets in dämmeriges Licht getaucht. Sobald es draußen dunkel wurde, mußte ein Lämpchen angezündet werden. Gebräuchlich waren kleine tönerne, oben offene Schalenlampen mit einer Dochtschnauze (s. Abb.), in die Olivenöl gefüllt wurde.

Unentbehrlich in jedem Haus waren schließlich die Koch- und die Vorratsgeräte.

Gebacken wurde auf dem eisernen Backblech (→ S. 355 f). Dies geschah, wenn es die Witterung zuließ, im Freien. Im Hause wurde das Feuer in einer tönernen Mulde mit hochgezogenen Armen zum Aufstellen des Backblechs oder des Topfes gehalten. Es konnte aber auch eine Kupferschale benutzt werden oder einfach eine runde Vertiefung im Boden. Das Anzünden des Feuers war eine sehr schwierige Sache. Die Bibel verrät nicht, welche Methode man praktizierte. Wahrscheinlich ist, daß das Feuer verwahrt wurde, z. B. in einem Tontopf mit glimmenden Holzkohlen (vgl. Gen 22,6f). Wenn es einmal erlosch, wird man es beim Nachbarn wiederbeschafft haben.

Das Familienleben

Jede israelitische Familie erstrebte Kinderreichtum. Kinderlosigkeit galt als Strafe und Fluch. Das Leben war patriarchalisch geordnet. Fast immer lebten drei Generationen zusammen. Die Frau galt als Besitz des Mannes. Durch ihre hohe Mitverantwortung im Haus, aber auch infolge einiger positiver, partnerschaftlicher Wertungen der Tradition, konnte die Frau in einfachen bäuerlichen Verhältnissen nichtsdestoweniger Stütze und Herrin des Hauses sein. Die Kinder wurden streng erzogen. Die Gewalt des Vaters über die Kinder war nahezu unbeschränkt. Auflehnung gegen die Autorität der Alten hätte als Umsturz aller Ordnung gegolten.

Wohlhabende Leute hatten Sklaven. Sie gehörten mit zur Familie. Wo immer Luther (und andere Übersetzer) von Knechten und Mägden spricht, handelte es sich um Sklaven und Sklavinnen. Es ist zwischen volksfremden und israelitischen Sklaven zu unterscheiden. Meistens war Verschuldung die Ursache für die Leibeigenschaft. Ein

Vater konnte einem Gläubiger auch die Kinder zum Ausgleich seiner Schulden als Leibeigene überlassen. Eine Sklavin, mit der ihr Herr verkehrt hatte, durfte nicht mehr verkauft werden.

Die Mahlzeiten

Das gewöhnliche Mahl wurde abends eingenommen. Daß sich dazu die ganze Familie versammelte, darf vorausgesetzt werden. Man saß auf der Erde rund um die Speisen, die auf einem ausgebreiteten Tuch bzw. einer Matte standen. Das Liegen zu Tisch ist eher in städtischen Häusern üblich gewesen. Zu Beginn des Mahles sprach der Hausvater die Lobpreisung, brach dann das Brot in Stücke und verteilte es. Wenn es Fleisch gab, war es auch seine Aufgabe, die Fleischstücke auszuteilen.

Die Lebensweise der meisten Menschen war sehr einfach. Die geläufige Bezeichnung für Essen und Trinken war »Brot essen« und »Wasser trinken«. Um so mehr hob sich von diesem Alltag das festliche Mahl ab. Dazu wurde geschlachtet, und es gab Wein zu trinken. Anlaß für ein festliches Mahl waren Hochzeit, Geburt und Tod, die Vorgänge im Arbeitsjahr: Ernte, Weinlese oder Schafschur und auch fremder Besuch. Bei steigendem Wohlstand wurden in städtischen Verhältnissen Gastmähler und große Einladungen Sitte (vgl. Mk 14,3–9; Mt 22,1–4).

Die Gastfreundschaft

»Sieben Gnadengaben hat Gott den Menschen gegeben, darunter dem Abraham die Gastfreundschaft«, hieß es in Israel. Kaum eine Tugend wurde höher geschätzt und seltener verletzt als die Gastfreundschaft. Abrahams Bewirtung der drei fremden Männer ist eine durch die Jahrhunderte wirkende Geschichte (Gen 18). Geboten wurden Unterkunft, Fußwaschung und Verpflegung. Gastfreundschaft bedeutete aber auch Schutz und Asylrecht für den Fremden. Diese Schutzfrist dauerte so lange, bis der Gast in den Schutz eines anderen getreten war. Wenn ein Fremder das gereichte Brot annahm, nahm er damit zugleich die Gastfreundschaft an. »Brot und Salz ist zwischen uns«, hieß es später bei palästinensischen Beduinen, oder auch: »Wer mit dir Salz und Brot aß, der betrügt dich nicht.« (Vgl. hierzu in Band 2 und 3 die Themen »Symbol Brot« und »Tischgemeinschaft« sowie die zugeordneten Lehrerhandbücher.)

Über die Mitarbeiter

Relindis Agethen, geb. 1940 in Danzig, aufgewachsen in Paderborn, studierte 1961–67 an der Staatlichen Hochschule für Bildende Künste in Stuttgart, machte 1966 das Staatsexamen für das höhere Lehramt als Kunsterzieher und absolvierte 1968/69 maltechnische Studien im Louvre und in den Museen von Barcelona, Toledo und Madrid, unterbrochen von freien Arbeiten in der Provence und der Vaucluse. Seit 1970 Ausstellungen in vielen Städten. 1974 eröffnete Relindis Agethen eine eigene Galerie in Kornwestheim. Gleichzeitig 1974–78 Studium der Katholischen Theologie in Tübingen. 1978 Begründung einer Malschule in Kornwestheim: »Ich will Präzision, aber meine Präzision ist die Präzision der Vielstelligkeit, das heißt komplex sein und nicht kompliziert. Ich gebe ein Assoziationsgewebe, dessen Knüpfung nicht aufgelöst werden kann, obwohl alles aufeinander bezogen ist, denn die Beziehungen finden in offenen Räumen statt.«

Relindis Agethen wohnt in Kornwestheim, Ulrichstraße 17. Ihre für unsere Religionsbücher gemalten (großformatigen!) Bilder können (nach Vereinbarung) dort angeschaut und erworben werden.

Josef Schelbert, geb. 1949 in Schwyz, war nach seiner pädagogischen Ausbildung von 1965–70 zwei Jahre als Primarlehrer tätig. 1972/73 ging er als Volontär in ein graphisches Atelier und besuchte von 1973–77 die Fachklasse für wissenschaftliches Zeichnen an der Kunstgewerbeschule Zürich.

Annemarie Schelbert, geb. 1951, absolvierte 1968 ein landwirtschaftliches Praktikum und ein Jahr später den Vorkurs an der Kunstgewerbeschule Zürich. 1970 war sie Zeichnerin bei archäologischen Ausgrabungen und besuchte 1971–75 die Fachklasse für wissenschaftliches Zeichnen an der Kunstgewerbeschule Zürich. Josef und Annemarie Schelbert sind verheiratet und haben zwei Kinder. In ihrem »Atelier für Wissenschaftliche Zeichnungen & Fachillustrationen« arbeiten sie für verschiedene Auftraggeber: Historiker, Archäologen, Pflanzenkundler, Chemiker, Ärzte, Kinderbuchautoren, Verlags- und Werbeleute. Josef Schelbert versieht nebenamtlich zusätzlich einen Lehrauftrag an der Kunstgewerbeschule Zürich.